Gerd Heising,
Bernhard F. Hensel,
Wolf-Detlef Rost u. a.
Die Attraktivität des »bösen Objekts«

Edition psychosozial

Gerd Heising,
Bernhard F. Hensel,
Wolf-Detlef Rost u. a.

Zur Attraktivität des
»Bösen Objekts«

Anwendungen
der Objektbeziehungstheorie
in der Giessener Schule

Herausgegeben von
Elisabeth Vorspohl

Psychosozial-Verlag

Bibliografische Information der Deutschen Nationalbibliothek
Die Deutsche Nationalbibliothek verzeichnet diese Publikation in der Deutschen
Nationalbibliografie; detaillierte bibliografische Daten sind im Internet über
<http://dnb.d-nb.de> abrufbar.

© 2002 Psychosozial-Verlag
E-Mail: info@psychosozial-verlag.de
www.psychosozial-verlag.de
Alle Rechte vorbehalten. Kein Teil des Werkes darf in irgendeiner Form (durch
Fotografie, Mikrofilm oder andere Verfahren) ohne schriftliche Genehmigung des
Verlages reproduziert oder unter Verwendung elektronischer Systeme verarbeitet,
vervielfältigt oder verbreitet werden.
Umschlagabbildung: Salvador Dali: Das Rätsel der Begierde – Meine Mutter,
meine Mutter, meine Mutter (1929)
© VG Bild-Kunst, Bonn 2002
Umschlaggestaltung: Christof Röhl
nach Entwürfen des Ateliers Warminski, Büdingen
Satz: Katja Kochalski
Printed in Germany
ISBN 978-3-89806-214-5

Inhalt

Vorwort — 09

I. Teil
Theoretische Grundlagen

1. Gerd Heising
Die Sehnsucht nach dem verbotenen,
zurückweisenden und unerreichbaren Objekt — 17

2. Gerd Heising
Gute Mutter – Böse Mutter:
Spaltungskonzepte bei Melanie Klein, Otto Kernberg
und Peter Zagermann — 39

3. Gerd Heising und Georg Trümper
Zur Klinik der thanatalen
und sexuellen Objektpsychologie — 51

4. Gerd Heising
Zur Klinik der sexuellen Objektwahl — 57

II. Teil
Zur Klinik der Spaltungsprozesse in ambulanten und stationären Gruppen: Die Macht des bösen Objekts und seine Abwehr durch Vergottung und Messianismus

5. Gerd Heising und Wolf-Detlef Rost
Der Ödipuskomplex und die primitive
Objektbeziehung in der Gruppenanalyse — 65

6. Gerd Heising
Spaltungsprozesse bei stationärer Analyse — 95

7. Gerd Heising
Zur Spaltungsübertragung auf einer
Psychotherapiestation — 113

8. *Gerd Heising*
(unter Mitarbeit von A. Plaß, W.-D. Rost und M. Brieskorn)
Übertragung und Gegenübertragung
in der analytischen Psychotherapie
mit Unterschichtpatienten   121

9. *Gerd Heising*
Spaltungsprozesse in der Supervision –
Die Sehnsucht nach Strenge und Reinheit
und das Bedürfnis, in den Vollbesitz
der alleingültigen Wahrheit zu gelangen   139

Literatur zum I. und II. Teil   153

III. Teil
Anwendungen der Objektbeziehungstheorie

10. *Michael Eickmann*
Das Gegenübertragungssymptom   163

11. *Bernhard F. Hensel*
Der Wunsch, Psychoanalytiker zu werden,
in der therapeutischen Analyse, die keine Lehranalyse ist   185

12. *Bernhard F. Hensel*
W. R. D. Fairbairns
Objektbeziehungspsychologie:
Theoretische und klinische Folgerungen
für die heutige Psychoanalyse   203

13. *Ellen Kindschuh-van Roje*
Zur Psychodynamik der »Nebenübertragung«   249

14. *Angela Nahrendorf*
Gefühle primärer Schuld
bei pränataler Mutterschädigung   281

15. *Gerda Nienhaus*
Zwischen Trennungsangst und Individuationsschuld:
Zur psychoanalytischen Behandlung eines
Adoleszenten mit einer Identitätsdiffusion   303

16. *Wolf-Detlef Rost*
Sucht und frühe Spaltung — 319

17. *Wolf-Detlef Rost*
Die hilflose Verweigerung:
Männer und Glücksspielgeräte — 335

18. *Sabine Trenk-Hinterberger*
Partnertrennung und Übertragungsprozesse — 363

19. *Patricia Williamson*
Zusammenfassung von Harry Guntrips Beitrag
»The psychotherapeutic relationship« — 383

Autoren- und Herausgeberverzeichnis — 395

Vorwort

Die »britische Schule« der Psychoanalyse wurde in Deutschland erst im Laufe der achtziger und neunziger Jahre in breiteren Kreisen rezipiert; dabei wurden vor allem Weiterentwicklungen der Ansätze von Melanie Klein und D. W. Winnicott aufgegriffen. Das Werk W. R. D. Fairbairns hingegen nahm man hier kaum zur Kenntnis. Wie mühsam die Rezeption der britischen Schule in Gang kam, zeigt ein flüchtiger Blick auf die Publikationsgeschichte: Melanie Kleins Beitragssammlung *Das Seelenleben des Kleinkindes* erschien in Deutschland erst 1962 und bis zu einer Neuauflage vergingen mehr als zwanzig Jahre! Die erste deutsche Buchveröffentlichung mit Beiträgen Winnicotts (*Kind, Familie und Umwelt*) lag erst im Jahre 1969 vor, nachdem die Zeitschrift *Psyche* zwischen 1956 und 1967 fünf Arbeiten dieses Autors publiziert hatte. John Bowlby wurde in deutscher Übersetzung Anfang der siebziger Jahre zugänglich, während Beiträge Ronald Fairbairns erst im Jahre 2000 einen deutschen Verleger fanden (ein einziger seiner Aufsätze war zuvor bereits übersetzt und 1982 in einem von Peter Kutter herausgegebenen Sammelband zur Objektbeziehungs-Psychologie abgedruckt worden).

In Gießen wurden objektpsychologische Ansätze von Gerd Heising und von seinen Schülern seit Beginn der siebziger Jahre aufgegriffen und für die psychotherapeutische Praxis genutzt. Die in diesem Zusammenhang entstandenen Arbeiten wurden seinerzeit nicht oder nur in Fachzeitschriften mit geringer Auflagenzahl publiziert und sind daher bis heute kaum über Gießen hinaus bekannt geworden. Der vorliegende Band möchte sie nun endlich einem breiteren Fachpublikum zugänglich machen. Die Wirkungen, die von Gerd Heising als Psychoanalytiker, Lehrer, Kollege und Freund ausgingen, fanden in der 1998 publizierten Festschrift *Lebendige Psychoanalyse – Gerd Heising zum 70. Geburtstag* Ausdruck. In diesem Band soll Gerd Heising selbst zu Wort kommen, auch wenn die hier versammelten Beiträge seinen charakteristischen, sehr persönlichen Arbeitsstil, der sich in der Interaktion mit Kollegen,

Schülern und Patienten entfaltete, nur unzulänglich widerspiegeln können.

Eine unabdingbare Voraussetzung für die Entwicklung der damals neuen und ihrer Zeit weit vorauseilenden psychoanalytischen Konzepte war das liberale und progressive Arbeitsklima, das sich in den sechziger und siebziger Jahren des 20. Jahrhunderts an der damals von Horst-Eberhard Richter geleiteten Psychosomatischen Universitätsklinik Gießen und dem damit eng verknüpften Psychoanalytischen Institut – über viele Jahre zunächst von Hans Müller-Braunschweig und danach von Gerd Heising geleitet – entwickelt hatte. Diese noch von der antiautoritären Bewegung der sechziger Jahre geprägte Atmosphäre ermöglichte hier Initiativen, die für die damalige deutsche Psychoanalyse buchstäblich revolutionär waren und andernorts infolgedessen oft größte Skepsis weckten – schienen sich doch »die Gießener« mit ihrer Bereitschaft, neue Wege zu beschreiten, über psychoanalytische »Essentials« hinwegzusetzen. Vor allem die Anwendung der Psychoanalyse in neuen Feldern – durch Krankenkassen finanzierte psychoanalytische Psychotherapie, tiefenpsychologisch fundierte Psychotherapie, psychoanalytische Paar-, Gruppen- und Familientherapie – sowie die von Horst-Eberhard Richter initiierte Sozialtherapie stießen beim »psychoanalytischen Establishment« auf Vorbehalte, ja Ressentiments. Dies hatte u. a. zur Folge, daß die »liberalen« Gießener nicht ernst genommen wurden, da sie psychoanalytische Dogmen wie vierstündige Analyse, Couch und konsequente Deutungstechnik nicht als alleinige kurative Faktoren ansahen, sondern in höherem Maß patientenzentriert arbeiteten. Auch am Gießener Institut selbst führte dies zu kontroversen Diskussionen und Spaltungstendenzen mit mehr oder weniger vorübergehenden »Lagerbildungen«.

Verschiedene Gießener Forschungsprojekte, an denen neben Horst-Eberhard Richter vor allem Dieter Beckmann, Elmar Brähler und Jörn Scheer beteiligt waren, setzten sich zum Ziel, psychotherapeutische Prozesse empirisch zu überprüfen. Psychoanalytische Tabus wurden gebrochen, indem Erstinterviews, Einzeltherapien, Paar- und Familiengespräche sowie Gruppenpsychotherapien zu Forschungs- und Ausbildungszwecken auf Tonband und Video aufgenommen und ausgewertet wurden. Der in dieser Zeit entstandene Gießen-Test (Beckmann und Richter, 1972) hat sich in der Psychotherapieforschung bis heute bewährt und wurde unter anderem zur Erfassung von Übertragungs- und Gegenübertragungsstereotypen eingesetzt. Die Beiträge »Spaltungsprozesse in der Supervision« und »Zur Spaltungsübertragung auf einer Psychotherapiestation« von Gerd Heising sind aus entsprechenden Untersuchungen hervorgegangen. Gerd Heising engagierte sich insbesondere in der Gruppenanalyseforschung und entwickelte das »Open-staff-System«, eine »Gießenspezifische Erfindung« jener Jahre: Eine Gruppe von Kollegen und Ausbildungsteilnehmern beobachtete eine Psychotherapiegruppe hinter dem Einwegspiegel, um im Anschluß an die Sitzung die Rollen mit der Patientengruppe zu tauschen und unter Beobachtung durch die Patientengruppe ihre Wahrnehmungen zu besprechen. Beschrieben und untersucht wurde diese Vorgehensweise in dem Buch *Sozialschicht und Gruppenpsychotherapie* (Heising, Brieskorn, Rost, 1982), das auszugsweise ins 8. Kapitel »Übertragung und Gegenübertragung in der analytischen Psychotherapie mit Unterschichtpatienten« eingearbeitet wurde.

Jahrzehnte früher als andernorts versuchte man in Gießen, die Psychoanalyse aus ihrem akademischen Elfenbeinturm zu befreien, um sie breiteren sozialen Schichten zugänglich zu machen und ihren Anwendungsbereich auszuweiten. Diese Öffnung war maßgeblich Horst-Eberhard Richter zu verdanken, der unbeirrbar an die soziale Verantwortung der Psychoanalyse appellierte. Zu den konkreten Ergebnissen gehörten Therapieangebote für Unterschichtpatienten (siehe 8. Kapitel) sowie die Entwicklung der Paar-, Familien-, Gruppen- und stationären Therapie (siehe 5.–7. Kapitel). Im »Gießener Klima« der siebziger Jahre entstand auch die Selbsthilfegruppen-Bewegung, die der im Juli 2002 verstorbene Psychoanalytiker Michael Lukas Moeller initiierte und in zahlreichen Beiträgen untersuchte. Moeller wurde darüber hinaus auch durch seine Artikel und Bücher über Paare und Paartherapie und das von ihm entwickelte »Zwiegespräch« bekannt. Zu den renommierten »Gießenern« zählt auch Peter Fürstenau, der soziologische Theorien in die Psychoanalyse integrierte und die Institutionalisierung der Profession kritisch durchleuchtete.

Eine weitere wichtige Innovation war die Anwendung der Psychoanalyse in der stationären Therapie psychisch schwer gestörter und psychosomatisch erkrankter Patienten. Auf der von Gerd Heising lange Jahre supervidierten Station der Psychosomatischen Universitätsklinik Gießen arbeiteten und forschten unter anderen Samir Stephanos sowie Gerd und Annegret Overbeck. Die stationäre Psychotherapie wird in diesem Band im 6. Kapitel, »Spaltungsprozesse bei stationärer Analyse«, und im 7. Kapitel, »Zur Spaltungsübertragung auf einer Psychotherapiestation«, reflektiert.

Viele der in den siebziger Jahren in Gießen entwickelten Ansätze entfernten sich mehr oder weniger weit von ihren psychoanalytischen

Grundlagen. Im Zuge ihrer Rezeption wurden sie gelegentlich entstellt und verdünnt, wobei sowohl die Verankerung in der Psychoanalyse als auch der ursprüngliche progressive Impetus verloren gingen. Auf die Arbeiten Gerd Heisings trifft dies nicht zu. Neben Hans Müller-Braunschweig, der sich mit der Erforschung der frühkindlichen Entwicklung und der Kreativität beschäftigte, blieb auch Heising der psychoanalytischen Theorie und Methode stets treu. Ihm bot das »Gießener Klima« das ideale Milieu zu ihrer Fortentwicklung und zur Erweiterung des therapeutischen Feldes, wobei er sich – gegen heftigen Widerstand – vor allem für die Integration der tiefenpsychologischen Psychotherapie am Institut einsetzte. Ebenso wie viele andere bedeutende psychoanalytische Lehrer ist Gerd Heising nie ein »Vielschreiber« gewesen, so daß seine therapeutischen Modelle vorwiegend in der Interaktion an seine Schüler und Mitarbeiter weitergegeben wurden. Vielen Psychoanalytikern, die ihre psychoanalytische und psychotherapeutische Weiterbildung in Gießen absolvierten, sind sie wohlbekannt. Sie werden als wertvolles Arbeitsinstrumentarium geschätzt, waren aber bislang in nur wenigen Publikationen nachzulesen. Diesem Mangel soll der vorliegende Band abhelfen.

Nach eingehenden Diskussionen haben wir uns dafür entschieden, Gerd Heisings Manuskripte, deren Entstehungszeitraum etwa die vergangenen vier Jahrzehnte umfaßt, hier mit nur geringfügigen Änderungen abzudrucken. Der Umstand, daß sie auch einen wichtigen Abschnitt in der Geschichte der deutschen Psychoanalyse nach dem Zweiten Weltkrieg dokumentieren, sprach gegen eine Aktualisierung der Texte durch inhaltliche Eingriffe oder einen umfangreichen Herausgeberapparat. Freilich sind dafür gewisse Unzulänglichkeiten in Kauf zu nehmen. Manche Fallbeispiele wirken heute ein wenig antiquiert; Hinweise auf Persönlichkeiten des öffentlichen Lebens der sechziger Jahre beispielsweise erschließen sich dem jüngeren Leser nicht ohne weiteres, und selbstredend ist auch die theoretische Entwicklung der Psychoanalyse über den hier skizzierten Stand längst hinausgegangen. Entsprechendes gilt für Heisings Kritik am System der psychoanalytischen Ausbildung (9. Kapitel), das zudem durch die gesundheitspolitische Entwicklung der vergangenen Jahre mit einer anderen Realität konfrontiert wurde. Formale Mängel ergaben sich insofern, als der Autor in seinen Manuskripten ausgesprochen frei zu zitieren pflegt und es im Nachhinein unmöglich war, sämtliche Zitate und Paraphrasierungen lückenlos nachzuweisen.

Die von Gerd Heising verfaßten Kapitel im I. und II. Teil dieses Buches, die – wie erwähnt – einen Zeitraum von vierzig Jahren umspannen, sind

Teil der psychoanalytischen Geschichte, die sie zugleich beleuchten. Das auf den Seiten 103ff. skizzierte Behandlungsbeispiel etwa stammt noch aus Heisings Freiburger Zeit (bis 1963).

Die beiden ersten Teile des Buches versammeln Beiträge Gerd Heisings zur Theorie und Praxis der Psychoanalyse. Am Anfang steht ein theoretisches Modell, in dem der Verfasser die objektpsychologischen Konzepte der britischen Schule unter einem sehr spezifischen und für ihn charakteristischen Blickwinkel aufgreift. Er legt besonderes Gewicht auf die Spaltung zwischen einem erregenden und zugleich versagenden Liebesobjekt einerseits und einem mütterlich versorgenden »Ruheobjekt« andererseits. Heising führt die Wurzeln dieser Konzepte auf Sigmund Freuds Beiträge über Sexualität und Partnerwahl zurück und wendet sich energisch gegen die Entsexualisierungstendenzen der Psychoanalyse nach Freud. Auch auf sprachlicher Ebene versucht Heising, der modischen Verflachung und gesellschaftlichen Anpassung der Psychoanalyse entgegenzuwirken, indem er die das Seelenleben und die Phantasien beherrschende Triebhaftigkeit, die um Gewalt und Tod kreisenden Themen benennt und, Freud folgend, aufzeigt, daß aggressive, destruktive Impulse gesellschaftlich nur mühsam sublimiert werden können. Damit setzt er zu einem mitunter recht eigenwillig anmutenden Brückenschlag zwischen der »klassischen« Triebtheorie Freuds und der Objektbeziehungstheorie britischer Provenienz an, die in den letzten Jahrzehnten des 20. Jahrhunderts in der Psychoanalyse der BRD zunächst eher verhalten rezipiert wurde. Heising ist fasziniert von der Dynamik des »erregenden und zurückweisenden, bösen Objekts«, die er in der Arbeit mit seinen Patienten erforschte und analysierte und deren Beschreibung zugleich einen Eindruck von seiner eigenen Persönlichkeit, von seiner Menschlichkeit, seiner Präsenz und Lebendigkeit im Umgang mit den Patienten vermittelt. Das 2. Kapitel gibt einen kritischen Überblick über die Spaltungskonzepte verschiedener psychoanalytischer Autoren.

Der II. Teil des Bandes enthält Beiträge über die Anwendung der objektpsychologischen Modelle auf unterschiedliche Praxisfelder, die im Laufe der Jahre in Gießen entwickelt wurden. »Der Ödipuskomplex und die primitive Objektbeziehung in der Gruppenanalyse« von Gerd Heising und Wolf-Detlef Rost, hier erstmals veröffentlicht, entstand 1979, etwa parallel zu dem Buch *Sozialschicht und Gruppenpsychotherapie* (Heising, Brieskorn, Rost), das 1982 bei Vandenhoeck & Ruprecht erschien. Um 1980 wurden auch die Arbeiten »Spaltungsprozesse bei stationärer Analyse« und »Zur Spaltungsübertragung auf einer Psychotherapiestation«

(teilweise zusammen mit Klaus Möhlen) verfaßt sowie der Beitrag über die Paartherapie mit Unterschichtpatienten (Gerd Heising et al.). Noch älteren Datums sind das stationäre Modell und das Fallbeispiel in Kapitel 6 – sie gehen auf die Freiburger Arbeitszeit zurück.

Während die Arbeiten zur Gruppenanalyse, zur Therapie mit Unterschichtpatienten und zur stationären Behandlung bereits teilweise publiziert wurden, machen die Beiträge über Supervision und psychoanalytische Ausbildung den jüngsten und bisher unveröffentlichten Teil der Arbeiten Gerd Heisings aus den neunziger Jahren aus.

Die im III. Teil versammelten Beiträge von Heisings Mitarbeitern, Schülern und Lehranalysanden entstanden in den vergangenen Jahren und werden hier (mit Ausnahme von Wolf-Detlef Rosts Arbeit »Die hilflose Verweigerung – Männer und Glücksspielgeräte«) erstmals veröffentlicht. In der breiten Streuung ihrer Themen, die neben der psychoanalytischen Einzelbehandlung zum Beispiel auch die Paartherapie, die Kinderanalyse oder die Arbeit mit Suchtpatienten umfassen, illustrieren sie die aktuellen Weiterentwicklungen und Anwendungsbereiche der Objektbeziehungstheorie Gerd Heisings.

Bernhard F. Hensel
Wolf-Detlev Rost
Elisabeth Vorspohl

I. Teil
Theoretische Grundlagen

1. *Gerd Heising*

DIE SEHNSUCHT NACH DEM VERBOTENEN, ZURÜCKWEISENDEN UND UNERREICHBAREN OBJEKT

Wir wollen immer das Verbotene
stets das Versagte begehrend
Ovid, Ars amandi

Einleitung

Vieles spricht dafür, daß Ovid von Augustus ans Schwarze Meer verbannt wurde, weil er den Ehebruch und die Dirnenliebe in seiner *Ars amandi* als attraktive, wenn auch gefährliche und verbotene Liebesbeziehung geschildert und damit gegen die Sitten der Väter verstoßen hatte. Für Sigmund Freud war das verbotene, in der Versagung begehrte Objekt des Ovid – die verheiratete Frau, die Dirne – die ödipale Mutter, die mit Grausen und Sehnsucht gefürchtet und geliebt wird und deren Eroberung Vatermord, Inzest und letztlich den eigenen Tod bedeutet.

Ronald Fairbairn hat das böse Objekt im Zusammenhang mit dem Sehnsucht-Haß-Dilemma der schizoiden Persönlichkeit und dem hysterischen Begehren als erregendes und zurückweisendes Tantalus-Objekt beschrieben. Dieses doppelgesichtige Tantalus-Objekt wird nicht zentral, sondern nur randständig introjiziert und bleibt fortwährend auf neue Objektinteraktionen angewiesen.

Melanie Klein hat die versagende oder giftige Brust und die bedrohliche Verfolgerbrust als frühes böses Objekt in den Phantasien des Kindes beschrieben, das seine eigenen Gier-, Neid- und daraus erwachsenden Verfolgungsgefühle auch auf den ausstoßenden Mutterleib projiziert, der alle Reichtümer für sich oder für die Geschwister behält und sich den Vater oder dessen Penis in einem gewalterfüllten, immerwährenden Geschlechtsakt einverleibt. Diese Imago der bösen Mutter taucht in Versagungssituationen auf und verdrängt die gute, Nahrung spendende, beruhigende Brustmutter – die unversiegbare gute Brust.

Donald Winnicott konzipierte eine Spaltung der Mutter in Objektmutter und Umweltmutter. Die Objektmutter entspricht der erregenden Brust, die mit sorgloser Erbarmungslosigkeit geliebt, aber auch angegriffen, zerbissen und zerstückelt wird, während die Umweltmutter emotional verläßlich für psychische und physische Wärme sorgt. Sie ist das ruhige und beruhigende »Hausobjekt«, das in der Küche hantiert, dem Kind Wärme und Geborgenheit vermittelt, gute, bekömmliche Nahrung spendet, das Kind zum Schlafen ins Bett bringt, die Vorhänge zuzieht, im Hintergrund summt und die Ruhe ausstrahlt, die uns später erfüllen wird, wenn wir uns zum Beispiel in einer heimatlichen Landschaft, beim Musikhören oder in Gegenwart eines geliebten Menschen bei uns selbst fühlen.

Böse väterliche Objekte sind, an die Urerfahrungen der Höhlenbewohner anknüpfend, der fressende Vater, der vergewaltigende, kastrierende, mörderische und inzestuös begehrende, übergriffige Vater. Böse Objekte sind auch der sich entziehende, unerreichbare Vater, der zürnende und strafende Gott-Vater, der ferne Ritter, der Matrose, der Fliegende Holländer, all jene Personifizierungen ferner, fremder Väter, die den Gegenpol zum Sicherheit und Geborgenheit gewährenden »Hausvater« verkörpern. Für unerreichbare und gefährliche Objekte stehen auch die gefährlichen Berggipfel, die todbringenden Gletscher, die Eisspalten oder die heimtückischen Felsenhöhlen über und unter dem Meer.

Unsere guten mütterlichen und väterlichen Objekte versprechen Schutz vor diesen Gefahren, doch ihre Stille und ihre wohltuende, beruhigende Kraft können zu symbiotischen Abhängigkeiten und Verschmelzungsphantasien verführen, eine stille, fast präödipale, fast präletale Ruhe verheißen, so daß man von ihnen nicht mehr loskommt. Die guten Objekte wecken kein erregtes Begehren wie die gefährlich-attraktiven zurückweisenden Objekte, sondern fordern auf, auszuharren in der Ereignislosigkeit vertrauter Landschaften.

In den folgenden Kapiteln wollen wir die wichtigsten objektpsychologischen Konzepte von Freud, Melanie Klein, Fairbairn, Winnicott und Kernberg skizzieren und im Anschluß an einen Rekurs auf Zagermann die klinische Bedeutung der sexuellen Attraktivität des bösen Objekts untersuchen.

Im II. Teil werden wir die klinische Arbeit mit Spaltungskonzepten in der psychoanalytischen Einzel- und Gruppentherapie, der stationären Therapie und der Supervision untersuchen und zeigen, wie sich Objektspaltungen mit Liebes-, Sehnsuchts- und Haßinteraktionen in der Übertragungsdynamik von Therapeuten und Patienten, Ausbildungskandidaten, Klinik- und Institutsmitarbeitern manifestieren.

Die hartnäckige Destruktivität, die das böse Objekt in klinischen Behandlungen entwickelt, zwingt den Patienten zu spezifischen Abwehrmechanismen. Eine herausragende Rolle spielen hier die Idealisierung und Vergötterung des Therapeuten und all dessen, was er repräsentiert. So wird in psychoanalytischen Ausbildungsinstituten in primitiver Spaltung der »verwahrloste Kliniker« dem »strengen, reinen Psychoanalytiker« gegenübergestellt. Eine abgeschwächte Form der Abwehr des bösen Objekts findet sich bei Klinikpatienten: Der idealisierte Analytiker wird durch objektaggressive und objektsexuelle Interaktionen in Nebenübertragungen von Liebe und Haß gleichermaßen ferngehalten.

Zur sexuellen Attraktivität des »bösen« Objekts: Sigmund Freuds sexuelle Objektpsychologie

Von Sigmund Freuds sexueller Objektpsychologie zu sprechen, mag zunächst verblüffen, da die »Objektpsychologie« eine tendenzielle Abkehr von der Triebpsychologie vollzog und die genitale Sexualität in den objektpsychologischen Theorien eher vernachlässigt wird. Wir orientieren uns jedoch an Kernbergs (1976) Definition der Objektbeziehungstheorie als Psychologie, die aktuelle zwischenmenschliche Beziehungen und deren Wurzeln in Beziehungen der Vergangenheit untersucht.

In diesem Sinn verstehen wir Freuds Verführungstheorie, seine infantile Sexualtheorie, die Schriften zum Ödipuskomplex und insbesondere seine *Beiträge zur Psychologie des Liebeslebens* als objektpsychologische Theorien. Am Anfang dieser Theorien steht die 1896 veröffentlichte sogenannte Verführungstheorie, eine Traumatheorie, die psychische Krankheiten als Folgen der sexuellen Verführung des sexuell unschuldigen Kindes durch inzestuöse Eltern oder Verwandte nachzuweisen suchte. Die sexuelle Verführung wird als spezifische Noxe erlebt, die das Kind passiv erleidet und die allein den triebhaft agierenden, inzestuösen Verführern anzulasten ist. Zehn Jahre später, in den *Drei Abhandlungen zur Sexualtheorie* (1905d), gab Freud die Theorie der realen Traumatisierung des unschuldigen Kindes auf und beschrieb die infantile Sexualität als Ursprung der Neurosen. Mit diesem Paradigmawechsel wurde das Kind zu einem sexuell Begehrenden mit einer phasenspezifischen oralen, analen beziehungsweise phallisch-genitalen Wunschwelt, die aggressive Triebabkömmlinge oral-sadistischer und anal-sadistischer Natur in sich enthält.

Spätestens 1910 hat Freud die charakteristische Eltern-Kind-Konstellation, in denen diese phasenspezifischen sexuellen Triebwünsche ausagiert werden, unter der Theorie des Ödipuskomplexes zusammengefaßt. In der ödipalen Beziehungswelt organisieren sich nach unserer heutigen interaktionellen Sicht interpersonelle Beziehungsgeflechte zwischen inzestuösen Kindern und inzestuösen Eltern, die einander begehren und ihre sexuellen Wünsche wechselseitig verschärfen und zuspitzen.

In einem unbewußt sexuellen Familienklima begegnen inzestuös begehrende Eltern Kindern, die durch Hauterregungen psychosexuell stimuliert werden und durch Brustsuche und Brustfinden oral-sexuelle Befriedigung finden. Sie empfinden aggressive anal-sadistische Sensationen im analen Stadium und zeigen auf der nächsten Stufe genitale Bevorzugungen für den heterosexuellen sowie aggressive Impulse gegenüber dem gleichgeschlechtlichen Elternteil (und umgekehrt).

Die Beiträge zur Psychologie des Liebeslebens

In den *Beiträgen zur Psychologie des Liebeslebens*, die Freud zwischen 1910 bis 1918 verfaßte und die zweifellos den Höhepunkt seiner sexuellen Objektpsychologie darstellen, führte er eine weitverbreitete Liebesunfähigkeit, die bis zu einem gewissen Grade »bei jedem Kulturmenschen« anzunehmen sei, auf die Unvereinbarkeit zwischen Idealisierung und Verehrung einerseits und sexuellem Begehren andererseits zurück.

Er stellte dar, daß das Liebesverhalten des Mannes in unserer heutigen Kulturwelt generell den Typus der psychischen Impotenz in sich trage und daß damit auch das Liebesleben der Frau durch kulturbedingte Frigidität eingeschränkt sei. In einer konsequenten Spaltung werden die zärtlichen und die sinnlichen Strömungen von Liebe und Begehren weit voneinander entfernt angesiedelt. Freud beschreibt eine besondere Objektwahl des Mannes: Die Fixierung an den »geschädigten Dritten«. Es handelt sich um Männer, die grundsätzlich die Frau an der Seite eines anderen und stets das Eigentum des anderen begehren. Dies führt Freud auf die ödipale Situation zurück, in der die Söhne den Vätern die Frau wegnehmen, das heißt, die Mutter sexuell erobern und den Vater in die Position des geschädigten Dritten bringen wollen.

In einer weiteren von Freud beschriebenen Objektwahl, der Dirnenliebe, kann das »keusche und unverdächtige Weib« niemals den Reiz ausüben, der das »sexuell anrüchige Weib« auszeichnet. Auch hier bildet das Zusammentreffen von Sexualtabu, infantiler Sexualforschung und Ödipuskomplex die Grundlage. Das Kind nimmt an, daß sich seine reine, heilige Mutter niemals auf eine sexuelle Interaktion mit dem Vater oder mit einem anderen Mann eingelassen habe.

Die Tatsache der eigenen Geburt oder der Geburt der Geschwister konfrontiert den Knaben mit der Erkenntnis, daß die Mutter »es doch getan« haben muß. Wenn er dann »den Zweifel nicht mehr festhalten kann, der für seine Eltern eine Ausnahme von den häßlichen Normen der Geschlechtsbetätigung fordert, so sagt er sich mit zynischer Korrektheit, daß der Unterschied zwischen der Mutter und der Hure doch nicht so groß sei, daß sie im Grunde das Nämliche tun« (Freud, 1910h, S. 73). Der kleine Junge sieht es als eine Art von Untreue an, daß die Mutter die Gunst des sexuellen Verkehrs nicht ihm, sondern dem Vater gewährte, und setzt die Suche nach der untreuen Hure im Erwachsenenleben fort. Im Unbewußten hat eine Spaltung zwischen einer »Madonna-Mutter«, die als Persönlichkeit von unantastbarer sittlicher Reinheit erhalten bleibt und deren Keuschheit mit Ehrfurcht und Respekt verehrt wird, und einer Hurenmutter stattgefunden. Der madonnengleichen Mutter gelten alle *zärtlichen* Strömungen, während sich die *sinnlichen* auf die mit »Sehnsucht und Grausen« und Rachsucht begehrte, verbotene Hurenmutter richten, die erniedrigt ist und erniedrigt, beschmutzt ist und beschmutzt wird und somit sadomasochistische Züge hat.

Freud schildert sodann die Rettungsphantasien des Mannes, der die immer wieder Gefährdete, die Dirne am Rande des Risikos und des Verlorenseins retten will, um unbewußt stets aufs neue diese Situation herzustellen: Der gute, scheinbar asexuelle Sohn rettet die vom »bösen« sexuellen Vater in der sadomasochistischen Urszene phantasierte, erniedrigte unschuldige Mutter. So kann die Schuld für die eigene Sexualität und die der Mutter verdrängt werden. Auch die ödipalen Schuldgefühle, die das Begehren der Mutter weckt, werden abgewehrt, da die »böse Sexualität« vollständig auf den Vater projiziert wird.

Für die weibliche Sexualität hat Freud ein Konzept entwickelt, dem eine sexuelle Objektbeziehungsspaltung zugrunde liegt: Viele Männer und Frauen bleiben fixiert an die »verbotene Liebe« und sind infolgedessen in der ehelichen, legitimen Interaktion frigide, während sie in der außerehelichen, illegitimen Partnerinteraktion sexuell erlebnis- und genußfähig sind.

So hat Freud für beide Geschlechter eine Spaltung in zärtliche und sinnliche Objektbeziehungen beschrieben, die den Schwierigkeiten des Kulturmenschen, Zärtlichkeit und Sinnlichkeit zu integrieren, zugrunde liegt: »Wo sie lieben, begehren sie nicht, und wo sie begehren, können sie nicht lieben« (1912d, S. 82). Ein häufig gewählter Ausweg aus dieser kulturbedingten Impotenz ist die *Erniedrigung des Liebesobjekts*. In dem Versuch, die Ehrfurcht vor dem Weibe zu überwinden, wird sexuelle Sinnlichkeit mit Merkmalen der anal-sadistischen Phase vermischt. Je erfolgreicher das Liebesobjekt anal-sadistisch fäkalisiert dem verachteten, wenig respektablen und entwerteten Triebobjekt angenähert werden kann, desto besser vermag sich der Neurotiker seiner erektiven Potenz zu vergewissern, da er dem ehrfurchtsvoll geliebten Weibe und der geheiligten Mutter und somit der verdrängten Inzestproblematik ausweichen kann. Dies trifft in abgeschwächtem Maße auch für Frauen zu.

Für beide Geschlechter gilt zudem, was Freud über die »verbotene Liebe« anführt. Ein mächtiges Verbot, so Bataille, »verleiht dem betroffenen Gegenstand eine Bedeutung, die er ursprünglich nicht besaß« (Bataille, zit. nach Dannecker, 1987). Je mächtiger das Verbot wirkt, je weniger es durch Eheerlaubnis, Liberalisierung, »sexuelle Befreiung« gelockert wird, je unüberwindbarer die Sexualität zwischen Mensch und Gott steht, desto größer sind ihre Spannung und Lust.

In dieser sexuellen Objektpsychologie ist die sexuelle Attraktivität eines unerreichbaren, widerstrebenden, gefährdeten, »ungehörigen« verbotenen Objekts, das ins Verderben führen kann, ebenso angelegt wie das Drama der Sexualität« (Dannecker, 1987), das Freud mit all seinem Skeptizismus und Kulturpessimismus bereits 1910 und 1912, in den beiden ersten Teilen seiner *Beiträge zur Psychologie des Liebeslebens*, analysiert hat.

Im folgenden werden wir zeigen, daß alle späteren Konzepte auf eine systematische Abschwächung und Abmilderung dieser provokativen Thesen hinauslaufen, die in besonderem Maße von der »Verflüchtigung des Sexuellen aus der Psychoanalyse« (Parin, 1986) betroffen waren. Indem wir diese Entwicklung nachzeichnen, stellen wir die Notwendigkeit oder die wertvollen Ergänzungen und Bereicherungen der Freudschen Theorie durch die ich- und objekt- bzw. selbstpsychologischen Konzepte keineswegs in Frage.

Als G. Zacharias (1964) auf dem Lindauer Psychotherapie-Kongreß über die »Antinomie zwischen Sexus und Individuation« referierte und die These vertrat, daß sexuelle Attraktion und Reife in einem eher kontradiktorischen Verhältnis stehen, wurden Freuds Thesen weder von ihm noch von den entrüsteten Diskussionsteilnehmern erwähnt. Der Kongreß bestand fast einmütig auf der beglückenden Synthese von Reifung, personaler Begegnung und sexueller Erfülltheit in der Nähe des *Mysterium conjunctionis* (vgl. die Aufspaltung in der folgenden Abbildung).

Sigmund Freud – sexuelle Objektpsychologie

1896 Verführungstheorie – 1906 Infantile Sexualtheorie – 1910 Ödipuskomplex
1910–1912 Beiträge zur Psychologie des Liebeslebens

FREUD

Madonna	Hure
Ehrfurcht	Sehnsucht und Grausen
Respektabilität	Erniedrigung
Keuschheit	Verbotene Liebe
Zärtliche Strömungen	Sinnliche Strömungen

ADLER, JUNG, FROMM

»Personale Begegnungen«	Polymorph-perverse
»Mysterium conjunctionis«	Sexualität mit Partialtriebcharakter
»Reife Liebe«	und Teilobjektbeziehungen

Desexualisierung
A. FREUD, FERENZI, RANK, »NEOFREUDIANER«,
Britische Schule – (M. KLEIN), FAIRBAIRN, BALINT,
KOHUT (Höhepunkt der Desexualisierung)

Resexualisierung
WINNICOTT, KERNBERG
Französische Schule – GRUNBERGER, CHASSEGUET-SMIRGEL,
OLIVIER

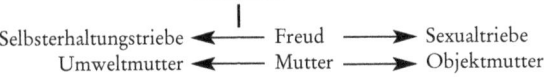

Selbsterhaltungstriebe ← Freud → Sexualtriebe
Umweltmutter ← Mutter → Objektmutter   WINNICOTT

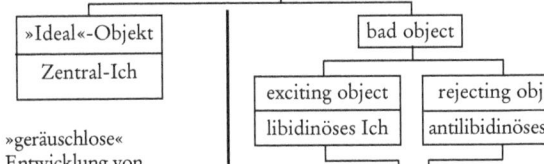

Präambivalentes Objekt

»Ideal«-Objekt	bad object	FAIRBAIRN
Zentral-Ich		
	exciting object / rejecting object	
	libidinöses Ich / antilibidinöses Ich	

Triangulierung	»geräuschlose« Entwicklung von		
Werkraum	psychischen Strukturen Wachstum	Tantalus-Objekt	v. MINDEN
Spielraum	Ich/Selbst-Stärkung		
		Begehrendes Objekt	OLIVIER
Raum der Übergangsobjekte	Stadium der reifen Abhängigkeit	Erregend sich entziehend / Erregend verfolgend	Geschlechtsspezifische Sexualisierung
Familialisierung der Männer u. Frauen	Fähigkeit zum Alleinsein Fähigkeit zur »reifen Liebe«	Männer / Frauen Frauen	HEISING – POLUDA-KORTE

1) Primärsexuelle Objektschule
2) Abwehr der Angst vor Symbiose
3) Abwehr des mütterlichen Begehrens
   Tröstung über Fehlen des mütterlichen Begehrens

»Reife« — Integrierte Sexualität
Anerkennug der Spaltung
Toleranz der polymorph-perversen
Position mit Partialtriebcharakter
und Teilobjektbeziehungen

Die Verdrängung der sexuellen Objektpsychologie

Parallel zu den *Beiträgen zur Psychologie des Liebeslebens* erarbeitete Freud in den Jahren 1910 bis 1915 ein neues Triebkonzept, das den sexuellen Trieben die Selbsterhaltungs- und Ichtriebe gegenüberstellt und die Abwehrmechanismen in den Vordergrund rückte, die gegen die Sexualität errichtet werden und manchem »sexualisierten« Analytiker seiner Zeit zu schaffen machten. So berichtet Parin (1986), daß Hitschmann, als Anna Freud nach Erscheinen ihres Buches *Das Ich und die Abwehrmechanismen* (1936) den Vorsitz in der Vereinigung übernahm, auf den Vorsitzplatz hindeutend sagte: »Dort ist Freud gesessen und hat uns die Triebe gelehrt – und nun sitzt Anna dort und lehrt uns die Abwehr« (Parin 1986, S. 16). Und Russell Jacoby (1986) kolportiert, daß Reich nach seinem Ausschluß 1934 auf dem Luzerner Kongreß der Vereinigung, wo er nur noch als Gastredner zugelassen war, die Frage aufwarf, »ob die Sexualität auch förderhin selbst ausgeschlossen würde und nur noch als Gast geduldet sei«.

Höhere Wellen schlugen indes die Desexualisierungskonzepte von Adler. Über die Bedeutung der Sexualität gab es in dem Dreieck Freud-Adler-Jung 1910 bis 1913 die ersten heftigen und zu Abspaltungen führenden Diskussionen. Adler und Jung versuchten, die primäre sexuelle Motivation abzuschwächen, zu korrigieren und zu ergänzen. Für Adler war die Sexualität ein Teil des Strebens nach Macht und Überlegenheit, der Phallus ein Zeichen der Macht, der Aggressionstrieb der eigentliche Motor der Sexualität. Sexualität wird demnach im Dienste des Erwerbs von Alltagsmacht instrumentalisiert. C. G. Jung hingegen hat die Psychoanalyse mit seinen Konzepten weitgehend desexualisiert. Er setzt ein präsexuelles Stadium voraus, beschreibt eine der Arterhaltung dienende »Urenergie« und stellt die »finale Vereinigung« mit der großen Mutter in Aussicht. Der Heros opfert die Mutter, um geistig in sie eintauchen zu können.

Jung begeistert sich für das *Mysterium conjunctionis* und ordnet die banale Sexualität eher dem Tierreich zu.

»Ich bin auf dem Lande unter Bauern aufgewachsen, und was ich nicht im Stalle lernen konnte, das erfuhr ich durch den Rabelaisischen Witz und die ungenierte Phantasie der Folklore unserer Bauern. Inzest und Perversitäten waren für mich keine bemerkenswerten Neuigkeiten und keiner besonderer Erklärung wert. Sie gehörten mit der Kriminalität zu jenem schwarzen Niederschlag, der mir den Geschmack am Leben verdarb, indem er mir die Häßlichkeit und Sinnlosigkeit der menschlichen Existenz nur zu deutlich vor Augen führte. Es war mir eine Selbstverständlichkeit, daß der Kohl auf dem Mist gedeiht. Ich mußte mir gestehen, daß ich darin keine hilfreiche Einsicht entdecken konnte. Das sind halt alles Stadtleute, die von der Natur und dem Menschenstall nichts wissen, dachte ich, dieser Widerwärtigkeiten längst überdrüssig. [...] Als ich bei meiner Arbeit an ›Wandlungen und Symbole der Libido‹ gegen den Schluß an das Kapitel über das ›Opfer‹ kam, wußte ich im voraus, daß es mich die Freundschaft mit Freud kosten würde. Es sollten darin meine eigene Auffassung des Inzestes, die entscheidende Wandlung des Libidobegriffes und noch andere Gedanken, in denen ich mich von Freud unterschied, zur Sprache kommen. Für mich bedeutet der Inzest nur in den allerseltensten Fällen eine persönliche Komplikation. Meist stellt er einen hochreligiösen Inhalt dar, weshalb er auch in fast allen Kosmogonien und zahlreichen Mythen eine entscheidende Rolle spielt. Aber Freud hielt an der wortwörtlichen Auffassung fest und konnte die geistige Bedeutung des Inzestes als eines Symbols nicht fassen. Ich wußte, daß er dies alles niemals würde annehmen können. [...] Schließlich entschloß ich mich zu schreiben, und es hat mich Freuds Freundschaft gekostet.« (Jung, 1971, S. 169–171)

So wird der Inzest bei Jung zu einem Symbol, zum Ausdruck eines »chthonischen Geistes« von erhabener Bedeutung. Jener Geist ist das andere Gesicht Gottes, die dunkle Seite des Gottesbildes. Jung staunt regelrecht über Freuds Ergriffenheit vor der Sexualität und deutet sie als Beleg für das Ergriffensein vom chthonischen Geist.

Zwei Tendenzen der analytischen Psychologie Jungs setzen sich bis in moderne Konzepte fort: die Neigung, die banale Sexualität des sterblichen Menschen auf ein tierisches Interaktionsniveau herabzusetzen, und der Anspruch, dieses Niveau zu überwinden und in die Gnade der Unsterblichkeit zu gelangen. In den späteren Bemühungen um eine humanistische Revision der Psychoanalyse könnte auch ein Affekt gegen die sexuelle Psychologie des »Menschenstallbetrachters« Sigmund Freud mitspielen. Und natürlich griff die öffentliche Diskussion – insbesondere im puritanischen Amerika – Jungs Anliegen auf, die Psychoanalyse vom »Kehricht-Kübel der kindlichen Sexualität« zu befreien.

Was jedoch die Desexualisierungskonzepte innerhalb der psychoanalytischen Bewegung selbst betrifft, so ist interessant, daß sich Positionen Adlers in der Ich-Psychologie und Positionen Jungs in gewissen »vergeistigten« Vorstellungen wiederfinden, ohne daß deren Urheber in der jeweiligen Theorieführung beim Namen genannt werden.

Innerhalb der freudianischen Gruppe Berlin-Wien-Budapest leiteten Rank und Ferenczi eine Desexualisierung der Freudschen Konzepte ein. Für Rank war nicht der Ödipuskomplex und damit die sexuell-aggressive Interaktion der Eltern-Kind-Beziehung das Urtrauma, sondern die Geburt. Die Geburtsangst wurde zum Modell für die Angst schlechthin. Rank spitzte seine Lehre programmatisch auf die Angst des Kindes vor der Vertreibung aus seiner pränatalen Sicherheit zu und fand seinen Beweis – ebenso wie Jung – in der Mythenbildung. Mutterschoß und Mutterleib wurden zum narzißtischen Phantasma, dem die Sehnsucht nach Wiederherstellung der Einheit gilt. Auch Ferenczi schließt mit seinem »maternalen Regressionszug« an Jung an und nimmt lediglich aufgrund seiner Zurückhaltung eine Zwischenstellung ein (Gast, 1989).

Ferenczi postuliert einen regressiven Wunsch, in den Mutterleib zurückzukehren – eine Sehnsucht nach narzißtisch-ozeanischer Verschmelzung und Einheit im Uterus. Im Gegensatz zu Jung aber räumt er der realen Mutterbeziehung und der realen pränatalen Existenz eine größere Bedeutung ein. Für Ferenczi ist der Orgasmus ein »Erinnerungsfest« an eine maternale Urbegegnung.

Ein mütterlicher Regressionszug bestimmte auch Ferenczis »aktive Technik«. Freuds sexuell-inzestuöser, polypmorph-perverser Sexualität stellt Ferenczi die Mutterzärtlichkeit gegenüber, wenn er die Sprachverwirrung zwischen dem Kind mit seinen prägenitalen Zärtlichkeitsbedürfnissen und den Erwachsenen beschreibt, die mit genital-sexueller Erregung reagieren, und daraus folgert, daß die Deutungstechnik, mit der ein Analytiker auf kindliche Zärtlichkeitswünsche antwortet, für den Patienten verständlich bleiben müsse.

Ferenczi ging in seiner Technik soweit, daß er eine »präödipal verkleidete Mutter« (Cremerius) spielte und seine Patienten wie Kinder umarmte, »herzte« und küßte. Seine Kritiker hielten ihm entgegen, daß er ein im präödipalen Muttergewand verkleideter, sexueller Erwachsenenverführer sei und seine Schuldgefühle verleugne, indem er behaupte: »Ich bin ja kein inzestuöser Verführer, wenn ich meine Patienten küsse, sondern nur eine liebe, prägenitale Mutter, die dem Kind die notwendige Zärtlichkeit gibt.«

Freuds Kritik an der »Kußtechnik« war wohlwollend ernst, humorvoll und zugleich verblüffend modern. Er riet dem Budapester Freund, vor dem Kusse stehenzubleiben, damit nicht über Berührungen die ganze Vielfalt des »demi-vierge-tum und der Petting-Parties« in der psychoanalytischen Technik Eingang fänden.

Ferenczi ist ein eklatantes Beispiel dafür, wie sich im präödipalen Kontaktangebot des Analytikers sexuelle Bedürftigkeit und sexuelles Begehren verstecken können (Knörzer, 1988). Die moderne »mütterliche Liebestherapie«, die sich von der »paternalistischen Vernunftstherapie« abgrenzen will, muß die sexuelle Bedürftigkeit und das sexuelle Begehren hinter jeder Zuwendung erkennen, sonst wird die Aufdringlichkeit des schweigenden Analytikers von der sexuellen Übergriffigkeit des unreflektierten Objektbeziehungsangebotes abgelöst.

Kommen wir nun zu Melanie Klein, die – als Triebtheoretikerin, die sie zweifellos war – mit der Theorie der inneren Objekte gleichwohl zur Desexualisierung der Objektbeziehungskonzepte beigetragen hat. Sie entwickelte eine oral-sexuelle Theorie, mit der sie die Prägenitalität der Freudschen Triebtheorie akzentuierte. Unter dem Druck der Libido und des Todestriebes spaltet das schwache Ich des Säuglings die Mutter in der Phantasie in Partialobjekte auf, nämlich in die gute und die böse Brust. Diese für die paranoid-schizoide Position charakteristische, mit Projektion und Introjektion einhergehende Spaltung ist notwendig, damit die gute Brust angesichts der durch die böse Brust drohenden Gefahren sicher erhalten und als inneres Objekt etabliert werden kann. Sie bildet daher in dieser Phase eine Voraussetzung für die Stabilisierung und Reifung des Ichs.

Kleins Konzept des frühen Ödipuskonfliktes mit einer sadomasochistischen Urszene und ihr Konzept der Figur der Vereinigten-Eltern laufen auf eine infantile Sexualtheorie hinaus, in der die Eltern in einer ununterbrochenen sexuellen Beziehung phantasiert werden – die mächtige Mutter enthält in ihrem Innern den Penis des Vaters oder den ganzen Vater, der sich seinerseits gewaltsam die Brust der Mutter oder die ganze Mutter aneignet oder sie vergewaltigt. Melanie Klein schreibt diese Phantasien dem infantilen, oralen und analen Sadismus zu, den das Kind auf die Eltern und ihren Koitus projiziert. Die Urszene und die durch sie mobilisierten ödipalen Konflikte finden in der Phantasie des Kindes gewissermaßen im Bauch der Mutter statt. Phantasien über sexuelle Interaktionen, wie sie Freud für den ödipalen Sohn mit einer sexuell begehrten Mutter beziehungsweise für eine ödipale Tochter mit einem sexuell begehrten Vater beschreibt, bleiben bei Melanie Klein eher sekundär. Sie begründete die britische Schule der Objektbeziehungstheorie, als deren weitere Vertreter Fairbairn, Guntrip, Balint und Winnicott zu erwähnen sind.

Ronald Fairbairns objektpsychologisches Spaltungskonzept und dessen Implikationen für den Ödipuskomplex

Fairbairn rückte das Bedürfnis des Kindes nach einem inneren und äußeren guten Objekt und die Abhängigkeit von ihm in den Vordergrund. Im Erwachsenenleben dient die Sexualität als Weg zur Objektfindung. Ist ein inneres gutes Objekt nur unzureichend verankert, kann die Sexualisierung zumindest Tröstung vermitteln. Unter diesen Umständen schreibt ihr Fairbairn eine Abwehrfunktion zu. Bekannt ist sein Diktum: »Ich habe noch nie einen Ödipus gesehen, der sich nicht letztendlich als unverbesserlicher Brustsucher entpuppt hat.« Bei übermäßiger Frustration in der präambivalenten Phase spaltet das Kind ein präambivalentes Objekt in ein gutes Idealobjekt einerseits und ein böses, erregendes und zurückweisendes Objekt andererseits. Das erregende und zurückweisende Objekt kommt einem »Tantalus«-Objekt nahe, das reizt und verlockt, verführt und straft, erregt und verfolgt, Angst erzeugt und externalisiert werden muß, während das ruhige, gute Idealobjekt die Bildung innerer Strukturen begünstigt und innerhalb eines ruhigen Familienklimas zur Entwicklung reifer Abhängigkeit führt. Dieses gute Objekt wird sozusagen geräuschlos aufgenommen und dient wie gute Nahrung dem Aufbau und der Entfaltung reifer körperlich-seelischer Strukturen (Guntrip, 1969). Es läßt das zentrale Ich entstehen, das aus der Idealobjektbeziehung zur befriedigenden und tröstenden Mutter der Kindheit hervorgeht.

Dem Objektpsychologen stellt sich die ödipale Situation nicht als Konflikt zwischen Über-Ich und Es dar, sondern als Drama zwischen bösen, erregend-verfolgenden und sexuell anziehenden inneren und externalisierten Objekten. Die wichtigste Neuerung, mit der die ödipale Situation das Kind konfrontiert, ist die Beziehung zu einem weiteren Objekt, dem Vater, und auf diese Beziehung wird unweigerlich dieselbe Ambivalenz übertragen, die das Kind zuvor gegenüber der Mutter erlebt hat. Infolgedessen spaltet es auch die Figur des Vaters in ein gutes und ein böses Objekt, assimiliert die guten emotionalen Erfahrungen, die es mit dem Vater sammelt, introjiziert randständig die erregenden und verfolgenden Interaktionserfahrungen und spaltet den frustrierenden Vater wiederum in ein erregendes und ein zurückweisendes Objekt. Das erregende Objekt ist mit dem libidinösen Ich, das zurückweisende Objekt mit dem anti-libidinösen Ich verbunden.

Das neue erregende Vaterobjekt wird überlagert vom mütterlich-erregenden Objekt, und das zurückweisende Vaterobjekt wird überformt vom mütterlichen zurückweisenden Objekt. Allerdings sind diese Beziehungen ausschließlich emotionaler Natur, da der Vater keine Brust besitzt. So vermittelt er Interaktionserfahrungen des emotionalen Gehaltenwerdens und der psychischen Versagung, die zunächst nicht durch kannibalistisch-orale Realerfahrungen, wohl aber durch entsprechende Phantasien verknüpft sind.

Wenn im späteren genitalen Stadium das Genitale des heterosexuellen Objekts das libidinöse Interesse weckt, ist die Mutter das Objekt mit Brust und Vagina und der Vater das Objekt mit dem Penis. Je befriedigender und ruhiger die emotionale Beziehung zur Mutter ist, je mehr gute Interaktionserfahrungen mit dem akzeptablen Idealobjekt oder der »genügend guten Mutter« erlebt werden, um so weniger dringlich sind die genitalen Bedürfnisse. Je frustrierender und ambivalenter die Beziehung zur Mutter war, um so aggressiver und sadistischer sind die Beziehungen zur Brust, zur Vagina und zum Penis des Vaters. Und um so gewalterfüllter werden auch die Urszenenphantasien.

Die Schwierigkeit der ödipalen Situation besteht darin, daß das Kind mit zwei ambivalenten Beziehungen gleichzeitig fertig werden muß: mit einem schlechten väterlichen Genitalbild und einem schlechten mütterlichen Genitalbild, die wiederum in entsprechend erregenden und zurückweisenden »Unterobjekten« verinnerlicht werden.

Die einfachste Lösung für den positiven Ödipuskomplex des Sohnes ist die Aufspaltung in ein erregendes heterosexuelles Objekt und ein verfolgendes, antilibidinöses gleichgeschlechtliches Objekt. Wir erhalten so das Bild einer lockenden, verführerischen Mutter und eines drohenden, kastrierenden, gewalttätigen sexuellen Vaters. Die unerträgliche Situation, in der das Kind mit zwei erregenden und zwei zurückweisenden Objekte konfrontiert ist, wird auf diese Weise, durch Spaltung, vereinfacht. Das Kind muß sich lediglich mit einem erregenden und einem zurückweisenden Objekt befassen.

Merkwürdigerweise geben sich jedoch sehr viele Kinder mit dieser einfachen Konfliktlösung nicht zufrieden, sondern spalten in einer anderen Art und Weise, indem sie das eine Objekt zu einem »Ruheobjekt«, einem akzeptablen Idealobjekt, machen und dem anderen sowohl die erregenden als auch die verfolgenden Anteile zuschreiben. Fairbairn selbst hat diese Objektaufspaltung nicht ausdrücklich betont; er hat sie aber in Fallberichten über hysterische Patienten beschrieben. Das Kind erhält durch sie einen hinlänglich guten, ruhigen Elternteil und einen erregenden, lockenden und zurückweisenden, verführerischen und sich entziehenden zweiten Elternteil. Mit der Verlötung von erregenden und zurückweisenden Zügen sind die spezifischen Charakteristika der Symptomatik und Objektsuche des Hysterikers zu erklären (Fairbairn, 1954).

Die abgespaltenen inneren Objekte (libidinös und anti-libidinös) mit den dazugehörigen Ich-Zuständen (libidinös und anti-libidinös) können als abrufbare Randintrojekte in Angstsituationen immer wieder aktiviert werden; sie machen den »Lärm des Lebens« aus, locken und verführen, ziehen an und erschrecken und vereinen auf merkwürdige, an die von Freud beschriebenen Inzestobjekte gemahnende Weise Sehnsucht und Grausen, Begehrtheit und Rachsucht.

Auch wenn sich die erregenden und zurückweisenden Interaktionsstrukturen wieder voneinander entfernen können, liegt ihr Ursprung doch sehr dicht beieinander. Ohne die sexuelle Triebdynamik zu bemühen, versteht Gerald von Minden die Kontamination von erregenden und zurückweisenden Objekten als Fortsetzung des Beziehungsdilemmas des ersten Lebensjahres: »Das erregende Objekt reizt und verlockt und hält den Erwachsenen in ewiger Wiederholung in der Tantalussituation gestörter Kleinkindentwicklung, als das Baby Erregung an bösen oder idealen Mutterfiguren verinnerlichten und in Abspaltung hielt, statt sie miteinander in Einklang zu bringen« (von Minden, 1988, S. 154).

Von Minden erinnert auch an die Faszination »moderner Nymphen« wie Brigitte Bardot, »die in dem Maße, in dem sie sich auf das Exhibitionieren von Reizqualitäten spezialisieren, die Entwicklung von Seinsqualitäten der vorwiegend guten Mutter verfehlen« (ebd., S. 155). Das kontradiktorische Verhältnis zwischen Reife und sexueller Attraktivität hat auch Zacharias (1964) am Beispiel von Brigitte Bardot, Marilyn Monroe und James Dean illustriert.

Gerald von Minden beschreibt die erregende Frau vom »Typ Bardame« (ebd.) und die ständige Verlötung zwischen dem libidinösen Ich und dem erregenden Objekt am Beispiel des Muttersohnes, der, ihm selbst völlig unbewußt, sein Leben lang an einem Teilobjekt der sich entziehenden bösen Mutter festhält. Gleichermaßen wiederholt die Vatertochter, ebenfalls unbewußt, an ihrem Partner Vatersehnsucht oder Vaterangst und -haß mit süchtig-zwanghaften Verhaltensweisen. Weit davon abgespalten ist das gute, akzeptable Idealobjekt, das in ruhiger, ordnender Weise Ich-Strukturen heranbildet und ins Stadium der reifen Abhängigkeit mit familiarisiertem Werkraum, Spielraum und Ruheraum führt.

Wir haben hier einen objektpsychologischen Ansatz mit einer ausschließlich auf Kontakt, Schutz und Sicherheit sowie Kontaktbindung zielenden – mehr oder minder erfolgreichen – Objektsuche. Sexualisierungen dieser Beziehungen sind Sekundäreffekte und geben das Scheitern der Suche nach einer Objektbeziehung zu erkennen.

Fairbairn betrachtet die Verlötung von erregenden und zurückweisenden Zügen als Charakteristikum der Symptomatik und Objektwahl des Hysterikers. Für den Hysteriker, so Fairbairn (1954), ist das erregende Objekt *überaus* erregend, während das zurückweisende Objekt *überaus* zurückweisend ist. Die Sexualität des Hysterikers ist extrem oral, während seine Oralität extrem sexuell ist. Je unausgefüllter die emotionale Interaktion mit ruhigen, verständnisvollen, warmherzigen Objekten in der frühen Kindheit bleibt, desto exzessiver – so können wir folgern – müssen die Geschlechtsteile libidinisiert werden. Diese Entwicklung beginnt mit der infantilen Masturbation, bei der eine Objektbeziehung phantasiert werden kann, die aktuell nicht zur Verfügung steht. Ihr Kennzeichen sind die Erregung und die Kontrolle der Situation. Eine früher traumatische Situation kann so unter Umständen durch Omnipotenzphantasien bewältigt werden.

Damit dient die Masturbation gleichzeitig auch zur Selbsttröstung (Green, 1982). Dies impliziert allerdings die Identifizierung des eigenen Geschlechtsteiles mit dem erregenden und verfolgenden Objekt, was wiederum bedeutet, daß das eigene Geschlechtsteil mit der sadistischen Bedrohung der oral-aggressiven Urszene in Zusammenhang gebracht wird. Das kindliche Geschlechtsteil, die Vagina der Mutter und der Penis des Vaters bilden eine Dreiheit im Rahmen der sexuellen Interaktion; Penis und Vagina sind mit oraler Aggression besetzt.

Die sadomasochistisch erlebte Urszene und die Verquickung mit dem erregten und verfolgendem Genitale weckte Phantasien von der Vagina dentata und dem beißenden Penis. Dies bedingt entsprechende Zustände des libidinösen Ichs, das von ständiger sehnsuchtsvoller sexueller Erregung getrieben ist, und des antilibidinösen Ichs, das mit großem Haß, mit Verachtung und Entwertung diesen erregenden Objekten und dem korrespondierenden libidinösen Ich gegenübersteht.

Diese innere Konstellation zwingt zu einer qualvollen Suche nach Sexualität und führt zur Lähmung der sexuellen Genußfähigkeit. Hier haben wir eine Erklärung für die ständige Suche nach sexueller Erregung bei gleichzeitiger Hemmung der erektilen Potenz oder der Unerregbarkeit der Klitoris – die genital-sexuelle Interaktion wird intensiv gewollt und gleichzeitig verweigert. Der sexuelle Hunger wächst, doch am Ende steht der Groll auf sich selbst, der die Selbstentwertung des hysterischen Menschen erklärt. Was Fairbairn im Falle des Hysterikers erkannte, nahm Freud – in abgeschwächtem Ausmaß – als generelles Merkmal des modernen Kulturmenschen wahr.

Unter diesen Umständen bleibt das Stadium einer reifen Abhängigkeit für den Hysteriker zwangsläufig unerreichbar. Er kann die Suche nach der »Hexenmutter« oder der erregenden, aber sich entziehenden, nur flüchtig präsenten Mutter nicht aufgeben. Er sucht die Mutter, die sich lockend über die Wiege beugt, dann im Dunkel verschwindet und ihn mit Sehnsuchtsschmerz und Verlassenheitsangst allein zurückläßt.

Später, in den ödipalen Wünschen, wenn sich die genital-sexuellen Triebe in den Objektbeziehungen spiegeln (Kernberg, 1976), sucht er die »Hurenmutter«, die ihn als sexuell ödipales Objekt begehrte, um ihm anzudeuten, daß es verlockend, aber verboten ist; die ihn sexuell erregt und sich infolge des Inzestverbotes von ihm abwenden muß, um sich wieder unter die Gewalt des Vaters zu begeben.

Die Erfahrung von ödipaler Verheißung und ödipaler Entsagung, von Lockung und Verzicht weckt das Begehren nach dem Unerfüllbaren, Unerreichbaren: »Ach, wie schön wäre gerade das, was nicht sein darf.« Mit diesem Begehren sind wir in unseren hysterischen Zügen identifiziert.

So sucht die Frau den sich entziehenden Vater, der die ödipale Tochter sexuell umwarb und Zukunftsversprechungen entwarf: »Eines Tages vielleicht ...« Der sexuell erregende Vater muß in der Ferne gehalten werden. Er darf auf keinen Fall der langweilige Haus- und Küchenvater, der Vater der »reifen Abhängigkeit« werden, der eine emotional nahe, väterliche Interaktion auf ruhiger Basis halten konnte. Es muß immer »der ferne Vater« sein, der jenseits der Banalität durch Haus- und Küchenstruktur auf der Straße, in der Stadt, als Matrose, als Fernfahrer oder fahrender Ritter gesucht wird – der Hysteriker ist identifiziert mit seinem Wunsch nach einem unbefriedigten – und nicht erfüllbaren – Wunsch. Er spaltet in ein gutes, berechenbares Hausobjekt, das mit ruhiger, wärmender, gedeihlicher, versorgender, stützender Qualität Wohlbehagen, Schutz und Sicherheit verspricht, gleichzeitig aber gerade aufgrund dieser Qualitäten, durch Hauspräsenz und Ruheraum, durch Ehevertrag und Werk- und Spielraum seiner erregenden sexuellen Attraktivität verlustig geht. Fern von ihm wird ein erregendes, frustrierendes und sich entziehendes Objekt mit sadistischen Einsprengseln phantasiert, das reizt und verlockt und stets das Gefühl hinterläßt, nicht befriedigt zu sein. Israel (1976) hat diese »unerhörte Botschaft der Hysterie« als allgemeine menschliche Versuchung beschrieben.

Israel stellt im Lacanianischen Diskurs die Begriffe »Lust/Pläsier« dem Begriff »Jouissance« (Genießen im Begehren) gegenüber (S. 102 passim). Für Freud sei die Lust in der Todestriebhypothese die Herabsetzung von Spannungszuständen, eine Rückkehr zum Nullpunkt, zum Tode. »Jouissaince« hingegen enthalte das Begehren, die Aufrechterhaltung von Spannung, die Suche nach glückseliger Erregung in der Erwartung des fernen Objektes. In ihr lebe die frigide Hysterikerin: Sie erwartet etwas wie die Rückkehr des schönen Matrosen oder hofft gleichzeitig, er möge in der Ferne bleiben, die die Kultivierung einer besonderen Liebe, die des Ritters für seine Dame, nicht stört.

Israel zitiert die Sehnsucht nach dem verlorenen Objekt, die in der höfischen Liebe des Troubadours das Begehren durch Distanzierung stützt, um den Ver-Lust der Spannung aufzuschieben. Da die Lust den Ver-Lust des Genießens bedeute, könne die Heilung der Frigidität der Hysterika »das Sterben erlauben«. Deshalb bestehe die Hysterika auf der unerfüllten Liebe. In ihr zeige sich Erregung, »etwas wie Leben«.

Winnicotts Konzept der Spaltung in die »ruhige« und die »erregende« Mutter

Winnicott hat diese beiden Bereiche, die Fairbairn streng objektpsychologisch zu erklären versuchte, wieder mit triebpsychologischen Aspekten gefüllt, und wir kommen damit zu einer Resexualisierung. Nach Winnicott macht der Säugling voneinander unterschiedene Erfahrungen: Zum einen die erregende Erfahrung mit der *Objektmutter*, einer Brustmutter, die er kannibalistisch-oral als Triebentladungsobjekt besetzt, zerstörend angreift, beschädigt und aussaugt. Von ihr befriedigt fällt er zurück, um sie in einem neuen Hungergefühl erneut anzugreifen.

Diese Brust der »erregenden Mutter« ist Objekt oral-sexueller und oral-aggressiver Triebentladungen und das Objekt von Angriffen, die die Mutter in ihrem Zustand der »primären Mütterlichkeit« toleriert. Sie ist mit dem Kind sehr stark identifiziert und beantwortet, sofern sie eine »hinreichend gute« Mutter ist, diese Attacken nicht nach dem Talionsprinzip. Wir würden diese Objektmutter in der Nähe des erregenden und zurückweisenden Objektes im Sinne Fairbairns einordnen.

Davon unterscheidet Winnicott die *Umweltmutter*, die »ruhige Mutter«, die das Kind hält und begleitet, mit dem Kind auf den Armen umhergeht, mit ihm spricht, die Rolläden herunterzieht, wenn die Sonne blendet, das Licht einschaltet, wenn es zu dunkel wird, für die angemessene Raumtemperatur sorgt, das Kind beruhigt, mit ihm summt und »erzählt«, immer in der Nähe ist, in der Küche hantiert »Klappermutter«), mit dem Kind lächelt, es trocken legt, es drückt und gern hat und somit die unerläßliche Voraussetzung für die Familisierung des Werkraums, des Spielraums, des Ruheraums und des ruhigen Familienklimas schafft. Die Umweltmutter ist der Garant dafür, daß das Kind trotz aller Mühen, die es bereitet, emotional angenommen wird und daß seine Triebwünsche, aber auch seine basalen Bedürfnisse angemessen beantwortet werden.

Die Objektmutter steht im Gewähren und Versagen in der Nähe des erregenden, zurückweisenden Objektes. Die Umweltmutter hingegen ist dem Idealobjekt Fairbairns verwandt.

Ruheraum und Urszenenraum

Für unsere Überlegungen ist nun wichtig, daß nicht nur die aggressiven und libidinösen Triebwünsche des Kindes eine entscheidende Rolle spielen, sondern auch die »fördernde Umwelt«, die seine vitalen Bedürfnisse befriedigt und eine Voraussetzung für psychische Reifung und Entwicklung darstellt.

Wir sind jedoch der Meinung, daß für eine günstige Entwicklung auch in späteren Phasen die Eltern oder die sie vertretenden Sozialisierungsinstanzen einen Spiel- und Werkraum zur Verfügung stellen müssen, der sich weder durch allzu großen Mangel noch durch allzu starke Stimulierung auszeichnet. Je weniger die Familie miteinander ruhig spricht, spielt, lernt, bastelt, je weniger sie gemütlich zusammen am Tisch sitzt oder Ausflüge macht, je emotional kälter der elterliche Raum ist, je weniger von den Eltern Triebruhe und Reproduktionsruhe interagiert wird, um so bedrängender und ängstigender werden sie als aggressive und sexuelle Kontrahenten und Handlungspartner erlebt. Die Phantasie der sadomasochistischen Urszene wird dadurch dramatisiert, abgespalten und verdrängt. Die vernichtenden Bilder der Urszene und des vereinigten Elternpaares werden dann später als Ort des Schreckens und der Vernichtung gefürchtet, infolge der Unintegriertheit aber auch immer wieder mit großer Faszination und nicht selten mit sexueller Erregung aufgesucht, um frühe Traumatisierungen zu überwinden. So schwankt das Kind, das befriedigende Interaktionen zur inneren Beruhigung nicht in Ruhe assimilieren kann, zwischen innerer Leere, schizoidem Rückzug und sadomasochistischer Urszene hin und her.

In der modernen Welt der vaterlosen und mutterlosen Gesellschaft gewinnt die sadomasochistische Urszenenphantasie erneut an Bedeutung, obwohl und vielleicht gerade weil die Sexualität weniger tabuiert ist als in der Vergangenheit. Wenn die Sexualität aber ungebrochen zum Ausdruck kommt und als alleinige Interaktion die Szene beherrscht, wenn im familiären Raum nicht gespielt und gesprochen, sondern eher wortlos agiert wird und Haß im Raum stehen bleibt, nimmt die Sexualisierung zu. Zwar wurde das Sexualtabu gelockert; die Sexualität scheint befreit worden zu sein, der kulturerzwungene Triebverzicht wurde relativiert. Die Sexualität aber ist durch Entseelung des elterlichen Raumes, durch vaterlose und mutterlose Auflassung des kindlichen Spielzimmers beherrschender, drängender, sehnsuchts- und angstbesetzer zugleich geworden.

Die Mischung von Sehnsucht und Grausen, die Freud beschrieben hat, hemmt nach wie vor eine angstfreie sexuelle Triebentwicklung und hält die polymorph-perverse Situation im Sexualleben der Erwachsenen weiterhin aufrecht. Deshalb finden wir die psychische Impotenz des Menschen mit denselben angstlindernden Objektwahlen in unserer heutigen Umwelt ebenso wie in der Umwelt von Sigmund Freud.

Ich hoffe gezeigt zu haben, daß sich Freuds Spaltungskonzept implizit in objektpsychologischen Konzepten erhalten hat. Ausdrücklicher benannt wurde dies durch Repräsentanten der französischen Schule wie Grunberger, Chasseguet-Smirgel und Olivier. Braunschweig und Fain (1971) sowie David (1971) betonen die begehrende Suche nach dem unerreichbaren, verbotenen, ödipal-idealisierten Objekt als entscheidenden Bestandteil der sexuellen Leidenschaft.

Grunberger hat die sexuelle Objektpsychologie Sigmund Freuds mit den frühen narzißtischen Phantasma-Konzepten pränataler Unsterblichkeitsphantasien verbunden. Chasseguet-Smirgel (1988) hat die Frage aufgeworfen, ob der erhebende Phallus, der als Symbol von Einzigartigkeit und universaler Omnipotenz und Integrität im Inzest eine idealisierte Herrlichkeit entfaltet (die zur Abspaltung eines anal-sadistischen Penis führen kann), anal-sadistisch entwürdigt werden muß, damit der Respekt vor dem idealisierten Vater überwunden werden kann.

Hier besteht eine Parallele zu Freuds Forderung, daß der »Respekt vor dem Weibe« überwunden werden müsse. Chasseguet-Smirgel hat auch die Freudsche Spaltung des Liebesobjektes in ihre Überlegungen einbezogen und eine geschlechtsspezifische Differenzierung hinzugefügt: danach spalten Männer häufiger in Mutter und Hure auf, betonen häufiger die Merkmale und Objekte der anal-sadistischen Phase, um sich gegen die

Verschmelzung mit der Inzestmutter zu schützen, während Frauen eher in einer triebgehemmten Idealisierung auf den Vater fixiert bleiben.

Heising und Poluda-Korte (1992) haben jedoch auch eine geschlechtsspezifische unterschiedliche Antwort auf die Reizaufrufe der erregenden Objekte festgestellt. Männer und Frauen reagieren unterschiedlich auf erregend sich entziehende, verfolgende Objekte. Männer fürchten sich vor sexuell bedrängenden Frauen und bauen gegen sie Abwehrstrukturen auf, da in ihnen Ängste vor der kontrollierenden, vereinnahmenden und verschlingenden Mutter aktiviert werden. Für Frauen hingegen kommen sexuell verfolgende, drängend-begehrende Männer durchaus als besonders attraktive Sexualpartner in Frage, da sie über das einstige Fehlen des mütterlichen Begehrens hinwegtrösten und Frauen sich vom Mann aufgrund der Geschlechtsdifferenz leichter »sexuell füttern« lassen können. Außerdem können die ödipalen Schuldgefühle, die mit der Sexualität verbunden sind, am Mann als dem Triebtäter, der nur »das eine will«, projektiv untergebracht werden. Die sadomasochistische Fäkalisierung drückt sich in der Phantasie aus, daß »der Verstand der Männer letztlich zwischen den Beinen hängt«.

Dieses Resexualisierungskonzept steht jedoch im Schatten der desexualisierten Objektbeziehungstheorie und vor allem der völlig geschlechtsneutralen Selbstpsychologie Kohuts, dessen Narzißmuskonzepte den Höhepunkt der Desexualisierung markieren.

Der große Erfolg der offenkundig desexualisierten Konzepte wirft einige Fragen auf: Warum mußten die Kategorien Geschlecht und Sexualität aus den Theorien der frühen Entwicklung und aus den hilfreichen Narzißmuskonzepten verbannt werden? Ist die Verflüchtigung des Sexuellen in der Psychoanalyse auf sozio-kulturelle Prozesse einer unisexuellen gesellschaftlichen Vereinheitlichung zurückzuführen? In welchem Zusammenhang steht die Verdrängung der anstößigen Theorieelemente mit der Verdrängung der Theorie an sich durch uns Analytiker? Inwieweit haben Vertreibung und Emigration der jüdischen Analytiker und deren Anpassungsprobleme in ihrer neuen Heimat bewirkt, daß die anstößigen und so gefährlichen Momente der Sexualität eher vernachlässigt und an ihrer Stelle unverdächtigere Theorieelemente der Ich-Psychologie und der desexualisierten Objektpsychologie und Selbstpsychologie bevorzugt wurden?

Wenn wir den Gedanken konsequent zu Ende dächten, könnte die Aufgabe der Sexualität als Konfliktmodell die Psychoanalyse, überspitzt formuliert, auf ihre Prähistorie zurückwerfen. Hier wird die geschlechtliche Frau auf die Mutter reduziert (Gast, 1989). Dem präödipalen Kind wird abermals jene asexuelle, weil geschlechtsneutrale Unschuld unterlegt, deren Enttarnung gerade das revolutionäre Potential der Freudschen Aufklärung auszeichnete.

Wenn Weiblichkeit im Mütterlichen steckenbleibt, wenn Männlichkeit über Phallisches und nicht über Penissymbole definiert wird, verliert die Psychoanalyse etwas von der sexuellen Konflikthaftigkeit, mit der wir und unsere Patienten tagtäglich konfrontiert sind.

Die Rückkehr zu Freuds sexueller Objektpsychologie könnte eine Neudefinition der sexuellen Reife erleichtern. Sexuelle Reife würde danach nicht bedeuten, daß die sexuelle Brisanz der polymorph-perversen Interaktionen, die mit Sehnsucht und Grausen begleiteten Partialtriebanteile und Teilobjektbeziehungen aus der Sexualität verschwinden müßten. »Reife« hieße vielmehr, daß eine integrierte Sexualität, eine reife menschliche Beziehung während der sexuellen Interaktion unter Anerkennung der Spaltung die polymorph-perverse Sexualität der Vorlust, der Schaulust, des Zeigetriebs sowie der oral- und anal-sadistischen Integration gewährleisten und das dritte Objekt in der Phantasie integriert werden kann. Die respektablen, idealisierten Eltern sollten *zumindest während der sexuellen Interaktion* spielerisch anal-sadistisch und oral-sadistisch sowie partialtriebmäßig und teilobjektbeziehungsmäßig entehrt werden können.

Die »reife genitale Sexualität«, die personale Begegnung, Zärtlichkeit und Sinnlichkeit in geglückter Einheit integriert, bleibt eine idealisierte Utopie. Wir sollten aufhören, dieses Ideal von den Patienten einzufordern oder gar den Anschein zu wecken, als hätten wir selbst dieses Ziel erreicht. Ansonsten wird die Psychoanalyse durch die Hintertür zu einer moralisch bewertenden und die Realität verleugnenden Instanz.

Die Ambivalenz in der Beurteilung der »reifen Sexualität« soll an zwei Äußerungen Kernbergs illustriert werden: Kernberg (1976, S. 201) beschreibt einen Therapieerfolg wie folgt:

> »Zu gleicher Zeit machte er (der Patient) eine bemerkenswerte Veränderung in seiner inneren Haltung während des Geschlechtsverkehrs durch. Er beschrieb diese Haltung als ein fast religiöses Gefühl, ein Gefühl überwältigender Dankbarkeit, Demut und Freude am gleichzeitigen Entdecken des Körpers seiner Frau und ihrer Person.«

Hier werden idealistische Therapieerwartungen bei Patienten und Therapeuten geweckt. Jahre später hat Kernberg die polymorph-perverse Teilobjektbeziehung in die liebende Paarbeziehung integriert.

Eine sexuelle Erotik, die den vollständigen und spielerisch wechselseitigen Genuß am Körper des anderen zuläßt, ist ein wichtiger Aspekt, der die Sexualbeziehung bereichert und die Freiheit zum Ausdruck bringt, sich gegenseitig als »Sexualobjekt« zu behandeln und behandeln zu lassen. Eine solche Freiheit kann die Befriedigung von sadomasochistischen Bedürfnissen in einer Beziehung zulassen, die von Liebe umfaßt oder gehalten wird. Sexuelle Phantasien zu teilen (Phantasien ödipaler Herkunft, die eine dritte Person beim Sexualerlebnis einschließen, in Verbindung mit Eifersucht und Neckerei, sind wahrscheinlich die am häufigsten vorkommenden Phantasien während des Sexualaktes) und sie tatsächlich oder symbolisch zu verwirklichen, kann das sexuelle Erleben des Paares bereichern, aber auch die Gefahr erhöhen, daß Aggression freigesetzt wird (Kernberg, 1980, S. 367). Hier nähert sich Kernberg Freuds realistischen Einsichten an. Die verdrängte anstößige Komponente, die sexuelle Attraktivität des »bösen« Objektes, kehrt zurück.

Sigmund Freud hat seinen oft radikalen Skeptizismus in all seinen Werken bis zu dem *Manne Moses*, erschienen in seinem Todesjahr, durchgehalten. In seiner desillusionierten Beschreibung der *banalen Sexualität des sterblichen Menschen* ist Sigmund Freud immer ein einsamer Rufer in der Wüste geblieben.

2. *Gerd Heising*

GUTE MUTTER – BÖSE MUTTER:
SPALTUNGSKONZEPTE BEI MELANIE KLEIN,
OTTO KERNBERG UND PETER ZAGERMANN

Während die ersten hundert Jahre der Psychoanalyse die Geschichte der Mechanismen Verdrängung und Verschiebung gewesen sind, werden die zweiten hundert Jahre eine Geschichte der Spaltung und projektiven Identifizierung sein, behauptet Grotstein (vgl. Zwiebel, 1985). In der internationalen Psychoanalyse hat eine Entwicklung eingesetzt, in der die auf Melanie Klein zurückgehenden Konzepte in der Diskussion zunehmend an Bedeutung gewonnen haben. Ausdruck dafür war z. B. die Tagung »Projektion, Identifizierung und projektive Identifizierung« 1984 in Jerusalem, von der Zwiebel (1985) berichtete – eine Veranstaltung, die in Deutschland kaum zur Kenntnis genommen wurde und hier nur geringe Resonanz fand.

Dennoch wurde es schließlich auch in Deutschland möglich, vor einem breiten Fachpublikum Theorien von Melanie Klein innerhalb der organisierten Psychoanalyse zu diskutieren, nämlich im Rahmen der Arbeitstagungen der DPV in Wiesbaden und Tübingen. Anlaß dazu war zum einen, daß in Wiesbaden Herbert Rosenfeld als anerkannter Vertreter kleinianischer Konzepte sowie Otto Kernberg, ein international renommierter Vertreter der Objektbeziehungstheorie, sprachen, zum anderen aber auch das Tagungsthema des Nationalsozialismus und seiner Aufarbeitung durch Psychoanalytiker (IPV-Kongreß Hamburg 1985). In dieser Diskussion wurde deutlich, daß die herkömmlichen Modelle der Psychoanalyse in der Erklärung des Ausmaßes an Spaltung, Idealisierung und Entwertung, Projektion sowie Zerstörung und Selbstzerstörung, wie sie im Nationalsozialismus freigesetzt worden sind, nicht hinreichen, während die kleinianischen Annahmen zum Verständnis des ungeheuren Geschehens ungleich mehr beitragen können.

M. Klein, Fairbairn, Guntrip, Winnicott und Kernberg sind nicht nur die bedeutendsten Repräsentanten der Objektbeziehungstheorie, deren Konzepte für den klinischen Praktiker von besonderem Interesse sind. Sie vertreten auch jeweils verschiedene Ansätze der Objektpsychologie, die sich gegenseitig ergänzen. Während Melanie Klein die psychoanalytische

Triebtheorie mit der Theorie der inneren Objekte verbunden hat und Kernbergs spezifische Objektbeziehungstheorie trieb- und ich-psychologische Ansätze integriert, rückt Fairbairn die Objektsuche des Kindes nach dem mütterlichen Objekt in den Vordergrund.

Melanie Kleins Konzept der paranoid-schizoiden und der depressiven Position

Melanie Klein – ganz der traditionellen Triebtheorie verhaftet und vom Dualismus Libido-Todestrieb ausgehend – beschreibt die Spaltung der Selbst- und Objektimagines im Kind als frühesten Abwehrmechanismus gegen die aus dem projizierten und re-introjizierten Todestrieb entstandene Angst. Nach ihrer Ansicht steht das Kind von Geburt an unter dem Eindruck der feindseligen bösen Kräfte, welche die Austreibung aus dem Mutterleib bewirkt haben. Es werden Objektvorstellungen der guten und bösen Brust entwickelt, so daß die Triebkräfte auf diese Weise kanalisiert und strukturiert werden. Diese Vorstellungen ermöglichen durch Projektion und Introjektion eine zunehmende Reifung des kindlichen Ichs.

In der triebpsychologischen Terminologie Melanie Kleins ausgedrückt, kommt es von Anfang an unter dem Triebansturm von Liebe und Haß zu einer Aufspaltung in die »nur gute« und die »nur böse« Brust. Es handelt sich hier um den zentralen Abwehrmechanismus der Spaltung, die als »Objektspaltung« oder als »primitive Objektbeziehung« beschrieben wird. Das Kind projiziert alle lustvollen Erfahrungen und Phantasien in die nur gute Brust und errichtet ein allmächtiges Idealobjekt, das unendliche Güte besitzt und mit dem nur guten Selbstaspekt eine ideale Selbstobjektkonstellation darstellt (Abwehrmechanismus der Idealisierung). Umgekehrt werden alle bösen Erfahrungen und destruktiven Phantasien, alle aus Gier, Neid und anderen aggressiven Impulsen (dem Todestrieb) gespeisten bösen Gedanken in die total schlechte, böse, verfolgende Brustmutter projiziert. Diese wird mit wütenden Destruktionsphantasien kannibalistisch angegriffen, zerstört, und als total schlechte Substanz introjiziert, um jedoch zugleich wieder externalisiert zu werden, so daß letztlich alles Böse externalisiert und nach außen verlagert wird.

Diese Projektionstechnik erlaubt dem Kind, sich mit dem »nur guten« Idealobjekt zu identifizieren, so daß eine »ideale Selbstobjektkonstellation« entsteht. Seine eigenen bösen Selbstanteile kann es projektiv an dem ausschließlich bösen Objekt abhandeln. Es werden zum Beispiel durch die eigene Gier verursachte unbefriedigende Situationen kausal einem bösen versagenden Verfolgerobjekt zugeschrieben. So wird das Selbst vor der Erkenntnis eigener, böser Anteile verschont. Der hohe Preis ist aber ein Gefühl von Angst und Verfolgung durch ein äußeres böses Objekt. Der entscheidende Punkt bei Melanie Klein liegt in der Errichtung von Objektvorstellungen, die nicht durch reale Interaktionen mit der Mutter bedingt sind, sondern lediglich Abkömmlinge des inneren Triebdrucks darstellen. Erst durch Bion, der das Modell des Containers entwickelte, und durch die Neokleinianer wurde die Fähigkeit der Mutter einbezogen, auf die Triebbedürfnisse des Kindes in angemessener Weise zu reagieren.

Melanie Klein beschreibt die Identifizierung mit den nur guten und nur bösen Projektionen als projektive Identifizierung. Durch den Abwehrmechanismus der Realitätsverleugnung werden Idealobjekt und Verfolgerobjekt weit auseinandergehalten. Die »Feenmutter« und die »Hexenmutter« haben nichts miteinander zu tun. Durch Spaltung, Idealisierung, Verleugnung und projektive Identifizierung wird die kindliche Phantasie beherrscht von einer absolut guten Idealwelt mit unermeßlichem Nahrungsreichtum und ungetrübter Lust, in die alle guten Selbst- und Objektbilder eingespeichert werden.

Draußen droht eine böse Verfolgerwelt voll projizierter Gier, voller Neid und toxischer Zerstörungswut, in der nicht nur alle bösen Objektbilder untergebracht sind, sondern auch die zugehörigen Selbstanteile als fragmentierte externalisierte Ich-Anteile. Die Teile des Selbst, die durch aggressive Gefühle mit dem bösen Objekt in Verbindung stehen, werden somit nicht akzeptiert, sondern projiziert. Die Spaltungsmechanismen beziehen sich also nicht nur auf die Außenwelt, sondern auch auf die Innenwelt: Den Teilobjektbeziehungen entsprechen fragmentierte Selbstanteile.

Melanie Klein beschreibt den Zustand der Aufspaltung in »nur gute« Selbstobjektkonstellationen und paranoid externalisierte »nur böse« Selbstobjektkonstellationen unter Verwendung des griechischen Wortanteils »schizo« (ich spalte) als paranoid-schizoide Position.

Durch eine günstige Triebkonstellation, aber auch, wie wir heute wissen, durch überwiegend gute Erfahrungen wird das Ich-Wachstum des Kindes gefördert. Zunehmend können sich Selbst und Nicht-Selbst differenzieren, und das Kind lernt, zwischen sich und dem mütterlichen Objekt zu unterscheiden. Es nimmt dunkel wahr, daß die »nur gute« und die »nur böse« Brust Bestandteile ein und derselben Person sind. Es ist ein und dieselbe Mutter, die das Kind aus der Wiege an die Brust nimmt und es achtlos schreien läßt. Es ist dieselbe Mutter, die zur Tür hereinkommt und den Raum verläßt, die sich liebevoll zu- und verärgert abwendet, die Nahrung und Lust spendet und Schmerzen und Schrecken zufügt. Die Alltagsmutter ist eine Feen- und Hexenmutter zugleich.

Dies bedeutet für das Kind, daß auch seine Liebe und sein Haß, genauer: seine orale Aggression, ein und demselben Objekt gelten, daß es die gleiche Mutter mit oral aggressiver Phantasie fressen, zerstückeln, zerstören will, die es unversehrt, heil und gut für immer bei sich behalten möchte. Das Bewußtsein, daß die angegriffene Mutter gleichzeitig die Mutter aller zärtlichen liebevollen Strebungen ist, daß dieselbe Person wütend zerstört und lustvoll geliebt wird, führt zu den Gefühlen der Trauer, Reue und Schuld, zur Angst vor Zerstörung und zum Wunsch nach Wiedergutmachung. Die depressiven Angstgefühle, die Verzweiflung aufgrund der Abhängigkeit von einem mit Schuld, Trauer, Sehnsucht besetzten und nach wie vor von eigenen oral-aggressiven Impulsen bedrohten Objekt können »manische Abwehrmechanismen« aktivieren, die mit einer Wiederbelebung von Allmacht und Omnipotenz, gemischt mit Verachtung oder omnipotenter Kontrolle gegenüber vollständig entwerteten Objekten, einhergehen – eine Verleugnung zwischenmenschlicher Abhängigkeit.

Die Bearbeitung des Ambivalenzkonfliktes durch Anerkennung des ganzen Objekts mit guten und bösen Teilobjekten und das Anerkennen eigener aggressiver und libidinöser Anteile sind für Melanie Klein zum zentralen Bearbeitungsfeld der depressiven Position geworden. Winnicott mißt diesem Konzept den gleichen Rang bei wie Freuds Konzept des Ödipuskomplexes (Winnicott, 1962).

Die Anerkennung von ganzen Objekten mit integrierten guten und bösen Selbst- und Objektimagines bewirkt eine Veränderung der Weltwahrnehmung des Kindes: »Menschen werden als getrennte Individuen erkannt, die untereinander in Beziehung stehen; insbesondere wird dem Kind die wichtige Verbindung zwischen Vater und Mutter bewußt, und das bereitet den Boden für den Ödipuskomplex« (Segal, 1973, S. 137).

Am Ende einer gesund durchlaufenen depressiven Position tritt das Kind als ganze und integrierte Person mit eigener Identität der Mutter und den übrigen Objekten abgegrenzt gegenüber. Ist dieser zentrale Entwicklungsschritt gelungen – die Ausdifferenzierung aus der ursprünglichen Mutter-Kind-Symbiose und die Integrierung der anfangs projektiv aufgespaltenen Anteile –, kann das Kind realisieren, daß es selbst und seine Mutter voneinander getrennte Personen sind, in denen nebeneinander »gute« und »böse« Anteile existieren. Dann ist es auch zur Erkenntnis, daß neben diesen Personen noch weitere Objekte existieren, nur ein kleiner

Schritt. Das Erkennen des Vaters als drittes Objekt – so zumindest der Gedanke Fairbairns – ergibt sich fast notwendig, wenn das Kind sein Selbst und die Mutter voneinander differenzieren und als abgegrenzte Persönlichkeit integrieren kann.

Primitive Objektbeziehung und ödipaler Konflikt

Melanie Klein zufolge wird der Vater nicht erst nach Bewältigung der depressiven Position, sondern schon sehr viel früher als existent gespürt und erahnt. Der Ödipuskonflikt wird zeitlich somit in eine sehr frühe Entwicklungsphase vorverlegt. Unter dem Triebdruck werden Vorstellungen vom Vater in der Phantasiewelt des Kindes erzeugt und häufig schnell verdrängt. Die Vorläufer des Ödipuskomplexes finden sich somit bereits in Teilobjektvorstellungen während der paranoid-schizoiden Position, so daß die Bewältigung des Ödipuskomplexes entscheidend durch die frühe Entwicklung des Kindes geprägt wird. Je stärker orale Aggression und projektive Verzerrung des bekämpften Objekts und damit eingehend die Idealisierung des geliebten ödipalen Objekts dominieren, um so mehr ähnelt der Ödipuskonflikt der primitiven Spaltungsabwehr der paranoid-schizoiden Position. Sie äußert sich in überstarker oraler Aggression und massiven Ängsten vor den genitalen Konflikten, die bei der Bewältigung des Ödipuskomplexes unumgänglich sind.

Die Ausdrucksformen der Verschränkungen des Ödipuskonfliktes mit prägenitaler, vorwiegend oraler Aggression sind von Melanie Klein anschaulich beschrieben und von Kernberg präzise formuliert und zusammengefaßt worden (Kernberg, 1975). Übermäßig starke orale Aggression in Form von Wut, wütender Gier und zerfressendem Neid führt in projektiver Identifizierung zu einer entsprechenden überstarken oralaggressiven Angst, vom Objekt gefressen und zerstört zu werden. Die Teilobjektvorstellungen von einer zerstörerischen Brust und einem zerstörerischen Penis sowie verschlingender und vernichtender Eltern werden vom Kind als bedrohliches vereinigtes Elternpaar erlebt. Diese intensiven Ängste lösen eine vorzeitige Entwicklung genitaler Triebstrebungen aus, mit deren Hilfe das Kind sich aus dem oralen Chaos zu retten versucht.

Die Bilder der verschlingenden und fressenden Mutter und des vernichtenden (nicht nur kastrierenden) Vaters verhindern eine Bewältigung der anstehenden genitalen Konflikte auf einer reiferen Beziehungsebene. Ödipale Verstrickungen auf dem Niveau der primitiven Objektbeziehung, geprägt und verfärbt durch orale Aggression, sind die Folge.

Am häufigsten beobachten wir diesen positiv ödipal geprägten Lösungsversuch in Form der Aufspaltung von Liebe und Haß. Die Vorstellung einer paradiesischen Idealbeziehung mit einem nur guten und mächtigen Idealobjekt (dem begehrten gegengeschlechtlichen Elternteil) kontrastiert mit der Bedrohung durch ein mächtiges böses Verfolgerobjekt (der bekämpften gleichgeschlechtlichen Elternfigur). Charakteristisch für diesen primitiven Ödipuskonflikt ist die Phantasie einer Objektspaltung in eine prädepressive Idealbeziehung zum guten Objekt einerseits und einer Vernichtung und Auslöschung des bösen Objektes, das durch den ödipalen Rivalen repräsentiert wird, andererseits.

Ähnliche kontrastierende Polarisierungen färben auch den negativen Ödipuskomplex. Die primitive Idealisierung des gleichgeschlechtlichen Elternteils geht einher mit einer totalen Ablehnung des bedrohlichen gegengeschlechtlichen Elternteils. Beide Lösungsmöglichkeiten erhalten ihre spezifische Einfärbung durch die orale Aggression, die den sexuellen Aktivitäten den Charakter promiskuitiver Raubzüge und den aggressiven Äußerungen kannibalistische Züge verleiht.

Die Prämissen der hier stark verkürzt geschilderten Positionen von Melanie Klein werden deutlich erkennbar. Zentral ist die von Freud übernommene Dualität von Lebens- (Libido) und Todestrieb (Destrudo), die als angeboren postuliert wird, wobei der Todestrieb in der Kleinschen Theorie die zentrale Position erhält.

Der erste Mechanismus zur Erschaffung von Objekten ist die Projektion, wobei libidinöse oder destruktive Impulse auf die Mutter projiziert werden. Das Kind erschafft die mütterlichen Objekte also aufgrund seiner genetisch angelegten aggressiven und libidinösen Triebimpulse, wobei die Realität der Mutterbeziehung bei Melanie Klein keine besondere Rolle spielt. Hier bleibt Klein bei allen revolutionären Ideen, die sie entwickelte, der damals herrschenden triebpsychologischen Auffassung von Freud, der das intrapsychische Konfliktmodell vertrat, treu.

Melanie Klein hat damit zwar entscheidende Impulse für die Entwicklung einer Psychoanalyse interpersonaler Beziehungen gelegt, ohne dabei aber selbst letztlich den monadischen Standpunkt zu verlassen. Ihr unbestrittener Beitrag zu einer Theorie der Entstehung innerer Objekte ist der, daß sich diese unter dem Triebdruck zunächst als Teilobjektvorstellungen manifestieren, die unterschiedliche – jeweils isolierte – affektive Momente der Mutter-Kind-Beziehung beinhalten.

Wir vertreten im Gegensatz zu Melanie Klein die Auffassung, daß diese inneren Teilobjekte auch ganz wesentlich ein Resultat der Verarbeitung wiederholter, realer Interaktionserfahrungen mit der Mutter sind. Aus dem Niederschlag dieser Erfahrungen bilden sich die Kerne der späteren Ich- und Persönlichkeitsentwicklung. Dabei sollten selbstverständlich angeborene Faktoren wie die Triebstärke nicht vernachlässigt werden. Nach Spitz (1959, S. 99) ist das »Ur-Selbst« des Kindes der Niederschlag des wahrgenommenen Handlungsaustausches mit der Umwelt. Schon sehr bald macht das Kind die Erfahrung, daß es in der Befriedigung seiner Bedürfnisse von äußeren Objekten – den pflegenden und frustrierenden Erfahrungen mit der Mutter – abhängig ist. Der Aufbau von inneren Objekten ist der Versuch des Kindes, sich mit diesen realen Erfahrungen auseinanderzusetzen und mit ihnen fertig zu werden. Ausführlich ist dies bereits von Fairbairn (1952, 1963) und Winnicott beschrieben worden.

Otto Kernbergs Konzept der Borderline-Struktur und der primitiven Spaltung

Daß die Konzepte Melanie Kleins in der heutigen psychoanalytischen Literatur wieder in den Vordergrund gerückt sind, ist nicht zuletzt Otto Kernberg zu verdanken, der die paranoid-schizoide Position als zentrale Grundlage der Abwehrstruktur bei frühen Störungen, Grenzfällen und narzißtischen Persönlichkeiten versteht (Kernberg, 1975).

Kernberg untersuchte die zuvor vernachlässigten psychischen Störungen, die zwischen Psychosen und Übertragungsneurosen angesiedelt werden, die sog. Borderline-Strukturen, und beobachtete als Hauptabwehrmechanismen die von Klein beschriebenen Spaltungsprozesse in »nur gute« und »nur böse« Objekt- und Selbstimagines und die diesen Prozessen zugrunde liegenden Mechanismen Verleugnung, Idealisierung, Projektion und projektive Identifizierung, Omnipotenz und Entwertung.

In einem genetischen Erklärungsmodell versucht Kernberg, die psychoanalytische Triebtheorie mit der Objektbeziehungspsychologie zu integrieren. Wir wollen seinen Erklärungsansatz kurz skizzieren:

Nach Kernbergs Objektbeziehungstheorie entwickeln sich die intrapsychischen Instanzen Ich, Es und Über-Ich aus Selbstbildern, Objektimagines und Affektdispositionen, die bestimmte internalisierte Objektbeziehungen widerspiegeln. Die frühesten intrapsychischen Einheiten dieser Art sind undifferenzierte Selbst-Objekt-Imagines, die mit starken affektiven Begleiterscheinungen gekoppelt sind. Die frühe Ich-Spaltung der paranoid-schizoiden Position bewirkt, daß alle lustvollen internalisierten

Erlebnisse zu einer primitiven Selbst-Objekt-Imago werden, die zum Ich-Kern ausgebaut wird. Alle angsterregenden lustvollen Erlebnisse werden in Form eines primitiven »Nicht-Ich« ausgestoßen und in ein Objekt projiziert, mit dem das Subjekt in ständiger Beziehung steht. So werden die ersten libidinösen und die ersten aggressiv besetzten internalisierten Objektbeziehungen aufgebaut. Primär, das heißt im Zustand der frühen Mutter-Kind-Symbiose, sind diese Selbstrepräsentanzen von den Objektrepräsentanzen noch nicht unterschieden.

Kernberg (1975) spricht hier von einer primitiven Selbst-Objekt-Imago. Das schon erwähnte Optimum von Nähe und Distanz vorausgesetzt, das es dem Kind nach und nach ermöglicht, sich mit sich selbst und seinem Körper zu beschäftigen, gelingt allmählich die Ausdifferenzierung und Integration der Selbst- und der Objektimagines. Damit bildet sich die Identität des Kindes aus. Indem es seine Ich-Grenzen gegenüber der Umwelt aufrichtet, lernt es, Innen und Außen sowie intrapsychisches und innerkörperliches Geschehen von den Vorgängen in der äußeren Welt zu unterscheiden. Eine übermäßige Befriedigung der kindlichen Bedürfnisse, die den Säugling am Aufbau seiner eigenen Identität hindert, sowie eine übermäßige Frustration seiner Bedürfnisse sind Ursachen für eine mangelhafte Selbst-Objekt-Differenzierung, »denn übermäßige Frustration verstärkt die (an sich normale) Tendenz zur regressiven Wiederverschmelzung von Selbst- und Objektimagines mit den dazugehörigen Phantasien der Vereinigung von Selbst und Objekt, um einen Zustand absoluter Befriedigung aufrechtzuerhalten oder wiederzuerlangen« (Kernberg, 1975, S. 47; siehe auch Volkan, 1978).

Mit dieser ungenügenden Ausdifferenzierung bzw. regressiven Wiederverschmelzung der Selbst-Objekt-Imagines sind nach Kernberg die Grundlagen zu den schwersten Störungen psychotischer Natur gelegt, in denen zwischen Ich und Nicht-Ich nicht unterschieden werden kann. Als einfaches klinisches Beispiel kann das Hören von Stimmen, die den Psychotiker belästigen, dienen. Die Stimmen werden wegen der fehlenden Ich-Grenzen als von außen kommend erlebt, da sie nicht zum Selbstkonzept passen und nicht als von innen kommende Impulse wahrgenommen werden können.

Wenn alles gut geht, werden Selbst- und Objektimagines in einer späteren Entwicklungsphase voneinander getrennt. Dieser Vorgang ist die Voraussetzung zu einer Abgrenzung zwischen Innen- und Außenwelt. Die nächste Entwicklungsstufe baut auf der hier schon besprochenen Integration der libidinösen und aggressiven Partialobjekt-Imagines und Partialselbst-Imagines auf. So wird die Bildung von ambivalenten Beziehungen zu Ganzobjekten ermöglicht und die Individuierung der Objekte erleichtert. Im günstigen Falle einer gesunden Entwicklung wird ein integriertes Selbst zum Zentrum des Ichs, um das sich internalisierte und integrierte Objektbeziehungen gruppieren.

Das Kind muß sich in seiner Entwicklung also zunehmend mit der befriedigenden und der frustrierenden Mutter auseinandersetzen. Es internalisiert diese Objektvorstellungen, lernt mit ihnen umzugehen, entwickelt seine Fähigkeiten zur Realitätsprüfung und zur Auseinandersetzung mit der Umwelt. Positive Umweltbedingungen vorausgesetzt, in denen das Kind genügend gute Erfahrungen mit der Mutter macht, um sich mit ihr als dem Idealobjekt zu identifizieren, wird das Kind allmählich zu der Erkenntnis gelangen, daß »gute« und »böse« Brust Bestandteile einer einzigen Person sind.

Ein »Selbst« als abgegrenzte Persönlichkeit kann jetzt in Beziehung treten zu einer äußeren Welt ganzer Objekte auf der Basis eines Mikrokosmos der internalisierten Selbst- und Objektimagines. Die Erreichung dieses Stadiums scheint ein Idealziel zu bleiben, das in sehr vielen Fällen nicht erreicht wird. Erfolgt die pathologische Fixierung an einer Entwicklungsstufe, auf der Selbst- und Objekt-Imagines nicht voneinander getrennt sind und folglich die Abgrenzung zwischen Selbst- und Außenwelt nicht gewährleistet ist, können sich psychotische Beziehungsstrukturen entwickeln. Die psychotische Beziehung ist gekennzeichnet durch die Verschmelzung von Selbst und Objekt. Damit geht ein totaler Verlust der Realitätsprüfung einher.

Ist die Differenzierung zwischen Selbst und Objekt hinreichend abgeschlossen, aber eine Integration der guten und bösen Selbst- und Objektimagines nicht erfolgt, dann überwiegen die uns bekannten Teilobjektbeziehungen, die frühesten Schichten entstammen und auf persönlichkeitsspezifische Eigenheiten der Objekte keine Rücksicht nehmen. Auf der Stufe der Borderline-Störung ist zwar das Realitätsprinzip (Unterscheidung zwischen Ich und Nicht-Ich) errichtet, aber andere Menschen werden nicht als eigenständige Personen wahrgenommen und akzeptiert, sondern unangemessen angegriffen und entwertet oder idealisierend geliebt.

Erst auf einer nächsten Entwicklungsstufe, die der neurotischen Störung entspricht, bildet sich aus der Integration der libidinös und der aggressiv besetzten Selbst- und Objektimagines die Fähigkeit zu reifen, integrierten Beziehungsstrukturen heraus. Sie ist dadurch gekennzeichnet, daß Objekte mit ihren spezifischen individuellen Eigenschaften gesehen werden können, selbst wenn sie zum Teil in verzerrter Form entsprechend den eigenen neurotischen Projektionen karikiert werden.

Kernberg entwickelte auch ein Behandlungskonzept der primitiven Spaltungsabwehr. Er betont, daß die Deutung der primitiven Objektbeziehung stets die im Konflikt liegenden Ich- und Objektbilder integrieren und darin zunächst die Hauptbezugsachse der analytischen Arbeit liegen sollte. Durch Deutung und Konfrontation der Spaltungsabwehr im Hier und Jetzt, durch ständige Hinweise, wie sehr, wie oft und mit welcher Konsequenz in der Übertragung aufgespalten, idealisiert, entwertet, projiziert und reintrojiziert wird, soll eine reifere Objektbeziehung erreicht werden. Dann erst kann die sich entfaltende Übertragungsneurose bearbeitet werden. Die durch Deutung vermittelte Umwandlung primitiver Partialobjektbeziehungen in reife Ganzobjektbeziehungen ist Kernberg zufolge therapeutisch oft ebenso effektiv wie die nachfolgende Auflösung der Übertragungsneurose.

In der Sprache Fairbairns formuliert, wird in Kernbergs Behandlungskonzept die Integration der abgespaltenen Ich-Strukturen mit den entsprechend verlöteten erregenden und zurückweisenden Objekten in den Vordergrund gestellt. Ziel ist die Stärkung eines zentralen und zentral steuernden Ich/Selbst bei gleichzeitiger Abschwächung und spielerischer Integration der abgespaltenen und nicht bewußten antilibidinösen und libidinösen Ich-Anteile sowie der mit ihnen verlöteten Objektbeziehungen.

Durch konsequente deutende Bearbeitung dieser Subsysteme in all ihren Manifestationen innerhalb und außerhalb des therapeutischen Systems soll das zentrale Ich/Selbst mit einem benignen, realeren und nicht illusionär-narzißtischen Idealobjekt gestärkt werden. Ziel dieser Behandlung ist Fairbairn zufolge das Stadium *reifer Abhängigkeit*. Im Stadium der reifen Abhängigkeit erkennt ein realistisches Ich selbst nach Ablösung symbiotischer Verschmelzungen und nach dem Verzicht auf hochstilisierte Idealobjekte die banale Grundtatsache einer notwendigen realistischen Abhängigkeit von durchschnittlich guten Objekten im familiären und beruflichen Bereich – im Gegensatz zu spektakulären Idealobjekten in einer verzerrt wahrgenommenen Außenwelt – an.

Peter Zagermanns objektpsychologischer Entwurf vom Triebdualismus: Eros und Thanatos

Zagermann (1988) ist in den objektpsychologischen Konzepten der psychoanalytischen Literatur am weitesten zurückgegangen, nämlich bis zur frühen pränatalen Faszination des Mutterleibs, zu der von Grunberger und Chasseguet-Smirgel beschriebenen Sehnsucht nach pränataler ozeanischer Großartigkeit, zum ozeanischen Gefühl vollkommener Harmonie und narzißtischer Herrlichkeit, einer paradiesischen Einzigartigkeit im Leib der Mutter, wo Milch und Honig fließen würden, aber nicht zu fließen brauchen. Die Sehnsucht, in diesen Mutterleib zurückzukehren, ist mit Verschmelzungssehnsucht verbunden und wird deshalb von Angst visionen der Ich-Auslöschung begleitet.

Das Streben nach Fusion und Identität mit dem Urobjekt löscht konsequenterweise die Ich-Individualität aus. So bedeutet die fusionäre Verschmelzung den Tod. Dies führt zu einer primitiven Spaltungsimago des Ur-Objektes: der Imago der schreckenerregenden, verschlingenden Mutter. Dieses Urungeheuer begleitet die Phantasmen der pränatalen Herrlichkeit und ihrer intrauterinen Welt.

Das fusionäre Streben ordnet Zagermann dem psychischen Todestrieb zu, die aggressive Gegenstrebung und die aggressive Angst vor dem verschlingenden Urobjekt dem Eros. Beide Aspekte besitzen eine Attraktivität, die im Falle der Fusionswünsche und -ziele unmittelbar einleuchtet: Der Mensch versucht seine pränatale Herrlichkeit zu wiederholen und will mit dem thanatalen Fusionswunsch nach objektloser Ruhe oder ewig süßer Nacht auch die von Dichtern oft besungene Harmonie erreichen.

Aber auch die Konstellation der verschlingenden Urmutter entspricht nach Zagermann einem idealisiert fusionären masochistischen Wunsch: Zagermann zitiert den flämischen Mystiker Ruisbroek: »Verschlinge uns und führe uns in Deinen Abgrund und mache, daß wir Deines geliebten Seins teilhaftig werden« (Zagermann, 1988, S. 423).

Die Aggression gegenüber dem Objekt ist nach Zagermann erst eine Reaktion des in seiner Verwirklichung behinderten Todestriebes. Der Neid ist Folge der Unerfüllbarkeit der Fusionsängste. Eine pervertierte Form des Lebenstriebes ist der Wunsch, in archaischer, destruktiver Ausweitung des Mutterbauches zum glatten Uterus (ohne Penis des Vaters, ohne Kinder) vorzudringen, bis hin zum oral-sadistischen Zerstückelungsangriff auf die sich selbst fütternde Brust, ja bis zum koital-aggressiven Verwaltigungseindringen als Rückkehrversuch in den Schoß der Mutter. Illustrierend zitiert Zagermann die oral-sadistische Phantasie eines Patienten: Eine fette Frau auszuziehen, zu fesseln (damit die Mutter nicht weglaufen kann), zu knebeln (damit die Mutter ihn nicht fressen kann) und ihr den Bauch aufzuschlitzen, um in ihr Blut einzutauchen. Erst das Auftreten einer mit einem unbeschädigten Phallus versehenen Vater-Imago repräsentiert die ödipal verbietende Macht der Kastrationsdrohung des Vaters, des an das Ich gerichteten Verbotes, in der Urszene an seine Stelle zu treten. In einer solchen reiferen Form der Urszene wird der von der Mutter ausgehende todestriebhafte Sog des Verschlingens allmählich überwunden.

Im Inzest mit der eigenen Mutter allerdings wird das fusionär-inzestuöse Triebziel des Thanatos reaktiviert. Dies erklärt, warum der reale Inzest mit der Mutter – anders als der Inzest mit dem Vater – sehr oft zur Psychose und zu anderen Formen des Ich-Zusammenbruches führt.

3. Gerd Heising und Georg Trümper
ZUR KLINIK DER THANATALEN UND SEXUELLEN OBJEKTPSYCHOLOGIE

Das objektpsychologische klinische Material der britischen Schule ist häufig beschrieben worden. Ergänzend möchten wir die folgenden thanatalen und sexuellen objektpsychologischen klinischen Beispiele hinzufügen. Wir beginnen mit zwei Beispielen, in denen die intrauterine Katastrophe im Sinne der Theorie von Sampson und Weiss (1977) gemeistert wird, indem Katastrophen durch Test und Meisterung von Passivität in Aktivität verwandelt werden. Hier zeigen sich auch die Attraktion intrauteriner Gefahr und ihre Meisterung durch Überwindung des Geburtstraumas.

Beispiele intrauteriner Gefahrenmeisterung

Im folgenden versuchen wir, mehrere scheinbar sehr unterschiedliche Erscheinungen unserer heutigen Welt psychodynamisch zu erklären.
1. Das Phänomen Bungee-Jumping
2. Ein Falltraum, der sich seit der Kindheit wiederholte
3. Assoziationen zum Begriff Sturzgeburt
4. Ein Erlebnis beim Höhlentauchen

1. Bungee-Jumping

Vom Bungee-Jumping war ich (G. T.) früher besonders angezogen, ohne mir die Faszination dieses kopfstürzenden Manövers zunächst erklären zu können.

Angstlust in diesem Zusammenhang bedeutet für mich, daß in der Nähe der Gefahr auch höchste Spannung und Lust liegen.

Es übte eine intensive Anziehung aus, den Grenzbereich zwischen vermeintlicher Lebensgefahr und einer merkwürdig diffusen Vorstellung von Abenteuerlust auszuloten.

Als spontane Assoziation und schließlich als für mich evidente Deutung fiel mir ein, daß Bungee-Jumping auf symbolischer Ebene der Versuch sein könnte, eine Nabelschnur zu zerreißen.

Bungee-Jumping ist nur möglich, wenn man mit den Füßen an ein starkes Gummiseil gekettet wird, bevor man sich in den Abgrund stürzt. Zur Beruhigung legen die Veranstalter gelegentlich ein großes Luftkissen aus. Im konkreten Fall konnte ich aber nicht in Richtung des Kissens springen, da sich dieses knapp außerhalb der Fall-Linie befand. Tatsächlich sprang ich also in Richtung des Asphalts (oder vielleicht in den Asphalt).

In Neuseeland ist es üblich, beim Bungee-Jumping kopfüber in das Wasser eines Flusses einzutauchen.

Ebenso wie bei anderen Formen sehr großer seelischer Anspannung und gleichzeitiger Beschleunigung des Körpers tritt auch beim Bungee-Jumping das Phänomen einer subjektiven Zeitdehnung auf.

Beim Sprung hat man das Gefühl, daß der Fall keineswegs so rasend ist, wie einem die Luft um die Ohren pfeift, sondern daß er eigentlich erstaunlich lange dauert (vgl. das subjektive Zeiterleben im Falltraum). Zum anderen wird bei hoher Geschwindigkeit (so auch beim Autofahren) eine konzentrische Einengung des Gesichtsfeldes erlebt.

Das heißt, man springt, zurückgehalten von einer starken, nicht zerreißbaren Nabelschnur, in einen Tunnel, der sich im Flug konzentrisch zu verengen scheint; der Vorgang dauert subjektiv wesentlich länger, als es sich von außen betrachtet darstellt.

Nach dem Sprung ist eine extreme Vitalisierung zu verspüren. Ob sie durch Endorphine bedingt ist, bleibt dahingestellt.

Auf einer tieferen, symbolischen Bedeutungsebene scheint mir die Todesnähe, die Angst vor dem Zerreißen des Seils, das Springen in einen verschlingenden Schlund und gleichzeitig das Springen in etwas hinein – und dies alles unter lustvoller Besetzung – das eigentlich Bedeutungsvolle zu sein, so als könne man durch Anspannung aller seelischen Energie ein Geburtstrauma wiederholen und dabei kontrollieren.

2. *Geburtstraum*

Als weiteres Phänomen möchte ich einen Traum schildern, den ich in stereotyper Weise während meiner Kindheit immer wieder träumte.

Ich stehe an einem Abgrund und sehe mich, allein schon durch den Blick nach unten, genötigt zu springen. Quälend und lustvoll zugleich war es, diesen Sprung mehrfach in einem Traum wiederholen zu müssen. Auch hier gab es eine merkwürdige zeitliche Dehnung: Der Fall war keineswegs so schnell abwärts wie etwa real der Sprung eines Kindes von einer Mauer oder einem Sprungbrett. Erinnerlich war mir auch ein sprachlich schwer faßbares Eindringen bzw. Eingetauchtwerden in ein eher weiches Material.

Das heißt, auch hier fand eine Verlangsamung, eine quälende Abwärtsbewegung statt, der insgesamt etwas merkwürdig Lustvolles innewohnte. Dieser Traum wiederholte sich über Jahre. Als ich mir diesen Traum später als Geburtsvorgang deuten konnte, kehrte er nicht wieder.

3. Assoziationen zum Begriff der Sturzgeburt

Mit den beiden vorangegangenen Themen möchte ich nun einen Begriff in Verbindung bringen, der mich als Kind emotional berührte und sich mir in besonderer Weise einprägte – der Begriff »Sturzgeburt«.

Ich vermute, daß dem Menschen eine Erinnerungsspur an einen Urzustand des schwerelosen Schwebens in der Fruchtblase bleibt (in der intrauterinen Realität ist er allerdings durch die Nabelschnur mit der Plazenta verbunden).

Ich phantasiere, daß sich beim Reißen der Fruchtblase plötzlich die Schwerkraft des Menschen bemächtigt und er zum ersten Mal das Gefühl einer starken Kraft spürt, die ihn ergreift und gleichzeitig in den Gebärkanal nach unten zwingt, wo er die Not der Einengung und des Nichtvorankommens spürt.

Hier assoziiere ich ebenso wie beim Bungee-Jumping und beim Falltraum Abwärtsbewegung, Fallen, drangvolle Einengung und subjektive Zeitdehnung.

Warum war aber einer der ersten spontanen Einfälle bezüglich des Bungee-Jumping der eines unbewußten Wunsches, die Nabelschnur zu zerreißen?

Beim realen Gummiseil hätte dies den sofortigen Tod zur Folge, denn hier wird die tödliche Bedrohung und deren Überwindung inszeniert. Auf der Symbolebene wird man durch das Halteseil gewissermaßen in den Gebärkanal zurückgezogen; der Austreibungsvorgang verläuft sozusagen stockend, teilweise retrograd – in mehreren Wellen – wie unter den Wehen.

Die Inszenierung scheint mir etwas Zwiespältiges zu beinhalten: Die endgültige Befreiung und Loslösung – der Weg nach draußen – gelingt nicht. Andererseits ist auch ein Zurück in den seligen Zustand glückliche Schwebens wie in der Fruchtblase nicht mehr möglich, so daß der Mensch sozusagen »zwischendrin« bzw. »unterwegs« höchst unbefriedigt ist.

4. Höhlentauchen

Das Tauchen mit Flossen und Schnorchel empfand ich schon als Kind erregend und spannend. Ich erlebte es wie einen glücklichen, schwerelosen Schwebezustand.

Beim Tauchen an einer Felsenküste des Mittelmeeres habe ich mich einmal selbst in eine nicht ungefährliche Situation begeben, als ich in eine Höhle bzw. Grotte hineingetaucht bin, die teilweise unter Wasser verlief. Als sich die Höhle unterhalb des Wasserspiegels zu einer Spalte verengte, hatte ich Mühe, mich zu befreien, zumal auf dem Rückweg eine von außen kommende höhere Welle auch den Eingang geflutet hatte. (Natürlich hatte ich wassertretend zunächst vorsichtig abwartend längere Zeit vor dem Eingang zugebracht, um den Wellengang zu beobachten).

Ich deute mir dieses Phänomen als einen Wunsch, in den Uterus zurückzukehren. Der Weg ins Freie war tatsächlich beklemmend und verlief unter großer innerer Anspannung und Atemnot.

Nach meiner Auffassung haben all diese verschiedenen Phänomene ein Thema gemeinsam, nämlich den Geburtsvorgang, die Trennung von der Mutter und die regressive Sehnsucht zurück ins mütterliche Paradies.

Inszeniert werden die Bedrängnis in der Nähe des Todes und der Wunsch nach lustvoll-ängstigender Wiederholung mit Kontrolle des Geburtstraumas. Vielleicht spielt auch der Wunsch nach endgültiger Befreiung (durch das symbolische Zerreißen der Nabelschnur) eine wichtige Rolle.

Wie kommt aber die lustvolle Besetzung der beschriebenen, doch eher angstauslösenden Phänomene zustande? Wenn man davon ausgeht, daß die oben genannte Not des »Nichtvorankommens«, das heißt das Geburtserleben, tatsächlich unlustvoll ist und dieses bedrängende Erlebnis in vorsprachlicher Zeit stattfand, liegt die Annahme nahe, daß sich seine lustvolle Besetzung aus dem Wunsch herleitet, es nachträglich zu bearbeiten: Ein Zustand extremer Abhängigkeit und Todesangst soll durch »aktive Meisterung« bewältigt werden, damit die ehemalige reale Abhängigkeit in Omnipotenz und in philobatische Geschicklichkeit umgekehrt werden kann. Hierfür geben der sich wiederholende Falltraum und die Inszenierung des Tauchens bzw. des Bungee-Jumping Beispiele.

Allen beschriebenen Phänomenen ist gemeinsam, daß sie, obwohl sie an sich unlustvoll und angstbesetzt sind, gleichwohl in einem engen zeitlichen und assoziativen Zusammenhang mit existentiellen Erlebnissen des Übergangs und der Trennung stehen: der Loslösung aus einem Zustand des glücklichen Schwebens vor langer Zeit hin zu einem Augenblickszustand intensivster körperlicher Befreiung.

Dies geschieht kurz vor der Durchtrennung der Nabelschnur, wenn sich die Lungen blähen und der erste Lebensschrei mit extremer Erleichterung ausgestoßen werden kann.

4. Gerd Heising
ZUR KLINIK DER SEXUELLEN OBJEKTWAHL

In den vorhergegangenen Kapiteln haben wir gesehen, daß die Liebessehnsucht des Ödipus, in das Innere der Mutter einzudringen, prägenitale Wurzeln hat. Ödipus will in den Bauch der Mutter zurück, um pränatale Harmonie zu erleben, aber auch um die Mutter auszuplündern, auszurauben, und aus ihrem Bauch einen glatten Uterus ohne den Penis des Vaters zu machen.

Vom narzißtischen Sehnsuchtstrip nach objektloser und undifferenzierter Harmonie bis zum oral-sadistischen Raubzug und zur Trennung des bedrohlich vereinigten Elternpaares im frühen Ödipuskonflikt entstehen präödipale und frühödipale Kontaminierungen von einer bösen Mutter und einem bösen Vater, so daß eine überaus gefährliche Vater-Mutter-Imago verinnerlicht wird.

Damit werden alle sexuellen Beziehungen als bedrohlich und aggressiv durchsetzt erlebt. Das Eindringen in den mütterlichen Leib ist mit der Gefahr der Zerstörung des eigenen Leibes verbunden. Was das Kind im Leib der Mutter zerstören will, erlebt es projektiv nach dem Talions-Prinzip als Zerstörung des eigenen Leibes. Die Vagina bekommt einen bedrohlichen Charakter, aber nicht mehr als Verschlingungsobjekt, nicht als Ausstoßungsobjekt, sondern als Verletzungsobjekt in Form der Vagina-Dentata.

Die genitalen Strebungen werden von den narzißtischen Traumatisierungen der pränatalen Sehnsuchtsmutter und von den oral-sadistischen Vergeltungen der präödipalen Zerstörungsmutter überlagert. So entsteht das Bild einer prägenital und genital gefährlichen, kastrierenden Mutter. Es bleibt eine ungenügende Differenzierung zwischen Mutter und Vater, denn eine realitätsgerechte Differenzierung ist unter dem Einfluß exzessiver Spaltungsprozesse nur sehr mangelhaft gelungen.

Dies hat zur Folge, daß alle Beziehungen zur vereinigten Vater-Mutter-Imago bedrohlich und aggressiv durchsetzt werden. Für das männliche Kind bieten sich drei Lösungsmöglichkeiten an:

1. Die Verstärkung des negativen Ödipuskomplexes, die feminine Position und die Unterwerfung unter den Vater – eine labile Situation, da auch der Vater als bedrohlich empfunden werden kann.
2. Eine Befriedigung oral-aggressiver Bedürfnisse in der Promiskuität, um mit genitalen Raubzügen das von der Mutter oder dem Vater zu bekommen, was dem Kind in oraler Frustration vorenthalten wurde.
3. Eine vorzeitige Verschränkung prägenitaler Partialtriebe aus der Gesamtheit der infantilen polymorph-perversen Tendenzen unter Betonung der Aggression.

Am deutlichsten ist für den freudianisch geschulten Analytiker die genitale Pathologie der Patienten zu beobachten. Freud (1910h) hat sich in seinem Beitrag »Über einen besonderen Typus der sexuellen Objektwahl beim Manne« mit der zwanghaften Inszenierung des geschädigten Dritten beschäftigt. Er beschreibt Männer, für die eine Frau nur interessant ist,
– wenn sie vor ihm einen anderen hatte,
– wenn sie gleichzeitig mit einem anderen Mann liiert ist,
– wenn sie in die Nähe der Dirne kommt.

Freud führt die Impotenz des Mannes gegenüber dem »ehrbaren Weibe« auf eine Spaltung zwischen Zärtlichkeitsobjekt und sexuellem Erregungsobjekt zurück und versteht diese Spaltung als Ausdruck der Angst, die sexuelle Hurenmutter und die idealisierte Zärtlichkeitsmutter zu integrieren. Die daraus folgende männliche Impotenz, die er als allgemeines Ergebnis unserer Kultur ansieht und nicht als besondere Ausdrucksform einer Neurose beschreibt, finden wir in der klinischen Praxis in der Regel bei einer Potenzstörung gegenüber der anständigen und zärtlichen Langzeitehe-Mutter-Frau.

Die Lösungsversuche sind uns allen bekannt. Die Potenzschwäche wird gelindert durch Verfremdung der sexuellen Interaktion, die in den Geruch des Verbotenen, des Aushäusigen, des Verfremdeten und des Risikos kommt. Der Schauplatz des ehelichen Verkehrs mit der guten Hausmutter wird vielleicht in ein Hotel verlagert oder durch andere Variationen innerhalb der Wohnung oder des Schauplatzes des Koitus verändert.

Die Annäherung der Mutter-Geliebten an eine Dirne ist genauso verbreitet. Die Ehefrau soll sich kleiden und verhalten wie eine Dirne. Oft wird sie in einem inszenierten Spiel empfangen und bezahlt. Sie soll möglichst detailliert erzählen, wie es mit anderen Männern getrieben hat. Unbewußt soll so der starke, potent phantasierte Vater wiedergefunden und zur Verstärkung der eigenen Potenz mitbeteiligt werden. Eine noch konkretere Einführung einer väterlichen, die Potenz stärkenden Instanz ist die Inszenierung einer Trios mit einem zweiten Mann, der symbolisch den Vater ersetzt.

Besonders deutlich werden die Verschränkungen von ödipalen und präödipalen Triebregungen in den sadomasochistischen Praktiken. Im sadistischen Spiel wird die Mutter geknebelt, damit man von ihr nicht gefressen wird. Sie wird gefesselt, damit sie nicht weglaufen kann, sie wird wehrlos gemacht, damit sie keine Vergeltung üben kann, und erniedrigt, damit sie beherrscht werden kann. Diese Praktiken stärken auch die Erektionsfähigkeit, indem sie die Kastrationsängste lindern. Wenn der Entwicklungsschritt, die Sexualwünsche von der Mutter abzuziehen und auf ein anderes Objekt zu übertragen, nicht bewältigt werden kann, bleibt eine starke Mutterbindung bestehen, die mit verstärkten Kastrationsängsten und vor allem Inzestängsten bis hin zur Angst vor der Verschlingung und Verschmelzung durch bzw. mit Frauen einhergeht. Zwei Ängste treffen in der Sexualpathologie aufeinander: Die Angst, mit der Mutter in einer Fusion zu verschmelzen, die Identitäts- und Ichverlust oder Ichauflösung bedeuten würde, sowie die Angst, von der Mutter verschlungen zu werden.

Wenn die primäre Mutter-Identifizierung nicht aufgegeben werden kann und eine Legierung der Mutter mit dem ödipalen Inzestobjekt bestehen bleibt, ist die Voraussetzung für die Grundstörung gegeben. Man kann bei der Mutter nicht bleiben, weil man von ihr verschlungen wird, man kann sie aber auch nicht verlassen, weil diese Trennung die vollständige Vereinsamung bedeutete. Man bleibt ein Muttersohn, der auch seine sexuellen Beziehungen mit ödipalen Mutterlegierungen gestaltet. Analoges gilt für die Vater-Tochter-Beziehung. Folgende Symptome sind den meisten psychoanalytischen Klinikern bekannt:

Spezifische Einschränkungen und Fixierungen der Objektwahl (vgl. Bergler, 1937):

Das Objekt muß eine Jungfrau sein. Unbewußt handelt es sich um ein Suchen und Wiederfinden der unerreichbaren Virgo als Objekt. Dabei soll auch die ödipal gefürchtete Konkurrenz mit dem übermächtigen, potenten Vater vermieden werden, was die Kastrationsangst lindert.

Das Objekt darf keine Jungfrau sein. Die Ambivalenz kann zur Angst vor der Jungfrau führen. Grundlage sind hier die Angst vor der eigenen Aggression mit Entlastung von Schuldgefühlen sowie die neurotische Blutscheu als Wiederholung verdrängter sadistischer Wünsche. Ferner löst die Jungfrau nur zärtliche Gefühle aus, und die aggressiv-penetrierenden Wünsche können abgespalten werden. Läßt man sich auf eine sexuelle) Frau ein, die bereits Verkehr mit einem anderen hatte, kann sie leichter zur »Hure« gemacht werden, und sadistische Impulse sind besser integrierbar getreu dem Motto: Man schläft nicht mit der Madonna, sondern mit der Hure.

Das Objekt muß verheiratet sein. Auch hier wird der unbewußte Wunsch nach Nähe zu den Eltern deutlich. Die Attraktivität der verheirateten Frau und oder des verheirateten Mannes ist bekannt. Die Triangulierung lindert Näheängste und gratifiziert ödipale Wünsche. So können sexuelle Potenz und Orgasmusfähigkeit hergestellt werden, da der Partner ungeheuer erregend ist. Gleichzeitig wird die Zurückweisung durch das Objekt in Szene gesetzt, da der Partner bereits vergeben ist. Die innere, vom erregenden und zurückweisenden Objekt beherrschte Situation kann so in einer realen Objektbeziehung inszeniert werden, die gleichzeitig durch das Leiden an der Situation für die Linderung der ödipalen Schuldgefühle sorgt.

Das Objekt muß verboten sein. Dadurch kommt der Koitus in die Nähe des seit Urzeiten oft sogar mit dem Tod bestraften Inzests.

Bergler (1937) beschreibt außerdem die Impotenz bei Beginn einer neuen Beziehung, die Suche nach der älteren Frau als Liebesobjekt, die auf der unbewußten Ebene eine Annäherung an die Mutter sowie die Nähe der ödipal erfahrenen Frau verspricht. In der entsprechenden Abwehr, der Suche nach einer wesentlich jüngeren Frau, wird gerade diese Ähnlichkeit vermieden.

Eine weitere mögliche Bedingung sind fetischistische Zutaten, die vom gefährlichen Genitale ablenken und einen Penis der Mutter suggerieren, wie dies Freud beschrieben hat, womit die Kastrationsangst gelindert wird.

Bergler beschreibt auch die Objektwahl des Päderasten und des Transsexuellen sowie den sexuellen Masochismus, in dem die Zerstörung durch die Hand der grausamen Mutter und des grausamen Vaters passiv-unterwürfig reinszeniert wird, allerdings mit der eingebauten Sicherung für das Überleben, und den sexuellen Sadismus sowie die exhibitionistisch überspitzte Darstellung beim Vorspiel zur sichtbaren Bestätigung von Männlichkeit und weiblicher Unversehrtheit. Wer die Separations-Individuationsphase der Kindheitsentwicklung nicht erfolgreich durchlaufen hat, muß sich durch Mobilisierung seiner polymorph-perversen Strebungen vor Verschmelzung, vor oral-sadistischem Überlebenskampf und vor sexueller Kastration und ödipalem Kampf schützen bzw. sich dafür wappnen.

II. Teil
Zur Klinik der Spaltungsprozesse in ambulanten und stationären Gruppen:
Die Macht des bösen Objekts und seine Abwehr durch Vergottung und Messianismus

5. Gerd Heising und Wolf-Detlef Rost
DER ÖDIPUSKOMPLEX UND DIE PRIMITIVE OBJEKTBEZIEHUNG IN DER GRUPPENANALYSE

Der Haß ist als Relation zum Objekt älter als die Liebe ...
Sigmund Freud, »Triebe und Triebschicksale«

Im ersten Teil dieses Buches haben wir die theoretischen Konzepte der Spaltungsprozesse im Hinblick auf den Kampf gegen das böse Objekt beschrieben. Als Kliniker haben mich (G. H.) Objektspaltungen in meiner Rolle als Gruppenpatient, Gruppenlehranalytiker, Gruppenleiter und Gruppensupervisor besonders beeindruckt. Ich sah die fast einhellige Meinung, daß Spaltungsübertragungen und -gegenübertragungen in Gruppenprozessen am deutlichsten zu beobachten seien, bestätigt. Da mich die Untersuchung von Gruppenbeziehungen besonders fasziniert hat, habe ich zum Beispiel Ausbildungs- und andere Therapeutengruppen gemeinsam mit den Patienten im Open-staff-System hinter dem Einwegspiegel interagieren lassen und beobachtet. Die Macht des bösen Objekts, seine Abwehr und seine Idealisierung mit Vergottung, einhergehend mit Dogmatismus und der Vorstellung von absoluter Wahrheit und Reinheit, treten in solchen Interaktionen sehr deutlich zutage.

Diese frühen Abwehrstrukturen, die sich in der ambulanten Gruppentherapie, in stationären Gruppenprozessen und in Ausbildungsgruppen manifestieren, werden im folgenden dargestellt. Wir beginnen mit einer Gruppenanalyse, in der es nicht gelang, den primitiven Ödipuskomplex umfassend durchzuarbeiten und die Stufe der genitalen Reife mit Ganzobjektinteraktionen zu erreichen.

Zum Selbstverständnis der meisten Gruppenanalytiker gehört genau wie in der klassischen Individualanalyse der Anspruch, daß sich die Behandlung die Bewältigung der ödipalen Konfliktkonstellation und das Erreichen der reifen genitalen Stufe zum Ziel setzen müsse. Dieser Sichtweise zufolge fehlt einer Gruppe, die mit ihrem Leiter nicht in ödipaler, geschweige denn in post-ödipaler Weise interagiert, die Reife, die den

Therapeuten dazu berechtigte, von einer erfolgreichen Entwicklung seiner Gruppe zu sprechen.

Solange das Durcharbeiten der ödipalen Konstellation als Non plus ultra jeder Form einer erfolgreichen analytisch orientierten Psychotherapie gilt, unterwerfen sich auch die Gruppenanalytiker der Forderung, die ödipale Situation in der Gruppenarbeit unterzubringen und ihr einen möglichst breiten Raum zuzubilligen. Dies gilt als unabdingbare Voraussetzung dafür, daß der Gruppenanalytiker seine Arbeit guten Gewissens vertreten kann.

Auch einer der Autoren dieses Kapitels war in mehr als zwanzigjähriger gruppentherapeutischer Tätigkeit bestrebt, psychotische und präödipale Übertragungskonstellationen in Gruppen zu bearbeiten, um dann in späteren Gruppenphasen ödipale Konfliktkonstellationen im Sinne der sogenannten »Familienübertragung« durcharbeiten zu können. Der Wunsch nach einer »Ödipalisierung der Gruppe« oder gar die Hoffnung, irgendwann in ein postödipales Entwicklungsstadium einzutreten, blieben allerdings unerfüllt.

Dafür kann man möglicherweise ein persönlichkeitsspezifisches Gegenübertragungsstereotyp verantwortlich machen, das eine ödipale Rivalität tendenziell eher verhindert und der Entwicklung präödipaler Übertragungsneurosen Vorschub leistet (vgl. Sandner, 1978). Die Supervision und Beobachtung von Gruppenanalysen anderer Analytiker weckt freilich den Verdacht, daß in analytischen Gruppenprozessen sogenannte frühe Abwehrmechanismen und primitive Objektbeziehungen (Volkan, 1978) mit Spaltungsübertragungen vorherrschen, die Melanie Klein (1946) als Charakteristikum der paranoid-schizoiden Position beschrieben hat. Otto Kernberg (1976) erläutert dieselben primitiven Mechanismen als spezifisches Merkmal des Borderline-Syndroms.

Im Rahmen eines Forschungsprojekts hatten wir Gelegenheit, verschiedene Gruppen direkt zu beobachten und ihre Übertragungs- und Widerstandsstruktur mit Hilfe von Videoaufzeichnungen zu analysieren. Wir gelangten zu dem Ergebnis, daß offenbar alle untersuchten Gruppen – von analytischen Selbsterfahrungsgruppen für zukünftige Analytiker und Psychotherapeuten bis hin zu Gruppen mit psychosomatischen Patienten – unabhängig von Krankheitsbild und Sozialstruktur mit bemerkenswerter Hartnäckigkeit auf frühen Entwicklungsstufen verharrten und die Teilnehmer sogar nach über fünfjähriger Behandlung keine Anstalten machten, ihre Fortschritte, die sie außerhalb der Gruppe im Umgang mit ihren Objekten entwickelten, in die Gruppe zu übertragen, im Gegenteil:

Während sie in ihren Außenkontakten häufig reifere Partnerbeziehungen aufbauen konnten, blieb die gruppenspezifische Übertragungsform weiterhin durch die unten beschriebenen Abwehrstrukturen und Themen dominiert. Im Zentrum standen Gier, Neid, Spaltung, Verschmelzung, hypomanische Abwehr und andere Formen früher oraler Aggression beziehungsweise Schuld, Trauer und Wiedergutmachungswünsche.

Kleinianisch formuliert, verhielten sich die Gruppen wie Patienten, die jahrelang in der paranoid-schizoiden Position verhaftet bleiben, mühsam die depressive Position erreichen, manische Abwehrmechanismen mobilisieren und wiederum auf die schizo-paranoiden Abwehrstrukturen zurückfallen, um sich dann erneut der depressiven Position anzunähern. Ödipale Episoden flackerten in fast jeder Sitzung auf; oft beherrschten auch ödipale Themen, die von einem oder mitunter auch von mehreren Teilnehmern eingebracht wurden, die Sitzung, ohne jedoch so tief in die »Gruppenseele« einzudringen, daß die Gruppe sie in ihre Gruppenkultur hätte aufnehmen können. Vielmehr wurde das Eigenerleben der kollektiven Gruppenprozesse schon bald wieder von tiefer liegenden Gefühlen wie Neid, Gier, Angst, Schuld, Trauer und Wiedergutmachungswünschen beherrscht. Wenn der Ödipuskonflikt auftrat, dann in einer mit prägenitalen Abwehrmechanismen und infolgedessen mit der Aufspaltung in primitive Objektbeziehungen vermischten Form.

Die Inszenierung einer Co-Therapie mit einem gegengeschlechtlichen »Elternpaar« konnte zwar einen breiteren Raum für ödipale Stimmungen herstellen – sicherlich unterstützt durch unsere Erwartungshaltung und entsprechende Deutungsschwerpunkte –, aber auch die von Co-Therapeuten geleiteten Gruppen kehrten sehr oft zu einer primitiven Abwehrstruktur zurück und spalteten die Co-Therapeuten in böse und gute Objekte auf.

Wir vertreten deshalb die These, daß die wesentliche therapeutische Chance einer Gruppenanalyse in der Bearbeitung der Abwehrmechanismen der paranoid-schizoiden Position und der depressiven Position liegt und daß ein erfolgreiches Durcharbeiten dieser Frühstadien eine gesunde Mehrpersonenbeziehung und eine Bewältigung des Ödipuskonfliktes mit einschließt, ohne daß dies in einer Wiederbelebung in Form einer langen »ödipalen Phase« geschehen müßte.

Auch heute noch sind nicht wenige Gruppenanalytiker davon überzeugt, daß die ödipale Problematik im Mittelpunkt des Gruppengeschehens stehe. So bemühte sich Sandner in seinem Buch *Psychodynamik in Kleingruppen* (1978), in dem er die wichtigsten theoretischen Ansätze zur

Gruppenanalyse zusammenfassend dargestellt hat, um die Strukturierung der Gruppenentwicklung anhand der klassischen Achse präödipal-ödipal-postödipal. Er überprüft die Arbeiten einiger namhafter Autoren der Gruppentherapie (Heigl-Evers, Thelen, Slater, Gibbard und Hartmann, Bennis) hinsichtlich ihrer Position innerhalb dieses Modells und fordert von Theorie und Praxis der Gruppenanalyse das Erreichen einer postödipalen – von ihm reflexiv-interaktionell genannten – Ebene.

Die Frage, ob in Gruppen »frühe« oder ödipale beziehungsweise postödipale Konflikte vorherrschen, hat – so glauben wir – bis heute nichts an Aktualität verloren. Zusammenfassend stellen wir daher folgende Thesen auf:

1. In Gruppen überwiegen frühe Prozesse, die – der paranoid-schizoiden Position entsprechend – durch Spaltung, primitive Abwehrmechanismen und Teilobjektbeziehungen gekennzeichnet sind.
2. Die Entwicklung des Gruppengeschehens schreitet vom Durcharbeiten der paranoid-schizoiden zur depressiven Position voran, von der Spaltungsübertragung zur Internalisierung und Integration ganzer Objekte.
3. Ein reifes, ödipales oder gar postödipales Entwicklungsstadium wird in Gruppen nicht erreicht. Der Ödipuskonflikt nimmt durch die Verschränkung mit oraler Aggression und durch die frühen Abwehrmechanismen einen primitiven Charakter an.

Zur Erläuterung und Erklärung werden wir Melanie Kleins Konzepte in Erinnerung bringen und deren Brauchbarkeit in der Diskussion der Arbeiten einiger z. T. von Klein beeinflußter Gruppentherapeuten wie Bion, Grinberg, Langer und Rodrigué, Slater sowie Kernberg überprüfen.

Primitive Abwehr

So projiziert das Kind in die »nur gute« Brust seine ganze Libido, alle lustvollen Erfahrungen und Phantasien und errichtet auf diese Weise ein allmächtiges, grenzenlos wohlwollendes und gütiges Idealobjekt, das man auch als ideale Selbstobjekt-Konstellation bezeichnen könnte (Abwehrmechanismus der *Idealisierung*).

Umgekehrt werden alle bösen Erfahrungen und destruktiven Phantasien, alle aus Gier, Neid und dem Todestrieb gespeisten bösen Impulse in die total schlechte, böse, verfolgende Brust/Mutter projiziert, die mit wütenden Destruktionsphantasien kannibalistisch angegriffen und zerstört und als total schlechte Substanz introjiziert wird, um sogleich wieder externalisiert zu werden (Abwehrmechanismus der *Projektion*).

Durch den Abwehrmechanismus der *Verleugnung* werden Idealobjekt und Verfolgerobjekt weit auseinandergehalten. Die »Feenmutter« und die »Hexenmutter« haben nichts miteinander zu tun. Durch Spaltung, Idealisierung, Verleugnung und projektive Identifizierung wird in der paranoid-schizoiden Position eine ausschließlich gute Idealwelt mit unermeßlichem Nahrungsreichtum und ungetrübter Lust errichtet, in die alle guten Selbst- und Objektbilder eingespeichert werden, während Gier, Neid und toxische Zerstörungswut in eine böse Verfolgerwelt projiziert werden, in der sämtliche bösen Selbst- und Objektbilder untergebracht sind.

Integrationsprozesse der depressiven Position

Wenn überwiegend gute Selbst- und Objektimagines das Ich-Wachstum des Kindes beeinflussen, können sich Selbst und Nichtselbst zunehmend differenzieren. Das Kind beginnt wahrzunehmen, daß die »gute« und die »böse Brust« Bestandteile ein und derselben Person sind. Die Erkenntnis, daß Liebe und Haß, Zerstörungslust und der Wunsch, das Objekt zu bewahren, derselben Person gelten, daß die ideale »Feenmutter« und die »Hexenmutter« in ein und derselben Mutter verkörpert sind, wird zu einer ungeheuerlichen Entdeckung, welche die depressive Position – nach Winnicott das »Stadium der Besorgnis« – einleitet.

Das Begreifen, daß die Mutter, die erbarmungslos angegriffen wird, gleichzeitig das Objekt aller zärtlichen und liebevollen Strebungen ist, weckt Gefühle der Trauer, Reue und Schuld sowie die Angst, das mütterliche Objekt zerstört zu haben, und den Wunsch nach Wiedergutmachung. Die depressiven Angstgefühle und die Verzweiflung aufgrund der *Abhängigkeit* von einem mit Schuld, Trauer, Sehnsucht besetzten und nach wie vor durch eigene oral-aggressive Impulse bedrohten Objekt können jedoch »manische« Abwehrmechanismen aktivieren. Die Omnipotenz wird wiederbelebt und geht mit Verachtung oder omnipotenter Kontrolle gegenüber dem vollständig entwerteten Objekt einher.

Die Bewältigung des Ambivalenzkonfliktes durch die Anerkennung des ganzen Objektes mit guten und bösen Teilaspekten sowie die Anerkennung guter und böser Aspekte des Selbst wurden für Melanie Klein zur zentralen Entwicklungsaufgabe der »depressiven Position«. Winnicott mißt diesem Konzept den gleichen Rang bei wie Freuds Theorie des Ödipuskomplexes (Winnicott, 1962, S. 230).

Die Anerkennung von ganzen Objekten mit integrierten guten und bösen Selbst- und Objektimagines bewirkt eine Veränderung der Weltwahrnehmung des Kindes: »Menschen werden als getrennte Individuen erkannt, die untereinander in Beziehung stehen; insbesondere wird dem Kind die wichtige Verbindung zwischen Vater und Mutter bewußt, und das bereitet den Boden für den Ödipuskomplex« (Segal, 1973, S. 137).

Wenn das Kind die depressive Position gesund bewältigt hat, tritt es der Mutter und den übrigen Objekten als ganze und integrierte Person mit eigener, getrennter Identität gegenüber.

Primitive orale Beziehung und ödipaler Konflikt

Die Konfliktkonstellation des Ödipuskomplexes wird entscheidend durch die Art und Weise geprägt, wie das Kind die paranoid-schizoide beziehungsweise die depressive Position bewältigt hat. Je stärker orale Aggression und projektive Verzerrung des bekämpften ödipalen Objekts und die entsprechende Idealisierung des geliebten Objektes dominieren, desto stärker ist auch der Ödipuskonflikt durch die primitive Spaltungsabwehr der paranoid-schizoiden Position geprägt.

Die Ausdrucksformen der Verschränkungen des Ödipuskonfliktes mit prägenitaler, vorwiegend oraler Aggression wurden von Melanie Klein (1928) anschaulich beschrieben. Otto Kernberg hat sie im Rahmen der Objektbeziehungstheorie präzise formuliert (Kernberg, 1975, S. 62–67). Exzessive orale Aggression in Form von Wut, wütender Gier und zerfressendem Neid weckt infolge projektiver Identifizierung eine entsprechend exzessive oral-aggressive Angst, vom Objekt gefressen und zerstört zu werden. Die Teilobjekte der zerstörerischen Brust und des zerstörerischen Penis und der fressenden und vernichtenden Eltern werden von dem Kind als bedrohliches »Vereinigtes Elternpaar« erlebt, das intensive Ängste auslöst und infolgedessen eine *vor*zeitige Entwicklung genitaler Triebstrebungen aktiviert, durch die sich das Kind aus dem oralen Chaos zu retten versucht. Die Fixierung an die verschlingende Mutter und den vernichtenden (nicht lediglich kastrierenden!) Vaters macht die Bewältigung der genital-ödipalen Konflikte jedoch unmöglich. Drei Lösungsmöglichkeiten bieten sich an:

1. Am häufigsten erleben wir einen positiv ödipal geprägten Lösungsversuch in Form der Aufspaltung von Liebe und Haß. Die Vorstellung einer paradiesischen Idealbeziehung zu einem ausschließlich guten und mächtigen Idealobjekt (dem begehrten Elternteil) kontrastiert mit der

Bedrohung durch ein mächtiges, böses Verfolgerobjekt (die bekämpfte Elternfigur). Charakteristisch für diese primitive Konstellation des ödipalen Konflikts ist der Wunsch nach einer Idealbeziehung zum Idealobjekt bei vollständiger Auslöschung des zweiten Objekts.

2. Eine oral-aggressive Tönung der Ödipuskonstellation führt zum Persistieren des negativen Ödipuskomplexes. Das Resultat ist die bedingungslose homosexuelle Unterwerfung unter einen in diesen Fällen zumeist idealisierten Vater bei völliger Abwendung von der als bedrohlich wahrgenommenen Mutter.

3. Promiskuitive Raubzüge genitaler Natur, um sich sexuell von der Mutter das zu beschaffen, was sie oral nicht gegeben hat. Bei Mädchen führt die Verstärkung des Penisneides durch orale Wut und Neid gegenüber der Mutter zu einer kompensatorischen genitalen Ersatzbefriedigung in Form von Masturbation, die später zu Promiskuität oder Homosexualität führen kann.

Der Ödipuskonflikt und primitive Objektbeziehungen in der Gruppenliteratur

Wir wollen uns in der Untersuchungen der Ansätze einiger Autoren, die – ob explizit (Bion, Grinberg, Langer, Rodrigué) oder implizit (Slater, Gibbard und Hartmann) – wichtiges Gedankengut Melanie Kleins in die Theorie der analytischen Gruppenpsychotherapie einbrachten, an die historisch bedingte Reihenfolge halten. Wir beginnen daher mit Bion (1961), der als Pionier der gruppendynamischen Theoriebildung auftrat und heute aus keinem der später folgenden Ansätze mehr wegzudenken ist. Dieser Pionierrolle entsprechend zeichnen sich Bions Arbeiten zur Gruppe vor allem durch exakte Beobachtungen und kreative Überlegungen aus, die allerdings keineswegs so widerspruchsfrei formuliert und in einen konsistenten theoretischen Rahmen eingebaut sind, wie spätere Autoren dies zu rekonstruieren versucht haben.

Wilfred R. Bion

Bion (1961) beschreibt eine *Arbeitsgruppe*, die durch die bewußte, rationale, kooperative und zielgerichtete Kooperation der Gruppenteilnehmer im Dienst einer konsensuell vereinbarten Aufgabe gekennzeichnet ist. Die Dynamik dieser Arbeitsgruppe weist große Ähnlichkeit mit Sandners (1978, S. 55) Begriff der reflexiv-interaktionellen Phase auf und setzt bei den Teilnehmern gewisse Fähigkeiten und Erfahrungen sowohl seelisch-geistiger wie interaktioneller Natur voraus.

Für Bion stellt die Arbeitsgruppe jedoch keinen ein für allemal zu erreichenden Endpunkt der reifen Entwicklung dar. Er beobachtete vielmehr, daß die Arbeitsgruppe grundsätzlich von mächtigen emotionalen Aktivitäten, die auf den Beobachter zunächst chaotisch wirken, überlagert wird. Diese erhalten »einen gewissen Zusammenhang, wenn man annimmt, daß sie aus Grundannahmen erwachsen, die der ganzen Gruppe gemein sind« (Bion, 1961, S. 106). Die Tatsache, daß der Erwachsene mit dem affektiven Leben der Gruppe, in der er lebt, Kontakt aufnehmen muß, bedeutet Bion zufolge »eine ebenso gewaltige Aufgabe [...] wie für den Säugling die Beziehung zur mütterlichen Brust, und sein Versagen vor den Anforderungen dieser Aufgabe offenbart sich in seiner Regression« (ebd., S. 102). Diese Regression manifestiert sich in Form einer Depersonalisation und in der Phantasie, daß die Gruppe als ein einziges, aber fragmentiertes Individuum an Stelle einer Ansammlung von Individuen existiere. In diesem regressiven Zustand bewegt sich die Gruppe zu Beginn meist in der Grundannahme der *Abhängigkeit*: Die Gruppe ist zusammengekommen, um von einem oft regelrecht vergötterten Führer Schutz und Nahrung zu erhalten (primitive Idealisierung).

Wenn diese Grundannahme ihre angstreduzierende Funktion nicht mehr hinreichend erfüllen kann, schwenkt die Gruppe zu einer anderen Grundannahme über. Bion beschreibt hier die *Kampf-Flucht*-Gruppe, die sich so verhält, als kämpfe sie gegen einen gemeinsamen bösen, verfolgenden Feind oder fliehe vor ihm (projektive Identifizierung).

Die Grundannahmen Abhängigkeit und Kampf-Flucht sind Bestandteil vieler gruppendynamischer Theorien geworden. Wir erkennen in ihnen die Abwehrmechanismen wieder, die Melanie Klein der paranoid-schizoiden Position zugeordnet hat: Idealisierung der guten, Verfolgung durch die böse Brust. Die projektiven Mechanismen weisen allerdings auch Verbindungen zur manischen Abwehr auf.

Schwieriger einzuordnen und umstrittener ist die Grundannahme der *Paarbildung*, die nicht von allen Autoren wiedergefunden und bestätigt wird. Die von dieser Grundannahme beherrschten Sitzungen werden nach Bion durch einen hoffnungsvoll gespannten Charakter bestimmt, in dem sich die Gruppe um ein miteinander agierendes Paar schart. Die Paargruppe ist charakterisiert durch die Hoffnung auf den zukünftigen idealen Zustand. Diese Hoffnung kann jedoch nur aufrechterhalten werden, wenn der Messias, der aus dieser Verbindung hervorgehen soll, ungeboren bleibt, denn nur so kann die Illusion gewahrt werden. Hierin besteht der wichtigste Unterschied zwischen der Paargruppe und den beiden übrigen Grundannahmen-Gruppen: Letztere setzen die Existenz eines Führers voraus, während dieser in der Paargruppe »ungeboren« bleiben muß. Entwicklungspsychologisch gesehen läßt sich die Paarbildungsgruppe schwer einordnen. Bion selbst betont, daß die Geschlechtszugehörigkeit der beiden Partner dieses Paares keine Rolle spielt (ebd., S. 109), von einem Elternpaar also keine Rede sein kann. Gleichwohl sieht er in ihr eine aufdämmernde Sexualität, die »Vorahnung der Geschlechter«.

Bion nimmt hier offensichtlich Parallelen zur frühen, von Melanie Klein beschriebenen ödipalen Situation an, ohne diese detailliert zu belegen. Er schreibt:

»Jetzt kann man sehen, daß der Impuls zur Paarbildung eine Komponente enthält, die aus der psychotischen Angst stammt, die mit primitiven ödipalen Konflikten auf der Grundlage der Beziehungen zu Teilobjekten verknüpft ist. Diese Angst treibt die Einzelnen, sich Verbündete zu suchen. Dieser Ursprung des Impulses zur Paarbildung wird durch die rational wirkende Erklärung in der Paarbildungsgruppe verschleiert, das Motiv sei sexuell und das Ziel die Fortpflanzung« (ebd., S. 120).

Slater ordnet Bions Paargruppe als die auf die Revolte folgende Konstellation ein, in der sich die Gruppe auf einem höheren, differenzierteren Niveau befindet und der verlorenen Unschuld, nämlich dem Verlust des einst vergotteten und nun gestürzten Leiters, nachtrauert. Bion selbst lehnt es jedoch ab, seine Grundannahmen in ein hierarchisches Modell einzuordnen, was von Heigl-Evers (1972) und Sandner (1978) kritisiert wird.

Bion legt größeren Wert auf die Ähnlichkeit der drei Grundannahmen-Gruppen, die er als gleichwertig und jederzeit austauschbar ansieht. Bei ihm gibt es keine Entwicklung der Gruppe, das heißt, keine Grundannahme ist reifer als die andere. Bions Gruppen sind durch den Dualismus Arbeitsgruppe-Grundannahmekultur bestimmt, wobei sich die Dynamik aus dem permanenten Wechsel zwischen den verschiedenen Grundannahmen ergibt. Bion selbst nimmt an, daß diese drei Zustände »vielleicht keine primären Phänomene sind, sondern vielmehr Ausdrucksformen eines Zustandes, der eher als primär betrachtet zu werden verdient, oder Reaktionen gegen einen solchen Zustand« (ebd., S. 119).

Alle Grundannahmen stehen Komponenten primitiver Teilobjekte nahe, weshalb nach einer gewissen Zeit unvermeidlich »psychotische

Angst von solcher Stärke entsteht, daß eine neue Abwehr [andere Grundannahme] gefunden werden muß« (ebd., S. 120). Die Grundannahmen sind also sekundäre Formationen einer sehr frühen Urszene, verbunden mit psychotischer Angst und Mechanismen der Abspaltung und der projektiven Identifizierung, wie sie Melanie Klein als charakteristisch für die paranoid-schizoide und die depressive Position dargestellt hat.

Die Offenlegung dieser von ihm als psychotisch bezeichneten Grundmuster ist Bion zufolge eine in der Gruppentherapie unabdingbare Notwendigkeit, da solche psychotischen Verhaltensweisen für Gruppen weit charakteristischer seien als die von Freud angenommene »Familiengruppe mit ihrer ödipalen Struktur«. In den primitiven Ängsten der Teilobjektbeziehungen aus der paranoid-schizoiden Position und nicht in den Spannungen der Familiengruppe liegen »die tiefsten Ursprünge allen Gruppenverhaltens« (ebd., S. 141).

Die Teilnehmer der Gruppe sind fast durchweg undifferenziert und verbinden sich durch ihre Valenz – das heißt die Bereitschaft des Einzelnen, durch die Grundannahmen und das Handeln nach den Grundannahmen eine Verbindung mit der Gruppe einzugehen (ebd., S. 84) – miteinander. Der Leiter wird in der Gruppe therapeutisch effektiv, indem er sich zur Projektion, Introjektion und zur projektiven Identifizierung anbietet. Diese Überlegungen werden von Bion jedoch nicht weiter ausgeführt.

Bions größtes Verdienst besteht vermutlich darin, in der gruppenanalytischen Theorie dem Gedanken zum Durchbruch verholfen zu haben, daß Gruppen durch starke Regression und Verschmelzung gekennzeichnet sind, wobei primitive und sehr frühe Abwehrmechanismen, Teilobjektbeziehungen und psychotische Ängste vorherrschen. Wir nehmen an, daß sich diese Prozesse zumeist innerhalb der von Melanie Klein beschriebenen paranoid-schizoiden Position bewegen.

Leon Grinberg, Marie Langer und Emilio Rodrigué

Den wohl umfassendsten Versuch, die Konzepte Melanie Kleins in eine Theorie der analytischen Gruppe zu integrieren, finden wir bei den argentinischen Autoren Grinberg, Langer und Rodrigué (1957). Sie alle setzen an Bions Gruppentheorie an, die sie jedoch weiter ausarbeiten. Auch Grinberg, Langer und Rodrigué begreifen die Gruppe als Ganzes, als Gestalt. Was das klinische Vorgehen betrifft, so betonen sie, daß der Therapeut keinerlei Anleitung gibt und dadurch einen Zustand der Strukturlosigkeit erzeugt, der schwer auszuhalten ist und intensive, primitive Ängste hervorruft, die zu regressiven Prozessen entsprechend der Bionschen Grundeinstellungen führen.

Die Gruppe erwartet vom Therapeuten Nahrung und hat die Phantasie, daß alle Patienten den gleichen Teil erhielten. Der Therapeut wird zu einem gottähnlichen Wesen idealisiert, das unbegrenzt Nahrung spenden kann. Um diese Phantasie aufrechterhalten zu können, müssen die Gruppenteilnehmer sich entpersönlichen, ihre Individualität aufgeben, miteinander verschmelzen. Diese Abhängigkeit und Idealisierung dienen dem Schutz vor der paranoiden Angst, die die Gruppensituation hervorruft. Gleichzeitig aber dienen Abhängigkeit und Idealisierung zur Abwehr der Angst, daß vom Therapeuten Gefahr ausgehen und die von ihm gespendete Nahrung böse, vergiftet, sein könnte (böse Brust). Auch die Angst und der Neid gegenüber den anderen Teilnehmern der Gruppe können auf diese Weise vorübergehend abgewehrt werden. Jedes Gruppenmitglied argwöhnt, daß der andere mehr Liebe und gute Nahrung bekäme.

Diese Befürchtungen wecken destruktive Impulse und den Wunsch, den Therapeuten ganz alleine zu besitzen und ihn zu vereinnahmen, was jedoch die neuerliche Furcht vor der Rache der neidischen Mitpatienten weckt. Je größer in diesem Circulus vitiosus die Angst vor der Verfolgung durch die böse Brust, je intensiver Neid und Mißtrauen gegenüber den Mit patienten sind, desto nachdrücklicher wird der Therapeut in eine idealisierte Figur verwandelt, die sämtliche Bedürfnisse unermüdlich befriedigt. Auf diese Weise können Angst, Mißgunst und Neid gegenüber Therapeut und Mitpatienten vorübergehend neutralisiert werden. Die ganze Aufmerksamkeit gilt dem Therapeuten, der als ein derart überhöhtes Wesen wahrgenommen wird, daß ihm die Gruppenmitglieder seine Rolle als nährende Brust nicht neiden können.

Auf dieser Ebene können sich keine differenzierten Beziehungen zwischen den Gruppenmitgliedern entwickeln. Da jedoch der Therapeut die Befriedigung der Wünsche versagt und die begehrte Nahrung verweigert und die Phantasie seiner Allmacht nicht unbegrenzt bestätigt werden kann, wechselt die Abhängigkeitsgruppe zur Kampf-Flucht-Grundannahme. Das von Melanie Klein beschriebene Nebeneinander von Liebe und Haß läßt sich hier besonders deutlich beobachten. In der Kampf-Flucht-Einstellung kommen Angst, Wut und Haß zum Durchbruch, werden aber nach außen projiziert. In dieser Phase sucht sich die Gruppe ihren ersten sogenannten spontanen Leiter (ein aktives Gruppenmitglied) für den Kampf gegen diesen Feind, der von böser und bedrohlicher Natur ist und solche zerstörerischen Impulse daher rechtfertigt. Gegenüber diesem Feind befindet sich die Gruppe in einem paranoiden Zustand, der eine starke »Solidarität« und ein Gemeinschaftsgefühl erzeugt und den Einzelnen von Verantwortung und Schuld entlastet. Man ist mit der guten Gruppe (gute Brust) im Kampf gegen die bösen Gegner (böse Brust) voll identifiziert.

Grinberg, Langer und Rodrigué nehmen an, daß die in der Grundeinstellung von Abhängigkeit und Flucht auftauchenden Abwehrmechanismen (Projektion, Idealisierung, Verleugnung, Verfolgung) der schizoid-paranoiden Position Melanie Kleins zuzuordnen sind. Ebenso wie Bion sind diese Autoren der Meinung, daß eine Gruppe wesentlich tiefer regrediert als ein Einzelpatient. Die Schicht der üblicherweise herrschenden und kontrollierenden sozialen Normen werde sozusagen abgetragen, so daß die emotionalen Grundstrukturen zutage treten. Die Gruppe ist geprägt durch ihre paranoide Furcht vor Veränderung und sucht alle Schuldgefühle, z. B. über den Verlust von Mitpatienten, zu verleugnen, um sich eine depressive Reaktion zu ersparen.

Grinberg, Langer und Rodrigué haben auch den von Melanie Klein beschriebenen frühen Neid, die Gier und Eifersucht und ihre Wirkung in der Gruppe intensiver untersucht. So erwartet die Gruppe zwar vom Therapeuten Nahrung, neidet ihm aber andererseits seine Machtfülle. Wenn die Idealisierung schwindet, bricht sich der Neid Bahn. In der Phantasie der Gruppenmitglieder ist der Therapeut infolge seiner Omnipotenz in der Lage, alle auftauchenden Schwierigkeiten zu lösen, hält diese wertvolle Nahrung aber zurück, um sie für sich selbst oder für die anderen Patienten zu verwenden. Während der Neid zur Zerstörung der Gruppe führen kann (weil jeder die gute Brust ohne Rücksicht auf den anderen für sich vereinnahmen will), wird die Eifersucht aktiviert, weil der Therapeut geteilt werden muß, was Versagung bedingt und den Neid verstärken kann. Gleichzeitig kann die Konkurrenz mit den Mitpatienten aber auch als Puffer gegen die destruktiven Neigungen Gier und Neid wirken, denen durch die Anwesenheit anderer die Spitze genommen wird. Die gute Brust kann von den Mitpatienten vor aggressiven Impulsen geschützt werden, so daß der destruktive Neid nicht mehr als omnipotent, gefährlich und zerstörerisch erlebt werden muß.

Diese Dynamik leitet über zu den von Grinberg, Langer und Rodrigué entwickelten therapeutischen Wirkmechanismen der Gruppe, die über die bisher beschriebenen, ansatzweise schon bei Bion zu findenden Überlegungen hinausgehen. Grinberg, Langer und Rodrigué verorten die therapeutische Wirkung der Gruppe in der depressiven Position, in der die Gruppenteilnehmer böse innere Objekte auf ein anderes Gruppenmitglied projizieren, sie in dieser externalisierten Form kontrollieren und dann zusammen mit dem vormals zerstörten Objekt in integrierter Form reintrojizieren können. Die Gruppe gesundet dadurch, daß die einzelnen Teilnehmer Objekte reintrojizieren, die besser (weniger zerstört) sind als die zuvor projizierten: In der depressiven Position versuchen die Gruppenmitglieder, eigene gute Persönlichkeitsanteile oder Objekte, die sie zerstört haben, in Mitpatienten hinein zu verlegen und dort zu heilen. Die Gruppentherapie wirkt über den Wechsel von Projektion und Introjektion, und über intro- und projizierende Identifizierung werden in der Gruppe die Rollen festgelegt und verteilt.

Die Identifizierung der Gruppenmitglieder mit den von den einzelnen Teilnehmern geschilderten »bösen« oder schlimmen Erfahrungen erlaubt dem Betroffenen die depressive Erlebnisverarbeitung und Wiedergutmachung. Wichtig ist neben der Möglichkeit, Feindseligkeit äußern zu können, ohne daß das Objekt dadurch zerstört wird, auch das Erleben von Schuldgefühlen und die Chance, angerichteten Schaden wiedergutzumachen. Auch auf den Therapeuten müssen die Gruppenmitglieder Haßgefühle projizieren können; indem er sie jedoch überlebt, können sie ein unzerstörtes Objekt reintrojizieren, wodurch sich Angst und die Schuldgefühle mindern. In der Übertragung werden kindliche Konflikte wiederbelebt, die mit Schuldgefühlen, depressiven und paranoiden Ängsten und den Versuchen einhergehen, angerichtetes Unheil wiedergutzumachen. Durch Projektion und Reintrojektion werden sehr früh verinnerlichte Objekte umgestaltet. Die Gruppe bietet besonders gute Möglichkeiten, innere Konflikte in die Außenwelt zu verlagern, sie dort zu bearbeiten und die Beschaffenheit der realen Objekte sowie der inneren beziehungsweise projizierten Objekte zu prüfen. Therapeutisch ist es von zentraler Bedeutung, daß sich die inneren Objekte durch diese Projektions- und Reintrojektionsprozesse nach und nach verändern. Es werden zerstörte Objekte projiziert und weniger zerstörte introjiziert. Unumgänglich ist das Wiedererleben und Durcharbeiten von Schuldgefühlen.

Wir fassen die Überlegungen von Grinberg, Langer und Rodrigué zu den Wirkfaktoren der analytischen Gruppentherapie kurz zusammen: Mit Hilfe der Mechanismen der projizierenden und introjizierenden Identifizierung überträgt jedes Gruppenmitglied schlechte und zerstörte Anteile des eigenen Ichs auf die anderen Teilnehmer und sieht sie in ihnen verkörpert (schizoider Prozeß). Das im Gruppenprozeß erfolgende Bewußtmachen und Durcharbeiten dieser Vorgänge bewirkt, daß der Einzelne die bisher abgespaltenen Teile seiner Persönlichkeit wieder als zu sich gehörig anerkennt, damit zu einer objektiveren Beurteilung und zu einem besseren Umgang mit der Welt fähig geworden ist. Die Integration der abgespaltenen Anteile hat zur Folge, daß Schuldgefühle und Verlassenheitsängste mit verstärkter Intensität zutage treten – damit ist die Gruppe in die depressive Position eingetreten. Das Ziel der Gruppentherapie besteht darin, daß die Teilnehmer sich selbst – und die anderen – als ganze Person erleben und sich als solche angenommen fühlen.

Gruppenprozesse und die therapeutische Wirksamkeit der Gruppe werden bei Grinberg, Langer und Rodrigué durchweg im Rahmen der paranoid-schizoiden und der depressiven Position beschrieben. Die Autoren betrachten eine erfolgreiche Bewältigung der depressiven Position und, damit einhergehend, eine Reintegration der inneren Objekte als ein vollkommen hinreichendes Ziel der analytischen Gruppentherapie. Das Konzept der ödipalen Konstellation taucht bei diesen Autoren nicht auf.

Philip E. Slater

Der dritte Autor, mit dem wir uns hier befassen, beruft sich im Gegensatz zu den vorhergehenden nicht explizit auf Melanie Klein. Wir glauben dennoch, daß viele seiner Überlegungen mit deren theoretischen Konzepten vereinbar sind. Der Komplexität von Slaters (1966) Werk können wir hier aus Platzgründen nicht gerecht werden. Daher lassen wir seine differenzierte Kritik an Bion und die Ausarbeitung seiner Grundannahmen, die Vielzahl mythologischer Parallelen und die zahlreichen Fallbeispiele hier unberücksichtigt und beschränken uns weitgehend auf das von ihm in die Gruppentheorie eingeführte Konzept der Revolte. Dieses Konzept bildet das zentrale Thema seines Buches und stützt nach Meinung vieler Gruppentherapeuten das Postulat einer ödipalen Gruppenphase.

Auch Slater beschreibt zunächst die totale Regression der Gruppe, die erfolgt, weil der Leiter die Erwartung auf nährende Fülle durch sein Schweigen enttäuscht und somit als reales Objekt verloren geht. Die Gruppe versucht, das Schweigen ihres Therapeuten zu erklären, und setzt einen charakteristischen Prozeß in Gang, der zur Abhängigkeit und zur Vergottung des Leiters oder zum Experiment-Mythos führt.

Die Verweigerung der erwarteten strukturierten und strukturierenden Leitung und die Tatsache, daß der Therapeut aufgrund seiner verbalen Zurückhaltung keine konturierten persönlichen Eigenschaften zu erkennen gibt, lassen die Phantasie aufkommen, daß das Geschehen einem geheimen und undurchschaubaren göttlichen Plan gehorche – einzig der

Leiter kennt die geheime Erlösungsformel; nachdem die Gruppe, so die Phantasie, die auferlegte Prüfung der Entbehrung und Hilflosigkeit bewältigt hat, wird sich die Verwirrung lichten. Das Chaos wird sich dann rückblickend als Teil der vorherbestimmten Ordnung erweisen.

Nach Bion sowie Grinberg, Langer und Rodrigué sind diese Gedanken nichts grundlegend Neues. Slater befaßt sich aber überwiegend mit der Revolte, die seiner Meinung nach in der Gruppe fast unvermeidlich erfolgt. Weil der Gott der Religion nie erscheint und immer schweigt, kann die Phantasie seiner elementaren Machtfülle für alle Zeiten bewahrt werden. Im Unterschied zu ihm ist der Gruppenleiter gegenwärtig und dadurch menschlich und fehlbar, und über kurz oder lang kann die Einsicht, daß er die Gruppe enttäuscht und sie nicht befriedigend zu ernähren gewillt ist, nicht mehr verleugnet werden. Die Feindseligkeit und der Haß gegen den Leiter gelangen zum Durchbruch, es kommt zur Revolte, zum Leitermord. Voraussetzung hierfür ist, daß sich eine Solidarität der Gruppenteilnehmer untereinander entwickelt hat.

Oft ist mit einer Revolte die Phantasie verknüpft, daß der Führer sterben muß, wenn die Gruppe leben soll. Für Slater und vor allem seine Interpreten gilt die Gruppenrevolte mit dem Leitermord als das ödipale Ereignis per se. Slater vergleicht die Revolte mit der Freudschen Urhorde und dem Mord am Vater, durch den sich die Söhne die Herrschaft über dessen Frauen und seine Potenz aneignen können.

Zweifellos finden wir in der Revolte immer wieder ödipale Situationen, in denen es um die Konkurrenz mit dem Leiter geht. Slaters Fallberichte und Darstellungen zum Komplex der Revolte kreisen jedoch überwiegend um orale Themen. So erklärt Slater, daß das zentrale Motiv der Revolte nicht die Absetzung des Leiters sei, sondern seine phantasierte Tötung, Zerteilung und orale Einverleibung (1966, S. 78). Der Leitermord ist ein kannibalistischer Akt, bei dem es weniger um die Vernichtung als vielmehr um die Einverleibung des Leiters geht.

In diesem Zusammenhang tauchen Phantasien über die nährende Brust auf, deren man sich versichert, indem man sich ein Stück von ihr einverleibt, sowie über die Zerstörung der bösen Brust (Slater nennt diesen Begriff nicht explizit), die die Gruppe verfolgt und zu überwältigen droht. Die Revolte stellt den Versuch dar, sich die verweigerte gute Nahrung mit Gewalt zu beschaffen. Angesichts der regressiven Verschmolzenheit mit dem Gruppenleiter ist es nicht verwunderlich, daß der Leitermord zumeist gleichzeitig als Selbstverstümmelung erlebt wird, als Abtrennung eines Teiles des als Körper empfundenen Gruppenganzen.

Nach der Revolte ist der Leiter noch stärker präsent als zuvor, da ihn die einzelnen Teilnehmer nun introjizieren. Wir würden in Kleinscher Terminologie sagen, daß er zu einem inneren Objekt geworden ist. Slater selbst hat diese oralen Aspekte der Revolte wiederholt herausgearbeitet:

»Die Interaktion in Selbsterfahrungs- und Therapiegruppen vollzieht sich zumeist auf der oralen Ebene, dreht sich um Fragen wie: ›Was gibt mir diese Gruppe?‹ oder ›Wird sie mich (meine Individualität) verschlingen?‹ [...] In der Revolte formen sich die Gruppenmitglieder im Effekt zu einem Mund, verschlingen den Leiter, zerstören seine Autorität, verleiben sich seine Fähigkeiten ein« (ebd., S.122f.).

Slater bringt interessante Beispiele für Übergangsobjekte (Winnicott), die von Gruppen geschaffen werden und die er selbst in seinen mythologisch orientierten Theorien als »Totem der Gruppe« bezeichnet: Ein Nilpferdplätzchen z. B., das von der Gruppe vorsichtig behandelt wird, praktisch als heilig verehrt wird und mit einem Tabu belegt ist. In der Revolte wird dies Tabu gebrochen – die Gruppenteilnehmer verzehren das Nilpferd in einem rituellen Akt (ebd., S. 74). Ein anderes von Slater beschriebenes totemistisches Symbol vereinte orale und phallische Anteile in sich: Die Gruppenteilnehmer beschenkten den Gruppenleiter mit einer 40 cm langen Zigarre (S. 80).

Die Revolte führt also zur oralen Einverleibung des Leiters, zur Introjektion der guten und Zerstörung der verfolgenden bösen Brust sowie zur Errichtung des inneren Objekts. Dem Kind wird es durch das innere Objekt ermöglicht, eine gewisse Unabhängigkeit von der Mutter und eine individualisierte Existenz zu entwickeln, und ganz ähnlich ergeht es der Gruppe. Die Introjektion des Leiters vermittelt ihr eine gewisse Unabhängigkeit: Die Gruppe kann nur stark werden, wenn sie den Leiter tötet und inkorporiert, das heißt die gute Brust in sich aufnimmt. Zugleich ist die orale Einverleibung auch eine Verleugnung des drohenden Todes der Gruppe, die unsterblich geworden ist, wenn jeder der Teilnehmer ein Stück der Gottheit in sich trägt.

Die Revolte beziehungsweise die Phantasien vom Leitermord ziehen stets Schuldgefühle und Sühnegedanken nach sich. Ein Teil dieser Sühne ist die Wiederaufrichtung des Totems und die Einführung der »Gruppenbibel«; dabei handelt es sich zumeist um die Geschichte der Gruppe. Die gewonnene Selbständigkeit und die realistischere Sicht des Leiters werden von Trauer überlagert. Wir erkennen hierin unschwer die depressive Position nach Melanie Klein.

Slater beschäftigte sich intensiv mit Freuds Mythos vom Vatermord in der Urhorde und suchte demgemäß entsprechende Prozesse in der von ihm als ödipal bezeichneten Gruppenrevolte. Er beobachtete, daß der Therapeut häufig so erlebt wird, als dringe er phallisch in das Gruppenganze, das als Vagina phantasiert wird, ein. Innerhalb der Gruppe sind sexuelle Kontaktaufnahmen indes zumeist tabuisiert. Slater erläutert, daß die Männer die Gruppenteilnehmerinnen meist älter einschätzen, als sie in Wirklichkeit sind, und führt dies auf das Bedürfnis der männlichen Teilnehmer zurück, sexuelle Rivalität mit dem Leiter zu vermeiden und die Frauen der Gruppe als potentielle Sexualpartnerinnen auszuschließen.

Nach der Revolte macht sich in der Gruppe eine libidinöse Befreiung bemerkbar. Die Teilnehmer nehmen einander wahr und beschäftigten sich intensiver und auf stärker sexualisierte Weise miteinander. Slater zufolge tauchen diese sexualisierten Gefühle ausschließlich nach sehr spät erfolgten Revolten auf – eine Beobachtung, die psychogenetisch gesehen nicht verwunderlich ist.

An anderer Stelle (1966, S. 93ff.) erklärt Slater allerdings, daß lediglich die sehr frühen Revolten einen durchschlagenden Einfluß auf die Gruppenentwicklung ausüben. Die Revolte erscheint den Teilnehmern um so erfolgreicher, je früher sie stattfindet, das heißt, je überhöhter und mächtiger der Leiter noch ist und je mehr »Mana« er besitzt, das die Gruppenteilnehmer introjizieren können. Je später die Revolte erfolgt – und je ödipaler sie infolgedessen gefärbt ist –, desto kraft- und wirkungsloser wird sie sein. Einzig in der frühen oralen Phase der paranoid-schizoiden Position wird der Leiter als derart potent und gefährlich zugleich erlebt, daß die Revolte eine mächtige Stoßkraft entfalten kann.

Das zentrale Kriterium der von Freud beschriebenen ödipalen Konstellation ist der Kampf gegen den Vater und der Wunsch, die Mutter zu besitzen. In der Revolte, die Slater für die frühe Phase konzipiert, fehlt die dritte Person. Ihr Ziel sind die Individuation, die Einverleibung des guten und Zerstörung des bösen Objekts sowie die Errichtung der inneren Objekte. »Die frühesten Angriffe auf den Gruppenleiter lassen sich als auf eben diese Differenzierung gerichtete Aktionen interpretieren. Vor diesem Zeitpunkt wird der Führer als identisch mit der Gruppe als Ganzem gesehen« (1966, S.285).

Ähnlich wie der biblische Sündenfall weckt die Individuation Schuldgefühle, die eine Weiterentwicklung hin zur depressiven Position zu erkennen geben.

»Zerstörung und Apotheose des ursprünglichen Bildes vom Führer bezeichnen eine Trennung dessen, was am Führer geschätzt und begehrt wird, von dem, was abgelehnt und mißbilligt wird. Das ist es, was ›Töten und Essen‹ in dieser Situation symbolisieren; die Trennung von Gut und Schlecht, Liebe und Haß, so daß man das eine in sich selbst aufnehmen und das andere vernichten kann« (ebd., S. 169).

Nach der Revolte können die Gruppenteilnehmer den Leiter objektiver und integrierter wahrnehmen und erkennen, daß seine Ideen und Fähigkeiten von seiner Person getrennt und somit allen verfügbar gemacht und introjiziert worden sind.

In Slaters Nachfolge haben sich Gibbard und Hartmann (1973) mit den auf die Revolte folgenden Gruppenprozessen beschäftigt. In den von ihnen untersuchten Gruppen konnten sie keine ödipale Entwicklung feststellen. Vielmehr folgten auf die Revolte Angst- und Schuldgefühle, die zu neuerlichen Regressionen führten, bis sich gegen Ende der Gruppenarbeit ganze Objekte in Form von vollständigen und getrennten Personen herausbildeten und die Teilnehmer sich bemühten, das Gute und Schlechte in der Gruppe zu integrieren.

Otto F. Kernberg

Obwohl Kernberg (1975) analytische Gruppenprozesse nur am Rande erläutert, sind seine Äußerungen über Gruppendynamik für uns von größtem Interesse. Kernberg beschreibt das »Borderline-Syndrom« in Gruppen mit der hierfür spezifischen »frühen Abwehrstruktur« und den für sie zentralen Mechanismen der Spaltung (in nur gute und nur böse Selbst- und Objektimagines), der primitiven Idealisierung (prä-depressive Idealisierung ohne Schuldgefühle) sowie der Verleugnung, Omnipotenz und Entwertung. Er beobachtete in Gruppenprozessen stets und fast ausschließlich die mit dieser Abwehrstruktur einhergehenden primitiven Objektbeziehungen, wie sie Melanie Klein für die paranoid-schizoide Position beschrieben hat.

Kernbergs großes Verdienst ist es, daß er Kleins Beiträge, denen eine so fundamentale Bedeutung zukommt, unter Berücksichtigung der Ich-Psychologie und der psychoanalytischen Objektbeziehungstheorie (Fairbairn, Guntrip, Sutherland) in systematisierter und stringenter Form neu gefaßt und die Kleinsche Theorie für das Verständnis regressiver Übertragungsprozesse wiederentdeckt hat. Darüber hinaus versucht Kernberg,

1973, objektbeziehungspsychologisch zu erklären, warum in Gruppen ungeachtet ihrer Zusammensetzung grundsätzlich paranoid-schizoide Abwehrprozesse auftauchen. Er nimmt an, daß in der Gruppenpsychotherapie wesentlich schneller als in der Einzelanalyse eine tiefe Regression »psychotischer« Natur stattfindet, die Abwehrmechanismen und Objektbeziehungen primitivster Natur reaktiviert. Für diese Entwicklung prägte Kernberg den Begriff »groupish level«. Auch Individuen, die normalerweise differenziert und gut angepaßt sind – beispielsweise Psychoanalytiker –, können sich dieser Regression nicht entziehen. Die Gründe für diesen regressiven Sog, der in allen unstrukturierten Gruppen ohne klar umrissene Aufgaben- und Rollenverteilung entsteht, sind nach Kernberg nicht eindeutig zu identifizieren. Daher bemüht er sich in erster Linie um eine objektpsychologische Klärung des Rollenbegriffes.

Kernberg definiert Rollen als besonders entwickelte und formalisierte Regeln interpersonaler Interaktionen und Objektbeziehungen, die im Alltagsleben vor dem Rückfall auf die Ebene primitiver Formen der Objektbeziehung schützen, welche vor allem projektive und introjektive Prozesse beinhalten (paranoid-schizoide Position). Der Verlust dieses Regel- und Schutzsystems der sozialen Rollenverteilung führt zu einer Reaktivierung des in allen Individuen vorhandenen Potentials zu primitiven Partialobjektbeziehungen. Sofern die einzelnen Gruppenteilnehmer über ein hinreichend stabiles Ich verfügen, hält Kernberg diese Regression auf der Ebene der »Grundstörung« mit ihren primitiven Abwehrmechanismen und Teilobjektbeziehungen für therapeutisch effektiver als das – einzelanalytisch häufige – jahrelange Verweilen auf der Ebene der Ich-Abwehr.

Spaltungsübertragung und neurotische Übertragung in der analytischen Gruppentherapie

In unseren bisherigen Ausführungen haben wir versucht zu zeigen, daß sich Patienten während der Gruppenanalyse jahrelang auf der paranoidschizoiden Position mit den Mechanismen der frühen Abwehrstrukturen bewegen und sich allmählich der depressiven Position mit Beziehungen zu ganzen Objekten annähern. In den meist interpersonellen Abwehrstrukturen konstellieren Gruppenmitglieder und ihre Therapeuten Interaktionen und Übertragungsprozesse, die sich wesentlich voneinander unterscheiden, je nachdem, auf welchem Entwicklungsniveau sie sich bewegen.

Die Spaltungsübertragung

Auf dem Niveau der frühen Abwehrstruktur überwiegen Spaltungsübertragungen. Übertragen werden Teilobjekte des »nur guten« und »nur bösen« Typs, gespaltene Objektimagines, die den frühesten Schichten entstammen. Das »nur gute« Objekt wird ohne Rücksicht auf persönlichkeitsspezifische Wesensarten primitiv idealisiert. Entsprechend wird das »nur böse« Objekt unter Verleugnung charakteristischer Wesenszüge in primitiver Form entwertet und verteufelt. Ihren klinischen Ausdruck finden primitive Idealisierungen z. B. in der Vergottung des Gruppenleiters. Die primitive Entwertung manifestiert sich klinisch in der Verteufelung karikiert vergrößerter Verfolgungsobjekte. Träger dieser primitivagressiven Projektionen sind in der Regel äußere Objekte (z. B. eine total »böse« Elternfigur oder ein völlig entwerteter Ehepartner) oder bestimmte Gruppenmitglieder, die in einer Omegaposition als personifizierter Sündenbock und Prügelknabe mit den anderen Patienten interagieren.

Die primitive (prä-depressive) Idealisierung ist eine ubiquitäre Beziehungsform sich ohnmächtig fühlender Patienten, die sich von ihren Ärzten bedroht fühlen und sie aus Abwehrgründen zu allmächtigen Schutzobjekten und übermächtigen Heilbringern hochstilisieren. Jeder Arzt formt diese Übertragung interaktiv mit und verhält sich entsprechend der ihm zugeschriebenen Projektion als Beziehungspartner – nicht nur am Arbeitsplatz (z. B. als »Halbgott in Weiß«), sondern auch außerhalb seines Berufsbereiches. Dies zeigt, daß seine interaktionelle Verstrickung in solche idealisierenden Übertragungsprozesse in seine Persönlichkeit assimiliert wurden.

Die psychotischen Ängste vor primitiver Destruktion, Zerstückelung und Fragmentierung, die Todesangst und die Ohnmacht und Hilflosigkeit der Gruppenpatienten lassen es legitim und notwendig erscheinen, daß der Therapeut die idealisierenden Projektionen als Container aufnimmt und sie über einen längeren Zeitraum in sich bewahrt, ohne sich verpflichtet zu fühlen, den – berechtigten – Wunsch der Patienten nach einer Idealobjektbeziehung zu verwehren. Er muß jedoch durch seine Deutungen auf die in der Spaltungsübertragung enthaltenen Projektionen aufmerksam machen, um seine »bösen« Gegenspieler (äußere Objekte oder intragruppale Sündenböcke) zu entlasten.

Die Idealisierung des Gruppenleiters greift in der Regel auf die Gruppe über: Die Gruppe erlebt sich in einer Idealselbst-Idealobjekt-Verschmelzung als eins mit dem »nur guten« Objekt in einer »nur guten«, paradiesischen

Gruppenwelt. Ebenso wie die Vergottung der Therapeuten dient auch die Idealisierung der Gruppe zur Abwehr von Haß und Destruktion; daher signalisiert sie die gefährliche Nähe der verfolgenden Objekte. Sie sollte als primitive, aber notwendige Abwehrform verstanden werden. Brechen die oben geschilderten verfolgenden Objekte derart massiv in die Gruppe ein, daß die Therapeuten und die Gruppe selbst als böse Objekte erlebt werden, ist eine Gruppenanalyse nicht mehr möglich. Die Patienten fliehen vor einander, die Gruppe zerstört sich selbst und zerfällt als letzte Abwehrbastion, um eine Fragmentierung jedes einzelnen Gruppenmitglieds zu verhindern.

Der Analytiker hat während der Bearbeitung der frühen Abwehrstruktur eine doppelte Aufgabe: Er muß forciert die primitiv verzerrten Projektionen auf seine entwerteten Gegenspieler deuten, um diese vor Schaden zu bewahren. (Wir kennen die häufigen Ausstoßungsmechanismen von Sündenböcken und die Kontaktabbrüche zu äußeren Objekten während der Gruppenanalyse.) Gleichzeitig muß er zu erkennen geben, daß er die Idealisierung aushalten und »halten« kann, bis er von der Gruppe über den Prozeß der Entidealisierung als gutes Objekt verinnerlicht wird.

Die neurotische Übertragung

Sobald die Integration der bösen und guten Selbst- und Objektimagines weitgehend gelungen ist und sich Objektkonstanz und Beziehungskonstellationen zu individuellen Kindheitsobjekten (Eltern, Großeltern) herausgebildet haben, können sich neurotische Übertragungen entwickeln. Diese klassische Übertragungsform zeichnet sich durch die Individualisierung des Übertragungsobjekts aus, das nun mit seinen spezifischen Persönlichkeitsmerkmalen und Eigenschaften wahrgenommen wird, auch wenn diese in beliebig verzerrter Form entsprechend dem Übertragungsbedürfnis verwendet werden können. Die Übertragungsbeziehungen nehmen einen realistischeren Charakter an und sind weniger von den aus tiefen Schichten hergeleiteten Phantasien überlagert. So entwickelt sich eine Übertragung auf ein ganzes Objekt, dessen wesentlichen Eigenschaften nicht verleugnet werden, wohl aber – entsprechend einer positiven oder negativen Übertragung – zugespitzt, verschärft und karikiert werden können. Die Übertragungsinhalte orientieren sich an »realistischeren« Erlebnissen und Erfahrungen mit den Eltern, Geschwistern und Großeltern.

Es entstehen differenzierte Bilder von einer zwar klammernden oder kontrollierenden, aber nicht verschlingenden Mutter, von einem kastrierenden, aber nicht vernichtenden Vater, von den sexuell verführerischen, aber nicht phallisch zerstörerischen oder vaginal verschlingenden Eltern. Die Elternobjekte werden durch Geschwister ergänzt, die neidisch und eifersüchtig bekämpft werden, aber nicht mehr als störende Dritte ausgelöscht werden müssen. Bilder von Großeltern, die als imponierende Beruhigungsobjekte aufleben, ohne jedoch zu omnipotenten Schutzgestalten stilisiert zu werden, vervollständigen diese Entwicklung.

In wesentlich schwächerem Ausmaß und nur sehr zögernd beginnen die Phantasien auch um die Therapeuten als Wiederbelebung realistischer und integrierter Elternfiguren zu kreisen. Die hinreichend gute Mutter, die gibt, was sie geben kann, ohne unerschöpflich und unverletzlich zu sein – der hinreichend gute Vater, der auf das Haus aufpaßt, ohne als Gottvater für eine absolute Sicherheit garantieren zu können.

Bemerkungen zu den spezifischen Interaktionsstrukturen der Gruppe

Die Spaltungs- und Familienübertragungen beherrschen nicht nur die Phantasien der Gruppenteilnehmer, sondern bewirken auch, daß sich Therapeuten und Gruppenmitglieder als entsprechende Übertragungs- und Gegenübertragungsobjekte aktiv anbieten und in den Interaktionen der Gruppe mit entsprechenden Gegenübertragungen mitagieren. So verhalten sich die Gruppentherapeuten zunächst wie verständnislose, enttäuschte Eltern, stilisieren sich dann zu omnipotenten Schutzobjekten, reagieren mitunter tatsächlich wie »Halbgötter in Weiß«, bis sie sich schließlich – zumindest in einer der von uns untersuchten Gruppen – zu alten hilflosen »Opas« oder inkompetenten »Muttchen« abwerten lassen, um erst sehr spät – und nur partiell – als relativ bemühte, gute Eltern mit begrenzten Möglichkeiten, mit Schwächen und Fehlern anerkannt zu werden.

Auch einzelne Gruppenmitglieder übernehmen Rollen, die ihren Charakterstrukturen sicherlich entgegenkommen, aber von ihnen selbst psychodramatisch dargestellt werden. Wir sehen in der Gruppe Patienten, die grundsätzlich böse, kalte abweisende Mütter agieren; andere Patienten übernehmen die Rollen siegreicher Heldinnen, tollkühner Eroberinnen, hilfloser, kleiner Versagertypen oder umschwärmter Don Juans.

Das Eingehen der Mitpatienten und der Gruppentherapeuten auf die Übertragungsangebote ermöglicht es, daß sich hilflose, schwache Kinder nicht nur in der Phantasie, sondern auch interpersonell und interaktionell mit gottähnlichen Therapeuten, kleine »Loser« mit verführerisch-kastrierenden Müttern, geprügelte Kinder mit tyrannischen Eltern auseinandersetzen können. Diese szenische Entfaltung entspricht den tiefen Bedürfnissen der Patienten, verinnerlichte Interaktionserfahrungen mit den elterlichen Objekten nicht lediglich zu erinnern, sondern in personifizierter, interpersoneller Auseinandersetzung zu wiederholen und durchzuarbeiten. Dies bedeutet, daß wir es in der Gruppenanalyse mit interaktiven Reinszenierungen frühkindlicher Objektbeziehungen zu tun haben. Es ist wichtig, daß die Gruppenpatienten Interaktionen gestalten können, in denen die verinnerlichten Beziehungserfahrungen wiederholt und bestätigt werden. Da dies Partner voraussetzt, die sich auf ihr Spiel einlassen, bemühen sich Gruppenpatienten aktiv um eine Wiederholung und Wiederherstellung ursprünglicher Objektbeziehungen, indem sie andere Teilnehmer zwingen, die ihnen zugewiesenen, abwehrstützenden Funktionen aufzunehmen und auszubauen: Im deutschsprachigen Raum haben Richter (1963, 1970), Stierlin (1971), Mentzos (1976) und Willi (1975) diese Abwehrtechniken als psychosoziale, interpersonelle oder interaktionelle Prozesse beschrieben. Im englischen Sprachraum wurden sie von Dicks (1963), Framo (1965) und Shapiro und Zinner theoretisch ausgearbeitet. Als Interaktionsprozesse im Gruppenprozeß sind sie in den Konzepten von Foulkes und Ezriel und besonders in dem von Heigl-Evers beschriebenen Ansatz mitenthalten.

In der Tat kommt den interpersonellen Austauschprozessen in der Familien-, Paar- und Gruppentherapie eine größere Rolle zu als in der Einzelanalyse, obwohl auch die Übertragungs- und Gegenübertragungssituation der klassischen Individualanalyse entscheidend von ihnen bestimmt wird. Der Analytiker ist weder Projektionsspiegel noch unveränderbarer Container; er ist stets interpersonell in die Beziehung mit seinen Patienten verwickelt und an der spezifischen Ausprägung projektiv-introjektiver Verzerrungen mit beteiligt. Allerdings wird der Analytiker in der klassischen Einzelanalyse durch seine größere Distanz, die ihm die Abstinenzregel auferlegt, weitgehend gehindert oder geschützt, genuin interpersonell mit seinem Patienten zu agieren. Grundsätzlich anders verhalten sich jedoch die Mitpatienten in der Gruppenanalyse. Die Gruppenmitglieder reagieren auf die Manifestation der interpersonellen Abwehrstruktur genuin interaktiv. Ihnen gelingt es gewöhnlich mühelos, in der Gruppe Neuauflagen ihrer eigenen kindlichen Objektwelt wiederzufinden und ihre Mitpatienten als Objekte zu erleben, die ihre Projektionen aufgrund ihrer eigenen Problematik auch »halten« und sie reziprok interaktiv beantworten können.

Heigl-Evers und Heigl haben dies mit folgenden Worten beschrieben:

»Per projektiver Identifikation werden abgewehrte Anteile des eigenen Selbst auf den anderen projiziert, wobei der andere als jemand erlebt wird, der diesen Anteil wirklich akquiriert. Der andere übernimmt per projektiver Gegenidentifikation aufgrund entsprechender Bereitschaft die projizierten Anteile und ›spielt‹ die ihm zugewiesene Rolle« (Heigl-Evers und Heigl, 1973, S. 145).

So können unsere Gruppenpatienten ihre väterlichen und mütterlichen Schutzobjekte und Strafinstanzen, ihre inzestuösen Sexualobjekte, ihre aufgespaltenen »nur guten« Idealobjekte und »nur bösen« Verfolgerobjekte gemäß ihrer Übertragungsbedürfnisse in einzelnen Mitpatienten aufspüren, um diese dann im Rahmen einer interpersonellen Abwehr in die gewünschte Rolle hineinzumanipulieren. Gerade weil in diesem Setting eine Personifizierung durch Rollenaufteilung möglich ist, nehmen die Gruppen oft einen psychodramatischen Charakter an, der es ermöglicht, die Interaktionsprozesse offener und direkter zu beobachten, als es in der Einzeltherapie möglich ist – ein wichtiges Kriterium für die Aussagekraft der teilnehmenden Beobachtung.

Im folgenden fassen wir die Überlegungen zu den Interaktionsprozessen in der Gruppenanalyse noch einmal kurz zusammen:

Wir gingen davon aus, daß in der Gruppe ebenso wie in der Einzelanalyse internalisierte Objektbeziehungen übertragen werden, wobei wir unter Übertragung eine Reaktualisierung und Reproduktion dieser Beziehungen im »Hier und Jetzt« verstehen. Die Anwesenheit mehrerer Übertragungsobjekte – Mitpatienten und Therapeuten – ermöglicht die Projektion und Aufspaltung der übertragenen Partial- und Familienobjekte auf verschiedene Personen. Diese Externalisierung vereinfacht es, die projizierten Objekte zu bekämpfen, sie umzuwandeln und schließlich in modifizierter Form zu introjizieren.

Die Aufspaltung der Übertragung und die Beteiligung von Mitpatienten, die sich nicht therapeutisch-abstinent verhalten, erzeugt in der Gruppe eine dem Alltagsleben ähnliche soziale Situation und hat gleichzeitig zur Folge, daß sich Übertragungen eher in der Form der Konstruktion eines interpersonalen Abwehrsystems herausbilden. Das bedeutet, daß Mitpatienten nicht nur so gesehen werden, »als ob« sie den internalisierten Objekten entsprächen; vielmehr werden sie in die Rolle dieser Objekte gezwungen und verhalten sich genauso wie diese. Die Anwesenheit mehrerer Personen erhöht natürlich die Wahrscheinlichkeit, daß einer der Teilnehmer sich mit dem projizierten Objekt eines anderen Teilnehmers identifiziert und die angewiesene Rolle annimmt. Es geht jedoch in der Gruppe nicht um einen einzigen Teilnehmer, der ein Forum für die Projektion seiner internalisierten Objektbeziehungen sucht und eine Rollenverteilung schafft, sondern in der Regel um sechs bis zehn Personen mit demselben Bedürfnis. Das bedeutet, daß die Projektionen und Rollenzuweisungen der Gruppenteilnehmer zueinander passen müssen, sich ineinander einklinken müssen, wenn sich eine Gruppenstruktur entwickeln soll, die den Zusammenhalt der Gruppe sichert. Zunächst sind die zusammenkommenden Patienten jedoch aller Rollenzuweisungen beraubt und erwarten Strukturgebung vom Therapeuten, der sich dieser Anforderung verweigert. Die bedrohliche Situation der Strukturlosigkeit führt – nach einer mehr oder minder langen Phase der pseudo-ödipalen Abwehr – zu einer Regression auf die entwicklungsgeschichtlich früheste Ebene der primären Mutter-Kind-Symbiose.

Auf dieser Ebene ist zugleich gewährleistet, daß die Gruppe ihre erste gemeinsame Phantasie und die charakteristische *Gruppenspannung* entwickelt: Alle haben – mehr oder minder tief abgewehrt und bearbeitet – die Erfahrungen dieser symbiotischen Phase gemacht und finden hier unschwer einen gemeinsamen Nenner, in dem sie in der Erwartung einer nährenden Brust und aus Angst vor der Verfolgung durch die böse Brust in einer Symbiose miteinander zu verschmelzen trachten.

Durch die spezifischen Konflikte und inneren Objekte ihrer einzelnen Teilnehmer gewinnt jede Gruppe ihre charakteristische Struktur, ihre je eigenen Themen und Phantasien. Jede Gruppe bietet daher die Möglichkeit, die sich reaktualisierenden Objektbeziehungen und Konflikte ihrer Teilnehmer zu beobachten und zu erforschen. Zugleich entfalten sich die Konflikte und Beziehungen weniger eindeutig und persönlichkeitsspezifisch als in der laborartigen Atmosphäre der Einzelanalyse, denn sie müssen ja ineinander passen und Kompromisse mit den Objektbeziehungen der einzelnen Teilnehmer bilden. Viele Personen müssen das Schachspiel ihrer eigenen Figuren zusammenfügen.

Zusammenfassende Diskussion

Am Beispiel einiger Autoren haben wir diskutiert, welchen Einfluß die Schule Melanie Kleins auf die psychoanalytische Theorie der Gruppentherapie ausgeübt hat. Die referierten Autoren stimmen ausnahmslos darin überein, daß die Gruppensituation schneller zu einer starken Regression führt, die zudem meist tiefer geht als in der Einzeltherapie. In dieser Regression kommt es zu einer Auflösung der Ich-Grenzen und einer symbiotischen Verschmelzung. Der Leiter wird in einer primitiven Idealisierung vergöttert; Gut und Böse werden in einer Spaltungsübertragung scharf voneinander getrennt. Innere Objekte werden durch projektive Identifizierung und Projektion auf Mitpatienten und vor allem auf den Leiter zunächst abgewehrt und dann im Laufe eines gelungenen Gruppenprozesses langsam reintrojiziert und als Teil des Selbst anerkannt.

Der Leiter hat in diesem Prozeß die Aufgabe, die Abwehrmaßnahmen der einzelnen Gruppenmitglieder und der Gesamtgruppe wie ein Container in sich aufzunehmen und die Destruktion und den Haß analysierend zu überleben. Dies ist die Voraussetzung dafür, daß die Reintrojektion besserer und vollständigerer Objekte in einer späteren Phase gelingen kann.

Wir betrachten den Verlauf einer Gruppentherapie als einen kontinuierlichen Prozeß ständiger Projektionen und projektiver Identifizierungen mit dem Ziel, den individuellen Patienten die Integration von ganzen Objekte zu ermöglichen. Dies schafft letztlich auch die Grundlage für eine Individuierung und konsequentere Differenzierung von Subjekt und Objekt, von Innenwelt und Außenwelt, so daß vollständige und voneinander getrennte Individuen in eine reife Beziehung zueinander treten können.

Die für die paranoid-schizoide Position charakteristische Regression und massive Spaltung stimulieren intensive Gefühle gegenüber der guten wie auch der bösen Brust. Die Überwindung der primitiven Spaltung erfolgt in Therapiegruppen, die das Stadium der depressiven Position, deren Manifestation in Gruppen vor allem von Grinberg, Langer und Rodrigué beschrieben worden ist, erreicht haben. Im Verlaufe dieses Prozesses reindividuieren und integrieren sich die Teilnehmer; sie gewinnen von sich selbst, ihren Mitpatienten und vom Therapeuten ein integrierteres und differenzierteres Bild, in dem Gut und Böse als Bestandteile ein und derselben Person nebeneinander existieren können. Die Ich-Grenzen werden wieder aufgerichtet.

In Übereinstimmung mit Grinberg, Langer und Rodrigué halten wir eine erfolgreiche Bewältigung der depressiven Position für ein therapeutisches Ziel, dessen Erreichen den Gruppentherapeuten vor eine schwierige Aufgabe stellt. Wir glauben heute nicht mehr, daß die Gruppensituation eine Familienübertragung und damit eine ödipale Konstellation forciert. In der Therapiegruppe am Paradigma des ödipalen Konflikts festhalten zu wollen heißt u.E., einem Phantom nachzujagen und mitunter auf die Aufarbeitung schwerwiegender frühkindlicher Erlebnisse zu verzichten, die therapeutisch das relevantere Problem darstellen. Das soll nun keineswegs heißen, daß in therapeutischen Gruppen keine ödipalen Inhalte auftauchten. Diese finden sich immer wieder, und in fast allen Gruppenstunden treten ödipale Themen und Beziehungsstrukturen an die Oberfläche – allerdings in recht unterschiedlicher Ausprägung: Sehr häufig nämlich werden ödipale Themen ohne entsprechende Beziehungsstrukturen als pseudo-ödipales Abwehrverhalten vor der gefürchteten Gruppenmutter agiert. Wir erleben dies regelmäßig in Selbsterfahrungsgruppen von analytisch vorgebildeten Gruppenteilnehmern, die schon in den ersten Sitzungen ödipale Themen akzentuieren, um drohende orale Ängste abzuwehren. Hier handelt es sich um ein rational-intellektualisierendes Abwehrmanöver angesichts der andrängenden Regression auf die paranoid-schizoide Position.

Ödipale Beziehungsstrukturen und entsprechende Themen sind jedoch auch oft sexuelle Rettungsversuche vor einer als verschlingend erlebten Gruppenmutter. Hier führt die orale Aggression zu einer vorzeitigen Entwicklung schizo-paranoid verformter ödipaler Themen mit einer entsprechenden Spaltungsübertragung. Häufigstes Beispiel einer schizo-paranoid verformten Ödipuskonstellation ist die Aufspaltung von Liebe und Haß zwischen idealisiertem Gruppenleiter und entwerteter Gruppe; aber auch eine idealisierte Liebe zwischen zwei Gruppenmitgliedern mit projektiver Verzerrung der anderen Gruppenteilnehmer bringt eine gegen die Ängste vor der gefährlichen Gruppenmutter gerichtete Abwehr zum Ausdruck.

Problematisch wird es, wenn es in diesem Prozeß zu einer Aufspaltung zwischen sexuell idealisierten Gruppenteilnehmern und sexuell entwerteten äußeren Objekten kommt. Hier werden unter dem Vorwand ödipaler Progressivität Idealobjektbeziehungen wiederbelebt und bewußt oder unbewußt oft genug als sexuelle Befreiungserlebnisse gefeiert, die kaum einer Bearbeitung der Dynamik zugänglich sind.

Die gruppenspezifische prägenitale Aggressivität führt schließlich – schneller als in Einzelbehandlungen – in Verbindung mit der Phantasievorstellung von zerstörerischen Genitalien zur Aktivierung von Gier und Neid und begünstigt auf diese Weise eine frühe ödipale Konstellation im Sinne Melanie Kleins. Der Ödipuskonflikt dagegen spielt sich zwischen ganzen Objekten ab, nachdem die paranoid-schizoide Position hinreichend und die depressive Position teilweise durchgearbeitet wurden. Gegengeschlechtliche Teilnehmer werden in dieser Konstellation positiv libidinös besetzt, mit gleichgeschlechtlichen Teilnehmern wird ohne Polarisierungsversuche erfolgreich rivalisiert. Oft wird auch der Gruppenleiter in einen relativ reif strukturierten ödipalen Konflikt mit einbezogen. In der Regel jedoch entwickeln sich diese ödipalen Strukturen zwischen den Gruppenteilnehmern. Die Einbeziehung des Gruppenleiters begünstigt immer wieder regressivere ödipale Prozesse mit entsprechend primitiveren Beziehungsmustern und Spaltungsübertragungen.

Eine ödipale Behandlungsphase, in der ödipale Themen und Beziehungen über einen längeren Zeitraum die Gruppenkultur und die Gruppenszene beherrschten, haben wir bei Gruppenanalysen mit Einzelleitung kaum beobachtet. Der gruppenspezifische, durch die Wiederbelebung archaischer Ängste, früher Abwehrstrukturen und primitiver Objektbeziehungen erzeugte Regressionssog läßt es offenbar nicht zu, daß ödipale – geschweige denn postödipale – Entwicklungsstadien die Gruppenkultur und den Gruppenprozeß dominieren und in klar abgegrenzten Phasen konzentriert durchgearbeitet werden können.

Wir sehen hier eine Parallele zu Mitscherlichs »vaterloser Gesellschaft«, in der oraler Geschwisterneid an die Stelle der ödipalen Rivalität tritt und der ödipale Vater von einer primitiven Mutter-Gott-Imago abgelöst wird. Zu erinnern ist in diesem Zusammenhang auch an die zahlreichen Untersuchungen zur Ethnopsychoanalyse und zum »Kulturwandel«. Diese Arbeiten stellen die Universalität des Ödipuskonfliktes in Frage. Ödipale Behandlungsphasen können sich, so Heising und Wolff (1976), möglicherweise in co-therapeutisch geleiteten Gruppen leichter entwickeln. Einer der Autoren jenes Beitrags, der sich dem ödipalen Paradigma in vielen Jahren der Arbeit mit Gruppen verpflichtet fühlte, sah in der forcierten Inszenierung einer Co-Therapie mit gegengeschlechtlichen Leitern nach einer langen präödipalen Übertragungskonstellation einen Lösungsversuch hin zu einer Ödipalisierung der Gruppe.

Was diesen Punkt betrifft, stehen wir den früheren Arbeiten unseres Projektes heute kritischer gegenüber. Wir würden zahlreiche Koalitionsversuche der Gruppenmitglieder mit den beiden Co-Therapeuten nicht mehr ausschließlich als Ausdruck einer ödipalen Problematik bewerten, sondern auch als Ausdruck von Spaltungsübertragungen zwischen einem »total« guten und einem »total« bösen, zwischen einem idealisierten und einem verhaßten Gruppentherapeuten mit entsprechenden Regressionen auf die frühe Abwehrstruktur.

Wenn sich indes aus dem Gruppengeschehen heraus eine ödipale Thematik entwickelt, sollte sie auch bearbeitet werden. Tauchen ödipale Themen in primitiver Form auf, sollte in den Deutungen nicht das Durcharbeiten des ödipalen Themas, sondern die Bearbeitung der frühen Abwehrstruktur dominieren. Oft ist es in solchen Situationen wichtig zu klären, auf welchem Niveau ein ödipaler Konflikt aktualisiert wird, in welcher Form er projektiv verzerrt wird, welche Verleugnungsmechanismen dabei im Spiel sind, warum er gerade zu diesem Zeitpunkt inszeniert wird beziehungsweise was damit abgewehrt wird.

Abschließend möchten wir noch bemerken, daß unsere Forderung, in der Gruppe auf die Forcierung und das Durcharbeiten der ödipalen Situation zu verzichten, keine Resignation hinsichtlich der therapeutischen Möglichkeiten analytischer Gruppenpsychotherapie zum Ausdruck bringt. Wir nehmen an, daß das Durcharbeiten der depressiven Position, an deren Ende das Ich des Kindes als ganze und getrennte Person dem äußeren und vollständigen Objekt der Mutter gegenübersteht, eine hinreichende Bedingung zur Entdeckung des dritten Objektes (des »Vaters«) darstellt, die dann fast automatisch erfolgen wird. Mit dem Durcharbeiten der depressiven Position sind alle Voraussetzungen zum Erreichen der ödipalen Stufe geschaffen, ohne daß die Gruppe im Anschluß daran notwendigerweise eine eigenständige ödipale Phase durchlaufen muß. So kann sich das therapeutische Interesse auf die frühen Spaltungsprozesse der paranoid-schizoiden Position, welche die Gruppendynamik entscheidend prägen, konzentrieren.

Gerade für die aus der frühen oralen Phase stammenden Störungen und Defizite, die heute mehr und mehr in den Mittelpunkt des Interesses treten, ist die Gruppe das ideale therapeutische Instrument. Wenn der Therapeut in der Lage ist, sich von seiner Fixierung auf den Ödipuskomplex zu lösen, ohne Schuldgefühle darüber zu empfinden, ihn in seinen Gruppen nicht angemessen bearbeiten zu können, wird sein Blick offen für die in Gruppen ablaufenden frühen Prozesse. Wir sind der Ansicht, daß die Bewältigung dieser oralen Manifestationen und die Konzentration auf das Durcharbeiten der paranoid-schizoiden und der depressiven Position, wie sie schon von Grinberg, Langer und Rodrigué gefordert wurde, für Therapiegruppen auch heute noch angemessen sind und den größten therapeutischen Erfolg versprechen. Dabei stellen sich die für die depressive Position charakteristischen Konflikte immer wieder aufs Neue. So haben wir regelmäßige Rückfälle auf primitive Spaltungen, einhergehend mit der Reaktivierung des bösen Objekts, beobachten können, die tatsächlich als Erleichterung empfunden wurden, ja fast ein Glücksgefühl auslösten. Die psychotische Spaltung vereinfacht die Welt! Hier liegen vielleicht die Gründe dafür, daß nach einem weitgehenden Zusammenbruch des idealistischen Menschenbildes die massenmörderischen Katastrophen des Hitlerismus, Stalinismus, Maoismus und der fundamentalistischen Religionen nach wie vor Menschen erregen und faszinieren können. Die Vernichtung des »nur« Bösen, die Unterwerfung unter eine charismatische »nur gute« Machtfigur, die das Ichideal verkörpert, wird uns in den Gruppen der institutionalisierten Psychoanalyse wiederbegegnen.

6. Gerd Heising
SPALTUNGSPROZESSE BEI STATIONÄRER ANALYSE

Im vorliegenden Kapitel beschreibe ich meine klinische analytische Arbeit, die sich über einen Zeitraum von insgesamt 45 Jahren erstreckt. Von 1953 bis 2000, also fast ein halbes Jahrhundert lang, habe ich die Entwicklung der stationären Analyse verfolgen können. In den 50er Jahren versuchte in Freiburg eine Handvoll psychoanalytisch interessierter Kollegen wie Thomae, Bister, Steven und Wittkowsky in der analytisch aufgeschlossenen Freiburger Universitäts-Nervenklinik sowie Ruffin und Göppert, ebenfalls Freiburg, psychoanalytische Einzeltherapien mit ausgewählten Patienten auf geschlossenen psychiatrischen Stationen durchzuführen.

Psychoanalytische Einzeltherapien auf psychiatrischen Stationen waren in der Schweiz seit Kriegsende in verschiedenen Kliniken eingeführt worden. In Deutschland lagen Berichte aus der Heidelberger Psychiatriestation vor. Dieses Kapitel wird zeigen, welche Probleme das idealistische, vielleicht auch naive Bemühen, an den analytischen »Essentials« festzuhalten, mit sich brachte. Wir bemühten uns um deutungszentriertes Handeln und versuchten, klassische Übertragungs- und Widerstandsanalysen durchzuführen. Wir forcierten ein übertragungszentriertes Arbeiten mit dem Analytiker als zentralem und alleinigem Übertragungsobjekt mit einer Verleugnung oder sogar Sanktionierung von Nebenübertragungen unter Verzicht auf Co-Therapie und Teaminteraktion. Damit sollte das klassische Setting der ambulanten Einzelanalyse auf der Station umgesetzt werden. Das multilaterale Übertragungsbedürfnis der Patienten wurde konsequent als Widerstand gedeutet. Die Kollegen, die diese Einzelanalysen durchgeführt haben, waren selbst bei relativ orthodoxen, wenngleich liberalen, international renommierten Analytikern aus Basel, Zürich, Straßburg, Paris und London in Analyse gewesen. In Identifizierung mit diesen »Lehrern« wurden die Einzelanalysen nach den damals herrschenden, strengen klassisch-orthodoxen Regeln durchgeführt. Wir konnten den englischen Gruppenanalytiker Walter Schindler von der Londoner Tavistock-Klinik für die Leitung einer Selbsterfahrungsgruppe von Klinikmitarbeitern gewinnen. Er flog mittwochs von London nach Freiburg und kehrte freitags zurück, so daß wir an zwei Tagen jeweils zwei Stunden an einer intensiven gruppenanalytischen Selbsterfahrung teilnehmen konnten. Das interessante und durchaus unübliche Therapiesetting war dadurch gekennzeichnet, daß der Leiter der Klinik zusammen mit Kollegen an diesem intensiven Prozeß teilnahm.

Das therapeutische Konzept änderte sich, als im Jahre 1960 mit der Hinwendung zur psychotherapeutischen Gruppentherapie auf Anregung von Göppert und Ruffin, Freiburg, eine analytische Selbsterfahrungsgruppe eingerichtet wurde. In den 60er Jahren kam in Gießen mit Einführung der Gruppentherapie und der Co-Therapie sowie des stationären integrierten Konzeptes der multilateralen Übertragung eine grundsätzlich andere Therapie der stationären Analyse zum Zuge (Heising und Wolff, 1976; Heising und Möhlen, 1980; siehe auch Stephanos, 1973). Mein Verständnis der Nebenübertragung, die in der Freiburger Psychiatriezeit lediglich als Widerstand und unerwünschtes Acting-out gewertet wurde, veränderte sich dabei grundsätzlich. Die Nebenübertragung erwies sich im neuen Setting schließlich als signifikantes Merkmal der Übertragung, das heißt als eine multipersonale Auffächerung, die dem multilateralen Übertragungsangebot seitens der für die Co-Therapie verantwortlichen Schwestern, Pfleger, Gestaltungstherapeuten usw. entsprach.

Wir kehren zunächst in die Freiburger Zeit zurück, wo in den Jahren 1960 bis 1964 im Rahmen eines DFG-Projektes analytische Einzeltherapie auf einer geschlossenen psychiatrischen Frauenstation untersucht und beschrieben wurde (Heising, 1962).

Analyseraum und Agieren auf einer psychiatrischen Station

Die klassische analytische Behandlungstechnik verfolgte hauptsächlich zwei Ziele:

1. Das Aufdecken und Bewußtmachen vergessener und verdrängter pathogener Konflikte aus der Kindheit.
2. Die Überwindung der frühkindlichen Konflikte durch das mit entsprechenden Affekten einhergehende Erinnern und Wiederholen in der Übertragung. Das Wesen der Übertragung besteht darin, daß der Patient Gefühle und Erfahrungen seiner Kindheit auf den Analytiker projiziert.

Die klassische Übertragungsanalyse setzt voraus, daß sich der Analytiker durch abstinentes und passives Verhalten als Projektionsfläche für die Übertragungskonstellationen des Patienten zur Verfügung stellt.

Die klassische Technik Sigmund Freuds hat ihre Berechtigung vor allem deshalb behalten, weil sie wie keine andere Methode das Aufdecken der kindlichen Konflikte fördert und die Übertragung erleichtert. Das Liegen auf der Couch fördert Regression und infantiles Verhalten. Die Grundregel der freien Assoziation zielt auf eine Lockerung der Verantwortung und Kontrolle und eine Reaktivierung kindlicher Verhaltensweisen. Nach klassisch-orthodoxer Auffassung sollten sich Patient und Arzt möglichst nicht außerhalb der Behandlungsstunde sehen. Eine »reale« Beziehung nämlich würde den Analytiker in seiner Spiegelfunktion beeinträchtigen und die Projektionsfläche – die »leere Leinwand« – verfälschen. Charaktereigenschaften, soziale Stellung, Geschlecht und Alter des Therapeuten sind unter diesem Gesichtspunkt störend. Durch Vermeidung solcher Einmischungen soll eine möglichst intensive und ausschließlich auf den Therapeuten bezogene Übertragung hergestellt werden, die dazu geeignet ist, das Erinnern, Abreagieren und Nacherleben kindlicher Konflikte und Gefühlseinstellungen zu fördern.

Freud selbst hat die Analyse oft als Spiel bezeichnet. Das Spiel beinhaltet ein genau abgegrenztes Spielfeld und eine ebenso präzise festgelegte Spielzeit. Die Spielregeln entsprechen dem analytischen Zeremoniell und heben sich von jeder anderen zwischenmenschlichen Begegnung ab. Die Situation der analytischen Praxis schafft jedoch einen Raum, der auch zeitliche Grenzen hat.

Der ambulante Analysand verläßt, indem er in den analytischen Raum eintritt, die reale Welt, die ihn mit Anforderungen konfrontiert. Er begibt sich aus dem ihn frustrierenden Außenraum der Realität in den Innenraum des analytischen Zimmers – um es nach 50 Minuten wieder zu verlassen und sich erneut der rauhen Wirklichkeit seiner häuslichen und beruflichen Umgebung zu stellen. Auf diesem Nebeneinander von Alltagsrealität und Analysestunden beruht ein Großteil der Dynamik und Wirkungsweise der ambulanten psychoanalytischen Arbeit.

Bei der stationären Therapie ist die Dynamik dieses psychoanalytischen Feldes entscheidend verändert. Die Klinik wird vom Patienten augenblicklich als mächtiges, ihn versorgendes Objekt wahrgenommen. Sie wird für den Patienten wie für den Therapeuten zu einem von der Außenwelt und deren Anforderungen abgegrenzten Raum. Der Spielraum des Behandlungszimmers ist gewissermaßen in einen erweiterten Spielraum hineingestellt, in dem der Patient tiefer regredieren kann und der ihm die Zeit und die Freiheit zu weiter führenden Assoziationen und ausführlicherem Agieren läßt.

Die Abgrenzung zwischen der Analysezeit und den übrigen 23 Stunden des Tages, in denen der ambulante Patient arbeiten und sich um seine Familie kümmern muß, ist aufgehoben. Der Patient hat im Klinikalltag Zeit und Freiheit, seine analytische Situation weiter in Szene zu setzen, entweder mit dem Arzt selbst, der fünf Minuten nach Ende der Sitzung auf der Station erscheint, oder mit dessen Umfeld. Er kann dem Arzt in jeden Fall mit seinem Agieren bestimmte Rollen aufzwingen und auf diese Weise seine Reaktionen testen.

Dieser Umstand verlockt den Patienten natürlich zum Agieren, und zwar auf Kosten seiner verbalen Anstrengungen in der Sitzung. Die Klinik erleichtert eine Erweiterung des analytischen Raumes, so daß primitive Formen des Agierens auf der Station auftreten können, die unter Umständen den verbalen Dialog in der Behandlungsstunde einschränken. Auf der anderen Seite bietet das Agieren die Möglichkeit zum szenischen Ausdruck von Konflikten, die der Patient noch nicht in Worte zu fassen vermag.

Die Wirkfaktoren des klassischen analytischen Settings werden bereits durch die räumliche und zeitliche Ausdehnung der analytischen Situation entscheidend verändert. Übertragungssituationen entstehen nicht nur im neutralen Feld des Analysezimmers, sondern auch durch reale Begegnungen auf der Station. Dadurch wird der Analytiker als Person greifbarer und in weit höherem Maß zum realen Interaktionspartner.

Die für die stationäre Situation spezifische Übertragungsdynamik beginnt damit, daß der Klinikpatient mit ganz anderen Erwartungen zum Therapeuten kommt als der Praxispatient. Der ambulante Patient erhofft sich von der Therapie eine Heilung durch das persönliche Können und Wissen des Arztes, den er aufgesucht hat. Wird der Patient jedoch stationär in eine Universitätsklinik aufgenommen, so erwartet er Heilung durch eine Institution, die er wegen der wissenschaftlichen Qualifikation ihrer Mitarbeiter stark idealisiert. Gleichzeitig bedeutet das Krankenhaus für ihn eine Stätte der Zuflucht, die ihn vor den überwältigenden sozialen Schwierigkeiten und Anforderungen seines Lebens schützt. Er flüchtet sich sozusagen ins Klinikbett und in den Schutzraum der Krankenstation, in dem ihm alle wichtigen Entscheidungen abgenommen werden, in dem er bemuttert, geführt und geleitet und mit Medikamenten »gefüttert« wird. Er ist der Aufgabe enthoben, seinen Tagesablauf selbst zu planen, und muß sich lediglich den Vorgaben anpassen.

Diese Entlastung von realen Anforderungen fördert nicht nur eine Regression im Dienste des Ichs (Balint), sondern gewährt auch reale Befriedigungsmöglichkeiten. Der Neurotiker, der in den ersten Tagen seines Aufenthaltes ein bißchen ratlos auf der Station herumsitzt, wird die Möglichkeit einer Psychotherapie zunächst dankbar begrüßen. Er fühlt sich durch die besondere Zuwendung und den zeitlichen Aufwand seitens des Arztes vor der Gruppe der übrigen Patienten ausgezeichnet und stimmt dem Vorschlag einer Psychoanalyse freudig zu. Er führt dieses außerordentliche ärztliche Interesse auf eine besondere Sympathie und Interessiertheit des Arztes an seiner Person und an der Differenziertheit seiner Problematik zurück – womit er ja in der Regel recht hat.

Er überhört den Hinweis, daß die Analyse deshalb sachlich berechtigt ist, weil er für seine Symptomatik zum Teil selbst verantwortlich ist. Da er den Arzt als Heiler und Helfer idealisiert, der ihn durch seinen persönlichen Einsatz »gesund machen« wird, ist seine Übertragungsbereitschaft mobilisiert. Der stationäre Patient gerät schneller als der ambulante in die Haltung des Kranken, der oral-passiv die Befreiung von seinem Leiden durch die Klinik und nun durch die besondere intensive Bemühung seines Arztes erwartet. So überhört er auch den Hinweis, daß er selbst einen wesentlichen Beitrag zur Analyse leisten muß. In diesem Punkt besteht kein grundsätzlicher Unterschied zur ambulanten Therapie. Der in den Grundregeln verankerte »analytische Pakt« ist immer ein Vertrag mit einem Partner, der die Vertragsbedingungen von vornherein nicht erfüllen kann und sie nach kurzer Behandlungszeit mißachten wird.

In der Klinik wird diese Vertragsbrüchigkeit des sich frustriert fühlenden Patienten allerdings erheblich gefördert. Der Patient empfindet die Frustrierung und Versagung durch die Abstinenz seines Arztes als Widerspruch zu der aktiven Somato- und Psychotherapie seiner Umgebung. Der in der positiven Übertragungseinstellung auf den Arzt als Heiler gefangene Patient fühlt sich getäuscht, und er kann die Enttäuschung seiner Erwartungen um so weniger überwinden, als die Kliniksituation den Aufbau einer echten analytischen Übertragung entscheidend stört.

Die Anonymität, das blanke Übertragungsschild, die Spiegelrolle des Analytikers, kurzum die Projektionsmöglichkeiten, die eine infantile Übertragungseinstellung und Elternübertragungen erleichtern sollen, gehen auf der Station völlig unter. Der Patient sieht seinen Arzt täglich und stündlich auf der Abteilung, er erlebt ihn wenige Minuten nach Ende seiner Sitzung auf der Station in anderen Rollen. Dadurch wird die »Übertragungswirklichkeit« ganz entscheidend verzerrt. Eine Patientin drückte dies ihrem Analytiker gegenüber folgendermaßen aus: »Irgend etwas stimmt hier nicht, irgend etwas ist hier Theater. In der Stunde tun Sie so kühl und unbeeinflußbar, und wenig später sehe ich Sie im Tagesraum, wie Sie sich gemütlich unterhalten, Gespräche führen und herumschwatzen oder mit der Schwester lachen; manchmal glaube ich, daß Ihr Benehmen auf der Station [nicht etwa in der Analysenstunde!] schlecht gespieltes Theater ist. Man weiß gar nicht, woran man sich halten soll.«

In der Regel erlebt der Patient seinen Analytiker in außeranalytischen Situationen mit negativen Akzenten. Er beobachtet sein Verhalten den Schwestern gegenüber, er wacht ängstlich über seine ärztlichen Fähigkeiten und verfolgt kritisch sein Verhalten im Verkehr mit anderen Patienten, Ärzten und womöglich Vorgesetzten. Und er erlebt ihn – wo immer er ihn sieht – auch in seiner Funktion als untergeordneter Stationsassistent.

Damit kommen wir zu dem Problem der Klinikhierarchie, die eine freie Entfaltung der Übertragungs- und Projektionsmöglichkeiten ebenfalls entscheidend behindern kann. Der Klinikassistent kann für den Neurotiker schwerlich zum mächtigen, allwissenden Vater oder zu einer in »primärer Mütterlichkeit« handelnden Mutter werden. Der Neurotiker, der sich durch die Überschätzung und Überbewertung seines Therapeuten jenes absolute Geborgenheitsgefühl verschaffen möchte, das »den Höhepunkt der therapeutischen Regression« darstellen soll, muß in jedem Fall eine schmerzliche Enttäuschung erleben.

Wir haben eine Übertragungsentwicklung mütterlicher oder väterlicher Projektionen auf den Analytiker bei stationären Analysen in keinem Fall nachweisen können. Es ist für den Patienten offenbar nicht möglich, seinen Therapeuten, den er bei Chefarzt- oder Oberarztvisiten ständig in der Sohnesrolle agieren sieht, als Vateridol zu empfinden; je orthodoxer sich der Analytiker verhält, um so schwieriger wird es für ihn sein, die Elternrolle zu spielen. Besonders deutlich wird die Brüchigkeit einer Vater- oder Mutterrolle bei der sogenannten zweigleisigen Behandlungsmethode. Hier enthält sich der Analytiker jeder aktiven Sorge um den Patienten und überläßt die Bewältigung der sozialen Probleme, die Bereinigung der aktuellen Schwierigkeiten und die Vorbereitung einer künftigen sozialen Einordnung dem Stationsarzt, der dann die Vaterrolle durch objektives, reales fürsorgliches Handeln übernimmt. Dazu ein Beispiel:

Eine Patientin, die im Alter von zwei Jahren ihre Mutter bei der Geburt ihrer jüngeren Schwester durch eine Wochenbetterkrankung verloren hat, reagierte zeit ihres Lebens mit heftigen Eifersuchts- und Angstreaktionen auf Rivalitätskonstellationen. In der Klinik war sie lange die einzige analytisch behandelte Patientin ihres Arztes. Als der Kollege mit einer zweiten Patientin eine Analyse begann, brach die Patientin in Tränen aus, verweigerte die Nahrungsaufnahme, legte sich ins Bett und lehnte am nächsten Morgen die Aufforderung, aufzustehen und zur Analyse zu kommen, ab.

Als der Analytiker ihr Verhalten dahingehend deuten wollte, daß sie beim Hinzutreten von Rivalinnen an das in der Kindheit erlittene Trauma mit dem Verlust der Mutter durch die Geburt der Schwester erinnert werde, antwortete die Patientin: »Was bilden Sie sich eigentlich ein? Wenn jemand meine Mutter ist, dann Schwester R.« Die Anmaßung des Analytikers, in einer Mutterrolle erlebt zu werden, bildete noch wochenlang den Angriffspunkt ironischer Attacken seitens der Patientin und störte die Behandlung ganz eindeutig. Hingegen entwickelte sich von diesem Zeitpunkt an eine deutliche Übertragung auf die erwähnte Schwester. Warum? Die Schwester hatte der Patientin während der kritischen Tage gute Ratschläge erteilt, sie getröstet und ihr einen wertvollen beruflichen Hinweis gegeben.

Obwohl die genetische Deutung des Widerstandes sachlich richtig war, war sie aufgrund der besonderen Übertragungskonstellation innerhalb der Klinikgemeinschaft fehl am Platz. Die Kliniksituation führt bestenfalls zur Übertragung auf den Arzt als Heiler und Helfer oder als älteren Bruder beziehungsweise ältere Schwester oder zu einer Übertragungsverliebtheit mit deutlichen erotischen Akzenten.

Wir haben für nahezu alle positiven Übertragungseinstellungen bei gegengeschlechtlicher Polarisierung erotische Akzente in Gestalt einer Übertragungsverliebtheit nachweisen können. Die erotische Färbung der stationären Übertragung ist situationsbedingt. Sie wird durch die Internierung innerhalb einer Frauen- und Männerstation, in der das andere Geschlecht häufig nur durch den Therapeuten oder die Therapeutin vertreten ist, erheblich gefördert.[1] Eine wesentliche Rolle spielt auch die Rivalität seitens der Mitpatienten und oft auch seitens der Schwestern, Pfleger, Kolleginnen und Kollegen.

Das passive Verhalten des Analytikers bringt ihn in die Rolle des enttäuschenden Helfers, des Bruders, der im Stich läßt, oder des grausam verstoßenden Liebhabers. Der frustrierte Patient fühlt sich betrogen. Der Widerstand gegen die Versagung des Therapeuten beginnt. Wenn der Analytiker weiterhin passiv bleibt, bricht die positive Übertragung in den meisten Fällen völlig zusammen und schlägt in eine aggressiv getönte, negative oder ambivalente Übertragungseinstellung um. Alternativ wird

---

1 Der Autor beschreibt die Verhältnisse im Jahre 1963. [Anm. d. Hg.]

der abstinente Analytiker zum erregenden, unerreichbaren Liebhaber und erwirbt die Attraktivität des erregenden, abweisenden, bösen Objekts.

Der Patient wendet sich an die übrigen Ärzte – in der Regel an den Stationsarzt. Er zweifelt an den ärztlichen Fähigkeiten seines Analytikers und erkundigt sich nach dessen Erfahrung und Ausbildungsstand. Oder er beschwert sich über die durch die Abstinenz bedingten Frustrationen, klagt über das menschliche Desinteresse und die kühle Wesensart seines Analytikers. Wenn die übrigen Kollegen – und insbesondere der Stationsarzt – der Psychoanalyse nicht eindeutig positiv gegenüberstehen, ist es für sie sehr schwer, den Patienten durch die Art und Weise ihrer Reaktion von der Notwendigkeit und Richtigkeit dieser Behandlung zu überzeugen.

In dieser Hinsicht sind die rein somatisch ausgerichteten Kollegen wesentlich »ungefährlicher« als psychotherapeutisch interessierte Ärzte aus anderen therapeutischen Schulen. Für einen Kollegen, der eine personalistische Therapie der »Begegnung« oder des »Verstehens« vertritt, ist es eine große Versuchung, die Richtigkeit seiner Auffassung durch eine sorgende, mitfühlende, verstehende Haltung zu unterstreichen, und sei es auch nur durch ein kurzes Gespräch auf dem Gang, das mit einem warmen Händedruck beendet wird – selbst wenn er den Patienten verbal an seinen Analytiker zurückverweist. »Die wenigen Minuten des Erlebens, der warmen und mitfühlenden Menschlichkeit des Dr. A. sind für mich mehr wert als hundert schweigende, ihre Stunden absitzende Analytiker«, erklärte eine Patientin nach einer Stationsarztkonsultation.

Der in seinen Liebeswünschen enttäuschte Patient entwertet den Analytiker und findet gleichzeitig Möglichkeiten, um seine Enttäuschung im stationären Rahmen zu agieren. Er stiftet Verwirrung, spinnt Intrigen und versucht, die verschiedenen Gruppen gegeneinander auszuspielen und den Analytiker in dieses Spiel einzubeziehen. Das psychoanalytische Feld einer stationären Therapie beruht zu einem wesentlichen Teil auch auf der multipersonalen Übertragung des Patienten, der entsprechende Gegenübertragungen hervorruft.

Der erweiterte analytische Spielraum in der Klinik bewirkt, daß der Patient seine Übertragungen nicht allein auf den Therapeuten konzentriert, sondern sie auf andere Beziehungspersonen innerhalb des therapeutischen Innenraumes aufteilt. Winkler hat als erster darauf hingewiesen, daß bei stationärer Psychotherapie spontan eine Verteilung der Übertragung stattfindet, indem andere Ärzte und das in der Klinik tätige Personal als Projektionsfiguren dienen. Der Patient kann seine Konflikte im klinischen Rahmen in Szene setzen. Selbstverständlich reagieren die übrigen Ärzte, die Schwestern, Pfleger und Patienten auf die multipersonale Übertragung mit entsprechenden Gegenübertragungen, das heißt, sie spielen ihre Rolle in den von dem Patienten inszenierten Szenen aktiv mit.

Diese Situation kann von großem therapeutischen Nutzen sein, denn sie läuft gewissermaßen auf eine Verbindung der Einzeltherapie mit einer Gruppentherapie hinaus. Die »Einzelkind-Eltern-Beziehung« der Einzelanalyse kann durch das Hinzutreten der Geschwisterproblematik in der stationären Gruppenatmosphäre erweitert werden. Dies setzt allerdings voraus, daß die Atmosphäre auf der Station genuin analytisch ist und die Projektionen und Übertragungen analytisch verarbeitet werden. Nur so läßt es sich verhindern, daß die Rolleninhaber in das affektive Spiel des Patienten verstrickt werden und sich zu unkontrollierten Gegenübertragungen hinreißen lassen. Andernfalls bleiben die übrigen Mitwirkenden entweder in ihren eigenen neurotischen Übertragungen gefangen oder lassen sich – dem Plan des agierenden Patienten entsprechend – zu destruktivem Mitagieren verleiten. Sie spielen dann unter der Regie des Patienten ihre Rollen im Sinne des Widerstandsarrangements aus.

Der auf das erregende, abweisende Objekt fixierte Patient verführt seinen Therapeuten häufig zu unanalytischen Aktivitäten und versucht sich die maximale Zuwendung der Ärzte und des Klinikpersonals zu sichern, indem er die verschiedenen Mitglieder der Klinikgruppe gegeneinander ausspielt. Er provoziert Spaltungstendenzen, Eifersuchtsreaktionen und Rivalisierungstendenzen.

Das Paar und die Gruppe

Das Paar, das sich zur Psychoanalyse in den Analyseraum zurückzieht, führt Kernberg (1980, S. 351) zufolge in der Gruppe eine ödipale Konfliktsituation herbei. Kernberg zitiert aus Freuds Nachträgen zu *Massenpsychologie und Ich-Analyse*: »Die beiden zum Zweck der Sexualbefriedigung aufeinander angewiesenen Personen demonstrieren gegen den Herdentrieb, das Massengefühl, indem sie die Einsamkeit aufsuchen. Je verliebter sie sind, desto vollkommener genügen sie einander« (Freud, 1921c, S. 130f.). Die Gruppenprozesse zeigen »eine Projektion des ödipalen Verlangens auf das Paar sowie den Ausdruck von Neid, Eifersucht und Destruktivität« (Kernberg, 1980, S. 351f.). Umgekehrt kann ein Paar seine Intimität provokativ herausstellen, um die Gruppe zu reizen und – aufgrund ödipaler Schuldgefühle – Strafaktionen auszulösen.

In der ödipalen Szene überwiegen naturgemäß Verführungssituationen. In der Regel werden Verführungen der abhängigen und ohnmächtigen Patientin durch den mächtigen Arzt phantasiert. Neben diesen Phantasien, die im Rahmen der Freudschen Verführungstheorie als Inzestphantasien zu verstehen sind, können sich insbesondere bei psychiatrisch kranken Patienten auch Assoziationen und Phantasien im Sinne der Urszene und des frühen Ödipuskonflikts entwickeln.

Wenn das Paar im Analyseraum verschwindet, kann der Analytiker aber auch als der von einer mächtigen Patientin verschluckte, von einer kannibalistischen Mutter zerbissene, kastrierte und zerstückelte Analytiker phantasiert werden. So konnten wir oft beobachten, daß die Patienten auch darüber erleichtert waren, daß der Analytiker ebenfalls heil und unversehrt und funktionstüchtig aus dem Analysezimmer herauskam. Damals allerdings haben wir den Grund dieser Erleichterung nicht verstanden. In welchem Maße eine einzige Psychoanalyse (gerade weil es die einzige ist!) eine Station affizieren kann, soll an einem besonders krassen Beispiel illustriert werden:

Auf der psychiatrischen Frauenstation hatte sich ein jüngerer Kollege, der erst kurz zuvor in die Klinik eingetreten war, entschlossen, eine 20jährige, hübsche, differenzierte Studentin mit einer Kernneurose zu analysieren. Der Entschluß zu einer Probeanalyse fiel, nachdem bereits ein normaler ärztlicher Kontakt hergestellt war. Der Kollege hatte die Patientin untersucht, eingehend exploriert, eine Fremdanamnese erhoben usw. Der psychoanalytisch geschulte Oberarzt hatte die Therapie unter Auflage einer strengen Einzelkontrolle gebilligt.

Auf der Station arbeiteten außerdem eine psychotherapeutisch interessierte Kollegin, ein analytisch geschulter Kollege sowie ein Arzt, der die Psychoanalyse mit Skepsis betrachtete. Der Stationsarzt war zwar psychotherapeutisch interessiert, hegte aber gegenüber der Psychoanalyse gewisse Vorbehalte.

Der analysierende Kollege hat die Regeln der Institution bei der Therapie nicht verletzt, beging jedoch einige taktische Fehler. Er setzte sich beim Stationsarzt dafür ein, daß die Patientin, die agoraphobische Ängste hatte, Sonderausgänge während der Zeit der Arbeitstherapie verordnet bekam. Außerdem legte er die Sitzungen in die Abendstunde von 19.30 bis 20.30 Uhr. Zu Beginn der Therapie verließ er das Zimmer nach der Sitzung mehrmals zusammen mit der Patientin, um seine Abendvisite durchzuführen.

Von Anfang an waren starke Übertragungen und Gegenübertragungen nachweisbar. Sie wurden durch den intensiven ärztlichen Kontakt, der bereits vor Beginn der Analyse hergestellt worden war, gefördert. Seitens der Patientin bestand eine »fertige« Übertragungseinstellung. Um seine starke Gegenübertragung abzuwehren, gestaltete der Kollege den Übergang von ärztlicher Einstellung zu analytischem Verhalten allzu abrupt. Nach wenigen Behandlungsstunden wurde die Übertragung der Patientin ausgesprochen ambivalent. Der zunächst so freundliche, tröstende, »sie erwählende Arzt«, der plötzlich eine betont distanzierte Haltung eingenommen hatte, wurde als »grausam verstoßender Liebhaber« erlebt. Die Patientin fing an zu agieren. Ihr Agieren wurde dadurch erleichtert, daß sie aufgrund ihrer Erscheinung und Persönlichkeit auf der Station eine besondere Starrolle spielte.

Nach kurzer Zeit entstand um die Patientin eine dramatische Atmosphäre, die von den Gegenreaktionen der Klinikgruppe bestimmt war.

Seitens des Stationsarztes: leise Zweifel an den therapeutischen Fähigkeiten des Kollegen, Rivalisierungstendenz, Drang, die Beschützerrolle zu übernehmen und die Patientin vor analytischem Mißbrauch zu bewahren.

Seitens der Kollegin: Eifersucht auf den Analytiker, leicht aggressiv getönte Einstellung gegenüber der Patientin.

Seitens des analytisch geschulten Kollegen: sachliche Affiziertheit und wache Interessiertheit am Verlauf der Analyse.

Seitens des skeptischen Kollegen: deutliche Neigung, mit der Patientin »niveauvolle« Gespräche zu führen, »echtes menschliches Arzttum« zu zeigen; Tendenz, die Neurose der Patientin als reine existentielle Krise zu deuten.

Die Reaktionen der Schwestern gestalteten sich unterschiedlich. Die Stationsschwester und eine andere Schwester blieben souverän. Die übrigen Schwestern reagierten mehr oder weniger eifersüchtig. Eine Schwester äußerte dem Stationsarzt gegenüber: »Um uns kümmert er sich überhaupt nicht.« Einige Krankenschwestern vom zuverlässig-handfesten Typ schimpften über den ärztlichen Aufwand für die »eingebildete Kranke«. Die psychodynamisch interessierteren Schwestern, die infolge ihrer Persönlichkeit für die neurotischen Mechanismen offener waren, zeigten sich emotional berührt, agierten heftig affiziert mit, versuchten sich einzuschalten – und störten am meisten.

Die Küchenmädchen und fast alle Mitpatientinnen reagierten in geschlossener Front mit eifersüchtigen Verdächtigungen. Bei der täglichen Visitenbegegnung war eine eigentümliche, knisternde, gespannte Atmosphäre zu spüren: Unsicherheit, Befangenheit, betonte Indifferenz, bedeutungsvoller Blickaustausch, leises, verständnisvolles Lächeln.

Nach vier Wochen entstand auf der Station das Gerücht, die Analysandin sei eine völlig gesunde Geliebte des Analytikers. Von 12 danach

befragten Patientinnen haben zehn die Möglichkeit einer solchen Verbindung offengelassen, und zwar mit folgenden Begründungen:
1. »Frl. B. bekommt Extraausgang und muß nicht so oft in die Arbeitstherapie.«
2. »Frl. B. muß keine Tabletten einnehmen, die durch ihre Nebenwirkungen beeinträchtigen.«
3. »Der Doktor nimmt die Patientin jeden Tag mit in sein Zimmer, und dabei darf man ihn nicht stören. Er macht das abends, damit es der Stationsarzt nicht merkt (!).«

Dieses Gerücht konnte sich wochenlang behaupten, obwohl das Verhalten der Patientin selbst deutlich zu erkennen gab, daß es jeder realistischen Grundlage entbehrte.

Bei der hier beschriebenen Situation handelt es sich keinesfalls um eine qualitativ einzigartige Ausnahme, sondern um ein Phänomen, das in dieser krassen Form lediglich besonders offen zutage getreten ist. Es zeigt sich mehr oder weniger deutlich bei allen stationären Analysen mit gegengeschlechtlicher Konstellation und läßt sich auch bei den übrigen Behandlungen in kaum spürbaren »Verdünnungen« nachweisen.

Der Kollege in unserem letzten Beispiel rettete die Situation, indem er aktiv wurde. Er sprach mit den Schwestern und erzählte ihnen – insbesondere den jüngeren Schwestern – einiges über Wesen und Methode der Psychoanalyse. Er bat den Stationsarzt und seine anderen Kollegen, über ihre Reaktionen nachzudenken. Er nahm von dem zweigleisigen Behandlungsverfahren Abstand und übernahm das Ordnen der komplizierten äußeren Verhältnisse und der außeranalytischen Therapie. Er ließ die Maske der distanzierten Indifferenz im Umgang mit der Patientin innerhalb des Behandlungszimmers und besonders beim Zusammentreffen auf der Station fallen und wirkte dadurch natürlicher. Außerdem verlegte er die Behandlungsstunden auf den frühen Nachmittag und vermied es, mit der Patientin zusammen das Zimmer zu verlassen.

Der Anspruch, auf einer allgemein-psychiatrischen Station, auf der nur einzelne Patienten analysiert werden, eine analytische Gruppenatmosphäre zu schaffen, läßt sich kaum verwirklichen. Dieser Anspruch scheitert, wie es zumindest der soeben geschilderte Fall illustriert, an dem Verhalten der übrigen Patienten, die auf die intensive Zuwendung des Arztes mit Eifersucht reagieren. Gefördert wird diese Eifersucht durch das Verhalten der Analysepatienten selbst, die sich durch ihre Krankheit und ihre relative Differenziertheit von den übrigen Stationspatienten abheben. Wenn mehrere Patienten psychotherapiert werden, schließen sie sich in der Regel zusammen. Sie bilden einen exklusiven Zirkel, der sich gegen die übrigen Patienten abzugrenzen versucht, und haben bereits damit die Stimmung der anderen gegen sich. Innerhalb des Zirkels agieren sie ihre Analyse weiter und spielen sich gegenseitig aus. Nur sehr selten machen sie gemeinsam Front gegen den Arzt. Innerhalb der Patientengruppe entwickelt sich ein Solidaritätsgefühl gegenüber den »Nichtanalysierten«.

Gegenübertragungsprobleme

Der analysierende Klinikassistent, der noch um Selbstsicherheit in der analytischen Behandlung ringt, steht in einer solchen Situation natürlich vor schwierigen Gegenübertragungsproblemen. Die negativen Übertragungen und Widerstände, Regressionen und Aggressionen wirken sich auf die Schwestern als erhebliche Mehrbelastung aus. Zudem werden sie – zumindest durch einen Teil der Schwestern – als therapeutisches Versagen gewertet, und zwar deshalb, weil die Stationsmitarbeiter von einem guten Therapeuten rasche Anfangserfolge erwarten.

Unter Anfangserfolgen versteht man jedoch im allgemeinen eine verbesserte Fähigkeit, sich dem sozialen Rahmen des jeweiligen Milieus anzupassen. Der Therapeut darf sich mit der beschriebenen Einstellung eines Teils seiner stationären Umgebung nicht unbewußt identifizieren, weil er sonst in Versuchung gerät, eine intensive positive Übertragung zu provozieren, um so die Anpassung des Patienten an die Klinik zu forcieren. Aus Angst vor den Gegenreaktionen eines Teils der Klinikgemeinschaft kann er sich versucht fühlen, seinen Patienten an aggressiven Reaktionen zu hindern und negative Übertragungsformen abzublocken, selbst wenn diese im Sinne des analytischen Prozesses positiv bewertet werden müßten. Dies alles beeinträchtigt seine Fähigkeit, die Therapie »laufen zu lassen«, und verleitet zu unerwünschter – weil unanalytischer – Aktivität.

Wir haben anhand einiger Beispiele darzustellen versucht, welche Schwierigkeiten bei einer psychoanalytischen Behandlung aufgrund der Krankheits- und Persönlichkeitsstruktur klinisch behandlungsbedürftiger Neurotiker und aufgrund des besonderen psychotherapeutischen Feldes innerhalb einer Klinikgemeinschaft entstehen können.

Einige behandlungstechnische Ratschläge

Ideale technische Vorschriften, mit denen man diesen Schwierigkeiten begegnen kann, gibt es selbstverständlich nicht. Aufgrund unserer Erfahrungen in 70 psychoanalytischen Behandlungen im Rahmen der inhomogenen psychiatrischen oder neurologischen Station glauben wir jedoch, einige spezifische Hinweise geben zu können:

1. *Für den Therapeuten empfiehlt es sich grundsätzlich, die gesamte Behandlung des Patienten und die Strukturierung seiner vor der Klinikaufnahme meist verfahrenen äußeren Situation selbst in der Hand zu halten. Die Aufteilung in »Therapist« und »Administrator« nach dem Modell von Chestnut-Lodge hat sich bei uns nicht bewährt. Der Therapeut muß mit seinem Patienten auch über dessen »außeranalytische« Konflikte sprechen.*

Eine Patientin hatte während ihres Klinikaufenthaltes erfahren, daß ihr Arbeitgeber sie entlassen wollte. Sie teilte dies ihrem Analytiker kurz und bündig mit, legte sich auf die Couch und meinte leicht ironisch: »So, und nun könne Sie mich fragen, was mir dazu einfällt.« Der Therapeut versprach, sich dafür einzusetzen, daß die Patientin ihre Stelle behalten könne. Daraufhin entstand ein langes Schweigen. Schließlich sagte die Patientin: »Gott sei Dank, wenn Sie mich an Frl. Dr. S. (Stationsärztin) verwiesen hätten, müßte ich die Therapie jetzt abbrechen.«

2. *Der Analytiker, dessen Spiegelfunktion innerhalb einer stationären Psychotherapie vollends zur Farce wird, muß innerhalb und außerhalb des Behandlungszimmers zu seiner Persönlichkeit stehen, wenn ihn die Umstände dazu zwingen. Wie leicht eine solche Situation eintreten kann, zeigt das folgende kleine Beispiel:*

Eine Privatpatientin träumte, daß ihr Analytiker eine Fahrstunde genommen habe und sie dabei war. Der Analytiker saß am Steuer, neben ihm saß ein großer, ernster Fahrlehrer, der mit Prof. R., dem Klinikdirektor, entfernte Ähnlichkeit hatte. Die Patientin saß im Fond. Plötzlich verlor der Analytiker die Herrschaft über das Steuer, der Wagen begann zu schleudern, und die Patientin klammerte sich an den Fahrlehrer.

Der Analytiker versuchte zunächst, den Traum für sich dahingehend zu interpretieren, daß die Patientin vor der personalen Begegnung mit gleichaltrigen Menschen Angst entwickele und sich an ihren Vater, an den sie stark fixiert war, halten wolle. Die Assoziationen der Patientin zwangen ihn allerdings bald, diese »Verdrängungsinterpretation« zu verwerfen.

In Wirklichkeit war folgendes geschehen: Der Analytiker war tatsächlich kurz zuvor bei der Fahrprüfung durchgefallen, und dies war auf der ganzen Station bekannt. Die Patientin assoziierte zu diesem Traum aber noch weiter: Sie erlebte den Analytiker bei der Chefarztvisite in ihrem Zimmer. Der Klinikdirektor erkundigte sich nach einer von ihm angeordneten Röntgenaufnahme, deren Veranlassung der Analytiker vergessen hatte. Er reagierte ein wenig verlegen, und dies blieb der Patientin nicht verborgen.

Die Vertrauenskrise, die sich schon im Traum ankündigte, war auch im übrigen Verhalten der Patientin deutlich zu spüren, obwohl sie nichts dazu sagte. Bei der nächsten Chefarztvisite tauchte erneut die Frage nach der Röntgenaufnahme auf. Der Kollege legte die Aufnahme vor, und die Sache war in Ordnung. Beim Hinausgehen verhielt sich der Kollege eher unanalytisch. Er warf der Patientin einen kurzen, verständnisvollen Blick zu. Die Patientin erzählte Wochen später, daß dieses Herausfallen aus der analytischen Haltung – gewissermaßen ein »Sturz aus dem Spiegel« (Schottländer) – die Situation gerettet habe. Gerade diese »Begegnung in der Ebenbürtigkeit der Unvollkommenheit« ermöglichte es der Patientin, wieder Vertrauen zu gewinnen.

3. Wenn der Patient im Widerstand innerhalb oder außerhalb des Analysezimmers in der oben beschriebenen Weise agiert, muß der Analytiker die dadurch hervorgerufenen Probleme aktiv aufarbeiten.

Die Widerstandsmöglichkeiten, die bei stationärer Behandlung ungleich vielfältiger sind als bei ambulanter, und die negativen Folgen dieses Widerstandes zwingen ihn, mehr zu deuten und zu thematisieren und auch außerhalb der analytischen Situation zu intervenieren. Durch die Erweiterung des analytischen Spielraums in die Klinik hinein kommt es zwangsläufig auch zu einer Verlagerung der analytischen Deutungsarbeit auf die außeranalytische Situation. Das Verhalten des Patienten im Behandlungszimmer und auf der Station bietet sich als Modell der neurotischen mitmenschlichen Beziehungsstörung im gegenwärtigen Handeln an. Damit verschiebt sich die analytische Deutungsarbeit hin auf die aktuelle Situation, und zwar zu Lasten der genetischen Deutungen und der damit verbundenen Hinwendung auf die Vergangenheit des Patienten. Allerdings können solche Deutungen auch von relativ reflexionsungeübten Patienten leichter akzeptiert werden, denn der von äußeren Problemen und Konflikten nahezu überwältigte Patient interessiert sich zunächst ohnehin weniger für seine Vergangenheit als vielmehr für die Aussichten, seine Gegenwart und Zukunft in den Griff zu bekommen.

4. *Die Grundhaltung des Therapeuten dem Patienten gegenüber soll von einer »wohlwollenden Neutralität« geprägt sein.* Die Haltung der wohlwollenden Neutralität ist für die stürmischen Übertragungs- und Widerstandsentwicklungen einer stationären Therapie besser geeignet als die absolute Indifferenz des »laisser faire«. Die Fassade der analytischen Indifferenz entbindet Aggressivität und fördert eine Entdifferenzierung des Verhaltens. Die Aktivierung solcher Potentiale, die in der Zweiersituation der Praxistherapie manchmal erwünscht erscheint, führt bei einer stationären Behandlung jedoch meist zu unerwünschten Zuspitzungen. Die Entwicklung einer allzu intensiven Übertragung soll deshalb soweit wie möglich verhindert werden, auch wenn sie allein den therapeutischen Prozeß nicht zwangsläufig blockieren würde.

Der Therapeut muß sich also bei einer stationären Behandlung in der Regel etwas freundlicher und zugewandter verhalten. Er muß mehr von seiner biographischen Persönlichkeit zeigen und häufiger und ausführlicher deuten. Gelegentlich wird er nicht umhin können zu intervenieren, konkret zu beraten und zu ermutigen.

Die hier formulierten Behandlungsratschläge engen die klinische analytische Arbeit auf eine psychoanalytisch orientierte Therapie ein, die vorwiegend Einfluß auf die ich-nahen Persönlichkeitsanteile der Patienten ausübt. Eine im Sinne der klassischen Technik *lege artis* durchgeführte Langzeitanalyse wird innerhalb einer Klinik nur in Ausnahmefällen von einem stationsfremden Therapeuten begonnen werden können. Die Einsicht in die Notwendigkeit einer aktiveren beziehungsweise modifizierten Behandlungstechnik hat sich aufgrund der Gefahren, die bei einer allzu starren Handhabung der Technik drohen, weitgehend durchgesetzt.

Das aktive Intervenieren des Therapeuten ist jedoch auch bei stationären Therapien nur dann berechtigt, wenn der Anstoß zu dieser Aktivität vom Patienten selbst ausgeht. Die Aktivität des Analytikers darf selbstverständlich nicht von seinen Gegenübertragungen diktiert sein. Es ist *unbedingt notwendig*, daß die Gegenübertragung des Analytikers wie auch des gesamten Teams durch externe Supervision reflektiert und für den therapeutischen Prozeß nutzbar gemacht wird. Falls dies nicht geschieht, kommt es zu unanalytischen Reaktionsweisen, mit denen der Therapeut oder das Team den Patienten infolge eigener Bedürfnisse beeinflussen, wodurch der analytische Charakter verlorengeht.

Ziel der psychoanalytisch orientierten Supervision ist die Bewältigung der Gegenübertragung, damit eine wohlwollende Haltung gegenüber dem

Patienten gewahrt und Behandlungsabbrüche und destruktives Mitagieren (zum Beispiel Entlassung des Patienten) vermieden werden können.

Diese vielleicht etwas altmodisch anmutende Darstellung hat in den vergangenen Jahren durch die Ausbildung zum »Facharzt Psychiatrie/Psychotherapie« wieder aktuelle Bedeutung gewonnen, da im Rahmen dieser Ausbildung gelegentlich analytisch orientierte Einzeltherapien auf geschlossenen psychiatrischen oder auch offenen psychiatrischen Stationen durchgeführt werden, die ansonsten nicht auf der Basis eines analytischen Konzepts arbeiten. Das Supervisionsangebot bleibt dabei in der Regel unzureichend, Teamarbeit und co-therapeutische Hilfsangebote werden nicht genutzt. Oft ist den Beteiligten auch die überragende Bedeutung von Außenübertragungen und Nebenübertragungen im stationären Raum nicht einsichtig, so daß diese nach wie vor als Widerstandsagieren aufgefaßt werden. Aus diesem Grund halten wir die im folgenden Kapitel dargestellten Modellbeispiele, welche Situationen auf einer Psychotherapiestation aus den 60er und 70er Jahren illustrieren, für hilfreich.

7. Gerd Heising
ZUR SPALTUNGSÜBERTRAGUNG AUF EINER PSYCHOTHERAPIESTATION

Auf der Psychotherapiestation der Psychosomatischen Universitätsklinik Gießen, über die hier berichtet werden soll, wurden alle Patienten mit den gleichen Psychotherapieverfahren behandelt. Es fanden keine Chefarzt- und Oberarztvisiten oder andere hierarchische Interventionen statt. In der Anfangszeit der Psychosomatischen Klinik und der analytischen Gruppentherapie hatte die erste Station in Hessen, die analytisch ausgerichtet war, ein messianisches Heilbewußtsein entwickelt, das auf die Patienten regelrecht ansteckend wirkte. Deren Selbstidealisierung wiederum erfaßte die gesamte Stationsgruppe einschließlich aller Ärzte und Schwestern. Hinzu kam, daß die Patienten auch mit einer bereitwilligen idealisierenden Übertragung auf die Station kamen und sich daraus die entsprechenden Interaktionen entwickelten.

Darüber hinaus war es die Regel, daß die Station von einem co-therapeutischen Paar geleitet wurde, und zwar in der Regel von einem männlichen Gruppenleiter und einer Assistentin. Dieses Übertragungsangebot eines ödipal-idealisierten Elternpaares tat das übrige hinzu. In der Regel wurde das Co-Therapeutenpaar in einer idealisiert-narzißtischen Position gehalten, während sich die objekt-aggressiven und objekt-libidinösen Reaktionen nach außen richteten.

Da die Station in der Anfangszeit mit dem Co-Therapeutenpaar identifiziert war, konnten die objektalen Übertragungserwartungen, die durch das Co-Therapeutenpaar und durch das gesamte Schwestern- und Pflegerteam der Station geweckt worden waren, nicht in entsprechenden Gegenübertragungsreaktionen aufgefangen werden. Es kam also zu einer für die damalige Zeit typischen Spaltungsübertragung, indem auf den Stationen in der ersten Behandlungsphase nur idealisierte gute Objekte angesiedelt waren und die bösen Objekte außerhalb der Klinik verortet wurden in der Regel in Gestalt der schulmedizinischen somatischen Ärzte, die »versagt« hatten, in Gestalt des Gesundheitssystems an sich, der schulmedizinischen Apparatemedizin und anderer, »böser« Kliniken, in denen die Patienten zuvor untergebracht waren. Des weiteren zählten zu den bösen Objekten die Nachbarn, die Eltern und die Ehegatten der Patienten – letztere besonders häufig, weil das ödipal-idealisierte Co-Therapeutenpaar eine Beziehung zu versprechen schien, in der höchste sexuelle Erwartungen und friedliche, vernünftige Arbeitsinteraktionen zugleich realisierbar waren, während die Ehepartner als sexuell relativ unattraktiv, als unzuverlässig oder schwach und hilflos geschildert wurden.

In einer zweiten Behandlungsphase kam es infolge der unumgänglichen Enttäuschung der idealisierten Heilserwartungen zu aggressiven Interaktionen innerhalb der Klinik. Zunächst tauchten zwischen den Patienten, dann zwischen Patienten und Schwestern sowie dem übrigen Pflegepersonal paranoide und aggressive Interaktionen auf. Es kam zu Spaltungsübertragungen zwischen dem Therapeuten- und dem Schwesternteam, die von beiden Seiten mit entsprechenden Gegenübertragungsreaktionen abgewehrt wurden. Doch schließlich wurden die Therapeuten zu bösen Objekten, wobei zunächst zwischen ihnen beiden aufgespalten wurde, bis schließlich die gesamte Klinik als unzureichendes, hilfloses böses Objekt wahrgenommen werden konnte.

Nach Bion entwickelte sich die Abhängigkeitsgruppe mit der primitiven Idealisierung der projizierten Allmacht und der Verlagerung von Gier und Neid auf Außenobjekte langsam zu einer Kampf-Flucht-Gruppe. Damit verbunden war häufiges und aggressives Agieren innerhalb der Patienten- und zwangsläufig auch in der Therapeutengruppe.

Nach zahlreichen Mißverständnissen auf der Station wurde folgendes Behandlungsarrangement vereinbart: Alle im Hause tätigen Mitarbeiter sollten die Gruppenprozesse beziehungsweise die Gruppentherapie hinter einer Scheibe beobachten können, um anschließend darüber zu diskutieren. Einigung konnte auch über die Notwendigkeit von Supervisionen erzielt werden. Sie wurden von außenstehenden Kollegen, die nicht auf der Station arbeiteten, durchgeführt. Nach und nach übernahmen auch die Schwestern und Nachtpfleger therapeutische Funktionen, so daß sich ein multilaterales Übertragungsangebot entwickelte.

Die Folgerung, die sich aufdrängt, lautet hier: Das gesamte Personal muß bewußt auch therapeutische Funktionen übernehmen, in dieser Rolle verstanden werden und lernen, sich selbst entsprechend zu sehen. Es reicht also nicht aus, auf »die mütterlichen Fähigkeiten« der Krankenschwester zu verweisen, um im Nachsatz den Behandlungserfolg auf das Konto der »eigentlichen Therapie« zu buchen. Diese Gedanken lagen auch der Konzipierung eines Modells stationärer analytisch-psychosomatischer Therapie zugrunde, über das Stephanos (1973, 1974) berichtet: Der einzelne Mitarbeiter ist integriertes Mitglied eines Therapeutenteams; er partizipiert an der Planung der Therapie; er reflektiert seinen Beitrag zur Therapie des Patienten und sein Engagement gegenüber dem Patienten; er fungiert auf der Station als Therapeut. Aneignung der Ziele und Konzepte der Stationsgruppe und Auseinandersetzungen mit den Therapien helfen dem Mitarbeiter, sich als Therapeut zu entdecken und weiterzuentwickeln (Stephanos, 1973, S. 40f.).

Die Stationsgruppe (Arzt, Krankenschwester, Nachtpfleger, Gestaltungstherapeutin) versteht sich hier als »strukturiertes Ganzes« und sieht genau darin die eigentliche therapeutische Instanz, zu welcher der Patient über jeden einzelnen Therapeuten in Beziehung treten kann:

Interaktionen mit Therapeutengruppen haben wir ambulant bereits im »Open-staff–System« entwickelt (Heising, Eckensberger und Biebl, 1973). Was die Konzepte von Übertragung, Widerstand und nachholender Ich-Entwicklung in einer Theorie stationärer Psychotherapie anbelangt, haben wir folgende Forderungen formuliert: Die Therapie muß als Antwort auf die Objektbeziehungswünsche und Ängste des Patienten so organisiert werden, daß durch stützende und strukturierende Angebote und Interventionen eine nachholende Ich-Entwicklung möglich wird und sich bereits vorhandene psychische Strukturen der Patienten in ihren Objektbeziehungsaspekten, in Übertragung und Widerstand in das therapeutische Feld hinein auffächern können. Gleichzeitig muß die Behandlergruppe diese Objektbeziehungen in vollem Umfang aufnehmen, intern verarbeiten und eine adäquate therapeutische Reaktion darauf entwickeln können (Heising und Wolff, 1976).

Wir haben ein integriertes Modell erarbeitet, in dem alle Therapeuten über die Interaktionen in der Gruppentherapie und der Einzeltherapie unterrichtet wurden. Diese Informationen sollten den Spaltungsübertragungen und den aggressiven Gegenübertragungs- sowie Rivalitätskonflikten innerhalb der Therapeutengruppe gegensteuern.

Eine weitere problematische Nebenwirkung des auf das Co-Therapeutenpaar konzentrierten Ansatzes bestand darin, daß die co-therapeutische Aufforderung eines ödipal unerreichbaren Elternpaares einerseits Hoffnung auf Errettung schürte, andererseits jedoch Haß, Neid und Eifersucht weckte sowie den Wunsch, das Paar zu zerstören oder die Vereinigung des Paares zu verhindern. Das führte letztlich zu Co-Therapiekonflikten, die nicht immer ausschließlich auf unbewußten ödipalen Schuldgefühlen beruhten, sondern auch durch Rivalitäts- und Konkur-

renzgefühle sowie durch den Neid und Haß in der Gruppe entstanden waren.
   Da die Patienten triebsexuelle Deutungen in dem Sinne mißverstanden, daß sie sich zu einem sexuell »befreiten« Verhalten aufgefordert fühlten, wurde das Agieren innerhalb der Patientengruppe zusätzlich verstärkt und führte zu Neben- und Außenübertragungen auf der Station ebenso wie außerhalb. Das Settingangebot eines heterosexuellen Co-Therapeutenpaares und die forcierten triebpsychologischen Deutungsinhalte mobilisierten sexuelle und aggressive Übertragungen. Die ödipalisierte Zentrierung auf das Co-Therapeutenpaar erschwerte die Übertragungs- und Gegenübertragungsentwicklung und deren Bearbeitung, so daß häufiges sexuelles Agieren zumindest in Form intensiver objektlibidinöser und objektaggressiver Beziehungen zu anderen Patienten, Schwestern und Nachtpflegern die Folge war. Die Grundtendenz der Patienten, ihre Gruppentherapeuten in narzißtisch idealisierter, ferner Heil- und Schutzhaltung zu belassen und die objektnahen Beziehungskonflikte in der Gruppe der Mitpatienten und im Stationsteam zu agieren, um die Haupttherapeuten nicht zu zerstören oder zu entleeren, wurde abgeändert oder durchbrochen durch persönliche Übertragungsstereotype der Teammitglieder und Co-Therapeuten.

Die Gegenübertragung der stationären Therapeuten

Die zeitgenössische Übertragungs-Gegenübertragungsdiskussion (siehe Sonderheft *Psyche* 53, 9/10 (1999) und *Psyche* 54, 1 (2000)) stellt die realen Übertragungsprobleme des Analytikers, die Relativierung des Ideals eines anonymen Analytikers und die Gegenübertragungsstereotype in den Vordergrund. Beckmann und Richter (1968), später auch Heising und Beckmann (1971) haben die modernen Gegenübertragungskonzepte schon vor Jahrzehnten gründlich untersucht und ihre Ergebnisse veröffentlicht, ohne daß diese in der psychoanalytischen Literatur berücksichtigt wurden.
   In Gießen-Test-Untersuchungen haben wir seit 1972 die Stabilität des Übertragungsangebotes empirisch gesichert und den Irrtum korrigiert, daß das Kennenlernen des Analytikers außerhalb des Settings sowie andere »enactments« übertragungszerstörende Folgen hätten. Das gleiche gilt für die Offenlegung der eigenen Gegenübertragung, die sich – sofern sie im Rahmen einer professionellen Überlegung und empathischer Behutsamkeit erfolgt – nicht zwangsläufig verzerrend auf die Übertragung auswirken muß.

Das Gießener Übertragungs-Gegenübertragungskonzept der Richterschen Schule begründete eine intersubjektive Praxis, die das kleinianische Konzept der projektiven Identifizierung und das freudianische Übertragungskonzept mit interaktiver Bedeutungsanreicherung integrieren. Offenbar wurde dieser Ansatz mittlerweile ebenso wie die interaktive, interpersonale Bifokalität der analytischen Beziehung, die Richter seit 1955 mehrfach beschrieben hat (der Analytiker als Co-Patient) neu entdeckt. Da wir die zahlreichen Untersuchungsergebnisse hier nicht eingehend referieren können, beschränken wir uns darauf, die Gegenübertragungsstereotype des stationären Gruppentherapeuten im Überblick darzustellen.

In den Arbeiten über Gegenübertragungsstereotype der Gießener Gruppe Beckmann, Richter und Heising (Beckmann, 1974; Heising und Beckmann, 1971; Heising, 1972a) haben sich drei signifikante Persönlichkeitsmerkmale herauskristallisiert, die für die Übertragungen der Therapeuten auf die stationären Patienten und die Teammitglieder prägend sein können:

a) Der *depressiv strukturierte* Therapeut, der sich klein fühlt, anklammerungsbedürftig, abhängig und fügsam ist, reagiert auf die Belastung der stationären Analyse mit einer Neigung zu symbiotischem, harmonisierungsbedürftigem, präödipalem Anklammern. Er behindert Ablösungsprozesse, will selbst lange und intensiv »gefüttert« werden und forciert eine präödipale Harmonie, die ihm ungestörte Nahrungszufuhr garantieren soll. Gleichzeitig fürchtet er, von der Gruppe ausgesaugt und ausgeplündert zu werden. Er hat Angst vor der fressenden Gruppenmutter und dem bedürftigen Stationsteam. Er begrüßt grundsätzlich eine Co-Therapie mit ödipalen Inszenierungen und kann auch Teamkonflikte unter den Mitarbeitern begrüßen, weil sie von seinen eigenen aggressiven und sexuellen Impulsen ablenken, solange er selbst nicht mit grundsätzlicher Abwendung konfrontiert wird. So läßt er Co-Therapeuten gewähren, konkurriert kaum und ist dankbar für Nebenübertragungen, hält sich eher zurück oder gibt einfühlsame Interpretationen, solange er selbst voyeuristisch gefüttert und als Person nicht verlassen oder angegriffen wird.

b) Der *überwiegend phallisch-narzißtische* Therapeut legt großen Wert darauf, daß man ihn für attraktiv und hervorragend qualifiziert hält. Er geht leicht aus sich heraus und macht sich bei seinen Patienten stets beliebt, ohne jedoch zu bedenken, was diese von ihm erwarten. Er verfährt mit der Gruppe und dem Team wie mit einer Mutter, deren

Bewunderung und Liebe ihm allein zusteht. Im Gegensatz zum depressiv strukturierten Therapeuten verachtet er die oral-spendenden mütterlichen Funktionen der Gruppe und ist ängstlich darauf fixiert, daß die Gruppe ihn sexuell bewundert und ihre Aufmerksamkeit keinem Nebenbuhler widmet. So neigt er dazu, sich seiner Gruppe als alleiniges Übertragungsobjekt anzubieten und steht der Co-Therapie und den Interventionen co-therapeutischer Teammitglieder infolgedessen eher ablehnend gegenüber. Er gibt mit Vorliebe Deutungen, die auf ihn selbst zentriert sind und in denen er sich zum Übertragungsobjekt stilisiert. Er wartet förmlich darauf, beachtet zu werden. Dabei ist es ihm gleichgültig, ob es sich um positive oder negative Übertragungseinstellungen handelt. Außenübertragungen auf Schwestern und Pfleger, insbesondere aber auf Gruppen-Co-Therapeuten, sind in seinen Augen Ausdruck des Widerstandes. Er verleugnet die multilaterale Übertragung. Er verführt zur Situation der Urhorde des Freudschen Mythos, in der er sich selbst als Hordenvater phantasiert, dem alle Gruppenmitglieder gehören und dessen exklusives Schicksal es ist, von ihnen umgebracht und gefressen zu werden. Multipersonale Übertragungen der Gruppenmitglieder untereinander, Pairingkonstellationen von Einzelmitgliedern, Interaktionen mit Schwestern, Pflegern und anderen Kollegen werden als Nebenübertragungsagieren sanktioniert und entsprechend vorwurfsvoll gedeutet. Wenn die libidinöse Besetzung von ihm abgezogen wird, reagiert er zwar nicht mit panischen Verlassenheitsängsten wie der präödipale Therapeut, aber dennoch spürbar gekränkt und mit deutlichen Einbußen seiner professionellen Souveränität.

c) Der *zwanghaft depressive* Therapeut läuft Gefahr, daß er die Gruppe aufgrund seiner eigenen Über-Ich-Problematik in der Entfaltung ihrer Triebdynamik blockiert. Da die Projektion sein bevorzugter Abwehrmechanismus ist, tendiert er dazu, bei seinen Patienten das zu verfolgen, was er in sich selbst mühsam unterdrücken muß: Objektnähe und Triebhaftigkeit. Er organisiert die Befolgung einer allzu rigide ausgelegten Abstinenzregel zum beherrschenden Behandlungsziel und sieht sich dazu insbesondere dann veranlaßt, wenn er als Analytiker mit schlechtem Gewissen Gruppentherapie oder stationäre analytische Psychotherapie durchführt. Er eröffnet die Gruppe und die Teambesprechungen mit Vorschriften, wirkt geängstigt durch Themen wie »sexuelle Befreiung durch Revolte« oder »Gruppenorgie«, aber auch durch allgemeines Abwehrverhalten wie Lachen, Witzeln, Durcheinanderreden, Zuflüstern im Pairing von Patienten und Teammitgliedern.

Damit möchten wir unsere ein wenig karikierenden Ausführungen über Gegenübertragungsstereotype beenden; in der Praxis handelt es sich zumeist um Mischformen von depressiven, phallisch-narzißtischen oder hysterischen und zwanghaften Persönlichkeitsmerkmalen.

Zur Bedeutung stationärer Nebenübertragungen

Wir haben die Wichtigkeit und den therapeutischen und diagnostischen Informationswert von Außen- und Nebenübertragungen der Patienten untereinander und auf die Mitglieder des Stationsteams bereits im Zusammenhang mit den Gruppenkonflikten erörtert. Wir erinnern uns, daß die Nebenübertragungen in der Vergangenheit lediglich als Widerstandsagieren verstanden wurden und in ihren Übertragungsangeboten weder diagnostisch benutzt noch therapeutisch verwertet wurden. Nach zeitgenössischer Auffassung sind die Nebenübertragungen stets Teil der Objektbeziehung zum Analytiker und bilden mit der Übertragung auf ihn zwei Varianten einer Beziehungskonfiguration mit gleichwertiger Aussagekraft (vgl. **6 Kapitel, S. 95ff.**).

Durch Nebenübertragungen kann der Analytiker vor der Zerstörung durch Haß und Liebesentleerung geschützt werden. Auch im stationären gruppentherapeutischen Setting ist er häufig nicht erreichbar, da er in narzißtisch idealisierter Form als Schutzobjekt erhalten werden muß. Die gefährlichen, objektnahen Haß- und Liebesinteraktionen werden in Außen- und Nebenübertragungen agiert. Der Analytiker kann Nebenübertragungen jedoch auch selbst fördern, um sich vor einer ihm zu direkten Auseinandersetzung sowie Zerstörung und Ausplünderung zu schützen. Er kann sie zum Beispiel forcieren, um seine eigene Leere durch voyeuristische Erlebnisse auszufüllen oder um seine heterosexuellen und homosexuellen Bedürfnisse durch angedeutete Triolen zu befriedigen. Dies gilt in erster Linie für depressive Therapeuten; für phallisch-narzißtische Therapeuten hingegen sind Nebenübertragungen häufig unerträglich, während zwanghafte Therapeuten sie zu unterbinden versuchen.

8. Gerd Heising
(unter Mitarbeit von A. Plaß, W.-D. Rost und M. Brieskorn)
Übertragung und Gegenübertragung in der analytischen Psychotherapie mit Unterschichtpatienten

Zu den »spannenden Erfahrungen mit psychosozialer Therapie« (H.-E. Richter) gehört die Anwendung der Erkenntnisse der Psychoanalyse auf die Behandlung von Unterschichtpatienten. Die unter Führung von Horst-Eberhard Richter entstandene »Gießener Schule« hat hier entscheidende Akzente gesetzt.

Wir möchten uns im vorliegenden Beitrag auf einen besonderen Aspekt der psychosozialen Therapie konzentrieren, nämlich auf die spezifischen Übertragungs- und Gegenübertragungskonstellationen in der analytischen Behandlung von Patienten aus der Unterschicht. Einleitend skizzieren wir einige Grunderfahrungen in den Interaktionen mit dieser Klientel:

1. Durch die große soziale Distanz und Fremdheit zwischen Therapeuten und Patienten konnten sich sogenannte »klassische Übertragungsneurosen«, in denen persönliche Züge väterlicher oder mütterlicher Konfliktpersonen wiedererlebt werden, nur sehr eingeschränkt entfalten. Die individuellen väterlichen und mütterlichen Bilder der aggressiven und libidinösen präödipalen und der inzestuösen ödipalen Objekte wurden nicht in einer ausdifferenzierten Neuinszenierung wiedergefunden. Die Mittelschichttherapeuten blieben jenseits der sozialen Barriere unerreichbar. Die Übertragung war verzerrt.

2. Das gleiche galt für die Gegenübertragung oder, treffender formuliert, für die Übertragung der Therapeuten. Auch ihnen fiel es schwer, die Sozialschichtbarriere zu überwinden und Patienten, die ihnen in Verhalten und Sprache zunächst einmal fremd waren, als familiäre inzestuöse Objekte anzunehmen. Während es bei Mittelschicht- und Akademikerpatienten eher gelingt, die Patienten wie eigene Kinder, Verwandte, Mütter und Väter zu erleben und in gemeinsamen familiären Phantasien mitzuschwingen, erlebten die Analytiker Patienten aus der Unterschicht zunächst als fremde Objekte mit unvertrauten Verhaltensmustern. Dies führte zu dem Gefühl von Fremdheit und Distanz.

3. Das Fehlen familiär-libidinöser und familiär-aggressiver Aspekte verschärfte regressive Beziehungsmuster, in denen Therapeuten und Patienten einander zunächst als böse Objekte erlebten und außerordentlich vorsichtig miteinander umgingen, bis schließlich – als Abwehr von Angst und Haß – narzißtisch idealisierende Übertragungsmuster mit leicht autoritärem Charisma das Bild beherrschten. Für die Unterschichtpatienten blieben die Analytiker in der Regel Idealobjekte, »der Herr Professor«, »die Frau Doktor«. Sie teilten die Idealobjekt-Repräsentanz mit den Schutzobjekten »Klinik« und »Institut« und wurden in einem von Bewunderung geprägten Sicherheitsabstand bis zum Ende der Therapie als präödipale Schutzobjekte oder als ödipal idealisierte Sexualobjekte gehalten. Letztlich aber blieben sie fremdartige, unerreichbare Wesen, die nicht in den engeren Bereich inzestuöser Phantasien mit entsprechender anal-sadistischer Integration einbezogen werden konnten.

4. Da die Deutungsaktivitäten in den analytischen Therapien Trieb- und Ich-Regressionen begünstigen, mußten sich die libidinösen und aggressiven Wünsche, die sich nicht an die Analytiker heften konnten, auf Außenobjekte richten. Die verminderte Übertragungsaffinität der schichtfremden Analytiker bewirkte, daß die Patienten ihre objektlibidinösen und objektaggressiven Übertragungen in Nebenübertragungen ausagierten.

Fallbeispiele

1. Die »Unterschichtgruppe«

Wir wollen diese Problematik am Beispiel einer Gruppenanalyse und einer analytischen Ehepaartherapie illustrieren.

Besonders deutlich wurden die Übertragungs- und Gegenübertragungsprobleme im Vergleich einer *Gruppentherapie* von Unterschichtpatienten mit einer Akademikergruppe. Beide Gruppen wurden von denselben Therapeuten am gleichen Tage durchgeführt. Beide Gruppen hatten Patienten mit einer ähnlichen Krankheitsstruktur (Symptomphobien und phobische Charakterneurosen). Trotzdem entwickelten sich völlig unterschiedliche Übertragungs- und Gegenübertragungsprozesse.

Die Akademiker verbündeten sich in sozialisationsspezifischer Übereinstimmung mit der Ideologie der Analytiker, begrüßten ihre Interventionen und benutzten die Analyse als Widerstand gegen tiefere Ängste vor den Therapeuten, während sie ihre Aggression auf den einzigen Gruppenteilnehmer (einen Agrarwissenschaftler) projizierten, der gegen die Psychoanalyse Bedenken hatte.

Ganz anders verhielt sich die Unterschichtgruppe. Diese Patienten wurden durch die analytische Einstellung der Therapeuten völlig verunsichert. Sie beharrten auf ihren Körperbeschwerden, gingen zu ihren Hausärzten zurück, drohten mit Therapieabbruch und wurden erst dann wieder kooperationswillig, als sich die Therapeuten als omnipotente Objekte »aufbauten« und durch bewußt vorgetragene psychosomatische Kompetenz dem anfänglichen Chaos gegensteuerten. Therapeuten und Patienten erlebten einander als »böse Objekte«. Die Möglichkeit einer Idealisierung war nicht, wie in der Akademikergruppe, von vornherein vorhanden, sondern mußte mühsam geschaffen werden. Die soziale Distanz blieb während der gesamten Therapie erhalten. Beide Seiten, Patienten und Therapeuten, brauchten die Distanz, um sich sicher zu fühlen und um sich gegen die starken und angstauslösenden emotionalen Auseinandersetzungen in der Gruppe abgrenzen zu können.

Festzuhalten ist, daß die Therapeuten ihre Patienten durchaus sexuell attraktiv und sympathisch fanden, sie aber nicht spontan auch als nahestehende Objekte erleben konnten. Im Laufe des nach und nach auftauchenden Idealisierungsprozesses polarisierten die Patienten zwischen den Therapeuten, mit denen sie sich zum Teil überidentifizierten, auf der einen und ihren realen Eltern und Ehemännern, die sie über lange Zeit regelrecht entwerteten, auf der anderen Seite.

In der Gruppe herrschte eine deutliche Rangordnung, in der diejenigen Patienten, die sich am ehesten mit den schichtspezifischen Eigenarten anfreunden konnten, dominierten. Fehlende Übereinstimmung und Übertragungsnähe überbrückten die Patienten oft dadurch, daß sie in der Gruppe mit zum Teil phantasierten, bizarren exotischen Idealobjekten ihrer Außenwelt aufwarteten (einem brasilianischen Flugkapitän, einem französischen Restaurantbesitzer, einer amerikanischen Stewardeß und einer russischen Ärztin, siehe auch unten, S. 128), um über extraterritoriale, ödipal idealisierte Objekte in präödipalen und ödipalen Interaktionen und Phan-tasien Themen zu bearbeiten, die in einer direkten Beziehung zu den – gleichermaßen fremdartigen – Therapeuten nicht angesprochen werden konnten.

Während die ödipale und präödipale Interaktion in der Akademikergruppe mit den Therapeuten in Träumen und Assoziationen direkt thematisiert werden konnte, befaßten sich die Mitglieder der Unterschichtgruppe konkret mit Fragen, wie man sich beispielsweise einem französischen Restaurantbesitzer oder einer Stewardeß gegenüber verhalten könnte, wie man sich mit ihnen anfreunden, wie man sich von ihnen abgrenzen und wie man ihre Liebe und Zuneigung, evtl. auch für immer, erringen könnte.

Weitere Besonderheiten waren aber auch direkte Übergriffe aufgrund eines fehlenden Gespürs für soziale Distanz und inzestuöse Übertragungsnähe: Die Patienten beharrten auf gemeinsamen Festen, spürten den Therapeuten bei deren privaten Aktivitäten nach oder forderten die Co-Therapeutin während eines Sportfestes zum Tanz auf. Es kam zu tätlichen sexuellen Angriffen auf Patientinnen nach einer durch Deutungen sexualisierten Stunde oder zu heftigen, aggressiven Auseinandersetzungen bis hin zu Tätlichkeiten im Anschluß an Aggressionsdeutungen in aggressiv aufgeladenen Gruppensitzungen, kurz: Den Analytikern wurde klar, daß sie darauf verzichten mußten, sich für sämtliche objektlibidinösen und objektaggressiven Interaktionen als zentrale Übertragungsobjekte anzubieten, daß sie ihre eigene Positionen zurücknehmen und lernen mußten, die Forderungen und Wünsche der Patienten auf einer konkreten Ebene ernst zu nehmen und zum Beispiel Absprachen über Ferien oder Modifikationen des Gruppensettings als reale Aspekte zu diskutieren und dabei auf Deutungen weitgehend zu verzichten.

Indem die Gruppenmitglieder reale Aspekte der Analytiker und deren persönliche Stärken und Schwächen wahrnahmen und kennenlernten, fanden sie nach und nach zu ihrem Selbst und zu einem Gewahrsein ihrer sozialen Identität. Infolgedessen konnten sie auf Idealaspekte der Analytiker verzichten und sie als gute Objekte internalisieren. Die gruppeneigenen Übertragungskonstellationen bildeten das Hauptarbeitsfeld im therapeutischen Prozeß. Auch die Übertragungskonstellationen, in deren Zentrum großartige Außenobjekte standen, konnten ernsthaft besprochen werden, was zum Abbau narzißtischer Projektionen beitrug.

Wir haben die hier erwähnte »Unterschichtgruppe« in dem vor zwanzig Jahren erschienenen Buch *Sozialschicht und Gruppenpsychotherapie* (Heising, Brieskorn und Rost, 1982) ausführlich diskutiert. Da dieses Buch mittlerweile vergriffen ist, wollen wir sie hier noch einmal vorstellen.

Der Terminus »Unterschicht« bezog sich in erster Linie auf den *Bildungsgrad* und die *soziale Herkunft* der Teilnehmer. Es handelte sich um Patienten, die vorwiegend über einen Hauptschulabschluß verfügten, also einen niedrigeren Bildungsstand als die übliche psychotherapeutische Klientel besaßen. Die Gruppe wurde als »slow-open-group« geführt, wobei sich eine Kerngruppe von acht Teilnehmern herauskristallisierte, die die Gruppe nach fünf Jahren gemeinsam abschloß. Die Gruppe wurde von einem Co-Therapeutenpaar geleitet, wobei die Co-Therapeutin nach drei

Jahren infolge einer schwierigen Schwangerschaft wechselte, was in der Gruppe heftige Turbulenzen auslöste.

Da die Gruppe im Rahmen eines Forschungsprojektes lief, wurde sie über den Einwegspiegel durch einige in Ausbildung befindliche Mitarbeiter beobachtet. Im Anschluß an die therapeutischen Sitzungen fanden jeweils Nachbesprechungen zwischen den Beobachtern und den Gruppentherapeuten statt. Diese Nachbesprechungen verunsicherten die Patienten im Laufe der Zeit in zunehmenden Maße. In Reaktion auf ihre mit wachsender Eindringlichkeit vertretenen Forderungen entstand ein Gruppenarrangement, das als »open staff system« (Heising, Eckensberger und Biebl, 1973) in die Literatur eingegangen ist.

Die Patienten wurden nun am Ende der Gruppensitzungen selbst zu Beobachtern. Man wechselte die Räume, und die Patienten erlebten durch den Einwegspiegel die Nachbesprechungen, was ihnen die Möglichkeit gab, die Therapeuten und Beobachter zu kontrollieren. Die Verwandlung der zuvor anonym gebliebenen Beobachter in identifizierbare Zuschauer verstärkte allerdings die für diese Gruppe charakteristischen psychodramatischen Elemente.

Den Behandlungsverlauf der Gruppe kann man grob in drei Phasen unterteilen. In der Anfangsphase versuchten die Patienten, ihre überwiegend phobischen Symptome auf körperliche Ursachen zurückzuführen. Die Gruppe war sehr unruhig und wurde durch analytische Deutungen, mit denen die Teilnehmer wenig anzufangen wußten, zusätzlich verunsichert. Statt dessen suchten sie konkrete medizinische Hilfe und Unterstützung.

In einer zweiten Phase, die wir als »aktiv-klinische Therapie« bezeichnet haben, gaben die Therapeuten ihre abstinente Haltung auf und boten sich als omnipotente Objekte an. Das heißt, sie informierten die Patienten, schrieben ihnen Rezepte und Atteste aus und telefonierten – im Extremfall sogar in der Zeit der Gruppensitzung – mit Hausärzten und Vorgesetzten. So boten sich die Therapeuten als Hilfs-Ich und als Eltern an und vermittelten theoretische Einsichten, indem sie sich in einer Art von »Einzeltherapie in der Gruppe« einen Patienten nach dem anderen vornahmen und ihm die Psychodynamik seiner Symptome erklärten.

Natürlich stieß diese Technik nach anfänglicher Euphorie und Entdeckerfreude bald an Grenzen, da die Teilnehmer erleben mußten, daß die Einsicht allein ihnen nicht half. Es hatte sich inzwischen jedoch eine stabile Gruppe von acht Teilnehmern herausgebildet, die in eine dritte, analytische Phase einsteigen konnte. Hier lassen sich zwei thematische Stränge ausmachen, die den analytischen Prozeß der Gruppe als roter Faden durchzogen:

1. *Der Kampf mit dem bösen Objekt – die Auseinandersetzung von der schizo-paranoiden bis zur depressiven Position.*

Hier ging es um böse, gewalttätige, prügelnde und mißhandelnde Ehemänner und Väter, um die Erfahrung mit real vergewaltigenden und nicht nur symbolisch mißbrauchenden Vätern. Waren die Väter »lieb«, so waren sie zugleich schwach und hilflos und boten der bösen Mutter kein Pardon.

Fand der liebe, hilflose Vater noch stellenweise in Nebenübertragungen auf die männlichen Gruppenmitglieder Platz, so gelang es nicht, den sadistisch-gewalttätigen Vater in die Übertragung auf den Therapeuten zu holen und innerhalb der Gruppe zu bearbeiten. Die Notwendigkeit, die Beziehung zum Gruppentherapeuten als gutem Objekt zu schützen, sowie die Ferne zu den Erfahrungen mit den *realen* Vätern und Ehemännern führten dazu, daß die Gruppenmitglieder diese Konflikte in Nebenübertragungen mit Außenobjekten zu bearbeiten versuchten.

Einen wesentlich breiteren Raum als die Auseinandersetzung mit dem Vater nahm der Kampf gegen die »böse Mutter« ein, der die Gruppe immer wieder beherrschte. Die Teilnehmer bauten das Bild einer absolut bösen Mutter ohne jede positive Seite als *das* Mutterbild schlechthin auf. Die negative Mutterübertragung konnte an der ersten Co-Therapeutin, die die Gruppe wegen einer schwierigen Schwangerschaft »im Stich gelassen« hatte, jedoch ebenfalls nur partiell festgemacht werden. Deutlicher wurde dieser Prozeß in den Nebenübertragungen innerhalb der Gruppe, so daß es noch in der Endphase zu einer heftigen Eskalation kam, als Frau R. einer anderen Teilnehmerin vorwarf: »Du bist genau wie meine Mutter«. Daraufhin entwickelte sich eine laute und leidenschaftliche, ja fast handgreifliche Auseinandersetzung innerhalb der Gruppe. Diese Form der »psychodramatischen Inszenierung« war typisch für die Gruppe und stellte eines ihrer Mittel dar, sich die abstrakten, theoretischen Termini der Therapeuten verfügbar zu machen und sie gewissermaßen auf die Ebene des alltäglichen Handelns »herunterzuholen«.

2. *Anspruch und Verzicht auf die sexuellen Idealobjekte, d.h. die überwiegend ödipale, von der schizo-paranoiden zur depressiven Position voranschreitende Interaktion.*

Auch diese Auseinandersetzung ließ sich aufgrund der realen, schicht- und bildungsbedingten Ferne zu den Therapeuten nur ansatzweise in der direkten Übertragung bearbeiten. Statt dessen entwickelten die Teilnehmer *Nebenübertragungen* auf Außenobjekte. Wir würden diesen Terminus heute dem seinerzeit verwendeten Begriff *Spaltungsübertragung* mit seiner negativen Konnotation vorziehen, da es sich bei der Bildung von Nebenübertragungen um eine kreative Leistung der Patienten handelte, die ihre Konflikte trotz der realen Objektferne der Therapeuten analytisch zu bearbeiten versuchten.

Zur Illustration dieser Nebenübertragungen zitieren wir im folgenden einige Beispiele aus dem Buch von Heising, Brieskorn und Rost (1982).[1] Diese Beispiele mögen aus heutiger Sicht etwas befremdlich anmuten (dies gilt insbesondere für den Abschnitt »Die russische Lagerärztin«). Es sei jedoch darauf hingewiesen, daß diese Gruppe in den Jahren um 1970 stattfand und die allen Gruppenteilnehmern bekannten Romanfiguren Konsaliks als Vehikel der Gruppenphantasien dienten.

Die Barfrau
Die ferne, fast entrückte Stewardeß – vielleicht ein Reflex des verwehten Lächelns der frühen Feemutter, wenn sie sich für Sekunden über die Wiege beugt – wurde abgelöst von einer wesentlich konkreter erlebten Barfrau, die zusammen mit einem etwa 50jährigen Barbesitzer ein kleines Nachtlokal betrieb. Herr Lenz erzählte von seinen Barbesuchen und seinen Gedanken in Beziehung mit dieser freundlichen, schönen, vollbusigen Traumfrau. Während er an der Bartheke sitzt und flirtet, steigern sich seine sexuellen Verführungsphantasien, angeregt auch durch die unklaren, verheißungsvollen, aber nicht verbindlichen Blicke und Worte seiner Partnerin. Die sexuelle Eroberung wäre vielleicht möglich, aber er ist trotzdem chancenlos, denn er weiß, daß letztlich der Barbesitzer einschreitet. Die Gruppe entwickelt die Phantasie, daß der junge gutaussehende Herr Lenz vielleicht erfolgreicher mit der Barfrau schlafen könne als der alte impotente, reiche Barbesitzer. Das Gefühl, für die Barfrau jünger und potenter und damit auch attraktiver zu sein als der »alte Fettsack mit viel Zaster«, der Anspruch an die Barfrau »nach Feierabend« erhebt, verfällt jedoch schnell der Resignation. Ein Patient konstatiert: »Wer den meisten Zaster hat, hat die schönsten Frauen. Du kannst mit ihr reden, sie gibt dir zu trinken, mehr ist nicht drin. Selbst wenn sie es wollte, sie darf es nicht, sie würde von dem Barbesitzer auf die Straße gesetzt werden«.

---

[1] Siehe G. Heising, M. Brieskorn und W.-D. Rost (1982): *Sozialschicht und Gruppentherapie*. Göttingen (Vandenhoeck & Ruprecht), S. 98ff.; Orthographie und Interpunktion wurden behutsam angeglichen.).

Hier entstand eine präödipal verwöhnende, ödipal lockende, ansprechbare und antwortende Brustmutter, die sexuelle Hoffnungen anklingen läßt, um dann letztendlich mit dem Besitzer »nach Dienstschluß« wegzugehen, um mit ihm zu schlafen. Die Nähe zur Therapeutin war sehr deutlich. Auch die Therapeutin redete, aktivierte ödipale Phantasien und setzte gleichzeitig die Grenzen des Inzesttabus. Nach verbalen ödipalen Aufforderungen verließ sie mit dem Therapeuten zusammen den Raum. Trotz der Nähe zwischen Therapeutin und Barfrau war es nicht möglich, diese Phantasieinteraktionen in Übertragungsdeutungen innerhalb der Gruppe erlebbarer zu machen. Die entsprechenden Bemühungen scheiterten nicht nur an der Inzestschranke, sondern auch an der Sozialbarriere. Die Deutung, daß der Barbesitzer der Vater und der Vater der Therapeut sei, stieß auf völliges Unverständnis. »Das haut nicht hin, wenn mein Vater Barbesitzer wäre, säße ich jetzt nicht hier. Mein Vater war im Grunde genauso ein armes Schwein wie ich«. Die Deutung, daß Therapeut und Co-Therapeutin als Barbesitzer und Bardame gesehen werden könnten, wird ebenfalls nur mit Zögern aufgenommen. »Das könnte schon eher hinhauen, aber ich glaube nicht, daß Frau Dr. A. sich mit unsereinem abgeben würde.«

Die russische Lagerärztin
Ausgangspunkt dieses Gruppenthemas bildeten Romanfiguren und Episoden, die zum Teil auch miteinander vermengt wurden. Ein Beispiel war Ludmilla Alexandra, die »Furie des Grauens« und die »Furie der Liebe«. Es soll nicht verschwiegen werden, daß die Therapeutengruppe die Erörterung dieses Themas durch Akzentuierung in der Nachbesprechung gefördert hat. Ludmilla Alexandra war für uns eine Mischung der schönen, erregenden Mutter mit der wütenden, abweisenden Mutter, also in der Sprache Fairbairns eine Mischung des exciting object mit dem rejecting object, das jeweils mit libidinösen und antilibidinösen Teil-Ichs verklammert ist. Ein Gruppenpatient berichtete eines Tages von Ludmilla Alexandra, die sich in deutsche Männer verliebt hat, die im Kriege hinter den russischen Linien auf verlorenem Posten kämpften oder in Gefangenschaft gerieten. Die leidenschaftliche Verbindung Ludmillas, der russischen Lagerärztin, mit dem deutschen Kriegsgefangenen stürzte diesen fast ins Verderben. Die Gruppe diskutierte wochenlang dieses Thema durch und verband entsprechende Phantasien: Die Mutter ist mächtig, verführerisch, gierig und unberechenbar. Diese grausame Mutter ist zugleich eine machtvolle Mutter und herrscht über Leben und Tod. Sie ist einzig dem herrschenden Vater-Kommissar ausgeliefert. In Wirklich-

keit liebt sie aber den jungen, hübschen, intelligenten und viel zivilisierteren, vom Leid des Krieges jedoch geschundenen, erschöpften und abgerissenen deutschen Kriegsgefangenen. Dieser ist dem Vater überlegen, obwohl er ihm gleichzeitig ausgeliefert ist. Die Besitznahme Ludmillas (der Mutter) ist ein Triumph für das Lager (Gruppe). Die Macht des Kommissars (Vater) wird gestürzt durch eine Revolte, der Vater wird umgebracht. In den Erzählungen vermengen sich der Triumph über den Vater mit dem Triumph über die Mutter, durch deren Befriedigung die Kameraden gerettet werden konnten.

Eine weitere Gruppenphantasie zu diesem Thema wurde von Herrn Schmidt angeregt. Er erzählte von den Heldentaten des Arztes von Stalingrad. Ein Mitpatient sprach ihn daraufhin an: »Hans, wenn Du träumst, bist Du der Arzt von Stalingrad«. *Als der Gruppenleiter die Deutung gab:* Stalingrad = Gefangenenlager = Gruppe/Arzt-Sein = Rettung aus der hoffnungslosen Situation, *lachte die Gruppe. Herr Schmidt:* »So hoffnungslos ist die Situation nicht, wie Sie sich das vielleicht denken. Der hat besser operiert als der russische Professor, besser operiert in jeder Hinsicht«. *Erneutes Lachen der Gruppe.* »Die russische Kommandeuse hat er auch ganz schön operiert«. – *Wiederum Lachen.*
»Besser als der Kommissar«. *Lachen wird kürzer.* »Gab's nicht so 'was auch mal, der Engel von Stalingrad? Aber das war eine deutsche Ärztin, da ist nichts einzuwenden, an die kam sowieso niemand heran«.

Bei dieser in typischer Weise aufgespaltenen Männerphantasie ist die Verfremdung der Übertragung interessant. Die Vorstellung, mit einer russischen Ärztin/Kommandeuse zu schlafen, ist erlaubt. Die deutsche Ärztin ist tabu. Die russische Ärztin/Kommandeuse wurde als sexuell außerordentlich fähige, männerverschlingende Frau erlebt, die vom Professor/Kommissar nicht befriedigt werden konnte. Obwohl sie bezüglich Status, Nationalität und Bildung zu dem Kommandanten, zu den machtvollen Siegern gehörte, wurde sie sexuell von den entmachteten Kriegsgefangenen erobert. Diese Kriegsgefangenen hatten gewissermaßen auf ödipalen Nebengleisen den Lagerkommandanten überlistet und ihm die Kommissarin weggenommen. Die Kommissarin wandte sich den sexuell potenten Sklaven zu.

Die Gruppe überwand zunächst die Sozialschichtbarriere durch einen Trick. Sie beförderte die Gruppe und ihre Leiter in die Ausnahmesituation eines Kriegsgefangenenlagers, wo die Therapeuten als Symbolfiguren stehen für Siegermächte, die ihre Gefangenen beherrschen, ausgestattet mit Gewalt über Tod und Leben. Kriegsgefangene und Kommissare trennen Welten. Sie sprechen eine andere Sprache, haben andere Lebensgewohnheiten und unterliegen einer absoluten Aufteilung von Macht und Ohnmacht. Nur die Sexualität triumphiert über die schier unüberwindlichen Machtschranken.

Für die Therapeuten und speziell auch für die Nachbesprechungsgruppe wurde in dieser Phantasie ein kühner befreiender Wunschtraum verwirklicht. Er gilt als beispielhafter ödipaler Triumph: der geschlagene deutsche Soldat in aussichtsloser Lage erobert die sexuell gefährliche Geliebte des feindlichen Despoten. Die Bemühungen der Therapeuten, hier durch Deutungen Parallelen zur Gruppensituation einzubringen, gingen jedoch nur teilweise in das Verständnis der Gruppenmitglieder ein. Der soziale Status siegte über sexuelle Attraktivität. Herr Schmidt stellte resigniert fest, daß in den Romanen nie das Schicksal des einfachen Soldaten beschrieben würde. Als Hauptfiguren gibt es immer nur Kommandanten und Ärzte. So stieß auch die Deutung, daß diese Fabel wohl auch einen partiellen Beziehungswunsch mit dem Professor-Vater erkennen ließ, auf Unverständnis. Professor-Vater, kriegsgefangener Arzt, russische Lagerärztin, sie gehörten alle irgendwie zusammen.

Eine solche berufliche Gemeinsamkeit wurde so stark empfunden, daß eine Konkurrenz auf sexueller Ebene offenbar weit außerhalb jeder Vorstellungskraft lag und nicht zur Debatte stand.

Ein weiterer Versuch der Co-Therapeutin, sich in die Nähe der sexuellen Furie Ludmilla zu bringen und sich als verfügbares, ja sogar männerverschlingendes Sexualobjekt anzubieten, stieß auf betretenes Schweigen. Dieses Schweigen wog bei der sonst sehr lebhaften Gruppe doppelt. Die Gruppe war entsetzt. Es war peinlich, die Therapeuten hatten das Gefühl, sich daneben benommen zu haben.

Dieser Fall war typisch für die analytische Situation der Gruppe. Nach Ansicht der Therapeuten beherrschte der ödipale Traum sexueller Vereinigung mit den Elternfiguren die Phantasie der Gruppenmitglieder. Folglich mußte er bearbeitet werden. Der Traum wurde jedoch weitab in ein fernes Land gelegt und durch eine Ausnahmesituation extrem verfremdet. Die von den Therapeuten angestrebte Verlagerung der Szene nach Gießen wurde als indiskutabel abgelehnt. Der Widerstand gegen eine sexuelle Einbeziehung der Therapeuten war zu groß, zum einen, weil die Therapeuten als narzißtische Idealobjekte erhalten werden mußten (eine Therapeutin, die sich mit Arbeitern abgibt, wollten die Frauen nicht), zum anderen weil die Männer kaum eine Chance sahen, erfolgreich sexuell zu rivalisieren. Die Wettbewerbsvorteile des Gruppenleiters waren so groß, daß eine Konkurrenz aussichtslos erschien.

Es ist jedoch auch möglich, daß alle Bemühungen der Therapeuten, diesen Romanphantasien analytischen Gehalt zu geben, von den Patienten nicht akzeptiert wurden. Offen bleibt dann die Frage, warum die Gruppe sich so intensiv und über einen längeren Zeitraum mit den Themen beschäftigt hat.

Wie bereits erwähnt, wehrten sich vor allem die Frauen gegen eine Gleichsetzung der Therapeutin mit der männergierigen Russin. Die Figur des Engels von Stalingrad, in der eine Ärztin, keusch und hilfsbereit, opfervoll und unnahbar, still und gütig phantasiert wurde, ließ eine Identifikation eher zu.

Die Frauen schenkten insgesamt den Männern der Gruppe wenig Beachtung. Die vom Status inkompetent erachteten und sozial schwach bewerteten Männer hatten bei den Frauen der Gruppe keine Chance. Sie hatten sich, wie unten weiter beschrieben wird, ihre Traummänner aus groß angelegten Abenteuern mit Flugkapitänen, Ärzten und Restaurantbesitzern geholt.

Der brasilianische Flugkapitän
Frau Hoss berichtete, daß sie auf einer Urlaubsreise einen unwahrscheinlich tollen Mann kennengelernt hatte, einen brasilianischen Flugkapitän aus Rio de Janeiro. Sie beschrieb ihn: groß, braun, graue Schläfen, elegant, männlich, einfach toll. Sie erzählte, daß dieser Traummann bald nach Frankfurt käme und sie mit ihm, dem Kapitän, dann nach Rio fliege. »Wenn ich dann im Flugzeug sitze und seine Stimme höre, halb englisch, halb brasilianisch, dann weiß keiner, daß ich seine Geliebte bin. Wenn er im Cockpit sitzt, dann fühle ich mich so richtig geborgen, selbst über den Wolken. Er ist so ritterlich, er trinkt kaum was, auf das Bett kommt es bei ihm gar nicht an, versteht ihr?« Die Flugreise scheiterte, Frau Hoss hatte schon die Flugkarte in der Gruppe herumgereicht. Aber zwei Tage vor dem Abflugtermin kam es zu einer drastischen Rückkehr ihrer herzneurotischen Beschwerden und phobischen Ängste. Sie mußte auf Rat und mit Hilfe einer ärztlichen Bescheinigung des Gruppenleiters zurücktreten. Frau Hoss erzählte jedoch weiter von den Besuchen des Brasilianers in Frankfurt, wo er sie in exklusive, teure Spezialitätenrestaurants ausführte. Frau Hoss' Erlebnisse machten auf die Gruppe einen großen Eindruck, auch auf den Gruppenleiter – was ist das für ein Mann, der ganze Großgruppen sicher über Länder und Meere führt, ihnen in fremden Sprachen unsichtbare Anweisungen, Ratschläge und Hinweise gibt? Ein Mann, der ritterlich und großzügig die Frauen zum Essen führt und sexuell unaufdringlich ist? – Hier zeigte sich eine Nebenübertragung mit einem

ödipal-idealisierten Vater, der oral potent und sozial erfolgreich ist. Er erobert die Welt auf seinem Siegeszug und nimmt die Tochter bergend mit in eine ferne verführerische Welt, in der er ihr seine Schlösser zeigt.

Die Südamerikaphantasie hatte einen realen Hintergrund. Der Gruppenleiter war in dieser Zeit zu einem Psychiatriekongress nach Mexiko gefahren, und hatte anschließend zwei Wochen in Acapulco Urlaub gemacht. Dieses Ereignis löste bei allen Therapiegruppen Phantasien aus, in den eher von Akademikern besetzten Selbsterfahrungs- und Therapiegruppen jedoch ganz andere als in der Unterschichtgruppe. Deren Mitglieder, die zum Teil selbst Ärzte waren, planten in der Phantasie eine Begegnung mit dem Therapeuten in Mexiko-City und Acapulco. Hier spielte der Wunsch, mit dem Gruppenleiter in ein fernes Land zu fahren und mit ihm genußreiche, sexuelle Reiseabenteuer zu erleben, eine große Rolle. Ein Zusammentreffen in Zentralamerika wäre für sie real ja auch möglich gewesen.

Die Situation stellte sich für die Unterschichtgruppe jedoch anders dar. Für sie war der Therapeut in ein unerreichbares Land gefahren, zu einem Kongreß, an dem die Patienten nie teilnehmen konnten. Gedanken, mit ihm an einer Kongreßveranstaltung oder einem Festbankett oder einer Tanzveranstaltung teilzunehmen, wurden in der Gruppe nie thematisiert. Vielleicht hatte die Phantasie vom brasilianischen Flugkapitän zum Ziel, die große Distanz zum Gruppenvater zu überwinden.

[...]

Der französische Restaurantbesitzer
Im letzten Sommer der Gruppe kündigte Frau Kühn eine erste große Reise an: »Ich war noch nie am Meer und noch nie im Ausland. Aber jetzt habe ich mir eine große Reise vorgenommen, rauf an die französische Nordküste, bis runter nach Spanien, dann am Mittelmeer entlang bis nach Italien und zum Schluß über das Gebirge wieder nach Hause«. Diese Reise, die im Gruppenjargon »Tour de France« genannt wurde, war für die Gruppe ein großes und gewaltiges Abenteuer. Es bezog seinen großen Reiz auch aus dem Land, dem in der Gruppenphantasie der Gruppenleiter entstammte (er ist Saarländer). Die Gruppe nahm die Reise voll in die Übertragung auf. Drei Wochen dauerten der Kampf mit dem Ehemann und die Reisevorbereitungen. Dann endlich begann die zweiwöchige Reise. Frau Kühn schickte Karten an die Gruppe aus einem Badeort an der Atlantikküste mit Hinweisen, daß sie hier das große Glück gefunden habe.

Nach ihrer Rückkehr berichtete sie dann, daß sie in Frankreich einen Restaurantbesitzer kennengelernt habe und in ihm den Mann ihres Lebens *gefunden zu haben glaubte.* »*Der ist so einmalig, so gütig, so lieb und so männlich, ernst und heiter, und Manieren hat er, Manieren, von denen ihr nur träumen könntet. Eigentlich ist diese Liebe so rein und so schön, viel zu schade, um sie euch zu erzählen und von eurer schmutzigen Phantasie kaputt machen zu lassen*«. *Dann erfolgte eine genaue Beschreibung des Restaurants und der Speisekarte.*

Wurde in dem brasilianischen Flugkapitän ein Supermann mit heldischen Zügen und Peter-Stuyvesant-Atmosphäre beschrieben, so entstand jetzt ein französischer Patron mit einer ungewöhnlichen oralen Potenz. Er war ein grundgütiger, unaufdringlicher, gebildeter Herr, immer lieb und verständnisvoll. Auffallend waren bei diesem oralen Traummann die Hinweise auf sexuelle Zurückhaltung, die nicht als Impotenz, sondern als große Stärke bewertet wurden. Dieses steht ganz im Gegensatz zu den ödipalen Frauen der Männer, die sexuell verschlingend, liebeshungrig und mannstoll dargestellt wurden.

In dem französischen Restaurantbesitzer konnte die Gruppe den Therapeuten wiederfinden, ein oral-versorgendes Objekt mit Übervater-Aspekten.

Zu einer Beruhigung in der Gruppe ist es erst gekommen, als die sozialen Unterschiede erkannt, toleriert, letztlich akzeptiert und nicht in Form von Deutungen interpretiert wurden. Das schmerzliche Erkennen, daß Analytiker und Patienten auf Barrieren im emphatischen Verständnis stießen, daß es den Patienten nicht möglich war, in die Nähe der Therapeuten zu gelangen, daß in beiden Welten verschiedenartige Probleme und Schwierigkeiten bestehen. So ergaben sich neue Möglichkeiten der therapeutischen und sozialen Auseinandersetzung, die zu entdecken und zu bearbeiten für alle Beteiligten eine große Bereicherung war.

Paartherapie[2]

Vergleichbare Problemkonstellationen ergaben sich auch in einer *Paartherapie*, die im Rahmen unserer poliklinischen Tätigkeit durchgeführt wurde. Das Paar – Anfang 30, sie Arzthelferin, er Bauhilfsarbeiter – hatte zwei Kinder, einen Jungen und ein Mädchen. Die Familie wohnte in einem

---

2 Diesen Teil des Kapitels verfaßte Gerd Heising gemeinsam mit Angela Plaß.

kleinen Dorf, indem auch fast ihre gesamte Verwandtschaft lebte, mit der das Ehepaar sehr eng verwoben war.

Die Frau wirkte puppenhaft – klein, zierlich, lebhaft, und redete von Anfang an viel und schien sehr auf ihre Wirkung auf mich bedacht. Er hingegen sagte kaum etwas, ließ seine Frau reden, konnte sich kaum situationsangemessen ausdrücken und wirkte insgesamt fast tolpatschig. Er machte einen ausgesprochen lethargischen und passiven Eindruck.

Die Patientin berichtete in ihrer lebhaften Art, sie habe Angst, daß ihr Mann homosexuell sei: Auf einer Familienfeier sei es – wie ihre Mutter berichtet habe – in angetrunkenem Zustand zu sexuellen Spielen mit ihren beiden jüngeren Brüdern gekommen. Nun werfe die Mutter ihr vor, daß ihr Mann die Schuld an der homosexuellen Neigung ihres Bruders trage. In der Familie habe es deshalb große Aufregung gegeben.

Der Ehemann saß während des Interviews neben seiner Frau und sagte zu alldem nichts. Er schüttelte nur manchmal langsam den Kopf und ließ sie mit ihren Konflikten und ihrer Aufregung abprallen. Sie überhäufte ihn nun mit Vorhaltungen, was man im Dorf über sie denken würde. Sie könnten sich ja draußen nicht mehr sehen lassen, denn alle würden glauben, daß es so gewesen sei, wie ihre Mutter es erzählte. Auf meine Fragen berichteten beide – vorwiegend aber die Ehefrau, die ihn zwischendurch immer wieder in die Schranken wies – von ihren Familien.

Die Patientin ist die älteste von drei Geschwistern. Sie mußte intensiv sich um ihre oben bereits erwähnten jüngeren Brüder kümmern. Ihre Eltern hatten sich vor Jahren scheiden lassen – der Vater habe getrunken. Die Mutter sei Arbeiterin, während der Vater Hilfsarbeiter gewesen sei. Was er jetzt mache, wisse sie nicht genau. Ihre Mutter sei sehr energisch und wisse sich gut durchzusetzen.

Der Patient berichtete, er sei der jüngste von drei Brüdern und unehelich geboren. Die Mutter hatte sich vor seiner Geburt von dem Vater seiner beiden Brüder scheiden lassen. Seinen Vater kenne er nicht. Seine Mutter habe nie darüber gesprochen, und er selbst habe nie nachgefragt. Die Mutter habe sie alle allein großgezogen. Sie war immer als Haushaltshilfe berufstätig. Herrn S. fiel es sehr schwer, die rechten Worte zu finden, so daß ich ständig versucht war, ihm zu helfen oder ihn zu drängeln oder ihn vielleicht auch »kleinzumachen«.

Als ich im Interview auf die Sorge der Frau, daß ihr Mann womöglich homosexuell sei, verstehend-erklärend reagierte, indem ich zum Beispiel ihre Vorwürfe als Ausdruck ihrer eigenen homosexuellen Ängste und Projektionen darstellte, schlugen mir Unverständnis und Angst entgegen.

Das Ehepaar vermutete hinter meinen Erklärungen schwerste Angriffe und Diskriminierungen. Homosexualität wäre doch etwas »ganz Schlimmes«, man dürfe doch so nicht sein, wie würde man denn im Dorfe dastehen! So blieb mir zunächst nichts weiter übrig, als ausdrücklich zu bestätigen, daß ich aus ihren Erzählungen keineswegs den Eindruck hätte, daß Herr S. homosexuell sei. Beide wirkten augenblicklich sichtbar erleichtert.

Meine Arbeitshypothese war, daß ich es hier mit einer hysterischen Paarkollusion zu tun hatte. Der Grund, weshalb mich das Paar aufgesucht hatte, lag sicherlich einerseits in der festgefahrenen Ehesituation, andererseits aber auch in dem enormen Druck, den die sehr rigiden moralischen Vorstellungen ihrer äußeren Umgebung auf sie ausübten. Deutlich wurden darüber hinaus die extreme Abhängigkeit des Paares von diesen Normen und der Wunsch, unter keinen Umständen aufzufallen. An zwei kurzen Episoden möchte ich zeigen, daß es für mich unmöglich war, in dieser Behandlung direkt mit Übertragung und Gegenübertragung zu arbeiten oder die unbewußte Paardynamik zu deuten, obwohl mir die unbewußte hysterische Kollusion der beiden einsichtig war.

Da das Paar unter einem erheblichen Leidensdruck stand, bot ich ihm einmal wöchentlich über einen längeren Zeitraum Gespräche an. Beide nahmen dieses Angebot an. Von Beginn an bestand eine stark idealisierte Übertragung, so daß ich mich während der gesamten Behandlung in einer unantastbaren, nicht in Zweifel zu ziehenden Position des guten und schützenden Objekts befand.

Objektlibidinöse und objektaggressive Deutungen waren nicht möglich. Jeder Schritt in diese Richtung wurde von beiden Partnern entweder sofort als anstößig erlebt oder weckte die Angst, daß sie mich beleidigt oder sich mißverständlich ausgedrückt hätten. Als die Therapie begann, war dem Mann gerade seine Stellung als Hilfsarbeiter, die er jahrelang innegehabt hatte, gekündigt worden. Nun erhob sich die Frage, was er machen sollte. Die Frau, in ihrem Selbstwertgefühl sehr verunsichert und in Angst um die bisher stabile Versorgungssituation, neigte dazu, ihn projektiv zu allen möglichen Berufen zu verführen – zum Beispiel Handelsvertreter für Kosmetika, obwohl sie sicher genau spürte, daß er dabei mit seinem sehr geringen Wortschatz jämmerlich scheitern würde. Gleichzeitig war er völlig abhängig von ihr, was das Schreiben der Bewerbungen anging, da er praktisch nicht fehlerfrei schreiben konnte. Viele Stunden waren bestimmt von diesem Hin und Her – sie brachte Verachtung und Hohn zum Ausdruck, und er setzte sich nicht zur Wehr und provozierte sie dadurch zu weiteren Vorwürfen.

Das kastrierende Agieren der Ehefrau und das aggressiv-stumme Verhalten des Mannes konnte als Paarinteraktion nicht thematisiert werden, denn sobald ich entsprechende Formulierungen anbot, reagierten beide entsetzt: »So sind wir doch nicht!« »Das habe ich nicht so gemeint.« Auch Übertragungsdeutungen wurden erschrocken abgewehrt, besonders wenn sie auf Aggression abhoben und ich den Mann zum Beispiel fragte, ob er nicht Angst habe, auch von mir während der Behandlungssituation aggressiv entwertet zu werden.

Ein solches Ansprechen der Übertragungssituation stieß jedoch auch in anderen Situationen regelmäßig auf Unverständnis und mobilisierte starke Widerstände. Konfrontationen mit unbewußten sexuellen und aggressiven Tendenzen wurden als scharfe Vorwürfe erlebt. Im Grunde wurden alle Fragen konkretistisch aufgenommen und unter Schuldgefühlen idealisierend abgewehrt. Eine Standardantwort lautete: »Sind Sie böse auf uns? Haben wir etwas falsch gemacht?«

In langen, zum Teil zähen Sitzungen konnten wir darüber sprechen, daß es doch auch gut sei, wenn einer auf einem bestimmten Gebiet stärker sei als der andere, weil man sich dann gegenseitig ergänzen könne. Ich konnte die Ehefrau, die unentwegt über ihren stummen Mann lamentierte, auch fragen: »Wie, denken Sie, ginge es mit Ihnen beiden, wenn er genauso temperamentvoll wäre wie Sie?« Ihre Antwort war ein verständnisvolles Kichern. Alle Konflikte konnten ausschließlich über die unanstößige Seite besprochen werden.

Schließlich bekam Herr S. eine neue Stelle. Er wurde Aufseher in einem Gefängnis. Nun konnte er mir in seiner Identifizierung mit mir erzählen, wie verständnisvoll er im Gegensatz zu den übrigen Wärtern mit den Gefangenen umgehe. Er sprach mit ihnen, trieb mit ihnen Sport und prügelte sie vor allem nicht. Er selbst besuchte nach langem Zögern Fortbildungsveranstaltungen für ungelernte Aufseher und konnte sich sogar in der Gruppe äußern. Indes blieb es auch hier bei der Schilderung der aktuellen, konkreten Situation.

Herr S. fühlte sich im Laufe der Zeit sehr stabilisiert, gewann eine seiner Sozialisation entsprechende Identität und wurde mit sich selbst zufriedener. Seine Frau hingegen blieb weiterhin unzufrieden, wenngleich ihr Bedürfnis, sich ihm gegenüber kastrierend zu verhalten, nachließ. Beide gelangten zu der Meinung, nichts mehr mit mir besprechen zu müssen, und so beschlossen wir, die Therapie zu beenden.

Ein Jahr später rief mich die Patientin erneut an und bat dringend um weitere Termine. Sie berichtete, sie habe halbtags eine Stelle als Arzthelferin bei einer älteren Ärztin angenommen. Jedesmal, wenn sie zu mir kam, beklagte sie sich ausschließlich über diese Ärztin: Sie sei »unmöglich«, schreie Patienten an oder weine sogar vor ihr. Das sei doch für solch eine Frau ein Unding. Hier wurde deutlich, daß die Entidealisierung in einer Nebenübertragung mit einer der Therapeutin schichtverwandten Interaktionspartnerin agiert wurde. Thematisiert werden konnte es jedoch nicht. Immer wenn mich die Patientin verließ, fragte sie: »Meinen Sie, ich lerne es noch, mich nicht mehr so darüber aufzuregen?«

Die Abstände, in denen sie zu mir kam und über die Ärztin schimpfte, wurden immer größer. Ich hatte das Gefühl, daß es ihr an ihrem neuen Arbeitsplatz mit der Zeit doch recht gut gefiel und sie ihren beruflichen Erfolg auch genießen lernte.

Therapeutische Konsequenzen

Abschließend möchten wir einige grundsätzliche Kriterien für die analytische Therapie mit schichtfremden Patienten betonen:

1. Der Analytiker sollte darauf verzichten, sich für alle objektlibidinösen und objektaggressiven Interaktionen als zentrales Übertragungsobjekt anzubieten. Er sollte anerkennen, daß er aufgrund eigener Ängste und aufgrund der realen sozialen Barriere nicht im selben Ausmaß im Mittelpunkt emotionaler Auseinandersetzungen stehen kann wie bei sozial gleichgestellten Patienten. Dies muß auch in der Beurteilung von Nebenübertragungen berücksichtigt werden.

2. In der Gruppentherapie sollten Nebenübertragungen auf Mitpatienten als Hauptarbeitsfeld in therapeutischen Prozessen anerkannt werden. Nebenübertragungen auf Außenobjekte müssen sorgfältig beobachtet werden und dürfen nicht lediglich als neurotische Abwehr der Beziehung zum Therapeuten gewertet werden.

3. Die Therapeuten sollten erkennen und akzeptieren, daß die sozialen Barrieren in unserer Gesellschaft immer wieder Schranken produzieren, die ein intensives emotionales Sich-Einlassen behindern. Soziale Unterschiede sollten toleriert und akzeptiert und aktiv in die Deutungen und Konfrontationen einbezogen werden. Dies ist in den engen Grenzen einer auf stringente Widerstands- und Übertragungsanalyse reduzierten orthodoxen Behandlungstechnik mit ihrer falsch verstandenen Abstinenz nicht möglich.

9. Gerd Heising

Spaltungsprozesse in der Supervision – Die Sehnsucht nach Strenge und Reinheit und das Bedürfnis, in den Vollbesitz der alleingültigen Wahrheit zu gelangen

Bekanntlich steht die psychotherapeutische und psychoanalytische Ausbildung auf drei Säulen: Der eigenen Analyse oder Lehranalyse der Kandidaten, den Theorieseminaren und der Supervision oder Kontrollanalyse.

Die psychotherapeutische Selbsterfahrung besaß in allen Ausbildungsinstituten einen hohen Stellenwert, und sie wurde in den verschiedenen psychotherapeutischen Gesellschaften intensiv diskutiert. Diese Debatte schlug sich auch in zahlreichen wissenschaftlichen Veröffentlichungen nieder, die insbesondere die Problematik der Lehranalyse eingehend erörterten.

Die Vermittlung des theoretischen Grundwissens war hingegen immer unproblematisch. Sicher sind die Lernziele dieser meist als Vorlesungen durchgeführten Veranstaltungen je nach Ausrichtung der psychotherapeutischen Schule unterschiedlich. Eine besondere Problematik dieses Lernprozesses, der emotionale Bereiche des Ausbilders und Kandidaten berührt, ergab sich daraus jedoch nicht.

Eine sehr problematische Dynamik finden wir jedoch regelmäßig beim dritten Grundpfeiler der psychoanalytischen Ausbildung, nämlich der *Supervision*, die in den vergangenen 20 Jahren dennoch lediglich in vereinzelten Veröffentlichungen thematisiert wurde.

Wir beziehen uns im folgenden auf Arbeiten von Michael Balint, Paul oder Anna Ornstein, Ekstein, Wallerstein und Häsler sowie auf Beobachtungen des früheren Gießener Arbeitskreises von Beckmann, Fürstenau, Moeller, Richter und Heising, der sich unter anderem mit der Bedeutung von Übertragungsstereotypen aufgrund von Restneurosen auch älterer und erfahrener Analytiker beschäftigte, wie dies von Heising (Heising und Beckmann, 1971) beschrieben wurde.

Der Arbeitskreis untersuchte die Psychodynamik der Prüfungssituation und der institutionellen Probleme der Ausbildungsinstitute. Eine zusammenfassende kritische Darstellung enthält der von Annelise Heigl-Evers und Franz Heigl (1973) in einem Sonderheft der Zeitschrift *Gruppendynamik* publizierte Beitrag. Diese Arbeiten untersuchen wesentliche Gesichtspunkte der Psychoanalyse der Supervision.

Das vorliegende Kapitel konzentriert sich daher auf die unerwünschten Nebenwirkungen der Supervision in psychotherapeutischen und psychosomatischen Krankenhäusern und in entsprechenden tiefenpsychologisch orientierten und psychoanalytischen Ausbildungsinstituten, das heißt auf die durch die Supervision induzierten Störungen. Die Psychodynamik der Supervision wird hier lediglich unter dem Aspekt der Störungen von Supervisionsprozessen dargestellt.

Probleme des Supervisors in der Institution

Die traditionellen Verwerfungen und Ausgrenzungen der Psychoanalyse bestanden im wesentlichen im Diskurs der Theoriediskussion: Früher Freud versus Adler und Jung, später Melanie Klein versus Anna Freud und in jüngster Zeit Orthodoxie versus Liberalität. Seit etlichen Jahren erfolgt die Feindbildzuschreibung in der Abgrenzungspolemik zwischen der »reinen Psychoanalyse« und der »verwässerten« analytischen Psychotherapie. Diese Entwicklung hat historische Gründe und ist auf den Machtzuwachs der analytischen Psychotherapie in den siebziger Jahren bei gleichzeitiger Entidealisierung der orthodoxen Psychoanalyse zurückzuführen. In den vergangenen Jahren erfolgte ein Machtgewinn der Analytiker
- durch die Integration der Psychoanalyse in die medizinische Universitätsausbildung und ihre Aufnahme in die Kriterien der Lern- und Prüfungskataloge;
- durch die Integration ins Berufsrecht der Ärzte und in absehbarer Zukunft in den Berufsstatus der Psychologen;
- durch die Integration der analytischen Psychotherapie ins Kassenrecht.[1]

---

[1] Diese Entwicklung hat sich in den letzten Jahren ins Gegenteil verkehrt. Vielerorts wurde die Psychoanalyse aus den Hochschulen verdrängt, und die Zukunft der Kassenfinanzierung der analytischen Psychotherapie kann derzeit keineswegs mehr als gesichert gelten. [A. d. Hg.]

Die Psychoanalytiker haben sich diesen Machtzuwachs stillschweigend einverleibt. Sie protestierten zwar gegen unterschiedliche Bewertungen von Psychologen und Ärzten im Kassenrecht, nicht jedoch gegen die Zusatztitelvereinbarungen und Psychotherapierichtlinien. Die Durchsetzung der analytischen Psychotherapie hat den wirtschaftspolitischen Status der Analytiker bisher gefestigt. Die Macht der Lehranalytiker ist weiterhin gewachsen: Lehranalytiker verteilen die Eintrittskarten zur berufsrechtlichen und kassenrechtlichen Ausbildung und kontrollieren über die Abschlußexamen den Zugang zu den verschiedenen Bereichen des Broterwerbs.

Gleichzeitig haben jedoch gerade die klinische Verbreitung und der berufspolitische Kampf zu einer erheblichen Relativierung der traditionellen »Analytikerphantasie« geführt.

Da sich die psychoanalytische Technik zwar im Ausbildungssetting, nicht jedoch in der klinischen Krankenbehandlung durchsetzen konnte und es nicht gelungen ist, das psychoanalytische Ausbildungssetting in der gesetzgeberischen Krankenversorgung zu verankern, gerät der Analytiker in eine Über-Ich-Konfusion. Er verliert seine Ich-Ideal- und Über-Ich-Syntonizität, weil er zwischen seiner *Ausbildungsverantwortung*, seiner *therapeutischen Sorgfaltspflicht* und der Notwendigkeit zu *berufspolitischer Kompromißbereitschaft* Loyalitätskonflikten ausgesetzt ist, die ihn zu einer chronischen Gratwanderung zwingen. Zwischen dem tief verinnerlichten *Ausbildungs-Über-Ich* der *rite* durchgeführten strengen, tendenzlosen Psychoanalyse einerseits und dem *Therapeuten-Über-Ich* andererseits steht er ständig in dem Konflikt, sich gemäß seines analytischen Über-Ichs oder seiner therapeutischen Sorgfaltspflicht entscheiden zu müssen.

Verschärft wird die Brisanz der Über-Ich-Konfusion durch die traditionelle Gießener Lagerbildung der »Kliniker« und »Dogmatiker«, die sich aus der ursprünglichen Integration von Psychosomatischer Klinik und Horst-Eberhard Richter und dem Ausbildungsinstitut entwickelt hat und durch die Differenzierung zwei zunächst fruchtbare gegnerische Positionen geschaffen hat.[2]

---

[2] In den achtziger und Anfang der neunziger Jahre wurde am »Gießener Institut für Psychoanalyse und Psychotherapie« eine heftige, kontroverse und zum Teil emotional sehr belastende Satzungsdiskussion geführt. Gegenstand war die Frage, ob und in welcher Form die tiefenpsychologische Psychotherapie und die psychoanalytische Familientherapie wie bisher am Institut – einem von Horst-Eberhard Richter gegründeten Institut! – (⟶)

Der Spagat zwischen DPV-Ausbildung und Kassenversorgung löste in der verwalteten und organisierten Psychoanalyse jedoch eine schwere Identitätskrise aus. Die traditionellen Reinheitskriterien der Psychoanalyse waren nicht mehr aufrechtzuerhalten.

Probleme, die vorwiegend durch den Supervisor ausgelöst werden

Eine wichtige Rolle spielen die Ängste des Supervisors gegenüber den Auszubildenden. Diese Angst des Lehrers vor seinen Schülern ist jedem vertraut. Sie hängt mit der Frage zusammen, ob der Lehrer narzißtisch genügend gefestigt ist, um es sich zuzutrauen, dem Ausbildungskandidaten tatsächlich etwas beibringen zu können. Da er zumeist keine spezielle Supervisionsausbildung absolviert hat, begibt sich der Supervisor anfänglich auf unbekanntes Terrain und entwickelt sofort eine indirekte Übertragung, wie sie von Racker (1953) beschrieben wurde – eine Übertragung internalisierter Objekte auf die soziale Gruppe, mit der es der Supervisor zu tun hat. Hier ist in erster Linie an das Institut, den örtlichen Unterrichtsausschuß oder die entsprechende Fachgesellschaft zu denken, von der der Supervisor »angenommen werden« möchte. Im Rahmen einer Klinik beziehen sich diese Wünsche auf den Chefarzt oder die Verwaltung, von der er »ernährt« wird.

Bei der Supervision mit einem Ausbildungskandidaten sind immer auch der Lehranalytiker des Kandidaten und seine übrigen Supervisoren

---

integriert bleiben oder ob diese angewandten Therapieformen aus einem DPV-Institut ausgegliedert werden sollten, wie dies an fast allen anderen DPV-Instituten Deutschlands der Fall war. Dabei wurde die strikt an der DPV orientierte Gruppe – intern «Dogmatikergruppe» genannt – durch ein externes, von der DPV eingesetztes »Visiting-Komitee«, bestehend aus Herrn Beland (Berlin) und Frau Vogt (Heidelberg) unterstützt, um diese Trennung herbeizuführen. Die damaligen Diskussionen wurden durch die berufspolitische Entwicklung mit einem extremen Machtverlust der Psychoanalyse und durch die von der KBV erzwungene Integration der Psychotherapie in die Ausbildung inzwischen bundesweit im Sinne der ursprünglichen Gießener Tradition entschieden. Mittlerweile sind fast alle Institute darum bemüht, auch die angewandten Formen der Psychoanalyse in die Ausbildung (sog. analytische Psychotherapie und tiefenpsychologische Psychotherapie) zu integrieren, um überhaupt noch an der Kassenregelung teilnehmen zu können. [Anm. d. Hg.]

mit anwesend, so daß im Supervisor Konkurrenzgefühle gegenüber den Lehrtherapeuten, Supervisoren und Leitern der örtlichen Ausbildungsinstanzen aktiviert werden. Manche Kollegen versuchen das Problem zu lösen, indem sie sich über die Identität des Lehranalytikers und der weiteren Supervisoren des Ausbildungskandidaten bewußt nicht informieren lassen. Finden am Institut jedoch Lehranalytikerkonferenzen über den Ausbildungsstand der Kandidaten statt, so ist diese Strategie nicht realisierbar, und unter diesen Umständen kann eine Supervision auch für den Kontrollanalytiker zu einer Prüfungs- und Examenssituation werden. Unter diesem Blickwinkel betracht, verschärft die Institution der Lehranalytikerkonferenz seine Rivalitäts- und Abängigkeitskonflikte, die sich wiederum störend auf die Supervision auswirken können.

Für die Arbeit des Supervisors mit dem Kandidaten bringt dies zahlreiche Konsequenzen mit sich. Masochistische Unterwerfungswünsche des Kandidaten beispielsweise können den Abhängigkeits- und Unterwerfungsängsten des Supervisors entgegenkommen und einer unbewußten Einstellung Vorschub leisten, die dem Motto gehorcht: »Nicht ich habe Angst vor Kastration, Unterwerfung und Abhängigkeit, sondern der Kandidat ist von mir abhängig und muß sich mir und meinen Theorien ausliefern. Er muß mir seine Bereitschaft dazu in jeder Sitzung demonstrieren, denn dann habe ich zumindest aktuell weniger Angst.«

Wenn der Supervisor mit einem anderen Supervisor konkurriert, kann er seinen Schüler unbewußt klein und ohnmächtig halten wollen, indem er ständig vorführt, daß er die Psychodynamik des Patienten oder die Interaktion mit dem Patienten wesentlich besser versteht als sein Kollege und die besseren Deutungen parat hat. Er wird dem Kandidaten mit Erfolg »klar machen«, wer der bessere Supervisor und letztlich der bessere Analytiker ist, mit dem sich der Kandidat zu identifizieren – und den er im schlimmsten Fall zu introjizieren – hat.

Konkurriert der Supervisor gar mit dem Lehranalytiker des Kandidaten, so läuft die Supervision Gefahr, ihre Grenzen zu überschreiten und in eine regressive Co-Therapie des Ausbildungskandidaten zu eskalieren. Selbstverständlich ist normalerweise jede Supervision auch eine Hilfestellung für den noch unerfahrenen Ausbildungskandidaten, der von seinem Supervisor lernen soll, die unbewußte Dynamik der Übertragungs- und Gegenübertragungsbeziehung mit den entsprechenden Widerständen – letztlich also den therapeutischen Prozeß mit seinem Patienten – in den Blick zu bekommen und grobe Fehler zu vermeiden.

Trotzdem erleben wir es immer wieder, daß sich Supervisoren über die Grenzen ihrer Rolle hinwegsetzen und eine regressive Co-Therapie für den Auszubildenden inszenieren, die mit dem Behandlungsprozeß, der supervidiert werden soll, oder der spezifischen Problematik des betreffenden Patienten nur sehr bedingt etwas zu tun hat. Behandelt wird dann nicht die Dynamik zwischen Patient und Ausbildungskandidat, sondern in erster Linie der Kandidat als Patient.

Aufgrund der Übertragungsstereotype, die besonders bei jüngeren Psychotherapeuten ausgeprägt sind, suchen sich die Auszubildenden unbewußt ihre Patienten sehr häufig nach einem immer gleichen Muster aus. Sie diagnostizieren die Patienten nach ihren eigenen Bedürfnissen und Erwartungsvorstellungen und nehmen Patienten in Behandlung, die ihren eigenen Beziehungs- und Partnerwünschen entsprechen. Hier lassen sich, sehr vereinfacht, zwei verschiedene Beziehungsmuster unterscheiden: Erstens die an dem komplementären Partnerwunsch orientierte Patientenwahl, das heißt, der Therapeut nimmt bevorzugt Patienten in Behandlung, die ganz anders strukturiert sind als er selbst und infolgedessen ebenjene Anteile ausleben können, die der Therapeut in sich selbst abwehren muß. Zweitens die an der Ähnlichkeit mit der eigenen Persönlichkeitsstruktur orientierte Patientenwahl, das heißt, der Therapeut versucht unbewußt, einen Teil seiner selbst durch die Behandlung des Patienten mitzubehandeln.

Diese an den Übertragungsstereotypen des Kandidaten orientierte Patientenwahl erklärt, weshalb viele Kontrollanalytiker die Erfahrung machen, daß die von ihnen supervidierten Ausbildungskandidaten jeweils sehr ähnliche Patienten vorstellen. Unter ungünstigen Bedingungen aber leisten diese Präferenzen einer Konfluenz zwischen dem Patienten und dem Kandidaten Vorschub, die zur Folge hat, daß der Supervisor nicht mehr zu unterscheiden vermag, was das Problem des Patienten und was das Problem des analysierenden Kandidaten ist. So kann sich die Supervision natürlich leicht zu einer Co-Therapie für den Ausbildungskandidaten entwickeln. Wenn der Supervisor unter diesen Bedingungen darüber hinaus mit dem Lehranalytiker konkurriert, wird die Situation geradezu verhängnisvoll – der Supervisor neigt dazu, dem Lehranalytiker »die Schuld« zuzuschreiben: Er hat den »schlechten« Kandidaten nicht richtig analysiert, so daß auch dies noch vom Supervisor »geleistet werden muß«. Getreu dem Motto: »Von diesem Lehranalytiker kann man eben nicht mehr erwarten.«

Aber auch der Supervisor wird von Ängsten und Therapiebedürfnissen beeinflußt, die mit seiner Persönlichkeit zusammenhängen. Die Dynamik der Beziehung, die supervidiert werden soll, kann beispielsweise einen bestimmten Konflikt enthalten, der den Supervisor unmittelbar in seiner Persönlichkeit oder in seinen eigenen Beziehungen betrifft. Dann besteht die Gefahr, daß er dieses Problem herausgreift und es zum Hauptproblem der Behandlung stilisiert, um eigene aktuelle Konfliktsituationen zu behandeln. Eine besonders pathologische Form entsteht dann, wenn der Supervisor die Supervision aufgrund eigener Probleme zur Selbstbehandlung im Rahmen einer projektiven Identifizierung mißbraucht.

Ein guter Supervisor hingegen zeichnet sich durch seine Konzeptualisierungs- und seine Empathiefähigkeit aus. Bei mangelnder Empathiefähigkeit sehen wir oft eine übersteigerte Flucht in theoretische Konzepte: Der Supervisor hält »Vorträge« und erklärt dem Kandidaten beispielsweise genau, wie er sich bei Ausfallstunden prinzipiell zu verhalten habe oder wie die Urlaubsregelung generell zu handhaben sei. Aber auch Ausführungen über den Ödipuskomplex, die paranoid-schizoide Position, das Selbstobjekt oder das erregende Objekt kommen unter solchen Umständen nicht zu kurz, weil der Supervisor sein Unvermögen, empathisch zu erfassen, was zwischen dem Kandidaten und seinem Patienten geschieht, durch Theorie, prinzipielle Regelungen und Settingfragen und strenges, vom Über-Ich gesteuertes Verhalten zu überspielen versucht.

Supervisoren mit einer Konzeptualisierungsschwäche hingegen neigen zur Flucht in Besprechungen der Gegenübertragungsprobleme, lassen Phantasien über die Übertragung freien Lauf, sind fasziniert von der »unbewußten Kommunikation« und stellen Spekulationen über eher emotionale Interaktionen an, während strukturierende konzeptualisierende und kognitive Hilfen für den Kandidaten zu kurz kommen.

Treffen ein ängstlicher Ausbildungsteilnehmer und ein ängstlicher Supervisor zusammen, können sich angstneurotische, symbiotische Bindungen im Rahmen einer Kollusion entwickeln, so daß sich die beiden Beteiligten unter Umständen als regressiv co-therapeutisches Paar auf der Flucht vor der Institution und den Über-Ich-Instanzen erleben. Sie stützen und ermuntern einander angesichts administrativer Organisationen und Konkurrenzen.

Probleme, die in erster Linie durch den Kandidaten ausgelöst werden

Die gesamte »Ausbildungssituation« mit ihren hierarchischen Strukturen fördert eine Regression des Kandidaten. Diese reale, scheinbar »übertragungsfreie« soziale Beziehung zwischen einem Lehranalysanden und seinem Lehranalytiker und dem Kandidaten und seinem Supervisor ist gekennzeichnet durch hierarchisch gegliederte Rangstrukturen, die zu spezifischen Machtverhältnissen und hochgradigen Abhängigkeitsverhältnissen führen.

Der Kandidat, der aufgrund der Regression seines Patienten als omnipotente Elternfigur organisiert wird, kommt als Schüler zu einem oft mit großer Macht ausgestatteten Lehrer in die Supervision. In der Regel ist der Supervisor Vorgesetzter oder Kontrollanalytiker in einem psychotherapeutischen Ausbildungsinstitut oder Oberarzt und Chefarzt in einer psychotherapeutisch orientierten Klinik. Als solcher ist er verpflichtet und berechtigt, die berufliche Fähigkeit des Ausbildungsteilnehmers oder angehenden Facharztes zu beurteilen. Die Weiterbildung zum Facharzt »Psychiatrie/Psychotherapie« und »Psychotherapeutische Medizin« schreibt sogar die Supervision durch direkte Klinikvorgesetzte vor – ein sicherlich wenig gelungener Ansatz, dieses ohnehin schwierige Ausbildungsfeld zu bewältigen.

Nach der gängigen Ausbildungspraxis ist der Kandidat oder angehende Psychotherapeut gehalten, sich während seiner Ausbildungszeit entweder einer kontinuierlichen Lehranalyse oder einer fraktionierten Selbsterfahrung mit zeitlich beschränkten, aber doch sehr verdichteten Gruppenprozessen zu unterziehen. Auf diese Weise begünstigt die psychotherapeutische Ausbildung eine oft tiefer gehende Regression. Die Ausbildungsteilnehmer sind in ihrem Rollenverhalten labilisiert. Sie sind »Patienten« und gleichzeitig angehende Analytiker oder Psychotherapeuten, die während ihrer Ausbildung verantwortungsvolle Funktionen als behandelnde Ärzte oder Psychologen ausüben. Die Folge ist eine Rollenkonfusion mit einer unerwünschten Ich-Spaltung des Ausbildungsteilnehmers, der oft morgens als Patient und Kind auf der Couch liegt, mittags als Therapeut einen Patienten behandelt und nachmittags in der Supervision seine Qualifikation eines angehenden Psychotherapeuten oder Psychoanalytikers, einer Elternfigur, eines Helfers und Heilers und eines Lehrers in Lebenskonflikten unter Beweis stellen muß.

Außerdem sprechen Ausbildungskandidat und Supervisor, wie Ekstein und Wallerstein aufgezeigt haben, miteinander in der gleichen Sprache, in der auch in der Therapie gesprochen wird: »Die technische Sprache der Psychoanalyse ist die des Therapeuten und ihre Verwendung in Lehr- und Lernprozessen würde diese im Sinne des Therapieprozesses konzeptualisieren« (Heigl-Evers und Heigl, 1973). Somit wird vom Kandidaten einerseits eine Anpassung seiner Sprache und seines Denkens und Fühlens an unbewußte Prozesse erwartet, während er sich andererseits auch auf seine eigenen Gefühle und Wahrnehmungen verlassen und eine eigene Meinung vertreten sollte, statt alles kritiklos hinzunehmen. Ist der Kandidat fähig, vom Supervisor etwas Gutes anzunehmen? Kann er sich von der Interaktionsdynamik mit dem Patienten überraschen lassen, oder weiß er alles schon selbst und versucht damit, seine Unsicherheit und Unerfahrenheit abzuwehren?

Jede Supervision ist auch eine Examenssituation und enthält potentiell, je nach Struktur des Schülers oder des Lehrers, sämtliche Varianten der Interaktionsstörungen, wie sie Michael L. Moeller für die Psychodynamik des Prüfungswesens beschrieben hat. Es handelt sich um jene sublimierten Initiationsriten, welche die konflikthaften Änderungen im gegenseitigen Verhältnis der Generationen sowie die kritische Umstellungsphase und Rollenänderung zwischen Eltern und Kindern ermöglichen sollen. Diese Übergangs- und Umbruchphasen machen dem Ausbildungsteilnehmer und dem Supervisor angst.

Die Supervision – angefangen von der Supervision eines Erstinterviews bis zum Kolloquium, mit dem die Ausbildung abgeschlossen wird – aktualisiert frühe Trennungsängste und wird als Kränkung, Bestrafung oder als Kastration und Infantilisierung erlebt – je nachdem, ob der Kandidat seinen Supervisor als liebevoll einengende Mutter oder als strafende väterliche Autorität wahrnimmt. Diese Übertragungsphantasien werden nicht selten durch Persönlichkeitseigenschaften des Supervisors massiv verstärkt, wenn dieser den Übertragungserwartungen des Kandidaten tatsächlich entspricht und dessen Phantasien somit als realistische Wahrnehmung bestätigt.

Der regressionsfördernde Charakter der Supervision kann also durch die Persönlichkeit des Supervisors sowie durch dessen Beziehung zu seinem institutionellen und kollegialen Umfeld verstärkt werden. Unter diesen Bedingungen werden insbesondere folgende Formen der Objektspaltung begünstigt: Der Auszubildende idealisiert den Supervisor und die Ausbildungssituation; er identifiziert sich mit den Angreifern, denen er Omnipotenz zuschreibt, um seine Angst und seine Zweifel an der eigenen Unzulänglichkeit und Begrenztheit abzuwehren. Haß, Neid und narzißtische Kränkung werden abgespalten und häufig gegen den langweiligen und entwerteten Lehranalytiker oder den Patienten gerichtet. In der Supervision neigen solche Kandidaten dazu, sich den Hinweisen des Supervisors kritiklos zu unterwerfen, so als seien sie Gebote, deren Befolgung eine therapeutische Allmacht vermittelt, die dann in regressiver Erwartung dem Supervisor zugeschrieben wird. Der Kandidat projiziert somit eigene

Über-Ich-Instanzen oder Omnipotenzphantasien auf den Supervisor, den er als mächtigen Helfer oder überaus gefährlichen Verfolger erlebt. Durch Unterwerfung, Gefolgschaft und Überidentifizierung, die einer Introjektion gleichkommt, glaubt der Ausbildungsteilnehmer, beim Kontrollanalytiker und beim Ausbildungsträger Schutz, Geborgenheit und Sicherheit zu finden. Paranoide Ängste werden somit durch Gefügigkeit und blinde Anhängerschaft abgewehrt. Leider begünstigt die Ausbildungsstruktur diese Abwehr erheblich.

Eine andere Variante der Spaltungsübertragung besteht in der Idealisierung des Lehranalytikers, der als allmächtiger Herrscher über die Ausbildung erlebt wird. Solche Übertragungskonstellationen werden durch das – in Deutschland glücklicherweise nicht übliche – »reporting system« zusätzlich gefördert. Im Rahmen dieses Modells berichtet der Lehranalytiker dem Ausbildungsausschuß über die Entwicklung des Kandidaten, den er in Analyse hat. Aber auch innerhalb des »non reporting system«, das in Deutschland praktiziert wird, kann der Lehranalytiker extrem idealisiert werden. Seine verfolgenden Aspekte, die er im Erleben des Kandidaten erhält, weil er schließlich »alles von einem weiß«, können auf diese Weise abgewehrt werden. In solchen Fällen haben die Supervisoren dem Kandidaten wenig zu sagen. Der Kandidat ist bereits über alles informiert und bestens im Bilde und kann infolgedessen neue Aspekte oder eine Auseinandersetzung mit einer anderen theoretischen Richtung nur schwer zulassen – die Sicherheit vermittelnde Phantasie, mit dem Lehranalytiker eins zu sein, geriete ins Wanken. In der Verschmelzungsphantasie, die mit einem unbedingtem Gehorsam gegenüber dem Lehranalytiker einhergeht, findet der Kandidat eine Identität, an der er aus inneren Gründen festhalten muß. Eine solche Einstellung kann, wenn sie extrem ausgeprägt ist, einen kontinuierlichen Lernprozeß, der zumindest ein gewisses Maß an ödipaler Struktur beinhaltet, unmöglich machen. In abgeschwächter Form ist sie jedoch recht häufig zu beobachten, da eine positive Restübertragung zumindest auf den letzten Lehranalytiker bestehen bleibt – auch wenn dies vielfach bestritten wird und die Literatur zumeist am Mythos der vollständigen Auflösung der Übertragung festhält.

Massive Spaltungsübertragungen treten vor allem bei Kandidaten auf, die in ihrer Identität unsicher und emotional wenig potent, aber mit einem strengen Über-Ich ausgestattet sind. Durch die masochistische Auslieferung an ein Objekt, das in der Übertragung als streng wahrgenommen wird und nach Fairbairn als böses zurückweisendes, aber auch erregendes und unter Umständen erotisch attraktives Objekt verstanden werden kann, werden eigene Trennungs- und Verlustängste sowie Insuffizienzgefühle, aber auch Schuldgefühle beschwichtigt.

Eine weitere Grundlage der Spaltungsübertragungen ist neben der erotischen Attraktivität der Strenge auch die oberflächliche, scheinbare Ich-Stärkung, die der Kandidat durch seine Überidentifizierung mit der dogmatischen Lehre, der alleingültigen Wahrheit, findet.

Die ideologisch aufgeladenen politisch-wissenschaftlichen Utopien und damit auch die psychoanalytischen Dogmen von Kandidaten wie Analytikern wurden im Laufe der vergangenen 50 Jahre immer wieder radikal modifiziert. Mit Verblüffung war dabei zu konstatieren, wie viele scheinbar eingeschworene Mitläufer von einem Dogma zum anderen wechselten. Liegt es vielleicht nahe, von einem »dogmatischen Charakter« zu sprechen?

A. Haynal erklärt die Verführungskraft des Dogmatismus mit dem Gefühl, im Namen einer Gottheit – oder einer Wissenschaft – in den Vollbesitz der alleinigen Wahrheit zu gelangen und in die analytische Gruppe der »Reinen« aufgenommen zu werden. Für den Kandidaten bleibt die Hoffnung, durch masochistische Unterwerfung irgendwann an der phantasierten Machtfülle, Perfektion und Grandiosität teilhaben zu können. Diese Konstellation ist auch in der begleitenden Lehranalyse nur gegen große Widerstände zu bearbeiten, da sie durch das Ausbildungssystem inszeniert wird. Nicht selten jedoch neigen Analytiker mit einer solchen »dogmatischen Persönlichkeitsstruktur« nach Abschluß ihrer Ausbildung dazu, sich nach all der »Anstrengung«, die ihre Anpassung sie gekostet hat, für besonders geeignete Aspiranten auf »höhere Positionen« zu halten. Und nicht selten werden solche Mitglieder dann auch tatsächlich in die entsprechenden Ämter gewählt, da sie die reglementierenden Über-Ich-Instanzen aufgrund ihrer persönlichen Kontrollbedürfnisse bestens vertreten können. Die Folgen dieser Dynamik werden so von »Generation zu Generation« weitergegeben und wirken sich langfristig auf die Auswahl von Kandidaten, aber auch auf die »Herrschaftsstrukturen« eines Ausbildungssystems und die Zusammensetzung seiner Mitglieder aus.

Diskussion und Konsequenzen

Ausbildungsinstitutionen mit mächtigen omnipotenten Über-Ich-Instanzen, deren Machtfülle als schützend wie auch als bedrohlich erlebt werden kann, sind nicht nur eine Projektion des Kandidaten, sondern können durchaus Realität werden. Für die Ausbildung ist es von entscheidender Bedeutung, daß ihre institutionalisierten Strukturen von den Verantwortlichen organisationssoziologisch, gruppendynamisch und psychoanalytisch reflektiert werden. Diese Aspekte sollten aber auch auf der übergeordneten Ebene in den Fachgesellschaften, den staatlichen Organen, der Landesärztekammer und den Kassenärztlichen Vereinigungen mit berücksichtigt werden.

Vor dem Hintergrund der hier beschriebenen Dynamik können Interaktionsprobleme innerhalb der Dozentenschaft, die zu extremen Lagerkämpfen eskalieren und zumeist mit persönlichkeitsgebundenen narzißtischen Kränkbarkeiten und im Laufe der eigenen Ausbildung erlittenen narzißtischen Verletzungen zusammenhängen, die oben angedeuteten Spaltungstendenzen derart verstärken, daß sie im schlimmsten Fall eine konstruktive, kreative Ausbildung der Kandidaten paralysieren. Das Ausbildungsinstitut oder die Klinik regrediert unter diesen Bedingungen zu einer Selbsterfahrungsgruppe, die ihren Auftrag und somit ihre Funktion nicht mehr erfüllt.

Welche Reformen wären denkbar, die für die hier – zweifellos sehr pointiert – skizzierten Störungen der Supervision Abhilfe schaffen könnten? Viele Analytiker hielten es für ungünstig, daß Supervision und Selbsterfahrung parallel erfolgen, und haben deshalb eine zeitliche Entzerrung vorgeschlagen. Andere wiederum – zu nennen sind hier insbesondere die Ausbilder des ungarischen Weiterbildungssystems (Balint u. a.) – wollten die Identitätsaufspaltung zwischen dem in Selbsterfahrung befindlichen Kandidaten und dem in Supervision stehenden künftigen Psychotherapeuten vermeiden und waren der Ansicht, daß sich auch die Kontrollanalyse auf die Gegenübertragung des Kandidaten fokussieren sollte.

Diese Reformer schlugen vor, Kontroll- und Lehranalysen von demselben Analytiker durchführen zu lassen. Grotjahn griff einen Vorschlag von Karl Landauer auf, die Kandidaten an Besprechungen zwischen Kontrollanalytiker und Lehranalytiker teilnehmen zu lassen (zit. nach Heigl-Evers und Heigl, 1973). Bei diesem Vorgehen würde die Supervision die Theorie erweitern. Die therapeutischen Elemente der Supervision würden sosehr in den Vordergrund rücken, daß – wie Balint (1954) es ausdrückt – Kinder aufgezogen werden, die durch zu reichliche Nahrung einer Supertherapie dick, verwöhnt und abhängig geworden sind und in der regressiven Phase ihrer Ausbildung steckenbleiben.

Ekstein und Wallerstein hingegen empfehlen, die Supervision konsequent von der Selbsterfahrung abzugrenzen und in der Behandlungskontrolle eine andere Sprache zu verwenden. Für eine ähnliche Abgrenzung plädierte auch Fürstenau. Heigl-Evers ist der Ansicht, daß Supervisionsgruppen, in denen etwa drei Kandidaten innerhalb einer Doppelstunde von einem Supervisor kontrolliert werden, es leichter haben, sich mit den oft als übermächtig erlebten Konkurrenten und Über-Ich-Instanzen auseinanderzusetzen. Durch wechselseitiges Erkennen und Akzeptieren von Stärken, Schwächen und Fehlern könnten Kandidaten in einem solchen Setting ihre Ängste und narzißtischen Omnipotenzphantasien durch die Interaktion in der Supervisionsgruppe an der Realität prüfen und relativieren.

Bei den hier erwähnten Reformvorschlägen handelt es sich jedoch um symptomatische Therapie. Eine kausale Behandlung der eingangs erwähnten Grundprobleme der psychotherapeutischen Weiterbildung läßt sich dadurch nicht verwirklichen. Eine wirklich grundlegende Besserung dieser institutionellen Probleme kann nur durch einen Abbau der hierarchischen Machtverhältnisse innerhalb der Weiterbildungsinstitute und durch eine Verminderung der Konkurrenzängste innerhalb des Lehrkörpers und der Weiterbildungsteilnehmer ermöglicht werden.

Obwohl Freud bereits 1910 den Begriff der Gegenübertragung geprägt und seine eigenen unbewältigten Übertragungs- und Gegenübertragunsschwierigkeiten offen in einem Brief an Ferenczi vom 6.10.1910 dargelegt hat, sind diese Probleme in den Ausbildungsinstitutionen der Verdrängung anheimgefallen und wurden erst in den vergangenen 10 Jahren wieder stärker thematisiert. Innerhalb der Deutschen Psychoanalytischen Vereinigung hat der »Bernfeld-Kreis« versucht, diese Fragen ins Bewußtsein zu rücken, für die Situation innerhalb der Institution aber hatte dies kaum Konsequenzen. Die eingangs erwähnten, durch die betont hierarchische Struktur bedingten Störfaktoren der Ausbildung fördern eine Dynamik, die paranoide Ängste schürt. Wenn die defensive Projektion von Über-Ich-Instanzen neue Verfolgungsängste weckt, die der Kandidat durch masochistische Unterwerfung zu beherrschen versucht, ist das Resultat eine übertriebene Anpassung, in der Omnipotenzphantasien auf den Supervisor übertragen werden und infolgedessen nur schwer bearbeitet werden können. In diesem Zusammenhang darf der vor einigen Jahren erschienene Aufsatz von Kernberg (1998) nicht unerwähnt bleiben, der ironisch beschreibt, wie »das kreative Schaffen der Ausbildungskandidaten gehemmt oder gänzlich verhindert« werden kann.

Auch wenn sich hierarchische Strukturen nur bedingt lockern lassen, müssen sie doch immer bewußt reflektiert werden. Unerläßlich für die Psychohygiene eines Ausbildungsinstituts sind regelmäßige Zusammenkünfte, bei denen sich alle Verantwortlichen mit den Belangen des Instituts, mit wissenschaftlichen Diskussionen und Ausbildungsfragen auseinandersetzen. Diese Einrichtung könnte dazu beitragen, paranoide Ängste und maligne Konkurrenzen innerhalb der Ausbildergruppe zumindest abzubauen, denn auch angesichts gravierender persönlicher Vorbehalte könnten gemeinsame Interessen wahrgenommen und bei Sachfragen durch demokratische Abstimmungen Entscheidungen herbeigeführt werden, so daß sich das Institut als »Arbeitsgruppe« in dem von Bion beschriebenen Sinn erhalten könnte.

Dies ist ein Ideal, das nie restlos realisiert, sondern nur immer wieder angestrebt werden kann und ständiger Anstrengungen bedarf, da Ausbildergruppen den Mechanismen der Gruppendynamik mit der entsprechenden Regressionstendenzen unterliegen.

Es ist aber auch für andere Ausbildungsgänge der ärztlichen und psychologischen Weiterbildung von Nutzen, daß wir als Psychotherapeuten und Psychoanalytiker vor dem Hintergrund unserer professionellen Selbsterfahrung diese Störfaktoren zu problematisieren begonnen haben. Die skizzierten Supervisionsprobleme gibt es überall dort, wo Lehre und Kontrolle stattfinden. Ich habe bereits an anderer Stelle über Röntgen- oder EEG-Konferenzen berichtet, bei denen die Gruppendynamik der Klinikleiter die Diagnose maßgeblich beeinflußte (vgl. Heising und Beckmann, 1971). Wir wissen, daß Interaktionsprobleme in Krankenhäusern die Aufnahme von Patienten, die Therapie und das Entlassungsdatum entscheidend mitbestimmen.

Somit stellt diese Pathologie zweifellos keinen Spezialkonflikt des psychotherapeutischen oder psychoanalytischen Ausbildungssystems dar. Sie schlägt sich vielmehr – wenn auch in getarnter Form und von den Beteiligten unbemerkt – in sämtlichen medizinischen und psychologischen, aber auch anderen Ausbildungsstätten nieder.

Literatur zum I. und II. Teil

Argelander, H. (1963): Die Analyse psychischer Prozesse in der Gruppe (Teil I). *Psyche* 17: 450–479.
Argelander, H. (1963): Die Analyse psychischer Prozesse in der Gruppe (Teil II). *Psyche* 17: 481–515.

Balint, M. (1954): Analytische Ausbildung und Lehranalyse. *Psyche* 7: 689–699.
Balint, M. (1968): *Regression. Therapeutische Aspekte und die Theorie der Grundstörung.* Stuttgart 1970.
Beckmann, D. (1974): *Der Analytiker und sein Patient.* Bern.
Beckmann, D. (1968): *Das Gießener Persönlichkeitsinventar (GPI).* Habilitationsschrift Medizinische Fakultät Gießen 1968.
Beckmann, D. (1968): *Untersuchungen zum Prozeß der klinischen Urteilsbildung bei psychoanalytischen Interviews.* Diss. Gießen 1968.
Beckmann, D., und Richter, H.-E. (1968): Selbstkontrolle einer klinischen Psychoanalytikergruppe durch ein Forschungsprogramm. *Zeitschr. Psychoth. Med. Psychol.* 18: 201ff.
Beckmann, D., und Richter, H.-E. (1972): *Der Gießen-Test (GT): ein Test für Individual- und Gruppendiagnostik.* Bern, Stuttgart, Wien.
Beckmann, D., und Richter, H.-E.: *Weitere Untersuchungen zur Selbstkontrolle einer klinischen Psychoanalytikergruppe.* (Unveröff. Manuskript)
Bergler, E. (1937): *Die psychische Impotenz des Mannes.* Bern
Bernstein, B. (1971): Soziale Schicht, System des Sprachgebrauchs und Psychotherapie. In: Ders.: *Soziale Struktur, Sozialisation und Sprachverhalten.* Amsterdam.
Bion, W. R. (1961): *Erfahrungen in Gruppen und andere Schriften.* Stuttgart 1971.
Bohleber, W. (1999): Psychoanalyse in Europa. *E.P.F. Bulletin* 53.
Braunschweig, D., und Fain, M. (1971). *Eros et Anteros.* Paris.
Brieskorn, M., Bühne, M., Heising, G., Möhlen, K., und Scheer, J. W. (1980): Werkstattbericht zum Gießener Objektbeziehungsbogen (GOB). *Materialien zur Psychoanalyse und analytischen Psychotherapie* 6: 47–70.

Chasseguet-Smirgel, J. (1988): *Zwei Bäume im Garten.* München, Wien 1988.
Cremerius, J. (1979): Gibt es zwei psychoanalytische Techniken? *Psyche* 33: 577–599.
Cremerius, J., Hoffmann, S. O., und Trimborn, W. (1980): *Über-Ich und soziale Schicht.* München.

Dannecker, M. (1987): *Das Drama der Sexualität*. Frankfurt am Main.
David, C. (1971): *L'État amoureux*. Paris.
Dicks, H. V. (1963): Object relations theory and marital studies. *Brit. J. Med. Psychol.* 36: 125–129.

Eagle, M. N. (1984): *Neuere Entwicklungen in der Psychoanalyse. Eine kritische Würdigung*. München, Wien 1988.
Enke, H. (1965): Bipolare Gruppenpsychotherapie als Möglichkeit psychoanalytischer Arbeit in der stationären Psychotherapie. *Z. Pth. u. med. Psychol.* 15: 116–121.
Ezriel, H. (1960): Übertragung und psychoanalytische Deutung in der Einzel- und Gruppenpsychotherapie. *Psyche* 14: 496–523.

Fairbairn, W. R. D. (1952): *Psychoanalytic Studies of the Personality*. London; Auszüge in: Ders.: *Das Selbst und die inneren Objektbeziehungen*. Hg. von B. F. Hensel und R. Rehberger. Gießen (Psychosozial-Verlag) 2000.
Fairbairn, W. R. D. (1954): Observations on the nature of hysterical states. *Brit. J. Med. Psychol.* 27. (2000) Über den Charakter hysterischer Zustände. In: Ders.: *Das Selbst und die inneren Objektbeziehungen*. Hg. von B. F. Hensel und R. Rehberger. Gießen (Psychosozial-Verlag) 2000.
Fairbairn, W. R. D. (1963): Synopsis of an object-relations theory of the personality. *Int. J. Psa.* 44: 224–225. (2000) Eine Objektbeziehungstheorie der Persönlichkeit. In: Ders.: *Das Selbst und die inneren Objektbeziehungen*. Hg. von B. F. Hensel und R. Rehberger. Gießen (Psychosozial-Verlag) 2000.
Ferenczi, S. (1932): Sprachverwirrung zwischen den Erwachsenen und dem Kind (Die Sprache der Zärtlichkeit und der Leidenschaft). In: Ders.: *Bausteine zur Psychoanalyse. Bd. III: Arbeiten aus den Jahren 1908–1933*. Frankfurt am Main, Berlin, Wien.
Foulkes, S. H. (1975): *Praxis der gruppenanalytischen Psychotherapie*. München, Basel 1978.
Framo, J. L. (1965): Rationales and techniques of intensive family therapy. In: *Intensive Family Therapy*. Hg. von J. Boszormenyi-Nagy und J. L. Framo. New York.
Freud, S. (1905d): *Drei Abhandlungen zur Sexualtheorie*. G. W., Bd. 5, S. 33–145.
Freud, S. (1910d): Die zukünftigen Chancen der psychoanalytischen Therapie. G. W., Bd. 8, S. 104–115.
Freud, S. (1910h): Über einen besonderen Typus der Objektwahl beim Manne (Beiträge zur Psychologie des Liebeslebens I.). G. W., Bd. 8, S. 66–77.
Freud, S. (1912b): Zur Dynamik der Übertragung. G. W., Bd. 8, S. 364–374.

Freud, S. (1912d): Über die allgemeinste Erniedrigung des Liebeslebens (Beiträge zur Psychologie des Liebeslebens II).*G. W.*, Bd. 8, S. 78–91.
Freud, S. (1912e): Ratschläge für den Arzt bei der psychoanalytischen Behandlung. G. W., Bd. 8, S. 376–387.
Freud, S. (1915a): Bemerkungen über die Übertragungsliebe. G. W., Bd. 10, S. 306–321.
Freud, S. (1915c): Triebe und Triebschicksale. G. W., Bd. 10, S. 210–232.
Freud, S. (1919a): Wege der psychoanalytischen Therapie. G. W., Bd. 12, S. 183–194.
Freud, S. (1921c): *Massenpsychologie und Ich-Analyse.* G. W., Bd. 13, S. 71–161.
Freud, S. (1926e): *Die Frage der Laienanalyse.* G. W., Bd. 14, S. 207–186.
Fürstenau, P. (1968): Über Beratung, Therapie und Erforschung sozial definierter Neurotikergruppen. *Z. Pth. u. med. Psychol.* 18: 161ff.
Fürstenau, P. (1970): Aktuelle Organisationsprobleme einer psychoanalytischen Vereinigung aus soziologischer Sicht. *Z. Psychoth. med. Psychol.* 20: 173.
Fürstenau, P. (1972): Probleme der vergleichenden Psychotherapieforschung. In: C. H. Bachmann (Hg.). *Psychoanalyse und Verhaltenstherapie.* Frankfurt am Main.
Fürstenau, P. (1974): Zur Problematik von Psychotherapiekombinationen aus der Sicht der vergleichenden Psychotherapieforschung und der Organisationssoziologie. *Gruppenpsychotherapie und Gruppendynamik* 8: 131–140.
Fürstenau, P. (1974/1975): Klinische Theorie der Person unter dem Gesichtspunkt der Interaktion (I und II). Vorlesungen an der Universität Gießen, SS 1974 und WS 1974/75.
Fürstenau, P. (1977): Praxeologische Grundlagen der Psychoanalyse. In: *Handbuch der Psychologie, Bd. 8/1. Klinische Psychologie.* Göttingen.

Gast, L. (1989): Dissertationsentwurf zu Freuds Narzißmusfigur. Unveröff. Manuskript.
Gast, L. (1992): *Libido und Narzißmus. Vom Verlust des Sexuellen im psychoanalytischen Diskurs. Eine Spurensicherung.* Tübingen.
Gibbard, G. S., und Hartmann, J. J. (1973): The oedipal paradigm in group development. *Small Group Behavior* 4: 305–354.
Green, A. (1982): Die Hysterie. In: *Kindlers Psychologie des 20. Jahrhunderts.* Bd. 2. Weinheim, Basel.
Grinberg, L., Langer, M,. und Rodrigué, E. (1957): *Psychoanalytische Gruppentherapie. Praxis und theoretische Grundlagen.* Hg. von W. W. Kemper. Stuttgart 1960.
Grunberger, B. (1971): *Vom Narzißmus zum Objekt.* Frankfurt am Main 1976.
Guntrip, H. (1969): *Schizoid Phenomena, Object-Relations and the Self.* New York.

Hardt, J., und Vaihinger, A. (1999) (Hg.): *Wissen und Autorität in der psychoanalytischen Beziehung.* Gießen (Psychosozial-Verlag).

Heigl-Evers, A. (1972): *Konzepte der analytischen Gruppenpsychotherapie.* Göttingen.

Heigl-Evers, A., und F. Heigl (1973): Gruppentherapie: interaktionell-tiefenpsychologisch fundiert (analytisch orientiert) — psychoanalytisch. *Gruppenpsychotherapie und Gruppendynamik* 7: 132–157.

Heising, G. (1962): Probleme und Erkenntnisse psychoanalytisch orientierter Psychotherapie an psychiatrischen Universitätskliniken. Archiv, DFG 1962, Nr. RU-52/12.

Heising, G. (1972a): Bemerkungen zum Gegenübertragungsproblem des Gruppentherapeuten. *Gruppenpsychotherapie und Gruppendynamik* 5.

Heising, G. (1972b): Rollen- und Übertragungsangebot des Gruppenanalytikers. *Z. Psychother. med. Psychol.* 22:199–219.

Heising, G. (1973a): Aktiv-klinische Therapie mit einer schichtspezifischen Phobikergruppe. *Praxis der Psychotherapie* 18: 97–103.

Heising, G. (1973b): Rollenprobleme bei der Co-Therapie. *Z. Psychother. med. Psychol.* 23: 186–191.

Heising, G. (1989): Die Spaltungskonzepte der Britischen Schule und ihre Bedeutung für die Hysterie. Arbeitstagung der Deutschen Psychoanalytischen Vereinigung, 17.–19. 11. 1998. In: H. Luft und G. Maass (Hg.). *Die Abwehr unbewußter Phantasien.* Hofheim, S. 114–131.

Heising, G. (1991): Macht und Ohnmacht. Loyalitätskonflikte des Lehranalytikers als Kliniker und Berufspolitiker. DPV-Informationen 10.

Heising, G., und Beckmann, D. (1971): Gegenübertragungsreaktionen bei Diagnose- und Indikationsstellung. *Z. Psychother. med. Psychol.* 21: 2–8.

Heising, G., Brieskorn, M., und Rost, W.-D. (1982): *Sozialschicht und Gruppentherapie.* Göttingen (Vandenhoeck & Ruprecht).

Heising, G., Eckensberger, D., und Biebl, W. (1973): Gruppentherapie – Ausbildung nach dem »Open-Staff-System«. *Gruppenpsychotherapie und Gruppendynamik* 7: 185–194.

Heising, G., und Möhlen, K. (1980): Die »Spaltungsübertragung« in der klinischen Psychotherapie. *Z. Psychother. med. Psychol.* 30: 70–76.

Heising, G., und Plaß, A. (1985): Übertragung und Gegenübertragung in der analytischen Therapie mit Unterschichtpatienten. In: *Therapeutische Anwendungen der Psychoanalyse.* Hg. von T. F. Hau und F. Wyatt. Göttingen.

Heising, G., und Poluda-Korte, E. S. (1990): Sigmund Freuds sexuelle Objektpsychologie. Ihre Verdrängung und Wiederkehr. Arbeitstagung der Deutschen Psychoanalytischen Vereinigung, 1.–4. 11. 1989. In: H. Luft und G. Maass

(Hg.): *Das Erbe Sigmund Freuds in Deutschland 50 Jahre nach seiner Vertreibung*. Hofheim, S. 155–176.
Heising, G., und Poluda-Korte, E. S. (1992): Sexualität in der Gegenübertragung. Arbeitstagung der Deutschen Psychoanalytischen Vereinigung, 20.–23. 11. 1991. In: H. Luft und G. Maass (Hg.): *Kurative Faktoren inder Psychoanalyse*. Hofheim, S. 161–168.
Heising, G., Wilke, O., und Chu, M. (1975): Gruppenbeobachtung. *Gruppenpsychotherapie und Gruppendynamik*.
Heising, G., und Wolff, E. (1974): Gegenübertragung und soziometrische Gruppenstruktur. Z. Psychother. med. Psychol. 24: 1–12.
Heising, G., und Wolff, E. (1976): *Kotherapie in Gruppen. Eine Einführung in die Probleme der Praxis*. Göttingen.
Heising, G., und Zenz, H. (1973): Gegenübertragungsreaktionen bei Einführung der Kotherapie. *Gruppenpsychotherapie und Gruppendynamik* 6: 266–276.

Israel, L. (1976): *Die unerhörte Botschaft der Hysterie*. München, Basel 1987.

Jacoby, R. (1986): *Sexualität*. Psychoanalytisches Seminar Zürich. (Hg.). Frankfurt am Main.
Jung, C. G. (1971): *Erinnerungen, Träume, Gedanken*. Hg. von A. Jaffé. Olten, Freiburg im Breisgau.

Kernberg, O. F. (1975): *Borderline-Störungen und pathologischer Narzißmus*. Frankfurt am Main 1978.
Kernberg, O. F. (1976): *Objektbeziehungen und Praxis der Psychoanalyse*. Stuttgart 1988.
Kernberg, O. F. (1980): *Innere Welt und äußere Realität. Anwendungen der Objektbeziehungstheorie*. München, Wien 1988.
Kernberg, O. F. (1998): Dreißig Methoden zur Unterdrückung der Kreativität von Kandidaten der Psychoanalyse. *Psyche* 3: 199–213.
Klein, M. (1928): Frühstadien des Ödipuskonfliktes. In: Dies.: *Gesammelte Schriften. Bd. I,1. Schriften 1920–1945*. Hg. von R. Cycon. Stuttgart 1995.
Klein, M. (1946): Bemerkungen über einige schizoide Mechanismen. In: Dies., *Gesammelte Schriften. Bd. 3. 1946–1963*. Hg. von R. Cycon. Stuttgart 2000.
Knörzer, W. (1988): Einige Anmerkungen zu Freuds Aufgabe der Verführungstheorie. *Psyche* 42: 97–131.
Kohut, H. (1971): *Narzißmus*. Frankfurt am Main 1973.
Kutter, P. (1971): Übertragung und Prozeß in der psychoanalytischen Gruppentherapie. *Psyche* 25: 856–871.

Kutter, P. (1973): Methoden psychoanalytischer Gruppenarbeit. *Z. Psychother. med. Psychol.* 23: 15–23.
Kutter, P. (1976): *Elemente der Gruppentherapie.* Göttingen.

Lacan, J. (1978): *Das Seminar von J. Lacan XI.* Olten
Laplanche, J., und Pontalis, J.-B. (1967): *Das Vokabular der Psychoanalyse.* Frankfurt am Main 1972.
Loch, W. (1964): Bemerkungen über Übertragung und Gegenübertragung als Voraussetzung und Grenze der Deutung. Arbeitspapier zum Symposium über Übertragung und Gegenübertragung am 16. 10. 1964 auf dem *Ersten Frankfurter Psychoanalytischen Kongreß.*
Loch, W. (1965): Übertragung – Gegenübertragung. Anmerkung zur Theorie und Praxis. *Psyche* 19: 1–23.
Loch, W., und Jappe, G. (1974): Die Konstruktion der Wirklichkeit und die Phantasien. Anmerkungen zu Freuds Krankengeschichte des»Kleinen Hans«. *Psyche* 28: 1–31.

Mentzos, S. (1976): *Interpersonale und institutionalisierte Abwehr.* Frankfurt am Main.
Minden, G. von (1978): Der strukturell ich-gestörte Patient und die Theorie der Objektbeziehungen. *Z. Psychosom. Med. u. Psychoanal.* 24: 328–354.
Minden, G. von (1988): *Der Bruchstück-Mensch. Psychoanalyse des frühgestörtneurotischen Menschen der technokratischen Gesellschaft.* München, Basel.
Mitscherlich, A. (1954): Hindernisse in der sozialen Anwendung der Psychotherapie. *Psyche* 8: 284–305.
Mitscherlich, A. (1963): *Auf dem Weg zur vaterlosen Gesellschaft.* München.
Moeller, M. L. (1972): Krankheitsverhalten bei psychischen Störungen und die Organisation psychotherapeutischer Versorgung. *Das Argument* 14: 88–109.

Nahrendorf, B. (1989): Die Faszination der Strenge. Unveröff. Manuskript.

Olivier, C. (1987): *Jokastes Kinder.* Düsseldorf.

Parin, P. (1978): Warum die Psychoanalytiker so ungern zu brennenden Zeitproblemen Stellung nehmen. Eine ethnologische Betrachtung. *Psyche* 32: 385–399.
Parin, P. (1986): In: *Sexualität.* Psychoanalytisches Seminar Zürich (Hg.). Frankfurt am Main.

Racker, H. (1953): *Übertragung und Gegenübertragung: Studien zur psychoanalytischen Technik.* München, Basel 1978.
Rank, O. (1924). *Das Trauma der Geburt.* Gießen 1998.
Reiche, R. (1986): In: In: *Sexualität.* Psychoanalytisches Seminar Zürich (Hg.). Frankfurt am Main.
Reiche, R. (1971): Ist der Ödipuskomplex universell? *Kursbuch* 29: 159–176.
Richter, H.-E. (1963): *Eltern, Kind und Neurose.* Reinbek.
Richter, H.-E. (1967): Fernsehübertragung psychoanalytischer Inteviews. *Psyche* 21: 324–340.
Richter, H.-E. (1970): *Arzt, Patient, Familie.* Reinbek.
Richter, H.-E. (1972): *Die Gruppe.* Reinbek.
Riemann, F. (1959): Die Struktur des Therapeuten und ihre Auswirkung in der Praxis. *Psyche* 13: 150–159.

Sampson, H., und Weiss, J. (1977): Research on the psychoanalytical process. *Mount Zion Hospital Bulletin* 5.
Sandner, D. (1978). *Psychodynamik in Kleingruppen: Theorie des affektiven Geschehens in Selbsterfahrungs- und Therapiegruppen.* München, Basel.
Schneemann, N. (1968): Neuere Literatur zur Gegenübertragung. Unveröff. Manuskript.
Segal, H. (1973): *Melanie Klein. Eine Einführung in ihr Werk.* München 1974.
Simmel, E. (1927): Eröffnung einer psychoanalytischen Klinik in Berlin. *Intern. Z. Psychoanal.* 13: 245–246.
Slater, P. E. (1966): *Mikrokosmos: Eine Studie über Gruppendynamik.* Frankfurt am Main.
Spitz, H. H., und Kopp, S. B. (1957): Multiple psychotherapy. *Psychiat. Quart. Suppl.* 31: 295ff.
Spitz, R. A. (1956): Übertragung und Gegenübertragung. *Psyche* 10: 63–81.
Spitz, R. A. (1959). *Nein und Ja.* Stuttgart.
Staewen-Haas, R. (1970): Identifizierung und weibliche Kastrationsangst. *Psyche* 24: 23–39.
Stephanos, S. (1973): *Analytisch-psychosomatische Therapie.* Bern, Stuttgart, Wien.
Stephanos, S. (1974): Die Krankenschwester als therapeutische Bezugsperson und das Nachbehandlungsarrangement im Stationsmodell der Psychosomatischen Universitätsklinik Gießen. *Z. Psychother. med. Psychol.* 24: 117–131.
Stierlin, H. (1971): *Das Tun des Einen ist das Tun des Anderen.* Frankfurt am Main.

Volkan, D. C. (1978): *Psychoanalyse der frühen Objektbeziehungen.* Stuttgart.

Willi, J. (1975): *Die Zweierbeziehung.* Reinbek.

Winnicott, D. W. (1962): Eine persönliche Ansicht zum Beitrag Melanie Kleins. In: Ders.: *Reifungsprozesse und fördernde Umwelt.* Frankfurt am Main 1984.

Winnicott, D. W. (1976). *Von der Kinderheilkunde zur Psychoanalyse.* München.

Wisdom, J. O. (1963): Fairbairn's contribution on object relationship, splitting, and ego structure. *Brit. J. Med. Psychol.* 36: 145–149.

Zacharias, G. (1964): Sexus und Individuation. Vortrag bei den Lindauer Psychotherapiewochen. Unveröff. Manuskript.

Zagermann, P. (1988): *Eros und Thanatos: psychoanalytische Untersuchungen zu einer Objektbeziehungstheorie der Triebe.* Darmstadt.

Zenz, H. (1970): Gruppenprozesse in einer Stations-Personalkonferenz. *Z. Psychoth. med. Psychol.* 20.

Zenz, H., und Heising, G. (1972): Gruppendynamik nach dem Rollenwechsel der Beobachterin zur Ko-Therapeutin. *Gruppenpsychotherapie und Gruppendynamik* 6: 30ff.

Zwiebel, R. (1985): Das Konzept der projektiven Identifizierung. Bericht über die Tagung »Projektion, Identifizierung und projektive Identifizierung« vom 27. bis 29.5.1985 in Jerusalem. *Psyche* 38: 456–468.

III. Teil
Anwendungen der Objektbeziehungstheorie

10. Michael Eickmann
DAS GEGENÜBERTRAGUNGSSYMPTOM[1]

Einführende Überlegungen

Vor einigen Jahren wurde ich in einer Analysestunde von einem heftigen Körpersymptom überrascht, mit dessen Verstehen ich mich in der folgenden Zeit beschäftigte. Ich hatte ohne jede Vorankündigung ein kräftiges Sodbrennen, das nach den Stunden sofort verschwand, mich aber in der folgenden Zeit dieser Analyse weiter behinderte und in den Stunden immer wieder spontan auftrat. Üblicherweise leide ich nicht an Sodbrennen, kenne aber das spontan auftretende Symptom aus einer Phase meiner Lehranalyse. Damals ging es für mich um das Durcharbeiten eines Erlebens von angedrohtem realem Objektverlust im Sinne einer Strafe für eigene Individuationsbestrebungen.

Mit einer derartigen Symptomentwicklung in Behandlungen konfrontiert, war ich anfänglich erschrocken und fragte mich, ob ich mich erneut in Analyse begeben müßte. Neugierig geworden zeigte sich, daß eine Selbstanalyse ausreichend erschien, um zu einem Verstehen und Deuten in diesem Prozeß zurückfinden zu können. Ich war sehr erleichtert, dieses Symptom vorläufig als zur jeweiligen Analysestunde gehörend interpretieren und es in Anlehnung an die Gegenübertragungsreaktion von Zwiebel (1992) als Gegenübertragungssymptom verstehen zu können.

Bei der Beschäftigung mit dem Thema fällt auf, daß es nur wenig Literatur gibt, die sich speziell mit dem Thema Gegenübertragungssymptome befaßt; allenfalls erfährt man etwas in Falldarstellungen. Bei meinem Literaturstudium stieß ich auf eine Arbeit von Leuzinger-Bohleber (1996), in der sie sich an einem interdisziplinären Dialog zwischen Psychoanalyse und Gedächtnisforschung beteiligt und in diesem Zusammenhang einen Fall vorstellt. Darin berichtet sie von Magenkoliken als Form einer Gegen-

---

[1] Diese Arbeit ist unter dem Einfluß der von Gerd Heising in Gießen vertretenen Objektbeziehungstheorie entstanden und zuerst erschienen in: Schlösser, A.-M., und Gerlach, A. (Hg.) (2001): *Kreativität und Scheitern*. Gießen (Psychosozial-Verlag), S. 429–449.

übertragung. Im Rahmen dieser Forschungsarbeit wird jedoch die Symptomatik nicht weiter verfolgt.

Aufgrund der geringen Beachtung des Themas läßt sich vermuten, daß es sich entweder um ein wenig verbreitetes Phänomen handelt oder um ein Thema, daß etwas mit der Persönlichkeit des Analytikers zu tun hat, worüber üblicherweise ungern berichtet wird. Letzteres schien sich für mich zu bestätigen, als ich angefangen hatte, mich weiter mit dem Thema zu befassen. Mir fiel auf, daß der Art und Weise, in der ich mit Kollegen über »meine Probleme« sprach, immer ein peinlicher Beigeschmack anhing. Dieser schien irgendwie beschämender zu sein als beispielsweise die Aussage: Ich schlafe bei diesem Patienten regelmäßig ein. Nach Gesprächen mit Kolleginnen und Kollegen über dieses Phänomen vermutete ich, daß körperliche Symptome als unmittelbare Reaktion des Therapeuten auf den Patienten zwar häufiger vorkommen, daß aber seltener darüber gesprochen wird.

Problembeschreibung

Überraschend für mich war, daß das Symptom Sodbrennen nicht an einen Patienten gebunden war, sondern bei unterschiedlichen Personen auftauchen konnte. Als Phänomen ist es einfach zu beschreiben: jedesmal überkommt es mich überfallartig. Ich kann mich nicht dagegen wehren und es verschwindet, sobald die Behandlungsstunde beendet ist. Recht schwierig ist es, die auslösende Situation zu identifizieren. Selbst wenn man sich mit diesem Phänomen befaßt hat, erscheint es zunächst vom Geschehen losgelöst. Ich will es im folgenden zu beschreiben versuchen.

Das Symptom tritt in seiner heftigen Form in der Regel in der Anfangsphase (im ersten oder zweiten Behandlungsjahr) von Analysen auf. Diese Anfangsphasen sind dann regelmäßig von starker Verleugnung der entstehenden Übertragungsbeziehung gekennzeichnet. Es fehlt immer die sich sonst entwickelnde Abhängigkeit in der Übertragungsbeziehung. Diese spezifische Patientengruppe reagiert überwiegend konkretistisch: ein Hinweis darauf, daß es für sie keinen eigenen intermediären Raum (Winnicott, 1971) zu geben scheint. Es ist der Versuch der Rollenumkehr im Setting (Klüwer, 1983; 1995; Sandler, 1976) zu beobachten sowie eine mangelnde Symbolisierungsfähigkeit (McDougall, 1985). Diese Patienten bevorzugen eine duale Beziehungsaufnahme. Zwiebel (1992, S. 49) spricht von einer Form der »Nicht-Bezogenheit« und einer »Fassade der Selbstgenügsamkeit« bei derartigen Patienten. Die Kennzeichen dieser Patienten nennt Leuzinger-Bohleber (1996, S. 225) eine Form der Nichtanerkennung eines »bedeutungsvollen Anderen«.

In solchen Stunden entstehen Gegenübertragungsreaktionen wie Insuffizienzgefühle, Ohnmacht oder Müdigkeit. Verbale Interventionen erreichen diese Patienten nicht oder bewirken keine Veränderung.

Dieser Stillstand scheint die plötzlich eintretende, starke Symptombildung bei mir als Analytiker zu provozieren. Ich bin auf das eigene Erleben zurückgeworfen, sammele mühsam Speichel, um damit die Beschwerden zu lindern, hoffe, daß die Stunde bald beendet ist. Ich bin buchstäblich »sauer«, ohne direkten Zugang zu diesem Gefühl, körperlich beschädigt. Das Symptom unterbricht also den Kontakt zwischen mir, dem Analytiker, und dem Patienten. Es ist, als wenn das akute Beziehungsgeschehen zwischen dem Patienten und mir sich jetzt in der Beziehung von mir und meiner Speiseröhre spiegelt. Das Symptom fordert sofortige und konkrete Abhilfe und ich bin ausschließlich damit befaßt; ich kann an nichts anderes denken. Das Zeitgefühl ist beeinträchtigt. Eine Regression auf eine vorsymbolische Stufe ist entstanden.

Es gibt eine Bandbreite der Entwicklung des Gegenübertragungssymptoms: von einer heftigen Form am Anfang von Behandlungen zur milderen im fortgeschrittenen Behandlungsstadium. Die milde Form entsteht allerdings ebenso überfallartig wie die schwere in den Behandlungsanfängen. Da das Symptom bei mir dann nicht so quälend ist wie in den Behandlungen in der Anfangsphase von Analysen, das Denken zwar eingeschränkt, aber nicht verunmöglicht ist, bleiben Möglichkeiten, die Situation aufgrund der inzwischen erworbenen Kenntnisse über die Bedeutung der Symptombildung zunächst zu benennen, um sie später zu deuten.

Zusammenfassend läßt sich sagen: Bei der Entstehung von Gegenübertragungssymptomen kommt es auf beiden Seiten zu regressiven Prozessen, sowohl auf der Seite des Analytikers wie der des Patienten. Beide scheinen auf ein Niveau regrediert zu sein, auf dem Subjekt und Objekt noch nicht getrennt sind. Diese Ebene in der Übertragung ist charakterisiert durch archaische omnipotente Wünsche und Ängste (Balint, 1969). Es besteht von seiten des Patienten ein eminenter Druck aufgrund seiner konkretistischen und omnipotenten Kontrollwünsche über den Analytiker (Ogden, 1988). Die persönliche Art und Weise der Symptombildung legt nahe, daß diese Patienten eine spezifische Abwehr-Reaktion bei dem Analytiker auszulösen vermögen aufgrund konkordanter und komplementärer Gegenübertragungsreaktionen (vgl. Racker,

1982; Grinberg, 1996). Dieser entzieht sich offenbar dem Wiedererkennen seines eigenen traumatischen Erlebens durch Symptombildung.
Im folgenden entwickele ich Thesen und bringe sie anschließend in Verbindung mit Fallvignetten:

1. Treten in Behandlungen Gegenübertragungssymptome auf, die so heftig sind, daß der Analytiker ausschließlich mit sich beschäftigt ist, hat er seine analytische Haltung aufgegeben und befindet sich mit dem Patienten in einem Regressionsprozeß.

2. Aufgrund einer passageren regressiven Desymbolisierung, in die der Analytiker über einen Patienten verstrickt ist, werden Annahmen möglich, die eine Rückübersetzung des dynamischen Geschehens in emotionales Erleben ermöglichen. Durch diese Rückübersetzung werden, wenn die Bedürfnisstruktur sowie die Abwehr beschrieben sind – beides dem entstandenen Symptom zugeordnet –, Überlegungen möglich, die das unbewußte dynamische Geschehen bei der Entstehung des Gegenübertragungssymptoms im analytischen Prozeß auf seiten des Analytikers aufzudecken helfen.

3. Die Analyse einer passageren psychosomatischen Reaktion mit dem Symptom Sodbrennen deutet auf ein oral-regressives Geschehen hin, das offenbar durch eine vom Patienten ausgehende »projektive Identifikation« (Ogden, 1988) bei prägenitaler Störung des Patienten (Balint, 1969) im Analytiker ausgelöst worden ist. Diese Patienten lassen sich ausschließlich auf eine von Balint (1969) dargestellte prägenitale Übertragung ein. Diese ist gekennzeichnet durch: »ohnmächtige Abhängigkeit, Verleugnung dieser Abhängigkeit durch Allmacht und orale Gier« (Balint, 1969, S. 146) sowie durch die Errichtung einer Ungleichheit zwischen Subjekt und Objekt. Neben dieser von den Patienten hergestellten Ungleichheit fehlt ihnen das, was Balint (1969) »Eroberungsarbeit« genannt hat, die der genitalen Übertragung zuzuordnen ist. Patienten mit einer prägenitalen Übertragung benutzen die Sprache wie eine Handlung (Klüwer, 1983; 1995) und lösen im Analytiker entweder keine Assoziationen aus, oder dieser fühlt sich von Affekten (Kernberg, 1978, S. 75ff.) oder z. B. dem Gegenübertragungssymptom überschwemmt. Psychodynamisch liegt ein Konflikt der frühen Separation zwischen Symbiose und Differenzierung bzw. Autonomie und Abhängigkeit zugrunde, mit der Angst, sich im anderen Objekt zu verlieren oder es in sich selbst zu besitzen. Der abgewehrte Anteil des Patienten aus dem oralen Selbst wird mit projektiver Identifikation in den von Ogden (1988) dargestellten drei Schritten vollzogen, d. h. in den Analytiker konkret und real verlegt und in ihm kontrolliert. Dabei findet in der Beziehung eine Rollenumkehr (Sandler, 1976) statt. Die

projektive Identifikation hinterläßt beim Patienten eine Entleerung und versetzt ihn in eine Allmachtsposition, die an den Meryzismus erinnert, einen autoerotischen Umgang mit Nahrung, der bei Säuglingen beobachtet werden kann. Folgen dieses Prozesses sind im Erleben des Analytikers ein Gegenübertragungssymptom, der Verlust eines Gefühles für Zeit und des eigenen intermediären Raumes (Winnicott, 1971), vorübergehender Verlust von Symbolisierung sowie eine Unterbrechung der Bezogenheit.

4. Die regressive Desymbolisierung des Analytikers, ausgelöst durch die projektive Identifikation des Patienten, verweist auf ein dynamisches Geschehen auf einem physisch-psychischem Niveau, das eine auf die Bedürftigkeit des Patienten orientierte Behandlungstechnik empfiehlt (McDougall, 1985).

5. Die vom Patienten mit den Hilfsmitteln der projektiven Identifikation in den Analytiker verlegte enorme Spannung, die bei diesem die Symptombildung bewirkte, müßte im Behandlungsprozeß in eine für den Patienten zumutbare Spannung zwischen beiden am Prozeß Beteiligten erscheinen, um hier bearbeitet werden zu können.

6. Wenn die auf den Analytiker gerichtete enorme Spannung (wie oben beschrieben) in den Behandlungsprozeß aufgenommen werden kann, löst sich gleichzeitig das zuvor entstandene Gegenübertragungssymptom auf.

Symptomatik und deren Bedeutung in der Gegenübertragung

Als passagere psychosomatische Reaktion verweist das Symptom Sodbrennen auf eine regressive Desymbolisierung.

Letztere macht in diesem Prozeß das anfangs angedeutete peinliche Gefühl verständlich, das aufkommt, wenn ich mit Kollegen über mein Erleben spreche: d. h. über eine durch einen Patienten ausgelöste unbewußte Entwicklung. Im Gegensatz dazu erscheint es einfacher, über affektive – oder wie Zwiebel sagt: »symptomatische Reaktionen«, z. B. das Einschlafen – zu sprechen. Während der schlafende Analytiker sich zur Ruhe zurückzieht nach dem Motto: wer schläft, sündigt nicht, ist der von einer psychosomatischen Reaktion überraschte Kollege einerseits mit eigenem unbewußten Erleben mit seinen primären Objekten konfrontiert, die er sich andererseits vor seinem eigenen Über-Ich aus Scham zunächst nicht einzugestehen vermag. Der Schameffekt deutet die Möglichkeit der Selbstreflexion an, in der ein verstecktes Wissen vom Gesamtgeschehen vorhanden ist, einer Voraussetzung für triadisches Erleben. Das Auftauchen des Gegenübertragungssymptoms scheint also auf ein Geschehen hinzuweisen, das einer doppelten Abwehr unterliegt: einmal in Form der Bildung als Symptom und zum anderen in Form der Täuschung des eigenen Über-Ichs. Bei der Inszenierung geht die dynamische, emotionale Bedeutung verloren. Das Symptom kennt die Emotionalität nicht und erscheint wie ein Äquivalent für eine Sache.

Unter bestimmten dynamischen Rahmenbedingungen kann es zur Symptombildung, dem Sodbrennen, kommen, das auf frühe Erinnerungsspuren oraler Bedürftigkeit hinweist, z. B. auf Nahrungsaufnahme, Kontakt, Berührung, Nähewünsche, Gier und Einverleiben. Die Atmosphäre ist bestimmt von gierigen Wünschen nach Nähe, die heftig abgewehrt werden müssen; dies findet seinen Ausdruck in einem Gefühl von Krämpfen im Nahrungsaufnahmetrakt. Auf einer oralen Stufe sind Körperliches und Seelisches noch nicht getrennt: die Wahrnehmung des Körper-Ichs herrscht vor.

Es entsteht nun die Frage, was denn mit dem Rückzug auf die Wahrnehmung eines schmerzerfüllten Körperteils abgewehrt werden soll. Beim Sodbrennen nehme ich an, daß Verlassenheitsängste abgewehrt werden, denen sich das Subjekt nicht auszusetzen vermag. Statt dessen klammert es sich entweder an irgendwelche beliebigen Objekte oder hält an Teilen des eigenen Körpers, der Speiseröhre, dem Sphinkter fest. Die Verlassenheitsängste sind ursprünglich gebunden an die physische und/oder psychische Mangelversorgung durch unzuverlässige Objekte oder objektlosen Raum, Desintegration bis hin zur Dissoziation, Diffussion, Chaos und Leere.

Zur Bedeutung der Patienten

Patienten, die ein Gegenübertragungssymptom wie das Sodbrennen in ihrem Analytiker auszulösen vermögen, verfügen über eine enorme Macht. Aufgrund noch zu untersuchender offenbar »projektiver Identifikationen« (Ogden, 1988) vermögen sie die analytische Haltung des Analytikers, eine anfällige dynamische Struktur zwischen Integration und Fragmentierung, die von Zwiebel »analytische Position« (1992, S. 19ff.) genannt wird, zu zerstören, so daß der Analytiker nicht mehr seine Position von optimaler Nähe und Distanz zum Patienten beibehalten kann. Offenbar vermögen bestimmte Patienten auf die anfällige Position wie auch auf die analytische Beziehung erheblichen Einfluß zu nehmen.

In einem anekdotischen Beispiel von Kernberg sollten, wenn es im Flugzeug zu einem Luftdruckabfall kommt und die Sauerstoffmasken aus der Decke fallen, zuerst die Eltern mit Sauerstoff versorgt werden und erst dann die Kinder, weil die Eltern üblicherweise besser die Übersicht behalten können (mündl. Mitteilung). Patienten, die mit solcher Macht ausgestattet sind, sich selbst offenbar »mit Sauerstoffmasken« zu versorgen, ohne auf die Versorgung des Analytikers zu warten, die einen so enormen Zugriff auf das Erleben im Analytiker haben, gibt es in meiner Praxis selten. Mit dem Kernbergschen Beispiel vom Luftdruckabfall möchte ich andeuten, daß es in der analytischen Beziehung zu einer Rollenumkehr gekommen zu sein scheint. Jedenfalls befindet sich der Analytiker aufgrund einer Symptomentwicklung eher in einer kindlichen Position und wird selbst hilfsbedürftig. Alles deutet darauf hin, daß er sich mit seinem Patienten in einem regressiven Strudel befindet, ähnlich der von Zwiebel (1992) dargestellten Müdigkeitsreaktion. Während sich jedoch der von Müdigkeit (einer affektiven Reaktion) befallene Analytiker – wenn auch nur unter schweren Schuldgefühlen und kaum erträglichen Reaktionsbildungen – zurückzieht, sogar möglicherweise einschläft, wird der symptomentwickelnde Analytiker in einer persönlichen Art getroffen und bleibt hilflos zurück.

Patienten, die das Gegenübertragungssymptom auszulösen vermögen, fallen auf den ersten Blick nicht unbedingt durch eine besondere Verhaltensweise, durch Geschlecht oder sonstige Eigenschaften auf. Es handelt sich in meiner Praxis um erwachsene Menschen mit meist akademischen Abschlüssen, Ärzte, Psychologen, Pädagogen. Sie lassen sich von den anderen bei mir behandelten Patienten nicht grundsätzlich unterscheiden. Häufig besteht sogar, wie auch bei den anderen, eine spontane Sympathie, auch wenn diese Patienten sich zunächst in gewissem Sinne »widerborstig« präsentieren. Sie zeigen anfangs überwiegend neurotische Symptome. Bei allen gibt es jedoch eine spezifische Beziehungsproblematik: eine Form der »Nicht-Bezogenheit«, eine »Fassade von Selbstgenügsamkeit«, die Vermeidung einer Abhängigkeit in der Übertragungsbeziehung, den Versuch des Rollenumtausches im Setting sowie einen Mangel an eigenem »intermediären Raum«. Ebenso konnten, wenn auch manchmal erst im Nachhinein, bei all diesen Patienten eine psychosomatische Erkrankung oder andere frühe Störungsanteile diagnostiziert werden. Es handelte sich um Patienten mit Asthma bronchiale, chronischen Erkrankungen des Magen-Darm-Traktes, Bulimie, Psoriasis, Unfallpersönlichkeiten.

Die spezielle Beziehungsproblematik dieser Patienten wird am folgenden Beispiel deutlicher: Frau A., von der noch die Rede sein wird, kleidete ihren Konflikt in die Art ihrer Terminvereinbarung mit mir ein. Telefonisch hatte sie mir bei der Absprache bereits mitgeteilt, daß es bei ihr um eine Beratung in einer konkreten Angelegenheit ginge. Sie wirkte am Telefon auf mich selbstbewußt, schien zu wissen, was sie wollte, offenbar gab es für ihre kompetente Lebensführung eine Frage, die sie aus analytischer Sicht ergänzt sehen wollte. Zudem war sie als Akademikerin in einer verantwortungsvollen Position tätig. Ich war zunächst neugierig und gespannt, fühlte mich aber auch überrumpelt, weil ich, ohne mir ein eigenes Bild von der Anruferin machen zu können, bereits auf die Funktion des Beraters festgelegt zu sein schien. Durch die Art der Anmeldung von Frau A. war es zu einer »Schieflage« in der Beziehung gekommen. Da meine Neugierde überwog, wollte ich jene nur als zweitrangig wahrnehmen. Im Erstkontakt am Telefon deutete sich bereits etwas an, was Zwiebel ebenso bei Patienten beobachtet hat, die die Müdigkeitsreaktionen bewirken.

Später stellte sich bei Frau A. heraus, daß das ganze »Geplänkel im Vorfeld« der Behandlung zu einer ausgefeilten Überprüfung meiner Person gehörte. Die Patientin hatte sich sehr genau über mich informiert. So schien für sie festzustehen, daß sie sich nicht in eine Form der Abhängigkeit zu einem »bedeutungsvollen Anderen« (Leuzinger-Bohleber, 1996) begeben wollte. Die »Fassade von Selbstgenügsamkeit und Autonomie« oder auch von »Nicht-Bezogenheit« (Zwiebel, 1992) wurde bei Frau A. schon im Vorfeld der Behandlung sichtbar. Sie hielt den Beziehungsmodus durch, der bei mir später die Entwicklung des heftigen Gegenübertragungssymptoms auslöste.

Balint (1969) differenziert zwischen prägenitaler und genitaler Übertragung. Ihm zufolge wäre das Nichtanerkennen des Analytikers als Person und seiner Funktion der prägenitalen Übertragungsbeziehung zuzuordnen.

>»Die erste Phase, die wir prägenitale Übertragung nennen wollen, oder genauer, Bildung einer Objektbeziehung in der analytischen Situation nach dem Vorbild der primären Objektliebe oder, kurz gesagt: primäre Übertragung enthält alle Faktoren, die wir bei der Bildung des Hasses am Werk finden. Diese sind also: ohnmächtige Abhängigkeit, Verleugnung dieser Abhängigkeit durch ›Allmacht‹ und ›orale Gier‹ oder mit anderen Worten: Errichten einer drückenden Ungleichheit zwischen Subjekt und Objekt.« (Balint, 1969, S. 146)

Die Bildung des frühen Hasses sieht Balint in der Ungleichheit zwischen Subjekt und Objekt: der Haß läßt mit zunehmender Gleichheit nach, und das Subjekt ist differenzierter. Zugleich verfährt die prägenitale Übertragung grundsätzlich folgendermaßen: »Was mir gut ist, ist dir recht, d. h. sie kennt keinen Unterschied zwischen Eigeninteressen und den Interessen des Objekts, sie nimmt als selbstverständlich an, daß die Wünsche des Partners mit den eigenen identisch sind« (Balint, 1969, S. 93).

Wie sich später herausstellte, war Frau A. in einen Konflikt mit ihrem Partner verstrickt, in dem sie die Oberhand zu verlieren drohte. Diese Interaktion wiederholte sie mit mir in den späteren Stunden in der von Balint dargestellten prägenitalen Übertragung. Das Objekt wird allmächtig benutzt, seine Interessen und Wünsche aber werden ignoriert. Man hat einfach da zu sein und die enormen oralen Wünsche zu befriedigen in einer archaisch zu nennenden Objektbeziehung.

Das, was Balint als »Eroberungsarbeit« (Balint, 1969, S. 139) bezeichnet, ist diesen Patienten fremd, und somit ist ihnen auch die »genitale Übertragung« (Balint, 1969, S. 146) unbekannt. Sie benutzen den Analytiker wie eine Funktion, sind in ihrem Denken konkretistisch. Diese Neigung paßt zu der primär-archaischen Beziehungsstruktur. Auch McDougall bezieht diese konkretistische Darstellungsfunktion der Patienten auf eine präverbale Kommunikation, die ursprünglich mit der Mutter geführt wurde.

> »Die Patienten bedienen sich der Rede in einer Art und Weise, die mit Sprache und freier Assoziation wenig gemein hat. Hört der Analytiker ihnen zu, so kann er den Eindruck haben, es handele sich um eine auf allen Ebenen bedeutungslose Kommunikation. Oder er bemerkt, daß er von Affekten überschwemmt wird, die mit dem Inhalt der Kommunikation des Patienten direkt nichts zu tun zu haben scheinen.« (McDougall, 1985, S. 247)

Dem unbewußten psychodynamischen inneren Konflikt dieser Patienten liegt eine frühe Separationsproblematik zwischen Symbiose und Differenzierung bzw. zwischen Autonomie und Abhängigkeit zugrunde.

Letzteres entwickelte Frau A. in den Stunden bei mir. Sie konnte zu Beginn der Behandlung die Couch nicht benutzen und blieb in ihrem Stuhl sitzen, während ich in meinen Sessel gewechselt war. Vor allem ging es darum, ihre enorme Bedürftigkeit abzuspalten und sie via projektiver Identifikation bei mir unterzubringen. Die Wirkungsweise dieses Mechanismus erscheint mir am deutlichsten in den Arbeiten von Ogden (1988, S. 1ff.) dargestellt worden zu sein. Er beschreibt die projektive Identifikation als einen Mechanismus, der drei Schritte enthält:

»1. Unterbringung von Selbstaspekten in einen anderen, 2. Ausübung von Druck auf den anderen, der Projektion zu entsprechen und 3. Verarbeitung der Projektion durch den anderen und Reinternalisierung durch den Projizierenden. In dieser Fassung dient sie als Abwehr, als Kommunikationsform, als Modus einer Objektbeziehung und als Weg der Veränderung. Im Gegensatz zur Projektion bedarf die projektive Identifikation eines realen Objekts.« (Ebd)

Mit Hilfe dieses Mechanismus werden unerträgliche Selbstanteile in den Analytiker hineingedrängt und bewacht, ob er diese auch entsprechend den Wünschen des Patienten angenommen hat. Dazu wird ein ungeheurer Druck notwendig, den der Patient selbst nicht spürt, aber kontrolliert. Dieser entsteht, wenn ein Selbstanteil im anderen untergebracht und dort kontrolliert werden muß und somit beim Patienten eine Entleerung hinterläßt. Bei der Reinternalisierung kann der Patient später den projizierten Selbstanteil wegen der zuvor stattgefundenen Entleerung als einen zu ihm gehörigen, nun verträglichen wiedererkennen.

Nach Kernberg (1978), Ogden (1988) und Zwiebel (1992) werden Anteile des oralen Selbst in den Analytiker projiziert. McDougall (1995) bezieht den Mechanismus der projektiven Identifizierung ausschließlich auf Prozesse, die präverbal sind, die vor dem Erwerb sprachlicher Kommunikation und verbalen Denkens stattgefunden haben, also auch vor der Phase oraler Bedürftigkeit. In dieser Zeit findet ein Austausch von Mutter und Kind in einer Gebärden- oder Handlungssprache statt. Hierzu führt McDougall aus:

> »Unter diesem Gesichtspunkt ist die früheste Wirklichkeit eines Säuglings das Unbewußte seiner Mutter. Die Spuren dieser frühen Beziehung sind nicht im Vorbewußten eingeschrieben wie jene Elemente, die zu einem Teil der Kette sprachlicher Symbolisierung geworden sind. Sie nehmen eine andere psychische Stellung ein als die in Form verdrängter Phantasien erhalten gebliebenen Repräsentationen (...). Bemerkenswert ist, daß auf dieser vorsymbolischen Stufe seelisches Leiden von körperlichem Leiden nicht zu unterscheiden ist.« (McDougall, 1985, S. 245)

Psychodynamisch läßt sich der Prozeß folgendermaßen beschreiben: Der Patient verlegt seine oralen defizitären Selbstanteile mit den Mitteln der projektiven Identifikation in den Analytiker und bewacht von außen diesen Vorgang, der bei ihm eine innere Entleerung hinterläßt. Der diese projektive Identifikation aufnehmende Analytiker wandelt den Inhalt der enormen

Bedürftigkeit in sich selbst via Symptomentwicklung in ein passageres psychosomatisches Geschehen um. Durch diesen Umwandlungsprozeß kommt es zu einer Trennung der Beziehung zwischen Patient und Analytiker. Der Wunsch des Patienten nach »Nicht-Bezogenheit« erfüllt sich. Andererseits spürt der Patient unbewußt, daß dem Analytiker etwas von seinem Erleben bekannt ist. Er läßt ihn in einer »Rollenumkehr« Impulse erleben, die er in sich selbst abwehrt. So übernimmt der Analytiker die vom Patienten abgewehrte infantile orale »Rolle« von ungeheurer Bedürftigkeit: d. h. Wünschen nach Nähe, Versorgtwerden, Berührung wie auch die ungeheure Gier, die Art des oralen Beziehungsmodus, die ich oben beschrieben habe, während der Patient die Rolle des omnipotenten Objekts einnimmt. Bei der Entstehung der Gegenübertragungssymptomatik wird aus der Sicht des Patienten das Konflikterleben konkret und real in den Analytiker verlegt. Dem jeweiligen Analytiker scheinen unterschiedliche individuelle Verarbeitungen bei der Annahme der projektiven Identifikation des Patienten zur Verfügung zu stehen. Das in mir entstandene objektale Konfliktgeschehen ist vom Patienten total abgetrennt, er hat nichts mehr damit zu tun. Die Schärfe des entstandenen Beziehungsabbruchs erscheint als Ausdruck der frühen ohnmächtigen Angst des Patienten vor Verlassenheit. Dieser vernichtenden Angst will der Patient sich selbst nicht aussetzen. Im Analytiker ist sie im Sinne der passageren psychosomatischen Reaktion, einer physisch-psychischen Form empathischen Verstehens, umgewandelt worden. Es hat eine Übersetzung im Analytiker von projektiv identifiziertem zu analogem frühem körperlichen Erleben stattgefunden. Dieses Verstehen bedarf einer Entschlüsselung.

Der Rollenumkehrprozeß im Analytiker ist folgendermaßen zu verstehen: Die vom Patienten ausgehende »projektive Identifizierung« erinnert mich an ein eigenes frühes Geschehen mit meinen primären Objekten, an eine eigene defizitäre orale Mangelsituation. Dieser Konflikt wird von mir jedoch regressiv symptomatisch erinnert und wie damals wegen der ungeheuren oralen Bedürftigkeit und der sie begleitenden vernichtenden Gefahr psychosomatisch abgewehrt. Mit dem symptomatischen Umwandlungsprozeß gehen die Widerstände einher, die die Aufdeckung des Geschehens verhindern und das Ich schützen (vgl. Overbeck, 1977; 1984). Der Symptomträger erinnert seine ungeheure Angst und Bedürftigkeit nicht. Erst die Analyse der Symptomatik führt zu einem Verständnis der frühen oralen Mangelversorgung des Symptomträgers. Der Patient hat also mittels seiner Abwehr einen eigenen unerträglichen Konflikt, für den er bislang keine Ausdrucksform hat, in mich projiziert. Ich kann für den Ausdrucksmangel bei mir aufgrund eigenen Erlebens zunächst eine symptomatische Ausdrucksform und nach deren Analyse symbolische Formen finden. Das Peinlichkeitsgefühl, das aufkommt, wenn ich mit Kollegen über »mein Problem« spreche, deutet auf ein verstecktes Wissen des Gesamtgeschehens, einer Voraussetzung für triadisches Verstehen. Das dynamische Geschehen zwischen Analytiker und Patient hat regressiv stattgefunden auf einer Ebene, in der sich der Analytiker dem Patienten psychophysisch, den Beziehungsmodalitäten des Patienten entsprechend, angenähert hat. Während der Analytiker die orale Mangelsituation angenommen hat, verbleibt der Patient nun in einer omnipotenten Haltung.

Die Entleerung auf der Seite des Patienten, entstanden durch seine »projektive Identifikation«, hinterläßt ebenso deutliche Spuren. Ich versuche, den so in seine allmächtige, unabhängige Position gehobenen Patienten symbolhaft nach dem Modell des von Hirsch (1989, S. 13), McDougall (1985, S. 351) und Ogden (1995, S. 63) beschriebenen meryzißtischen Kindes zu verstehen. Verlassen und unabhängig von dem Objekt, versucht das meryzistische Kleinkind sich autistisch durch Selbstversorgung zu stabilisieren, indem es die schon im Magen befindliche Nahrung unter speziellen Mechanismen wieder in den Mund befördert, ohne zu erbrechen, die Nahrung erneut schluckt und wiederholt erneut zurück in den Mund befördert. Dabei ist ein ekstatischer Gesichtsausdruck zu beobachten. Dieser sich selbst versorgende Säugling hat sich einen Schutz vor der abwesenden Mutter geschaffen, durch den er selbst in ihrer Anwesenheit von ihr getrennt ist. Im Gegensatz zu diesem Vorgang entsteht beim Analytiker, der als Ausdruck einer Gegenübertragung Sodbrennen entwickelt, ein heftiger Schmerz durch den sich öffnenden Ösophagussphinkter und das Aufsteigen der Magensäure in die Speiseröhre. Dieser wird von dem »meryzistischen Patienten«, der wie das Kleinkind sich omnipotent selbst versorgt, nicht gespürt, während die Imitation dieses Vorganges bei mir das Symptom entstehen läßt. Trotz der vergleichbaren, ähnlichen Organsensationen ist das Erleben völlig unterschiedlich.

McDougall (1985, S. 351ff.) beschreibt diesen Vorgang:

> »Objekte der Außenwelt werden zunächst in jenem Teil des Körpers wahrgenommen, der das Gebiet zwischen Mund, Speiseröhre und Magen umfaßt. Für diese Kinder besteht eine vollständige Trennung zwischen der Welt der Triebe und den Teilen des Körpers, die der Oralität zuzuordnen sind, auf der einen, sowie den Sinneswahrnehmungen, die Reize aus der Außenwelt aufnehmen, auf der anderen Seite (...). Triebziele und autoerotische Aktivitäten werden

jeweils autonom und von jeder seelischen Repräsentation eines Objektes gelöst.«

Meryzistische Kinder, die sich aufgrund ihrer Aufspaltung in einen entsprechenden Zustand versetzt haben, leben nicht ungefährlich. Die scheinbare Selbstversorgung kann tödliche Konsequenzen haben. Analog dazu treten Patienten in der Behandlung in keinen wirklichen Dialog ein. Sie monologisieren, die Gefühle sind flach, auch nicht nachvollziehbar, sie lösen im Analytiker keine Assoziationen aus. Für sie wird das Sprechen selbst zu einem Handeln. Eine Sprache mit symbolischem Ausdruck einer Bezogenheit wird vermieden. Oder aber sie projizieren ihre unerträglichen oralen Selbstanteile in den Analytiker, in dem sie dann Gegenübertragungsreaktionen oder auch Gegenübertragungssymptome auslösen können. Wird der Analytiker in einen solchen regressiven Strudel mitgerissen, verliert auch er selbst seinen »intermediären Raum« und ist mit seinen Symptomen befaßt.

Überlegungen zur Behandlungstechnik

Wie kann der Analytiker aus seiner angegriffenen Position in der Behandlung zur ausgeglichenen Position, seinem intermediären Raum, zurückfinden, die ätzende Säure neutralisieren? Welche behandlungstechnischen Möglichkeiten bleiben, um den sich omnipotent darstellenden Patienten zu erreichen?

In den Stunden, in denen es zur Symptomentwicklung kommt, scheint der Analytiker gar nichts machen zu können. Er verbleibt, wie dargestellt, selbst hilflos. Im Nachhinein gelingt nicht einmal eine Rekonstruktion der jeweiligen Stunde. Zwiebel (1992, S. 146) bemerkt auch zu von Müdigkeit befallenen Analytikernt »Das Auge kann sich nicht selbst beobachten.«

Nur durch Selbstanalyse und Intervision läßt sich der Blick auf den Analytiker und das entstandene Symptom einstellen, um 1. die abgewehrte Bedürftigkeit des Patienten zu erkennen, 2. den verlorengegangenen »intermediären Raum« (Winnicott, 1971) des Analytikers wieder herzustellen und 3. die enorme Anspannung, die die Symptomatik im Analytiker bewirkte, in eine dem Patienten zumutbare Spannung umzuformulieren.

In Stunden, in denen das Gegenübertragungssymptom nicht erscheint, kann der Analytiker dem Patienten dort beggenen, wo dieser sich, wie zuvor dargestellt, regressiv befindet: einem oralen Mangelerleben, in dem

Körperliches und Seelisches der Wahrnehmung eines Körper-Ichs entsprechen. Hier ist seine Aufgabe, die Hilfs-Ich-Funktion für den Patienten zu übernehmen. McDougall (1985) beschreibt dies als eine mütterliche Haltung, in der diese den unbewußten Wünschen des Kindes Bedeutung verleiht. Diese Hilfs-Ich-Funktion bezieht sich sowohl auf das Benennen der realen äußeren Welt als auch auf situativ-körperlich evidentes Erleben und das Benennen von Handlungsdialogen.

Der Analytiker als Teil des Patienten versucht, sich über sich selbst Gedanken zu machen. Dieser Prozeß erscheint als der schwierigste, weil der Analytiker erstens in seinem Denken selbst vorübergehend blockiert ist und Hilfe (s. o.) benötigt, zweitens sich an abgewehrte Gefühle und Affekte erinnern muß, die dann drittens in einer entsprechenden Übersetzung und viertens oft in einer Art primitiver Kommunikation (McDougall, 1985, S. 241f.) mit dem Analysanden in der gegebenen Situation angemessen durchgearbeitet werden müssen. Die in solchen Situationen entstehenden enormen Belastungen für den Analytiker wie auch für den Patienten ließen in mir regelmäßig die Phantasie entstehen, der Patient oder ich werde die Behandlung abbrechen. Tatsächlich ist es jedoch in keinem der Fälle, in denen ich mit dem beschriebenen Problem zu tun hatte, zu einem Behandlungsabbruch gekommen.

Selbstverständlich wird eine solche Nähebeziehung zum Patienten nur dann möglich, wenn der Analytiker zuvor zu seinem »intermediären Raum« (Winnicott, 1971) zurückgefunden hat.

Im folgenden versuche ich diese Arbeit an der Darstellung des Falles von Frau A. zu verdeutlichen.

Falldarstellung

Zu Beginn der Analyse konnte Frau A., eine angehende Kinderärztin, nicht, wie eigentlich vereinbart, die Couch benutzen und blieb in ihrem Stuhl sitzen, während ich in meinen Sessel wechselte. Das Gegenübertragungssymptom trat bei mir erst auf, nachdem die Patientin sich auf die Couch gelegt hatte (nach ca. 25 Stunden). Die erste Zeit im Liegen erlebte die Patientin dann bei mir wie ein »Minenfeld«, in dem sie jederzeit hochzugehen drohte, während ich von schweren Gegenübertragungssymptomen gequält wurde. Einzelne Stunden aus dieser Zeit, in denen mein Symptom in heftiger Form auftrat, waren für mich auch im Nachhinein nicht zu rekonstruieren. Inhaltlich ging es aber immer entweder um heftige Verstrickungen der Patientin mit ihrer damals 1 1/2jährigen Tochter oder um aktuelle, heftig aggressive Auseinandersetzungen mit der Mutter. Mit dieser habe sie, wie schon dargestellt, gekämpft und immer gewonnen. Die gemeinsamen Kämpfe seien sogar bis zu gegenseitigen Prügeln ausgetragen worden und hätten in sprachloser Aggressivität geendet. So sei die Mutter »unangemeldet« an der Haustür der Patientin erschienen, um dann bis zum »nicht mehr zu ertragenden Krach« zu bleiben. Der Vater war für die Patientin nicht zu erreichen, er habe ein Doppelleben geführt.

Ich fragte mich nach dem Zusammenhang zwischen meinem Gegenübertragungssymptom und der Unfähigkeit der Patientin, sich selbst zu spüren. Sie spürte sich lediglich in den Kämpfen, alles andere schien neutralisiert zu sein. Bei mir darf sie sich nicht spüren, weil sie befürchtet, in aussichtslose Kämpfe mit mir zu geraten. Eine Erkenntnis erwies sich als hilfreich, mit der Patientin in einen auch für sie spürbaren Kontakt zu kommen: Ich achtete darauf, ob auch neben meiner drastischen Körpersymptomatik in der Gegenübertragung ein psychisch-physischer Kommunikationskanal bestehe (McDougall, 1985).

Eine Vignette soll verdeutlichen, wie sich die Wahrnehmung von Körperspannung und deren Übersetzung für die Patientin als hilfreich erwies. Es handelt sich um eine Stunde am Beginn des zweiten Behandlungsjahres.

Auf mich wirkt die Patientin bei der Begrüßung gehetzt, sieht mich prüfend an, und hat einen strengen Gesichtsausdruck. Sie legt sich hin, stöhnt und schweigt. Ich bin erstaunt über das entstehende ruhige Schweigen, kam sie doch in einer ganz anderen Verfassung zur Stunde. Im Schweigen spüre ich eine geringe, nicht unangenehme Spannung, so daß ich denke: Sie ist da, und ich bin da, wir sind zusammen hier, ich spüre sie und fühle mich trotzdem getrennt. Es entsteht in der Behandlung ein für mich angenehmes Gefühl, ähnlich wie im Schweigen in der gestrigen Stunde. Mir fällt auf, daß sie heute ganz ruhig liegt, ruhiger als sonst, wenn sie regelmäßig das Kissen und die Schuhunterlage zerknäult. Ich frage mich, ob sie es aushält, hier zu sein, ohne mich mit ihrem sonst überschwemmenden Material zu attackieren, mit dem sie mich dann auf Abstand hält: das wäre ein Fortschritt. Die leichte Spannung zwischen uns bleibt spürbar, die wie eine Sinuskurve mal etwas zunimmt, dann wieder ruhiger wird. Ich bin erstaunt, daß soviel Gelassenheit zwischen uns möglich ist. Nachdem genau die Hälfte der Zeit verstrichen ist, sagt sie: »Ich weiß nicht, was heute hier los ist, ich komme mir vor wie nach einer großen Anstrengung. Es war ungeheuer viel los, gestern die Geburtstagsfeier.« Die angenehme Spannung, die vorher noch spürbar war, ist verschwunden. Der Eindruck von Gehetztheit entsteht, wie zu Beginn der Stunde. Ich sage:»Ich fand das Schweigen hier, wie auch schon gestern, nicht beunruhigend. Sie sind da, ich bin da. Es ist zu spüren, daß wir zusammen da sind und trotzdem ist jeder für sich. Nichts Bedrängendes von außen war zu spüren. Vielleicht ist es eine große Anstrengung für Sie, das auszuhalten.« Sie sagt nach einer Pause dazu: »Ich wäre fast eingeschlafen.« Dann schweigt sie erneut, während sich das angenehme Spannungsgefühl zwischen uns wieder einstellt. Jetzt ergänze ich: »Mein Eindruck war auch nicht, daß Sie hier fast eingeschlafen wären, es war eher ein angenehmes Nebeneinander.« Sie sagt nach kurzer Pause: »Eigentlich stimmt das. Jetzt kann ich das spüren, ich habe wohl Schwierigkeiten damit. Stimmt eigentlich, gestern war das auch schon so.« Mein Gegenübertragungsgefühl verbleibt in dem angenehmen Spannungsgefühl. Sie fährt fort: »Das einzig Beunruhigende ist: wo ist die nächste Falle, in die ich laufe, bei der sich dann der Zustand hier wieder ändert.« Ich sage daraufhin: »Es kann natürlich immer mal was passieren, aber warum sollte sich hier der Zustand nicht stabilisieren. Ich denke, daß es sehr anstrengend für Sie ist, auszuhalten, sich von mir hier getrennt zu fühlen, Sie es aber gleichzeitig, wenn das möglich wird, als sehr wohltuend empfinden.« Sie sagt noch: »Sie immer mit Ihrem Aushalten, aber wahrscheinlich stimmt, was Sie sagen.«

Das verstärkte Achten auf eigenes physisch-psychisches Erleben half mir, die destruktive Fixierung der Patientin in der Selbstwahrnehmung auf Kampf und Spannung durch die gleichzeitige Wahrnehmung des entspannten ruhigen Zusammenseins zu mildern. Die Patientin kann ihre Angst vor totalem Objektverlust als Strafe auf eigene Individuationsbestrebungen mildern.

Auffallend ist, daß Traumschilderungen und Phantasien der Patientin unabgegrenzt ineinander übergehen. Für die Patientin entstehen Gefahren im Kontext von Wochenendpausen. Sie berichtet danach zunehmend von Toten in Träumen oder stürzt sich auf die Toten in ihrem Beruf. Getrennt von mir entsteht eine bedrohliche Leere. Sie hilft sich mit Größenphantasien, daß sie über Leben und Tod nicht trauern muß, weil sie Tote lebendig machen kann. So hatte sie von einer plötzlich verstorbenen Kollegin von mir durch die Todesanzeige in der Zeitung erfahren. Während sie von den Toten erzählt, fällt ihr ein Traum von mir ein: Ich müsse mich wegen einer bösartigen Erkrankung alle drei Wochen in Behandlung begeben, dann fiele jeweils eine Stunde für sie aus. Von einer anderen Kollegin, von der sie weiß, daß sie todkrank ist, sagt sie im voraus, wann diese sterben wird. Sie macht dabei deutlich, daß sie phantasiert, Herrin über Leben und Tod zu sein. Ich bringe diese Phantasien über die toten Objekte in Zusammenhang zur extrem spannungsgeladenen Beziehung zur Mutter, in der die Alternative bestand: sie oder ich. Die toten Objekte sind die Auslöser für die Gegenübertragungssymptomatik, treten jetzt in einem bewußtseinsnäheren Zustand verstärkt in der Beziehung zu mir auf und benebeln mich. Noch schützen diese omnipotenten Objekte die Patientin in einer als archaisch zu bezeichnenden Übertragungsbeziehung (Balint, 1969) davor, eine Trennung, die zwischen uns besteht, realisieren zu müssen. Sie will keine Trauer ertragen, schützt sich durch ungeheure Wut davor, von der Mutter getrennt zu sein. Bei ihren unzähligen schlimmen pädiatrischen Krankheitsberichten redet sie mit mir wie mit einem Kollegen und vermeidet das Wahrnehmen von Leiden und Schmerz. Noch verbleibt sie in ihrer omnipotenten Haltung und weigert sich, Schritte eigener Separation zu unternehmen. Es ist wie am Anfang der Behandlung, als es um die Separationsbestrebungen ihrer 1 1/2 jährigen Tochter ging, die sie mit aller Macht zu unterbinden suchte. Im Maß, wie die Patientin Getrenntsein im Zusammenhang mit mir erträgt, haben die Konflikte mit der Tochter nachgelassen. Aber noch immer kennt die Patientin keine wirkliche objektale Grenze. Frage ich sie nach einer Vorstellung, nach einem Bild, das sie von mir haben könnte, gibt es da nichts, das brauche sie auch nicht. Sie beschäftigt sich weiter mit Sterbenden und Toten und damit, daß sie die Toten für sich lebendig machen kann. Dazu sagt sie: »Wenn die Toten leben, muß ich nicht trauern.« Dann entsteht wieder eine Phase des vorsichtig gespürten Nebeneinanders. Sie schweigt dann die erste Hälfte der Stunde und wir können uns über die unterschiedlichen Qualitäten des Schweigens verständigen.

Durch äußere Begebenheiten entsteht für die Patientin eine enorme Verunsicherung. Ihre Schwester, die mit einem aidskranken Partner zusammenlebt, ist in eine offenbar schwere maligne symbiotische Regression abgerutscht, in der sie sich wegen massiver aggressiver körperlicher Auseinandersetzung Gesichtsverletzungen mit Brüchen zugezogen hat. Eine Gesichtshälfte bleibt taub. Als die Patientin von dem Geschehen erfährt, ist die Schwester bereits operiert. Sie konnte auch eine ganze Weile nicht sprechen und litt unter einer Amnesie. Erschrocken über die aggressive Interaktion sagt sie: »Als ich anfangs zu Ihnen kam, habe ich mich mit meiner Tochter immer so gefetzt. Da gab es auch diese ungeheure Anspannung, die zwischen mir und ihr bestand. Bei meiner Schwester und deren HIV-positivem Freund taucht das jetzt auch auf und nimmt seinen aggressiven, gewaltsamen, erschreckenden Weg. Das ist ja bei der wie bei mir.«

Während sie über die aggressive Grenzüberschreitung zwischen der Schwester und deren Partner berichtet, entsteht wieder das Gegenübertragungssymptom bei mir, das dann milder wird, als die Patientin von sich aus über ihr Erschrecken spricht.

Die Patientin hat angefangen, ihre omnipotente Haltung aufzugeben, und beginnt nun, ihre Beziehungen zu gestalten.

So kann sie sich in der Folge mit Trennungen und Getrenntsein in der Familie beschäftigen. Dabei entstehen in den Stunden zunehmend deutlich spürbare Spannungen. Zugleich stelle ich fest, daß sie nach den Stunden erschöpft, aber erleichtert wirkt. Sie befaßt sich mit ihrem Weggehen aus dem Elternhaus. Ihre Mutter verüble es ihr noch heute, daß sie nicht das Studium von zu Hause aus aufgenommen habe. Ihr Weggehen sei ungeheuer schlimm für die Mutter gewesen. Diese habe ihr gewünscht, daß, sollte sie jemals eine Tochter haben, es ihr auch einmal so schlecht ergehe. Die Patientin sei damals wegen ihres ungeheuren Hasses auf die Mutter ausgezogen und weil sie es zu Hause nicht mehr ertragen habe. Mit der Mutter kann sie inzwischen selbstverständlicher umgehen, ohne daß es zu einem neuen Eklat kommt.

Die Patientin hat sich ein Kleid gekauft und stellt jetzt fest, daß sie in dem Kleid wie ein Abbild der jugendlichen Großmutter aussehe. Dabei macht ihr große Angst, verrückt wie die Oma zu sein, was ihr immer von der Mutter unterstellt wurde. Ich erfahre erst jetzt, daß sie die ersten acht Jahre ihres Lebens bei der Großmutter verbrachte, während die Mutter damals arbeitete. Diese Oma war nach einer Hirntumor-OP entstellt und litt an der Alzheimerschen Krankheit. Die Mutter hatte diese Oma, ihre eigene Mutter, immer wie eine Heilige verehrt. Vor dieser kranken Oma fürchtete sich die Patientin sehr. Nach der OP sei niemand mehr zu ihr zu Besuch gekommen. Doch vor der Erkrankung habe sie ganz andere, vitale Seiten gehabt. Sie habe – so erfahre ich auch erst jetzt – den Wiederaufbau des Geschäftes nach dem Krieg gemanagt, die Fäden fest in ihrer Hand gehalten. Sie sehe auf dem Bild mit dem Kleid ganz attraktiv aus. Außerdem sage die Schwester der Mutter, daß die Oma auch ein Aas habe sein können, wenn diese so dominant gewesen sei. Erneut betrachtet sich die Patientin in dem Kleid, in dem sie der Oma gleichen soll. Sie beginnt zu sehen, daß es nicht gleich, sondern ähnlich ist, und reagiert erleichtert.

Indirekt befaßt sich die Patientin weiterhin mit der Oma. Es ist viel von Hirntumoren die Rede. Sie beginnt die Spannungen, die zwischen uns entstehen, zu spüren und bestätigt es, wenn ich diese benenne. Wenn wir uns verständigen können, Spannungen zwischen uns entstehen, verliert sich das zuvor entstandene Gegenübertragungssymptom sofort.

Eine weitere Vignette verdeutlicht das:
Die Patientin sagt: »Mir fällt da was Verrücktes ein. Sie sind doch hier mal in einer Stunde eingeschlafen. Jetzt denke ich, daß ich Sie damals so platt machen mußte, daß Sie für mich weg waren, weil ich dachte, daß Sie mich sonst kriegen. Und da fällt mir noch ein Traum ein. ›Eine junge Frau ist im Wald nackt an einen Baum gefesselt. Eine gutaussehende Frau mit lockigen blonden Haaren. Es war klar, daß die vergewaltigt werden sollte‹.«

Ich sage daraufhin: »Sie können sich offenbar nur ausliefernde Zustände vorstellen, entweder machen Sie mich, wie Sie sagen, platt, so daß ich einschlafe, für Sie tot und ungefährlich werde, oder aber Sie fühlen sich vor mir entblößt, gefesselt, sexuell ausgeliefert. Nähe zu mir zu erleben wäre dann nur unter derartig aggressiven Aspekten möglich. Aber vielleicht soll der Traum ja versteckt auch zum Ausdruck bringen, daß Sie sich mir körperlich zeigen wollen, um zu sehen, ob ich sie begehren kann, ohne Sie zu mißbrauchen, daß ich mich auf Sie freuen kann, ohne daß es zu denen Ihnen sonst vertrauten aggressiven Interaktionen oder Übergriffen kommt.«

Die Patientin schweigt eine Weile und sagt dann: »Sie haben schon oft gesagt, ich hätte eine große Angst vor Ihnen. Jetzt verstehe ich, was Sie damit gemeint haben. Aber das ist jetzt nicht mehr so. Ich glaube, diese intensive Angst habe ich nicht mehr.« Als mich die Patientin mit einem offenen Blick verläßt, habe ich den Eindruck, als wäre sie gewachsen, weil sie aufrecht geht, während sie zu Beginn der Behandlung mit eingezogenem Kopf und Buckel erschien.

In den folgenden Stunden will die Patientin sich nicht an ihre neue innere Erfahrung, selbst Symbole finden zu können, erinnern. Ich muß für sie die Verbindung zwischen den Stunden halten. Sie wehrt sich heftig und meint sogar, die Behandlung wegen äußerer Umstände um eine Stunde reduzieren zu wollen. Schließlich nimmt sie aber doch die Fähigkeit auf, ihr eigenes inneres Erleben von sich aus zu benennen, eine eigene Symbolwelt der Beziehungen zu entwickeln. Die Übertragungsbeziehung hat die von Balint (1969) beschriebene »genitale« Form angenommen, die »Eroberungsarbeit« der Patientin kann beginnen. Das geschieht immer gepaart mit großer Angst, aber auch einer Erleichterung am Ende der Stunden, wenn sie es ausgehalten hat, eigene Introjekte zu entwickeln. Mein Gegenübertragungssymptom hat sich zu diesem Zeitpunkt aufgelöst.

Zusammenfassende Überlegungen

Es wurde dargestellt, daß Patienten in ihrem Analytiker körperliche Gegenübertragungssymptome auszulösen vermögen, die von diesem als ausgesprochen peinigend und irritierend erlebt werden. Diese Patienten leiden, weil sie mit dem buchstäblichen, nicht symbolisch vermittelten Gefühl des Analytikers verbunden sind, von innen her angegriffen zu werden, unter einer schweren Beziehungsstörung auf folgenden zentralen Ebenen: Das Erleben der Abhängigkeit in der Übertragungsbeziehung muß unbedingt lange vermieden werden, in dem Versuch der »Rollenumkehr« im Setting, einem Mangel an eigenem »intermediären Raum«, Formen der »Nicht-Bezogenheit«, einer »Fassade von Selbstgenügsamkeit«. Hierbei hat der Analytiker seine analytische Haltung aufgegeben und befindet sich mit dem Patienten in einem regressiven Prozeß. Die Untersuchung des in der Gegenübertragung entstandenen Symptoms Sodbrennen ergab, daß es sich um ein passager entstandenes psychosomatisches Symptom mit den dieser Reaktion zuzuordnenden Abwehrmechanismen handelt. Das Symptom läßt eine Rückübersetzung nach Bedürfnis und Abwehr zu, die im Falle des untersuchten Symptoms auf ein inneres Geschehen auf einer frühen oralen Stufe schließen läßt. Patienten, die das Symptom im Analytiker auszulösen vermögen, verfügen über eine enorme Macht. Dadurch kommt es zu einer »Rollenumkehr«, in der der Analytiker aufgrund einer »projektiven Identifikation« die Rolle des defizitären oralen Selbst des Patienten übernimmt, während der Patient in eine omnipotente Selbstversorgung übergeht. Die Dynamik der Beziehung befindet sich auf einem präsymbolisch-oralen Niveau.

Mit der Aufgabe seiner analytischen Position und einer von daher veränderten Zuwendung zum Patienten hat der Analytiker eine Haltung angenommen, die man eine physisch-psychische Form empathischen Verstehens nennen kann.

Die Analyse der in diesem Prozeß entstandenen Symptomatik kann dem Analytiker Einblicke in die orale Bedürftigkeit des Patienten geben. Jetzt kann er ihm aufgrund seines Gegenübertragungsverstehens in seiner Bedürftigkeit begegnen.

Durch eine veränderte Technik, in der der Analytiker sich auch psychophysisch, d. h. präsymbolisch dem Patienten zuwendet (Mc Dougall, 1985), wird durch das Benennen des dem Patienten völlig Unzugänglichen ein Erleben von zuvor nicht Differenziertem möglich. In diesem Prozeß kommt es zu einer Entschärfung der enormen Beziehungsproblematik, das Gegenübertragungssymptom wird erträglicher. Es entstehen Spannungen zwischen dem Analytiker und dem Patienten, die jedoch zunächst nur vom Analytiker gespürt und für den Patienten benannt werden müssen. Gleichzeitig kommt es aber auch zu einer Identifizierung des Patienten mit dem Analytiker. Die identifikatorischen Prozesse finden zunächst auf einem Niveau des Entweder-Oder statt. Entweder ist der Patient Teil des Analytikers oder dieser wird zu einem Teil von ihm. Jetzt werden deutlich spürbare Spannungen zwischen dem Analytiker und dem Patienten für beide erlebnisnah und es entstehen durch das Deuten des Übertragungsgeschehens eine objektale Trennung und eigene Introjekte für den Patienten. Das Gegenübertragungssymptom verschwindet in dieser Phase vollständig.

Literaturverzeichnis

Argelander, H. (1970): Die szenische Funktion des Ichs und ihr Anteil an der Symptom- und Charakterbildung. In: *Psyche* 24: 225–345
Argelander, H. (1970): *Das Erstinterview in der Psychotherapie.* Darmstadt (Wissenschaftliche Buchgesellschaft).
Balint, M. (1969): *Die Urformen der Liebe und die Technik der Psychoanalyse.* Hamburg (Fischer).
Bräutigam, W., und Christian, P. (1975): *Psychosomatische Medizin.* Stuttgart (Thieme).
Freud, S. (1910d): Die zukünftigen Chancen der psychoanalytischen Therapie. *G.W. VIII*, S. 103–115.
Freud, S. (1912e): Ratschläge für den Arzt bei der psychoanalytischen Behandlung, *G.W. VIII*, S. 375–387.
Grinberg, L. (1996): Projektive Gegenidentifikation. In: *Forum der Psychoanalyse* 12: 259–270.
Grunert, J. (1977): Der Bauch: Vorstellungen, Empfindungen und Phantasien. In: Grunert, J. (Hg.) (1977): *Körperbild und Selbstverständnis.* München (Kindler).
Heimann, P. (1950): Über die Gegenübertragung. In: *Forum der Psychoanalyse* 1996, 12 (2): 179–184.
Hirsch, M. (Hg.) (1989): *Der eigene Körper als Objekt.* Heidelberg (Springer).
Kernberg, O. F. (1978): *Borderline-Störungen und pathologischer Narzißmus.* Frankfurt a. M. (Suhrkamp).
Kernberg, O. F. (1993): Akute und chronische Gegenübertragung. In: Junkers, G. (Hg.): *Wege zur Deutung im psychoanalytischen Prozeß,* Arbeitstagung DPV Bremen.

Klüwer, R. (1983): Agieren und Mitagieren. In: *Psyche* 9/83.
Klüwer, R. (1995): Agieren und Mitagieren – zehn Jahre später. In: *Zeitschr. f. psychoanalyt. Theorie und Praxis* 10, H. 1: 45–70.
Leuzinger-Bohleber, M. (1996): Erinnern in der Übertragung – zum interdisziplinären Dialog zwischen Psychoanalyse und biologischer Gedächtnisforschung. In: *Psychotherapie, Psychosomatik, Med. Psychologie* 6, 46. Jg., Juni 1966: 217–227.
McDougall, J. (1985): *Plädoyer für eine gewisse Anormalität.* Frankfurt a. M. (Suhrkamp).
Mitscherlich, A. (1961): Anmerkungen über die Chronifizierung psychosomatischen Geschehens. In: *Psyche* 15, 61/62: 1–25.
Nerenz, K. (1985): Zur Theorie der Gegenübertragung bei Freud. In: *Psyche* 39: 501–518.
Ogden, T. H. (1988): Die projektive Identifikation. In: *Forum der Psychoanalyse* 4: 1–21.
Ogden, T. H. (1995): *Frühe Formen des Erlebens.* Wien, New York (Springer).
Overbeck, G. (1977): Das psychosomatische Symptom. In: *Psyche* 31, S. 333ff.
Overbeck, G. (1984): *Krankheit als Anpassung.* Frankfurt a. M. (Suhrkamp).
Plaßmann, R. (1996): Körperpsychologie und Deutungstechnik. In: *Forum der Psychoanalyse* 12, H. 1:19–30.
Racker, H. (1982): Übertragung und Gegenübertragung. München, Basel (Reinhardt).
Sandler, J. (1976): Gegenübertragung und Rollenübernahme. In: *Psyche*, Heft 4.
Thomä, H., und Kächele, H. (1985*): Lehrbuch der psychoanalytischen Therapie. 1. Grundlagen.* Heidelberg, New York (Springer).
Winnicott, D. W. (1971): *Vom Spiel zur Kreativität.* Stuttgart 1973 (Klett).
Winnicott, D. W. (1947): Haß in der Gegenübertragung. In: *Von der Kinderheilkunde zur Psychoanalyse.* München 1992 (Kindler).
Zwiebel, R. (1992): *Der Schlaf des Analytikers.* Stuttgart (Verlag Internationale Psychoanalyse).

11. Bernhard F. Hensel

DER WUNSCH, PSYCHOANALYTIKER ZU WERDEN, IN DER THERAPEUTISCHEN ANALYSE, DIE KEINE LEHRANALYSE IST[1]

I. Einleitung

Im Rahmen meiner psychoanalytischen Tätigkeit als außerordentliches Mitglied der DPV habe ich unter anderem therapeutische Analysen von Ärzten und Psychologen durchgeführt. Da diese beiden Berufsgruppen die Voraussetzung für die Zulassung zur analytischen Ausbildung entsprechend den Richtlinien haben, ist es naheliegend, dass sich solche Patienten aufgrund der Idealisierung der Analyse mit dem Wunsch auseinandersetzen, selbst Analytiker zu werden. Nach A. Freud 1950 tritt der Wunsch bei jedem Patienten auf und soll auf die infantilen Wunschphantasien des Patienten zurückgeführt werden. Bei einem in Behandlung befindlichen Arzt oder Psychologen kann diese infantile Phantasie mit der Realität zur Deckung gebracht werden. Bekanntlich ist der Analytiker nicht nur Übertragungs-, sondern auch Identifikationsobjekt, weshalb die Entwicklung des Wunsches, selbst Analytiker zu werden, »normal« ist, zumal sich dieser sowohl symbolisch auf die Funktion des Analytikers als auch konkret auf dessen Beruf beziehen kann.

Der Wunsch, Analytiker zu werden, kann als ein Schnittpunkt von Übertragung und realer Beziehung aufgefaßt werden. Die Handhabung hängt von der Haltung des Analytikers ab. Wie auch immer er sich verhält, nimmt er durch seine Deutungen und die damit bewirkte Interaktion Einfluß auf die klinische Situation, wie dies bereits von Balint (1949, 1968) und später von Thomae und Kächele (1985, 1988) beschrieben wurde. Die Äußerung des Wunsches, der Zeitpunkt des Auftretens und die jeweilige Übertragungs- und

---

[1] Erweiterte Fassung eines Vortrags, der am 6. 12.1991 am Bremer Institut für Psychoanalyse gehalten wurde.

Gegenübertragungsbeziehung warf für mich als psychoanalytischen Praktiker eine Vielzahl von Problemen auf, die ich hier darstellen möchte.

An verschiedenen Instituten besteht auch während einer therapeutischen Analyse zu jedem Zeitpunkt die Möglichkeit, sich für die psychoanalytische Ausbildung zu bewerben. In unserem Ausbildungssystem wird generell zwischen Lehranalytikern und Nicht-Lehranalytikern – letztere sind entweder außerordentliche oder ordentliche Mitglieder – unterschieden. Informierte Patienten begegnen einem nur »therapeutischen Analytiker« beziehungsweise einem Lehranalytiker mit unterschiedlichen Phantasien. Tritt der Wunsch, Analytiker zu werden, bei einem Patienten auf, der sich bei einem therapeutischen Analytiker in Behandlung befindet, der nicht Lehranalytiker ist, so kommt mit diesem Thema zumindest unbewußt das Problem des analytisch nicht indizierten Therapeutenwechsels (Meyer u. Staewen, 1961) ins Spiel. Diese Situation bedarf einer spezifischen Reflexion der Übertragungs- und Gegenübertragungsdynamik.

Am Beispiel zweier Fallvignetten möchte ich exemplarisch die Problematik darstellen, die sich ergeben kann, wenn ein Patient den Wunsch entwickelt, selbst Analytiker zu werden. Ich versuche die damit verbundene Übertragungsdynamik in der Terminologie der britischen Schule der Objektbeziehungspsychologie zu reflektieren, die, ausgehend von Melanie Klein (1932, 1962), Fairbairn (1952, 1954), Sutherland (1989), Guntrip (1969) und Winnicott (1953, 1965) ausgearbeitet haben. Abschließend sollen grundsätzliche Überlegungen zur Übertragungs- und Gegenübertragungsneurose sowie deren Gefahren erörtert werden, die sich aus speziellen klinischen Situationen ergeben. Aufgezeigt werden zudem die Probleme in der Behandlung sowie Möglichkeiten, sie für den therapeutischen Prozeß nutzbar zu machen.

II. Der Wunsch, Psychoanalytiker zu werden, unter dem Gesichtspunkt der Übertragung

Kommt ein Psychologe oder Arzt in analytische Behandlung, so hat er aufgrund seines beruflichen Status die Voraussetzung für die Zulassung zur analytischen Ausbildung erfüllt (Pollman, 1985. Bei einem Nicht-Lehranalytiker erscheint er, wenn er sich aufgrund seines Leidensdruckes oder seines Selbsterlebens in Analyse begeben oder/und seine psychotherapeutische, psychosomatische, psychiatrische Weiterbildung durch eine persönliche Analyse bereichern möchte. Er kann sich aber auch aufgrund der Idealisierung der Psychoanalyse für noch nicht fähig halten, eine »große« psychoanalytische Ausbildung zu beginnen.

Oft wird der Wunsch, Analytiker zu werden, aus Angst vor Ablehnung durch den Ausbildungsausschuß verdrängt, um eine narzißtische Kränkung und Zurückweisung zu vermeiden. Unabhängig von diesen Vermeidungstendenzen wird der Wunsch, Analytiker zu werden, bei vielen Kollegen durch die Analyse aktiviert. Mit der Äußerung des Ausbildungswunsches werden die Probleme des Therapeutenwechsels, die Trennungsproblematik und die ödipale Konfliktthematik aktualisiert. So besteht die Chance, im Hier und Jetzt diese Themen in der Übertragung zu bearbeiten.

Anhand von zwei Fallbeispielen soll die Thematisierung des in therapeutischen Analysen geäußerten Wunsches, Psychoanalytiker zu werden, exemplarisch dargestellt werden. Aus Diskretionsgründen werden die Fallbeispiele verkürzt und verfremdet dargestellt.

Kasuistik

Im *ersten Fall* drehte sich die Analyse vor allem um die Bearbeitung der paranoid-schizoiden Position, wobei Abwehrmechanismen wie Spaltung, projektive Identifizierung, Idealisierung und Entwertung im Vordergrund standen.

Der Patient kannte mich aus dem Studentenunterricht und erlebte mich als klinisch kompetent und einfühlsam. Als ich mit ihm eine Therapie wegen einer Reihe von Symptomen begann, war dies für ihn in der Übertragung ein großer Triumph, da er mich für sich allein hatte, während die übrigen Studenten als ausgeschlossene Dritte vor der Tür standen. Relativ rasch kam ich in die Nähe eines erregenden und zurückweisenden Objektes (Fairbairn), denn er hatte das Gefühl, daß ich seine intensiven Gefühle nicht erwiderte, weshalb er mich als kühl und abweisend erlebte und mich deshalb stark entwertete. In Weiterbildungsseminaren lernte er mehrere Lehranalytiker kennen und entwickelte eine Übertragungsaufspaltung mit einer Idealisierung von bewunderten, theoriebewanderten und praxiserfahrenen Lehranalytikern einerseits und einer Entwertung meiner Person als klinisch und theoretisch inkompetenter therapeutischer Analytiker andererseits.

Ich hatte mit den vergleichenden Nebenübertragungsaufspaltungen und den damit verbundenen kränkenden Angriffen Probleme. Da die Gefühle zeitweise sehr heftig waren, war ich erst durch Supervison bei einem auswärtigen Analytiker fähig, diese für den therapeutischen Prozeß nutzbar zu machen. Mein Patient fühlte sich durch seine Angriffe stabilisiert und brauchte nicht über eigene Defizite und Entbehrungen nachzudenken oder gar zu trauern. Er hatte seine ganze Traurigkeit, seinen Schmerz, aber auch seine Schuldgefühle und seine Angst bei mir untergebracht, so daß ich mich depressiv und entwertet fühlte.

Als er sich zu diesem Zeitpunkt, ohne mich zu informieren, zur psychoanalytischen Ausbildung bewarb, erlebte ich dies als Agieren im Dienste seines Widerstandes. Er drehte in manischer Weise die ödipale Situation um, indem er mit den idealisierten Lehranalytikern und mit deren idealisierten Phallus verschmolz, während er mich als beschädigten und ausgeschlossenen »Alltagsanalytiker« von der Urszene ausschloss. Ein Deutungsversuch in dieser Richtung verstärkte nur seine Abwehr, so daß ich die Situation im Sinne eines »Containers« aushielt. So wurde es dem Patienten möglich, am Arbeitsbündnis festzuhalten. Er erschien regelmäßig und pünktlich zu den vereinbarten Sitzungen. Zeitweise wurde es ihm in der Übertragung möglich, sich mit mir als entidealisierter Mutterfigur über seine Probleme an seinem Arbeitsplatz in Ruhe zu unterhalten und sich von mir Hilfe zu holen, um sich gleichzeitig an mir vorbei mit idealisierten Vaterfiguren zu vereinigen. Er konnte sich nun zugestehen, daß er unter starken Kastrationsängsten litt, ständig mit Kollegen rivalisierte, sich herumstritt und auch neidisch auf einen Analytiker an seinem Arbeitsplatz war, der möglicherweise »besser« als er sein könnte.

Durch minimale Anlässe geriet er immer wieder schnell in eine negative Übertragung und erlebte mich als böses, strenges, zurückweisendes Objekt. Dann konnte er mich mit dem in seiner Lehranalytikerphantasie entliehenen Phallus sadistisch entwertend bearbeiten. Plötzlich tröstete er mich, indem er mir sagte, daß ich bei der Begrüßung doch nicht so traurig schauen solle, ich müsse nur mehr aus mir herausgehen, mich auf mich selbst verlassen, dann könne aus mir vielleicht auch etwas werden. Mit Guntrip (1969) läßt sich diese Situation als »oral aktiver Ich-Zustand« begreifen, bei dem das erregende Objekt nicht aufgegeben, sondern immer wieder neu gesucht wird.

Hier bietet sich der Lehranalytiker in der Nebenübertragung an, der dann in der Nähe des erregenden Objektes (Fairbairn, 1954) angesiedelt ist. Der Lehranalytiker bekommt dann in der Phantasie Züge der nicht erreichbaren, erregenden Mutter und wird in der Vaterübertragung zum großen, erregenden, zur sexuellen Perfektion verhelfenden Meister von großer Potenz mit einem idealisierten Phallus, wie Lacan (1978) es beschreiben hat. So konnte der Patient seine Geschichte mit verfrühter Ödipalisierung reinszenieren und agierend durch Bewerbungsinterviews in Szene setzen.

Wird ein solcher Patient zugelassen, so erringt er einen manischen Triumph im Sinne der Verschmelzung des Ichs mit dem Idealobjekt. Wird der Patient jedoch abgelehnt, so entspricht es einer schweren narzißtischen Kränkung durch Zurückweisung durch das idealisierte Objekt (Bewerbungsinterviewer), was sich dann gegenüber dem therapeutischen Analytiker wiederum in extremer Entwertung äußern kann, etwa nach dem Motto: »Nicht meine Wertlosigkeit, sondern die mangelnde Qualifikation und fehlende Kompetenz meines Analytikers haben mich in diese Lage gebracht.« Hierin liegt jedoch auch eine Chance, die eigene Omnipotenz, die sich in der Fixierung auf das Idealobjekt zeigt, mit dem therapeutischen Analytiker durchzuarbeiten. Dies ist der Beginn eines schmerzlichen Prozesses, in dessen Verlauf mit einem »hinreichend guten Objekt« die eigene Verletzlichkeit und tiefe Verunsicherung durchgearbeitet werden können. In der Übertragung mit dem Analytiker äußert sich dies in einem milderen Umgang, da nun das bedürftige libidinöse Ich gezeigt werden kann und der Patient dafür nicht vom Analytiker angegriffen oder gar rachsüchtig verurteilt wird, wie er es in der Übertragungsphantasie fürchtete. Dies führt langfristig zu einer Abschwächung und besseren Integration des antilibidinösen Ichs, das als strenges Über-Ich projektiv andere, aber am stärksten sich selbst verurteilt. So kann es zu einer Verminderung der eigenen Anspruchshaltung gegenüber sich selbst und den eigenen Lebenszielen kommen.

Auf einer tiefen Ebene hatte mein Patient sehr genau erfaßt, daß der therapeutische Analytiker ihm tatsächlich nicht die phallische Berufsausstattung zur Verfügung stellen kann, die ihn zum Psychoanalytiker werden läßt. In der Übertragung bedeutet dies, daß der therapeutische Analytiker von dem Patienten als schwach, nicht ausreichend gut und zu jung erlebt wird, während der noch kommende Lehr-, Meister-Analytiker dem idealisierten Vaterobjekt entspricht, das väterlich, mächtig, weise, erhaben und von phallischer Größe phantasiert wird.

Durch diese Konstellation wird aber auch eine agierte Triangulierung für den Patienten möglich, da ihm in der Mutterübertragung das Setting als drittes Objekt nicht ausreicht; vielmehr benötigt er eine konkrete, reale Triangulierung durch ein drittes reales Vaterobjekt in einer Nebenübertragung, was ihm Raum, Distanz und Ruhe in der therapeutischen Beziehung verschafft.

Ich verdanke der Behandlung dieses Patienten das Bewusstwerden von Gegenübertragungsgefühlen und die Reflexion meines Status in der Ausbildungshierarchie der Psychoanalytischen Vereinigung. Ich wurde mir meiner generativen Impotenz (der Unfähigkeit, eigene analytische

Kinder zu zeugen) und meiner Neid- und Eifersuchtsgefühle gegenüber den Lehranalytikern bewußt. Nachdem ich diesen Status besser für mich akzeptiert hatte, entspannte sich die therapeutische Situation. Gemeinsam konnten wir bearbeiten, welche intensiven Neidgefühle er mir gegenüber als Analytiker empfand, da ich für ihn der Repräsentant dieser ersehnten und idealisierten Berufsgruppe war.

Im *zweiten Fall* steht mehr die Bearbeitung der depressiven Position in der Analyse im Vordergrund, wobei durch die Äußerung des Wunsches die Trennungsproblematik erheblich verschärft wurde, sich aber auch die Chance ergab, daß die Patientin ihre aggressiven Impulse besser integrieren und die depressive Position besser durcharbeiten konnte.

Bei dieser Patientin entwickelte sich in der Anfangsphase eine Übertragungsaufspaltung, in der ich als Ruheobjekt im Sinne einer Idealobjektbeziehung (Fairbairn, 1952) gehalten wurde, während die erregenden und zurückweisenden Objekte außerhalb des Behandlungszimmers angesiedelt wurden (Heising und Poluda-Korte, 1990.) Nachdem sich ihre äußere Situation mit dramatischen Partnerbeziehungen beruhigt hatte, konnte sie sich zunehmend beruflichen Zielsetzungen widmen. Im Vordergrund standen Themen von ihrem Arbeitsplatz.

Es entwickelte sich eine ruhige, positive Übertragungs- und Gegenübertragungskonstellation. Nach langer Zeit hatte ich das Gefühl, daß sie als Psychoanalytikerin geeignet wäre, und war eher verwundert, daß sie selbst nie direkt den Wunsch äußerte. Unter großen Ängsten brachte die Patientin schließlich den Wunsch, Analytikerin zu werden, als Phantasie ein. Sie war sichtlich erleichtert, daß ich sie nicht zurückwies, aber auch sehr beunruhigt, da sie sich hierfür für viel zu krank hielt. Für sie war völlig klar, daß sie sich erst für eine analytische Ausbildung melden könne, wenn sie vollkommen gesund sei. Sie müsse deshalb diese Analyse erst abschließen.

Hier wurden in der Übertragung der Analytiker, aber auch der Ausbildungskandidat zu völlig gesunden Menschen idealisierend mystifiziert, wie die Patientin auch das vereinte Elternpaar als heil und gut erlebte. Ich fühlte mich erleichtert und empfand den Erfolg einer Analyse zweifelhaft, wenn die Patientin eine Flucht in die Gesundheit machen müsse, um sich dann als »Gesunde« für den Kandidatenstatus zu bewerben. Dieses Thema hatte für die Patientin aber auch einen narzißtisch bestätigenden Aspekt, denn durch die Äußerung des Wunsches und meinen Umgang damit hatte ich ihr indirekt zu verstehen gegeben, daß ich sie als Analytikerin für geeignet halten könnte.

Daß sie den Wunsch so lange nicht äußerte und sich selbst so entwertete, schien mir ihrem depressiven Selbstwertgefühl zu entsprechen. Auf einer tieferen Ebene hatte die lange Verdrängung des Wunsches ihre Berechtigung, denn die Patientin hatte unbewußt ihr »Verbrechen« erfaßt, nämlich den therapeutischen Analytiker mit noch kommenden, verheißungsvollen Lehranalytikern zu hintergehen und sexuell zu betrügen. In jedem Fall muß eine Patientin, wenn sie zu Bewerbungsinterviews geht, den bewußten oder vorbewußten Inzest mit dem therapeutischen Analytiker an einen Lehranalytiker (Interviewer) verraten.

Das Nichtäußern des Wunsches hat in der Übertragung auch den Aspekt eines mit Trennungsschuld entwickelten »Treueversprechens« gegenüber dem Mutter-Analytiker, der nicht verlassen und zerstört zurückbleiben darf. Damit werden die Wut und der Haß auf den schwachen therapeutischen Analytiker abgewehrt, der es nicht schafft, sein eigenes analytisches Kind zum ersehnten Berufsziel großzuziehen, und deshalb auch nicht fähig ist, diese Trennung zu verhindern.

Bei der Patientin stand letztlich die Vermeidung einer aggressiven und negativen Übertragungs-Gegenübertragungskonstellation dahinter, nämlich dem therapeutischen Analytiker seinen Mangel und seine Begrenztheit aufzuzeigen. Als der Behandler sich dieser Konstellation stellen und sie deuten konnte, wurde deutlich, dass sie im Hier und Jetzt die narzißtische und depressive Bedürftigkeit und Verletzlichkeit ihrer Mutter auf den Behandler projizierte, aber dank ihrer guten Objektwahrnehmung auch die reale Situation des Behandlers erfaßt hatte. Dies ging soweit, daß sie das Gefühl hatte, mich durch die Äußerung dieses Wunsches zu zerstören. In der Deutungsarbeit empfand ich es als wichtig, auch die Berechtigung ihres Wunsches herauszustellen, denn ansonsten hätte nach meiner Auffassung die Gefahr bestanden, daß recht schnell wieder eine gemeinsame Abwehr mit Vermeidung des aggressiv getränkten Themas vollzogen worden wäre. Der Wunsch wäre erneut verdrängt worden, und es hätte sich eine depressiv-harmonische Übertragungs- und Gegenübertragungskonstellation hergestellt, wie dies in der Familie der Patientin üblich war.

Die Patientin bewarb sich schließlich zur analytischen Ausbildung und absolvierte drei Erstinterviews. Bei zwei männlichen Analytikern neigte sie dazu, diese in ihrem Erleben aufzuspalten. Den einen empfand sie als warmherzigen, väterlichen Freund, während der andere eher als kühl, abweisend und ständig skeptisch »an ihr herumbohrend« erlebt wurde. Diese Begegnungen hatten aber auch eine wichtige Funktion innerhalb der Analyse, denn nun wurden für die Patientin verdrängte Erinnerungen an den Vater zugänglich. Der Vater wurde nun als ein strenger, eher kontrollierender Mann erlebt, vor dem sie auch Abgrenzungen und Ausbruchsversuche verbergen mußte. Ihr fiel auch ihre Frühreife ein und ihr Geschick, sich mit anderen Männern zu treffen und dies vor dem als eifersüchtig erlebten Vater zu verheimlichen.

Nachdem sie zur Ausbildung zugelassen wurde, setzte eine leichte depressive Verstimmung ein, die Züge einer negativen therapeutischen Reaktion hatte. Ich brachte diese mit ihren Trennungs- und Verlassenheitsängsten und der Hemmung ihres Individuationsprozesses in Verbindung (Grunert, 1979.) Die Patientin hatte sich einerseits mit mir identifiziert, wollte Analytikerin werden, hatte aber andererseits mit der Bewerbung zur Ausbildung die Trennung vom therapeutischen Analytiker und somit von mir eingeleitet. Durch die Bewerbung wurde mein Status für sie offenbar, und es wurde klar, daß ich sie nicht mit dem Berufsphallus ausstatten konnte. Ihren Haß auf den nicht genügend potenten Analytiker wendete sie gegen sich selbst und wurde depressiv. Auch hatte sie vorübergehend Ängste vor mir, da sie unbewußt fürchtete, daß ich mich an ihr rächen könnte, weil sie beabsichtigte, mich zu verlassen, und glaubte, dass ich mich hintergangen fühlte. Sie befürchtete, wegen ihrer Untreue und ihres Verrats von mir fallengelassen zu werden. Sie erwartete, daß ich die Analyse unmittelbar nach ihrer Zulassung beenden würde.

Da ich diesen befürchteten Erwartungen nicht entsprach, kam es zu einer Übertragungsintensivierung mit Liebesschmerz und Liebessehnsucht, wobei sicher die aggressiven Impulse der Patientin und meine Gekränktheit über ihre Untreue mit den Lehranalytikern zumindest teilweise abgewehrt wurden. Ich war beeindruckt von ihren Rettungsphantasien und ihren Versprechungen, mir treu zu bleiben und mich nie zu verlassen.

Dieser Patientin war die hysterische Lösung, die sehnsüchtige Erwartung des Meisters, wie sie Israel (1976) beschrieben hat, nur schwer möglich. Sie konnte sich nur unter großen Schuldgefühlen den fremden, erregenden, mächtigen Lehranalytiker-Objekten zuwenden, da sich der zu verlassende therapeutische Analytiker in der Übertragung in eine sich rächende, strenge, strafende Mutter verwandelte. Die ödipalen Rettungs- und Treueversprechen sind auf einer tieferen Ebene mit Trennungsängsten, Schuldgefühlen und Wiedergutmachungswünschen verbunden, die eine zunehmende Integration von libidinösen und aggressiven Phantasien gegenüber der Mutter, entsprechend der depressiven Position, ermöglichen.

Bei der Bearbeitung dieser Dynamik kann es bei einer positiven Übertragungskonstellation unter Abspaltung der aggressiven Anteile zu einer

Idealisierung gegenüber dem therapeutischen Analytiker kommen, der dann sowohl gute mütterliche als auch gute väterliche Anteile repräsentiert. Der Angriff gegenüber dem therapeutischen Analytiker, der in der Bewerbung enthalten ist, kann im Ausnahmefall auf die institutionalisierte Psychoanalyse projiziert werden. Dem »guten Hausobjekt« (Heising und Poluda-Korte, 1990) werden die phallischen Qualitäten der Berufsausstattung in der Phantasie der Patientin durch die Institutionalisierung der Analyse von den bösen Vätern und Müttern vorenthalten.

Auf diese Weise konnte die Patientin ihre Sehnsüchte und Wünsche, den beschädigten Vater, die beschädigte Mutter oder die beschädigten Eltern zu reparieren und ihnen im Kampf gegen die Mächtigen und Großen zu helfen, ausphantasieren. Der Widerstand äußerte sich nun in der Idealisierung des therapeutischen Analytikers, mit dem die Patientin verschmelzen wollte, denn dieser wurde in der Phantasie von einer »bösen Institution kleingemacht«. Der nachfolgende, alte, aber mächtige Lehranalytiker kann bei dieser Konstellation als Mittel zum Zweck erlebt werden, dem lediglich eine Art »Jus primae noctis« zugestanden wird. In dieser spezifischen Entwertungs- und Idealisierungsmöglichkeit des therapeutischen Analytikers liegt ein Widerstand, der verstärkt durch die reale Situation in Szene gesetzt wird.

III. Die Äußerung des Ausbildungswunsches und die Auswirkung auf die Gegenübertragung

Der Analytiker ist nicht frei von einer eigenen Übertragungsbereitschaft mit einem Gegenübertragungsstereotyp (Heising und Beckmann, 1971.) Ein Teil seiner Libido ist in seinen Phantasien an introjizierte und abgespaltene Objekte gebunden. Jedoch ist er aufgrund seiner Analyse eher fähig, seine Gegenübertragungsgefühle für den therapeutischen Prozeß nutzbar zu machen, da er in der Regel von seiner neurotischen Gegenübertragung weiß. Dies geht aber nur so weit, wie die Abwehr des Therapeuten entweder durch seine Struktur, durch die besondere therapeutische Situation oder durch die Institution nicht in verstärktem Maße aktiviert wird.

Durch die Äußerung des Wunsches eines Patienten wird dem therapeutischen Analytiker seine generative Impotenz in der institutionalisierten Psychoanalyse offenbar. Er ist nicht fähig, selbst analytische Kinder (Kollegen) zu zeugen und muß sich bewußt oder unbewußt mit dieser Dynamik auseinandersetzen. Wird diese Dynamik nicht bewußt bearbeitet, entwickelt sich diese Gegenübertragung des Therapeuten als Gegenübertragungswiderstand zu einer starken Einschränkung, die zu Gegenübertragungsagieren führen kann. Im schlimmsten Fall wird diese Dynamik vom Therapeuten überhaupt nicht bemerkt, da ihn die Patienten wegen ihres »Taktgefühls« mit solch schwierigen, narzißtisch kränkenden Themen nicht konfrontieren.

1. Der Ausbildungswunsch in laufender Behandlung mit einer eher »positiven« Gegenübertragung

Von großer Bedeutung ist das gemeinsame Verständnis, was der Wunsch für den Patienten in der speziellen klinischen Situation bedeutet. Wie in dem Fallbeispiel ausgeführt, hatte die Patientin eine Trennungsproblematik, die mit ihrer Verstrickung mit ihrer depressiven Mutter zusammenhing. Die Patientin konnte den Wunsch, selbst Analytikerin zu werden, nur sehr schwer äußern, da sie unbewußt fühlte, daß mit der Äußerung des Wunsches das Trennungsproblem aktualisiert werden würde.

In der Gegenübertragung kann sich der Analytiker einmal konkordant mit den Wünschen, sich nicht zu trennen, identifizieren, so daß das Thema gemeinsam abgewehrt wird, oder aber es entsteht der komplementäre Wunsch des Therapeuten, die Mutter erotisch zu binden, damit die Patientin keine Liebesbeziehung zu einem Lehranalytiker-Vater eingehen möge. In solchen Fällen kann sich eine langwierige Stagnation der Analyse einstellen.

Diese Gegenübertragung kann durch die Technik des Analytikers ausagiert werden, indem er den zaghaft geäußerten Wunsch einseitig nur als Widerstand deutet und lediglich auf infantile Wünsche gegenüber dem Vater zurückführt. Damit wird der berechtigte realistische Anteil nicht ernst genommen. Zudem entspricht der Wunsch, die Patientin an sich zu binden, dem elterlichen Wunsch, die Kinder nicht freizulassen. Bei einer gemeinsamen Abwehr des Trennungswunsches ist es für den therapeutischen Analytiker nicht nötig, sich mit der kränkenden Situation auseinanderzusetzen, den Patienten an einen mit größerer Machtfülle ausgestatteten Lehranalytiker zu verlieren.

Wird der Wunsch im Rahmen einer eher positiven Übertragungs- und Gegenübertragungskonstellation geäußert und durch die Interventionen des Therapeuten nicht einseitig als Widerstand gedeutet, so kann es in der Gegenübertragung zu Schuldgefühlen und Minderwertigkeitsgefühlen beim Therapeuten kommen. Dies kann damit zusammen hängen, daß der Therapeut durch dieses Thema in die Rolle der Mutter gebracht wird, wobei der idealisierte Lehranalytiker, der Vater, noch kommen wird. Der Analytiker hat außerdem durch das Zulassen des Themas die Patientin indirekt weggeschickt. In solchen Situationen kann es vorkommen, daß man sich als therapeutischer Analytiker klare Regelungen ersehnt: z. B. zu einer analytischen Ausbildung kann man sich grundsätzlich erst nach Abschluss einer therapeutischen Analyse bewerben. Das Bestechende an einer solchen Lösung ist zweifelsohne die Klarheit und Strukturiertheit der Situation sowie die Vermeidung einer Vielzahl von Verwicklungen, die sich ergeben, wenn die Situation weniger klar vorgegeben ist.

In jedem Fall wird der Patient durch die Inszenierung des Berufswunsches in der Gegenübertragung für den Therapeuten zu einem sich entziehenden und damit unter Umständen auch sexuell erregenden Objekt, was im zweiten Fall in der Gegenübertragung als eine Art »Romeo- und Julia-Situation« beschrieben werden kann. Romeo und Julia sollten sich nur deshalb trennen, weil sie in bestimmte familiäre Strukturen eingebunden waren, die es ihnen nicht ermöglichten, daß sie zusammenkommen und – bleiben konnten.

Der therapeutische Analytiker ist der arme, kleine und ohnmächtige Vater von niedrigem Stand. Die Patientin wird durch ihren Wunsch zu einer Tochter eines »aristokratischen Lehranalytikers« (Biermann, 1988). Auf diese Weise werden sowohl für den Patienten als auch für den therapeutischen Analytiker das Institut bzw. die institutionalisierte Psychoanalyse zu einem bösen, das analytische Paar verfolgenden und trennenden Objekt, das die Beziehung von Romeo und Julia zerstören will. Hier liegt ein Dilemma der realen Situation, denn der therapeutische Analytiker muß seine Kinder, dem als »böse« phantasierten Ausbildungsinstitut und dem »bösen« Lehranalytiker ausliefern. Der therapeutische Analytiker mit seinem sexuellen Penis muss dem Lehranalytiker mit seinem Machtphallus seine Patientin überlassen, was einen schmerzlichen Objektverlust dramatisieren kann. In der Gegenübertragung erlebt der therapeutische Analytiker im Extrem eine erotische Gegenübertragungsneurose mit Trennungsangst, aber auch Neid gegenüber der phallischen Macht der Lehranalytiker und deren erotischer Attraktivität, die unter anderem durch die Erotik der Macht des Lehranalytikerstatus bedingt ist. Der therapeutische Analytiker muß sich in dieser Situation seiner doppelten Kastration bewußt werden. Auf der männlich homosexuellen Ebene ist der therapeutische Analytiker dem Lehranalytikerphallus unterlegen und muß diesen wie in einer

Neuinszenierung der ödipalen Situation anerkennen. Außerdem ist er aber auch in seiner väterlich-mütterlichen Sorgemöglichkeit beschränkt, da ihm volle elterlichen Potenz nicht zugesprochen wird. Der Patient wird den therapeutischen Analytiker auch bei einer positiven Übertragungs-Gegenübertragungskonstellation verlassen müssen, wenn er seinen den Wunsch realisieren möchte. Schließlich wird dem therapeutischen Analytiker die generative Potenz abgesprochen, denn er kann keine Kinder (Kollegen) zeugen.

In der Gegenübertragung habe ich bei dieser Patientin sexuelle Phantasien erlebt, die ich mir anfangs nicht erklären konnte und als völlig überzogen erlebte. Ich mußte mir bewußt machen, daß die Patientin mich in eine ödipale Situation brachte, indem sie mir mit ihrer ödipalen Liebe verheißungsvolle Versprechungen machte, mich aber dann, wie in der ödipalen Situation, vor der Tür zurückließ. Langsam konnte ich verstehen, daß die Patientin zu einem erregenden, sich entziehenden und gleichzeitig zurückweisenden Objekt im Sinne Fairbairns wurde. Die Gefühle waren von wesentlich größerer Intensität im Vergleich zu sonstigem Agieren von Nebenübertragungen.

Im Extrem kann es zu einer Art *manischer Gegenübertragungsverarbeitung* kommen, die darin besteht, daß der therapeutische Analytiker das Ausbildungssystem, das die Lehranalyse als obligatorisch voraussetzt, für grundsätzlich schlecht hält. Er hat dann das Gefühl, daß diese institutionalisierte Psychoanalyse verändert werden muß. »Nicht ich bin beschädigt und kastriert, sondern das Ausbildungssystem ist schädlich und schlecht.« Dies kann gar zu einer Selbstidealisierung des »reinen« therapeutischen Psychoanalytikers führen. Der therapeutische Analytiker erhöht sich dann in seiner Funktion und entwertet den »institutionalisierten« Lehranalytiker als Funktionär der »verwalteten und organisierten Psychoanalyse«.

Das andere Extrem ist eine *depressive Verarbeitung* der Gegenübertragung, bei der sich Gefühle von Gekränktheit mit depressiver Selbstentwertung vermischen. Dies kann zu Ressentiment, gegenüber dem Institut bis zum depressiven Rückzug aus der Institution und dem Ausbildungssystem führen.

Schließlich gibt es auch noch die Möglichkeit der *anal-schizoiden Bewältigung*, mit der Sehnsucht nach klaren und eindeutigen Regelungen und Vorschriften, die dem therapeutischen Analytiker Schutz vor den Verwicklungen und den szenischen Gestaltungsmöglichkeiten durch Agieren des Patienten zu versprechen scheinen.

2. Der Ausbildungswunsch in laufenden Behandlungen mit Bearbeitung einer eher »negativen« Gegenübertragung

Im Falle einer negativen Übertragungs-Gegenübertragungskonstellation werden vom therapeutischen Analytiker vor allem entwertete Selbstanteile des Patienten erlebt (Entwertung, Umkehrung der ödipalen Urszenensituation und Kastration) und weniger der positive Anteil des Wunsches, nämlich die Identifizierung mit dem Analytiker, die symbolhafte und konkrete Annäherung des Patienten an den Therapeuten durch Wahl des gleichen Berufes, die Sehnsucht nach Zugehörigkeit zur gleichen Institutsfamilie. Wird der Wunsch des Patienten im Rahmen einer negativen Übertragungskonstellation ausagiert, indem sich der Patient hinter dem Rücken des therapeutischen Analytikers spontan zu Bewerbungsinterviews begibt und dort seinen therapeutischen Analytiker entwertet, so wird die *negative Gegenübertragung zusätzlich verstärkt*. Es handelt sich hier nämlich nicht um normale Nebenübertragungsobjekte, sondern um reale Objekte für den therapeutischen Analytiker, denn dieser steht mit den Lehranalytikern in einem Konkurrenz- oder gar im Rahmen seiner eigenen Restneurose in einem Abhängigkeitsverhältnis (ehemaliger Lehranalytiker, ehemalige Supervisoren, ehemaliger Klinikchef etc.). Außerdem besteht immer eine Übertragung des therapeutischen Analytikers auf das Institut, die ebenfalls reflektiert werden sollte.

Der therapeutische Analytiker kann dabei in eine komplementäre Gegenübertragung verstrickt werden und den Kontakt zur konkordanten Gegenübertragung verlieren, wie dies Racker (1959) eindrücklich beschrieben hat. Der Therapeut wird dann in der phallisch-passiven Position nicht mehr geliebt, sein analytischer Phallus somit nicht mehr bewundert, was zur Folge haben kann, daß der Therapeut den Patienten haßt, sich von ihm verfolgt fühlt und dabei selbst zum Verfolger des Patienten wird. Eine gravierende Form des Ausagierens des Gegenübertragungshasses ist die abrupte Beendigung der Therapie durch den Analytiker, oft nur mühsam getarnt mit dem Hinweis auf die zukünftige Lehranalyse.

3. Der Ausbildungswunsch im Erstinterview

Wird bereits im Erstinterview unter anderem der Ausbildungswunsch thematisiert, so hat der Patient den Therapeuten sofort bewußt oder unbewußt an die Grenzen seiner Ausbildungskompetenzen geführt.

Kann der Therapeut mit dieser Situation konstruktiv umgehen, so kann man die Äußerung des Ausbildungswunschs im Erstinterview unter anderem auch als eine Frage nach dem Setting verstehen und als Ausdruck eines Bedürfnisses des Arztes oder des Psychologen verstehen, sich darüber klar zu werden, ob er mit einer therapeutischen Analyse oder mit einer Lehranalyse beginnen will. Der Patient kann sich dann auch überlegen, ob er sich für mehrere Jahre auf eine therapeutische Analyse einlassen und dann einen Therapeutenwechsel vollziehen will oder ob er sich sofort zur Ausbildung bewerben möchte.

Komplizierter wird die Situation, wenn sich der therapeutische Analytiker in seinen Gegenübertragungsgefühlen im Erstinterview affektiv stärker beteiligt fühlt. Besteht eine positive Gegenübertragung, so kann im Therapeuten das Gefühl auftauchen, sich vor zukünftigen Kränkungs- und Trennungsproblematiken schützen zu müssen. Diese Gegenübertragungsgefühle können zur Folge haben, daß der Therapeut bereits im Erstinterview ein Acting-in macht, indem er den Patienten wegschickt, obwohl der Patient aufgrund einer positiven Übertragungs- und Gegenübertragungskonstellation im Erstinterview und Vagheit seines Ausbildungswunsches für eine therapeutische Analyse durchaus in Frage käme.

Wie bereits in den Erstgesprächen eine Aufspaltung zwischen therapeutischem Analytiker und Lehranalytiker erfolgen kann, zeigt das Beispiel einer mehr hysterischen, sexuell sehr attraktiven Patientin, die sehr schnell zu erkennen gab, daß sie auch an einer späteren Lehranalyse interessiert sei. Zuerst wolle sie aber eine therapeutische Analyse bei einem jungen Mann machen und die zukünftige Lehranalyse in einem reiferen Stadium bei einem alten, weisen Mann absolvieren, bei dem dann der sexuelle Aspekt keine so große Rolle mehr spielen brauche. In der Gegenübertragung war die Patientin sexuell sehr verführerisch und ermöglichte dem therapeutischen Analytiker in der Phantasie einen sexuellen Triumph über den mächtigen, alten Vater-Meister-Lehranalytiker. Dabei erfaßte die Patientin sehr genau auch den homosexuellen Anteil dieser Situation. Sie spielte die phallische Rivalität im Ausbildungssystem aus und wies den therapeutischen Analytiker durch den zukünftigen Lehranalytiker und seinen mächtigen Phallus in seine Grenzen. Der Patientin war es in der Übertragung möglich, sowohl den Lehranalytiker als auch den therapeutischen Analytiker in subtiler Weise zu entwerten, in der Objektbeziehung auf Distanz zu halten und ihre eigene Störung in Szene zu setzen.

Kompliziert wird die Situation dann, wenn ein Bewerber vom Ausbildungsausschuß abgelehnt und ihm eine therapeutische Analyse nahegelegt worden ist. Ein besonders krasses Beispiel dieser Problematik zeigte ein Kollege, der sich im Erstinterview als gesund erlebte und die kränkende

Ablehnung des Ausbildungsausschusses als sein einziges Problem darstellte. Die Therapieauflage bedeutete für ihn eine narzißtische Katastrophe, und er schützte sich durch hochmütiges und herablassendes Auftreten. Er rivalisierte bereits von Anfang an mit theoretischen Wortgefechten. Obwohl ich diese omnipotent manische Verleugnung erkannte, hatte ich die Tendenz, mich vor der Projektion der entwerteten Selbstanteile in dieser Situation besonders schützen zu müssen, weil er seine Vorstellungen von der analytischen Kompetenz nur in Wertungen der Ausbildungsqualifikation sehen konnte. Nach einigen Vorgesprächen erkannte ich, daß der Patient seine anal-narzißtische Objektbesetzungsabwehr so deutlich durch Manipulationen im Ausbildungssystem in Szene setzte, daß ich von einer Analyse Abstand nahm. Er verließ mich nach einigen Vorgesprächen mit triumphierendem Lächeln und dem Hinweis, daß er eine therapeutische Analyse bei einem Leiter einer Klinik anstrebe.

Schließlich entsteht noch die Frage, ob vom therapeutischen Analytiker im Erstinterview das Thema des Ausbildungswunsches aktiv eingebracht werden sollte, wenn dieser Ausbildungswunsch in den Vorgesprächen nicht explizit auftaucht. Ich halte dies für eine komplizierte Frage und möchte keine abschließende Antwort geben. Handelt es sich von Seiten des therapeutischen Analytikers um ein Versäumnis in der Klärung des Settings, wenn dieses Thema nicht angesprochen wird? Wir fragen die Patienten bei einer langfristig geplanten Behandlung schließlich auch, ob sie am Ort bleiben. Haben wir dann nicht die Verpflichtung, sie auf den Therapeutenwechsel im Falle eines Ausbildungswunsches aufmerksam zu machen? Andererseits kann man sich auf den Standpunkt stellen, daß das Einbringen dieser Frage ein Problem forcieren würde, das dem Patienten noch gar nicht bewusst ist und sich erst im Laufe der Behandlung zu einem sehr viel späteren Zeitpunkt ergeben wird.

IV. Zusammenfassende Überlegungen

In jeder therapeutischen Analyse stellt sich bei dem Patienten der Wunsch ein, selbst Analytiker zu werden (A. Freud, 1950. Bei therapeutischen Analysen von Ärzten und Psychologen erhält diese infantile Wunschphantasie auch die Berechtigung einer realistischen Möglichkeit.

Für den Patienten bedeutet das Auftauchen des Wunsches, Analytiker zu werden, einen nicht analytisch indizierten Therapeutenwechsel zu einem künftigen Lehranalytiker. Außerdem beinhaltet es die Einführung eines dritten Objektes, das, abhängig von der Abwehrstruktur des Patienten, mit idealisierten, erregenden, zurückweisenden, verheißungsvollen oder gar mit verfolgenden Attributen versehen wird. Entsprechend gestaltet sich die Dynamik der Übertragung auf den therapeutischen Analytiker. Dieser wird je nach Struktur des Patienten zu einem Objekt depressiver Trennungsschuld, zuweilen aber auch zu einem entwerteten Objekt, über das er in manischer Abwehr triumphiert.

Der therapeutische Analytiker, der nicht Lehranalytiker ist, sieht sich in der Regel in dieser Übertragungskonstellation spezifischen Gegenübertragungskonflikten ausgesetzt. Er muß eine ihn kränkende Situation bearbeiten, ohne sich in eine depressive, anal-schizoide oder manische Gegenübertragungsantwort verstricken zu lassen. Schmerzliche Gefühle aufgrund seiner begrenzten elterlichen Kompetenz sind in dieser Konstellation nicht zu vermeiden. Bei zugespitzter »pathologischer« Gegenübertragungsneurose kann dieses Thema im Sinne eines Übertragungs- und Gegenübertragungswiderstandes gemeinsam abgewehrt werden. Unter diesen Bedingungen muss der Patient den Wunsch bis zum Ende der Analyse verleugnen, verdrängen oder verschweigen. Eine andere Abwehr kann in einer scheinbar konfliktlosen, überstürzten Beendigung der Analyse bestehen. In diesem Zusammenhang ist es auch verständlich, daß dieser analytisch nicht indizierte Therapeutenwechsel in der Literatur, soweit ich sie übersehe, nicht beschrieben wurde, da sich der therapeutische Analytiker mit seiner eigenen Kastriertheit und seiner generativen Impotenz, die durch die konflikträchtige Situation in Szene gesetzt werden kann, konfrontiert sieht. Unter diesem Gesichtspunkt ist zu überlegen, ob die grundsätzliche Situation nicht bereits im Erstinterview thematisiert werden sollte, da sie dem Setting zugeordnet werden kann.

Bei Patienten, die bei der Bewerbung abgelehnt und mit einer Therapieauflage versehen wurden, kann es durch die spezifische Situation zu erheblichen Übertragungs- und Gegenübertragungsverwicklungen kommen, weshalb eine Therapieauflage als außerordentlich problematisch betrachtet werden muss.

Die grundsätzliche Problematik wurde durch zwei klinische Beispielen illustriert, die zur Verdeutlichung Extreme darstellen. Meistens gibt es eine Vielzahl von Zwischentönen. Die Arbeit soll anregen, über dieses Thema weiter nachzudenken und die Bedeutung zu klären, die der Wunsch, Analytiker zu werden, für Behandlungen auf dem Hintergrund der individuellen Geschichte und der aktuellen Übertragungsdynamik hat. Da es sich um Fragen im Hier und Jetzt handelt und dies die Beziehung zwischen Analysand und Analytiker direkt betrifft, halte ich die Bearbeitung für wichtig.

Literatur

Balint, M. (1949): Wandlungen der therapeutischen Ziele und Techniken in der Psychoanalyse. In: der. (1965): *Die Urformen der Liebe und die Technik der Psychoanalyse.* Bern, Stuttgart (Hans Huber).

Balint, M. (1968): *The Basic Fault. The Therapeutic Aspects of Regression.* London (Tavistock). *Therapeutische Aspekte der Regression.* Hamburg (Rowohlt) 1973.

Biermann, C. (1988): Der Wunsch nach dem Lehranalytiker. In: *DPV-Informationen* Nr. 4: 29–34.

Fairbairn, W. R. D. (1952): *Psychoanalytic Studies of the Personality.* London, Boston (Tavistock).

Fairbairn, W. R. D. (1954): Observations on the nature of hysterical states. *British Journal of Medical Psychology* 27: 105–125.

Freud, A. (1950): Probleme der Lehranalyse. *Psyche* 24 (1970): 565–576.

Grunert, V. (1979): Die negative therapeutische Reaktion als Ausdruck einer Störung im Loslösungs- und Individuationsprozess. *Psyche* 33: 1–28.

Guntrip, H. (1969): *Schizoid Phenomena, Objekt Relations and the Self.* London (Hogarth Press).

Heising, G., und Beckmann, D. (1971): Gegenübertragungsreaktionen bei Diagnose- und Indikationsstellung. *Z. Psychoth. med. Psychologie* 21.

Heising, G., und Poluda-Korte, E. S. (1990): Sigmund Freuds sexuelle Objektpsychologie. In: *Das Erbe Sigmund Freuds in Deutschland 50 Jahre nach seiner Vertreibung. Arbeitstagung der Deutschen Psychoanalytischen Vereinigung 1989,* S. 155–176.

Heising, G., und Poluda-Korte, E. S. (1992): Zur Sexualität in der Gegenübertragung. In: *Kurative Faktoren in der Psychoanalyse. Arbeitstagung der Deutschen Psychoanalytischen Vereinigung 1991.*

Israel, L. (1976): *Die unerhörte Botschaft der Hysterie.* München (Ernst Reinhardt) 1983.

Lacan, J. (1978): *Das Seminar von J. Lacan XI.* Olten (Walter).

Klein, M. (1932): *The Psychoanalysis of Children.* London (Hogarth). *Die Psychoanalyse des Kindes.* Wien (Int. Psychoanal. Verlag) 1934.

Klein, M. (1962): *Das Seelenleben des Kleinkindes und andere Beiträge zur Psychoanalyse.* Stuttgart (Klett-Cotta).

Meyer, A. E., und Staewen, R. (1961): Analyseverläufe bei nicht indiziertem Therapeutenwechsel. *Psyche* 15: 181–210.

Pollmann, A. (1985): *Die Zulassung zur psychoanalytischen Ausbildung. Eine historisch empirische Studie.* Göttingen (Verlag für med. Psychologie, Vandenhoeck & Rupprecht).

Racker, H. (1959): *Übertragung und Gegenübertragung*. München (Ernst Reinhard) 1978.
Thomä, H., und Kächele, H. (1985): *Lehrbuch der psychoanalytischen Therapie. Bd. 1 Grundlagen*. Berlin, Heidelberg, New York (Springer).
Thomä, H., und Kächele, H. (1988): *Lehrbuch der psychoanalytischen Therapie. Bd. 2 Praxis*. Berlin, Heidelberg, New York (Springer).
Sutherland, J. D. (1989): *Fairbairn's Journey into the Interior*. London (Free Association Books).
Winnicott, D. W. (1965): *Reifungsprozesse und fördernde Umwelt*. München (Kindler) 1974.
Winnicott, D. W. (1958): *Von der Kinderheilkunde zur Psychoanalyse*. München (Kindler) 1976.

12. Bernhard F. Hensel

W. R. D. FAIRBAIRNS OBJEKTBEZIEHUNGSPSYCHOLOGIE: THEORETISCHE UND KLINISCHE FOLGERUNGEN FÜR DIE HEUTIGE PSYCHOANALYSE

Fairbairn hat mit seiner Theorie der endopsychischen Objektbeziehungen und der dynamischen Struktur einen bedeutenden Beitrag zur Psychoanalyse geleistet, den John D. Sutherland (1989) als kopernikanische Wende im psychoanalytischen Denken charakterisierte.[1] Im vorliegenden Beitrag sollen diese Konzeptualisierungen dargestellt und in ihrer klinischen und therapeutischen Relevanz untersucht werden. Ausgangspunkt sind dabei nicht die theoretischen Entwicklung und Revisionen, die Fairbairn selbst im Laufe der Zeit vorgenommen hat, sondern seine resümierenden Ausführungen aus dem Jahre 1963, deren Zusammenhänge mit vorangegangenen Artikeln aufgezeigt werden. Zwar sind gewisse Vorstellungen Fairbairns, wie die moderne Hirnforschung und Bindungsforschung zeigt, nicht in allen Punkten mit dem heutigen Kenntnisstand vereinbar; unter dem Blickwinkel des impliziten und des expliziten Wissen und Wahrnehmens (Rovee-Collier, Hayne und Colombo 2001) aber haben die Überlegungen Fairbairns nicht nur unter klinischen Gesichtspunkten noch heute oder gerade heute eine besondere Aktualität.

---

[1] Zu einem ausführlichen Überblick über die theoretische Entwicklung Fairbairns und die Fairbairn-Rezeption siehe: B. F. Hensel und R. Rehberger: »Einführung«. In: W. R. D. Fairbairn (2000): *Das Selbst und die inneren Objekte*. Gießen (Psychosozial-Verlag).

I. Zusammenfassende Darstellung der Theorie Fairbairns

Die wichtigsten Neuformulierungen, die Fairbairn vorgenommen hat, lassen sich stichpunktartig folgendermaßen zusammenfassen (Fairbairn 1963):

1 Das Ich ist von Geburt an vorhanden.
2 Libido ist eine Funktion des Ichs.
3 Einen Todestrieb gibt es nicht; Aggression ist eine Reaktion auf Versagung und Deprivation.
4 So etwas wie ein Es gibt es nicht, da die Libido eine Funktion des Ichs ist und Aggression eine Reaktion auf Versagung und Deprivation.
5 Das Ich und somit die Libido sucht das Objekt.
6 Die früheste und ursprüngliche Angst, die das Kind erlebt, ist die Trennungsangst.
7 Die Internalisierung des Objekts ist eine Abwehrmaßnahme, die das Kind erstmals in der Beziehung zu seinem ersten Objekt (der Mutter und ihrer Brust) einsetzt, wenn es dieses als unbefriedigend erlebt.
8 Die Internalisierung des Objektes ist nicht lediglich ein Produkt der *Phantasie*, das Objekt oral in sich aufzunehmen, sondern ein eigenständiger Vorgang.
9 Die beiden Aspekte des internalisierten Objekts, nämlich sein erregender und frustrierender Aspekt, werden vom eigentlichen Kern des Objekts abgespalten und vom Ich verdrängt. Auf diese Weise entstehen zwei verdrängte innere Objekte, nämlich das erregende (oder libidinöse) Objekt und das zurückweisende (antilibidinöse) Objekt.
10 Der eigentliche Kern des internalisierten Objekts, der nicht der Verdrängung unterliegt, wird als Idealobjekt oder Ich-Ideal bezeichnet.
11 Aufgrund der Tatsache, daß sowohl das erregende (libidinöse) als auch das zurückweisende (antilibidinöse) Objekt vom ursprünglichen Ich besetzt wird, werden gemeinsam mit diesen Objekten auch jene Teile des Ichs, von denen sie besetzt werden, verdrängt; nicht verdrängt wird der zentrale Kern des Ichs (zentrales Ich), der vielmehr als Verdrängungsinstanz operiert.
12 Das Ergebnis ist eine Situation, in der das ursprüngliche Ich in drei Ichs gespalten ist – ein zentrales (bewußtes) Ich, das an das Idealobjekt gebunden ist, ein verdrängtes libidinöses Ich, das an das erregende (oder libidinöse) Objekt gebunden ist, sowie das verdrängte antilibidinöse Ich, das an das zurückweisende (oder antilibidinöse) Objekt gebunden ist.

13 Die innere Situation stellt eine grundlegende schizoide Position dar, die basaler ist als die von Melanie Klein beschriebene depressive Position.
14 Das antilibidinöse Ich vertritt aufgrund seiner Bindung an das zurückweisende (antilibidinöse) Objekt eine unnachgiebig feindselige Haltung gegenüber dem libidinösen Ich und trägt auf diese Weise massiv zur Verdrängung des libidinösen Ichs durch das zentrale Ich bei.
15 Was Freud als Über-Ich bezeichnete, ist in Wirklichkeit eine komplexe Struktur; sie umfaßt (a) das Idealobjekt, (b) das antilibidinöse Ich und (c) das zurückweisende (oder antilibidinöse) Objekt.
16 Diese Überlegungen bilden die Grundlage einer Persönlichkeitstheorie, deren konstituierende Elemente nicht die Triebe und ihre Schicksale sind, sondern die Objektbeziehungen.

Diese Thesen Fairbairns sind erläuterungsbedürftig. Daher werde ich sie im folgenden unter Berücksichtigung seiner früheren Arbeiten näher untersuchen.

Das Stadium der infantilen Abhängigkeit (1941, 1944, 1954)

Die Ich-Entwicklung ist nach Fairbairns Auffassung charakterisiert durch einen Prozeß, der in der präambivalenten Phase, entsprechend der Einteilung Karl Abrahams, angesiedelt werden muß, die auf einer Primäridentifizierung mit dem Objekt basiert. Im Gegensatz zur Triebtheorie ist Fairbairn der Auffassung, daß in der frühen oralen Phase die reale Mutter-Kind-Beziehung von großer Bedeutung ist und daß eine traumatische Situation entsteht, wenn die Liebe des Kindes in der präambivalenten Phase, in der noch keine Subjekt-Objekt-Differenzierung vorliegt, nicht durch eine entsprechende Liebe der Mutter wertgeschätzt wird. Unter diesen ungünstigen Bedingungen kommt das Kind implizit zu der Auffassung, daß seine Liebe zerstörerisch und schlecht ist, weil seine libidinösen Objekte diese mit Ablehnung beantworten. In dieser Phase konzentriert sich das libidinöse Interesse des Kindes im wesentlichen auf die Brust der Mutter, die selbst die Rolle eines libidinösen Objektes einnimmt. Was die libidinöse Haltung betrifft, so ist der Aspekt des Nehmens (Milch) auch psychisch durch Einverleibung und Verinnerlichung gekennzeichnet. Diese Vorgänge laufen weitgehend implizit ab, da Sprache und Wortvorstellungen noch nicht vorhanden sind. Wir können versuchen, uns diese Vorgänge durch bestimmte Metaphern, die Fairbairn sehr eindrucksvoll benutzte, anschaulich zu machen.

In der beschriebenen libidinösen Situation haben Zustände von Gefülltheit und Leere eine enorme Bedeutung. Versagung hat die zusätzliche Auswirkung, daß dadurch Einverleibungsbedürfnisse intensiviert werden. Die Angst, die das Kind beim Leeren der Brust empfindet, verstärkt sich, da es sein libidinöses Objekt zerstören könnte. Die Tatsache, daß die Mutter das Kind nach dem Saugen gewöhnlich verläßt, intensiviert diese Empfindung. Somit veranlaßt seine libidinöse Haltung das Kind zu der Folgerung, daß das Verschwinden und die Zerstörung seines libidinösen Objektes miteinander verbunden sind – eine Folgerung, die sich später verfestigt, wenn es lernt, daß verzehrtes Essen aus der Welt verschwindet: Es ist nicht möglich, den Kuchen zu essen und ihn gleichzeitig zu behalten (vgl. Fairbairn, 2000, S.78). Für das Kind sind deshalb ein liebevoller Umgang und die Vermittlung, daß es um seiner selbst willen geliebt wird – somit emotionale Präsenz und Resonanz –, von entscheidender Bedeutung. Nur so kann es diese schmerzliche äußere Realität einigermaßen bewältigen.

Zwar ist der Einverleibungsvorgang in seiner Wirkung insofern destruktiv, als das, was gegessen wird, tatsächlich verschwindet; dennoch aber hat dieser Drang kein destruktives Ziel. Wenn das Kind sagt, daß es Kuchen mag, dann bedeutet dies, daß der Kuchen beim Essen verschwindet und deshalb zerstört wird. Allerdings ist die Zerstörung des Kuchens nicht das Ziel des kindlichen Begehrens, sondern – im Gegenteil – dessen bedauernswerte Folge. Eigentlich nämlich möchte das Kind den Kuchen essen und ihn gleichzeitig behalten. Der emotionale Konflikt in bezug auf Objektbeziehungen während der frühen oralen Phase entspricht dem schizoiden Konflikt und besteht in der Alternative Saugen oder Nichtsaugen, d. h. Lieben oder Nichtlieben. Das zentrale Problem des schizoiden Konfliktes besteht darin, wie das Kind lieben kann, ohne durch seine Liebe zu zerstören. In dieser Phase ist die Abhängigkeit so groß, weil die äußere gute Objektbeziehung das Überleben sichert. Dies entspricht der Auffassung Winnicotts: »So etwas wie ein Baby ohne Mutter gibt es nicht«. Im Zweifelsfall – und vor allem in traumatischen Situationen – wird das schlechte (böse) Objekt daher randständig introjiziert, abgespalten und verdrängt, damit es innerlich kontrolliert werden kann. Weil das internalisierte schlechte (böse) Objekt jedoch zwei Aspekte hat, nämlich einen erregenden und einen ablehnenden, bildet dies die Grundlage für eine Spaltung des internalisierten schlechten Objekts in ein erregendes Objekt und in ein zurückweisendes Objekt. In dieser Phase kann die Ambivalenz gegenüber dem Objekt noch nicht ausgedrückt, sondern nur innerlich durch Introjektion kontrolliert werden. Somit kann die äußere gute Objektbeziehung erhalten und Trennungsangst, die bis zur Todes- und Vernichtungsangst geht, abgewehrt werden – allerdings um den hohen Preis einer inneren Spaltung.

In dieser Phase befindet sich das Kind mit der Mutter in einer primären Identifizierung; d. h. die Subjekt-Objekt-Differenzierung ist noch nicht erfolgt. Somit werden aufgrund der Unerträglichkeit der Ambivalenz eine Introjektion und Abspaltung und Verdrängung von unerträglichen Objektbeziehungen mit den entsprechenden Ich-Zuständen vorgenommen. So werden unter dem Einfluß des verbleibenden zentralen Ichs, das mit dem *akzeptierten Objekt* in liebevoller, ruhiger, lautloser Verbindung steht, aggressiv auch die entsprechenden Ich-Zustände, die dynamisch mit dem entsprechenden Objekten verbunden sind, abgespalten, verdrängt und randständig introjiziert, nämlich das *libidinöse Ich*, das sich nach Liebe und paradiesischer Verschmelzung sehnt, und das *antilibidinöse Ich* oder der *innere Saboteur*, der affektiv voller Wut und Haß ist, latent nach Objekten sucht, die gehaßt werden können, und das *libidinöse Ich* unter aggressiver Kontrolle hält, ablehnt und verachtet. Somit sind drei dynamische Ich-Strukturen, nämlich das zentrale Ich, das libidinöse Ich und der innere Saboteur, entstanden, die untereinander in einer dynamischen Beziehung stehen. Es sind das zentrale Ich mit den dem akzeptierten Objekt, das libidinöse Ich mit dem erregenden Objekt und der innere Saboteur mit dem zurückweisenden Objekt libidinös miteinander verbunden. Ähnlich wie bei Freud liegt also eine dreiteilige Struktur vor; dabei entspricht am ehesten das Über-Ich dem Inneren Saboteur, das Ich dem zentralen Ich und das Es dem libidinösen Ich.

Aus den Ausführungen folgt, daß Fairbairn die Differenzierung von Ich-Strukturen als ein Resultat einer Verdrängung versteht, die ursprünglich gegen internalisierte schlechte (böse) Objekte gerichtet ist. Die Dynamik der Verdrängung wird von Aggression bestimmt, die das zentrale Ich nicht nur gegen internalisierte böse Objekte, sondern auch gegen die Teile des Ichs richtet, die mit diesen Objekten verbunden sind, nämlich das libidinöse Ich und das antilibidinöse Ich (den inneren Saboteur). Die kompromißlose aggressive Einstellung des antilibidinösen Ich (des inneren Saboteurs) gegen das libidinöse Ich basiert letztlich auf dessen enger Bindung zum erregenden Objekt und dessen enger Bindung zu dem ablehnenden Objekt. Etwa nach dem Motto: Ich hasse mich, weil ich so abhängig und voller Sehnsucht nach einem erregenden (liebenden) Objekt bin, das mich nur ablehnen wird. In diesem Gefühl von Selbsthaß und Minderwertigkeit spiegelt sich die frühe Ambivalenz des Individuums gegenüber den internalisierten erregenden und ablehnenden Objekten wieder. Nach Auffassung Fairbairns ist diese Ambivalenz nicht ein primäres Stadium, sondern eines, das bei jedem Menschen mehr oder weniger als Reaktion auf Deprivation und Frustration hervorgerufen wird. Die Konstruktion des Todestriebs, die Freud spekulativ in Erwägung zog und die bei Melanie Klein zu einem zentralen Bestandteil der Dynamik wurde, ist für Fairbairn ebenso wie für Winnicott überflüssig.

Im Gegensatz dazu geht Melanie Klein als eindeutige Triebtheoretikerin davon aus, daß das Kind von Anfang an gute und böse Objektvorstellungen entwickelt, um den Druck der Triebe (Lebens- und Todestrieb) durch Phantasien zu bewältigen. Chaotische Ängste oder Todesängste sind Ausdruck des enormen Hasses durch Triebdruck und können durch Phantasien von guten und bösen Objekten via Projektion und späteren Introjektion gemildert werden. Zwar betont Melanie Klein auch die reale Beziehung zur Mutter, aber diese dient eher dazu, den Triebdruck abzuschwächen und eine angemessene »gute« Realität einzuführen; sie wird als traumatischer Faktor nicht berücksichtigt (siehe hierzu auch die ausführlichen Darstellungen von Stephan A. Mitchell, 1981, und Grotstein, 1994, da diese Fragestellung hier nicht vertieft werden kann).

Die normale Entwicklung ist durch einen Prozeß gekennzeichnet, in dem eine fortschreitende differenzierte Wahrnehmung des Objektes mit einer Reduzierung dieser primären Identifizierung verbunden ist. Der Übergang von der frühen oralen, präambivalenten Phase zur späteren oral-aggressiven Phase ist gekennzeichnet durch den Ersatz eines Teilobjektes durch ein ganzes Objekt. An die Stelle der Brust tritt die Mutter als ganze Person. Nun kann dem äußeren ambivalenten Objekt, das einen Liebe, aber auch Zurückweisung spüren läßt, auch ambivalent – mit Liebe und Haß – begegnet werden. Die Alternative lautet daher folgerichtig Saugen oder Beißen, da in dieser Phase die Beißtendenz auftritt. Das Beißen muß somit grundsätzlich als destruktives Ziel angesehen werden und ist der Prototyp jeglicher differenzierten Aggression. Daher hat die späte orale Phase ein hohes Maß an emotionaler Ambivalenz, die jetzt auch ausgedrückt werden kann und nicht verdrängt und abgespalten werden muß. Somit kann in der späten oralen Phase das Objekt gebissen werden, insoweit es sich als schlecht erweist und es kann an dem Objekt gesaugt werden, wenn es sich als gut erweist. Der *depressive Konflikt* der späten oralen Phase entspricht somit *Saugen oder Beißen*, d. h. *Lieben oder Hassen*. Diesem Konflikt liegt der depressive Zustand zugrunde. In diese Phase ist die von Melanie Klein beschriebene depressive Position einzuordnen.

Die große Tragödie des *schizoiden Menschen* besteht darin, daß seine Liebe zu zerstören scheint. Er hat Schwierigkeiten, seine Libido Objekten in der äußeren Realität zuzuwenden. Da er entsprechend der frühen präambivalenten oralen Phase in bezug auf die libidinöse Haltung eine Vorherrschaft des Nehmens hat, fürchtet er zu lieben, da dies »*zu Substanzverlusten*« führen könnte, weshalb er Barrieren zwischen sich und den Objekten errichtet. Die inneren Objekte werden eher überbewertet, so daß der Schizoide dazu neigt, seine Gefühle nicht zu zeigen, da dies psychisch für ihn eine Art von Verlust bedeutet. So kommt es zu einer geheimen Überbewertung persönlicher Inhalte psychischer wie auch physischer Art, was zu einer narzißtischen Aufblähung des Ichs führt, die sich aus dem Gefühl eines geheimen Besitzes und der damit verbundenen Identifizierung von internalisierten libidinösen Objekten (mütterliche Brust und der väterliche Penis) erklärt. Hinter dem Gefühl der Omnipotenz, der Aura und des Besonderen verbergen sich wegen der inneren Gespaltenheit ein Gefühl von tiefer Minderwertigkeit und das Gefühl, nicht dazuzugehören. Im ungünstigen Fall kann das Interesse an der Außenwelt schwinden und alles bedeutungslos und somit auch sinnlos werden, wobei das Gefühl der *Sinnlosigkeit* eines der typischen Merkmale des schizoiden Menschen ist. In der heutigen Literatur werden diese Zustände gängigerweise mit dem Begriff der narzißtischen Persönlichkeit und der Borderline-Störung beschrieben (siehe u. a. Kernberg und Kohut).

Beim *depressiven Menschen* besteht die große Schwierigkeit vor allem darin, wie er seinen Haß loswerden kann, und weniger, wie er seine Liebe vermitteln kann. So groß die Schwierigkeit auch sein mag, zumindest bleibt die depressive Person davor bewahrt, das schreckliche Gefühl durchmachen zu müssen, daß ihre Liebe schlecht ist. Wenn ihre Liebe gut ist, kann sie immer eine libidinöse Beziehung mit äußeren Objekten aufrechterhalten, was für den Schizoiden wesentlich schwieriger ist. Die Schwierigkeit des Depressiven resultiert aus seiner Ambivalenz. Die Ambivalenz ihrerseits rührt daher, daß er während der späten oralen Phase erfolgreicher als der Schizoide die direkte Aggression, d. h. das Beißen als Ersatz für die einfache Ablehnung des Objektes, einsetzen konnte. Während seine Aggression sich differenziert hat, ist er in gewissem Maße an jenem weiteren Entwicklungsschritt gescheitert, der durch die Dichotomie des Objektes gekennzeichnet ist. Wäre dieser Schritt richtig gelungen, dann hätte er ihn in die Lage versetzt, seinen Haß gegen das abgelehnte Objekt zu richten, und er hätte die Freiheit gehabt, seinem akzeptierten Objekt Liebe entgegenzubringen, die relativ frei von Haß wäre. Da dem Depressiven aber dieser Schritt mißlungen ist, verharrt er in einer Haltung seinem Objekt gegenüber, die für die späte orale Phase kennzeichnend ist, nämlich im Zustand der Ambivalenz gegenüber dem inkorporierten Objekt. Beim Depressiven gibt es keine großen Barrieren, die den Fluß der Libido nach außen hindern. Er ist deshalb eher ein extrovertierter Mensch. Wenn seine libidinösen Kontakte für ihn befriedigend sind, kann sein Gang durchs Leben relativ glatt verlaufen. Die innere Situation aber wird durch Störungen in seinen libidinösen Beziehungen sofort wieder aktiviert. Jede solche Störung ruft ein hassendes Element wegen seiner ambivalenten Haltung auf den Plan. Wenn dieser Haß gegen das internalisierte Objekt gerichtet wird, kommt es zu einer depressiven Reaktion. Jede Frustration in Objektbeziehungen ist gleichbedeutend mit dem Verlust des Objekts, gleichgültig, ob es ein Teil- oder ein ganzes Objekt ist. Tatsächlicher, realer Objektverlust, sei es durch Tod oder auf andere Weise, ist für den Depressiven das Haupttrauma, welches den depressiven Zustand hervorruft.

Das Übergangsstadium (1941)

Die infantile Abhängigkeit vom Objekt geht nach und nach in eine reife Abhängigkeit vom Objekt über, die aber m.E. lediglich als ein erstrebenswertes Ziel angesehen werden kann. Dieses Übergangsstadium ist durch einen allmählichen Verzicht auf die ursprüngliche Objektbeziehung charakterisiert, die auf Primäridentifikation beruht. Außerdem steht nun eine Objektbeziehung im Vordergrund, der die Unterscheidung vom Objekt zugrunde liegt. Dieser allmähliche Wechsel des libidinösen Ziels, das ursprünglich ein orales, saugendes, einverleibendes und hauptsächlich nehmendes Ziel war, wird durch ein reiferes, nicht einverleibendes, hauptsächlich »gebendes« Ziel ersetzt, das der entwickelten genitalen Sexualität entspricht. Die Dichotomie des Objekts kann dadurch definiert werden, daß ein Prozeß, in dem auf das ursprüngliche Objekt Liebe und Haß gerichtet wurden, durch zwei Objekte ersetzt wird, durch das akzeptierte Objekt, dem Liebe entgegengebracht wird, und das abgelehnte Objekt, auf das sich der Haß richtet. Wichtig ist jedoch, daß das akzeptierte und das abgelehnte Objekt meistens als internalisierte Objekte behandelt werden, die sich aus der präambivalenten oralen Phase herleiten.

Die ödipale Situation wird als eine Aufspaltung in ein gleichgeschlechtliches abgelehnte und ein gegengeschlechtliches akzeptiertes Objekt verstanden. Das Schuldgefühl, das mit der ödipalen Situation verbunden ist, leitet sich nicht aus der Tatsache einer Situation zu dritt ab, sondern wird dadurch erklärt, daß der inzestuöse Wunsch das Bedürfnis nach elterlicher Liebe ist, die nicht gewährt wird, so daß das Kind zu dem Schluß kommt, daß es selbst schlecht ist.

Die Überwindung der infantilen Abhängigkeit beinhaltet den Einsatz abweisender Techniken als einen charakteristischen Zug dieses Stadiums. Hierzu gehört die Besetzung der Motorik mit der Möglichkeit, sich zu entfernen, im günstigen Fall auch allein zu sein, ohne Einsamkeit zu empfinden, wie dies Winnicott beschrieben hat, Nein sagen zu können, sich abgrenzen zu können und ungeliebte Dinge loszuwerden und auszuscheiden. Diese reifere Abhängigkeit, die dem Übergangsstadium entspricht, kann mit der frühen analen, der späten analen sowie der frühen genitalen phallischen Phase in Verbindung gebracht werden.

In der analen Phase gewinnt die Ablehnung eine große Bedeutung. Der biologischen Natur entsprechend ist die Defäkation natürlich im wesentlichen ein zurückweisender Prozeß. Er kann deshalb psychologisch gedeutet werden als ein Symbol emotionaler Ablehnung des Objektes und bildet die Basis zurückweisender psychischer Techniken. Zu diesen Techniken zählt Fairbairn die paranoide, die zwanghafte, die hysterische und die phobische Technik. In der analen Phase spielt die Ausübung von Macht über das Objekt eine große Rolle, weil das Objekt nämlich zurückgehalten oder ausgeschieden werden kann oder zumindest der Zeitpunkt der Ausscheidung bestimmbar wird.

Der Konflikt der Übergangsphase kann gekennzeichnet werden als der vorwärts gerichtete Drang, die infantile Identifikationshaltung mit dem Objekt aufzugeben, und einen regressiven Drang, diese Haltung beizubehalten. So zeichnet sich während dieser Zeit das Verhalten des Individuums einerseits als verzweifelter Versuch aus, sich vom Objekt zu trennen und andererseits zu versuchen, sich wieder mit dem Objekt zu vereinigen – aus dem Gefängnis zu entfliehen und nach Hause zurückzukehren. Die Angst, die mit der Trennung einhergeht, zeigt sich als Trennungs- und Isolationsangst. Die Angst, die mit der Identifizierung einhergeht, zeigt sich in der Furcht, eingesperrt zu werden, gefangengenommen oder verschlungen zu werden. Diese Ängste sind im wesentlichen phobische Ängste. Dementsprechend kann man die Schlußfolgerung ziehen, daß es sich beim *phobischen Zustand* um den Konflikt zwischen dem nach vorwärts gerichteten Drang nach einer Trennung vom Objekt und dem regressiven Sog nach Verschmelzung und Identifikation mit dem Objekt handelt.

Der *zwanghafte Zustand* entspricht ebenfalls einem Konflikt der Übergangsphase, nämlich einem Konflikt zwischen dem Drang, etwas auszuscheiden, und dem Drang, Inhalte bei sich zu behalten. Genau wie zwischen Trennung und Wiedervereinigung gibt es hier ein konstantes Schwanken zwischen Ausscheiden und Zurückhalten, und beide Haltungen werden von Angst begleitet. Die Ausscheidungshaltung wird begleitet von der Furcht, geleert zu werden, während die Zurückhaltungshaltung mit der Furcht verbunden ist, auseinanderzubrechen, zu platzen oder z. B. an Krebs zu erkranken. Solche Ängste sind im wesentlichen zwanghafte Ängste. So kann man sehen, daß phobische und zwanghafte Techniken zwei verschiedene Methoden darstellen, mit ein und demselben Konflikt fertig zu werden. Vom phobischen Standpunkt aus zeigt sich der Konflikt als ein Konflikt zwischen Flucht und Rückkehr zum Objekt, vom zwanghaften Standpunkt aus gesehen als Konflikt zwischen Ausscheidung und Zurückhalten des Objektes. Die phobische Technik entspricht eher einer passiven, masochistischen Haltung, während die zwanghafte Technik eher einer aggressiven, sadistischen Haltung entspricht. Margaret Mahler (1979) hat die Dynamik zwischen Mutter und Kind mit der Beschreibung der Subphasen des Individuationsprozesses in eindrucksvoller Form dargestellt und damit ebenso wie John Bowlby (1969) einen frühen wichtigen Beitrag zur Anerkennung der Kleinkindforschung geleistet.

Beim *hysterischen Zustand* wird eine andere Technik angewandt, um den Grundkonflikt der Übergangsperiode zu bewältigen. Es stellt sich ein Konflikt dar zwischen Annahme und Ablehnung des Objektes. Die Annahme des Objektes wird deutlich in sehr intensiven Liebesbeziehungen, die so typisch für den Hysteriker sind. Die Übertreibung dieser emotionalen Beziehungen läßt aber den Verdacht aufkommen, daß hier eine Ablehnung überkompensiert wird. Dieser Verdacht wird durch die Neigung des Hysterikers zu Dissoziationsphänomenen bestätigt. Der Hysteriker dissoziiert meist ein Organ – nicht selten das Genitale. Objektbeziehungspsychologisch heißt dies, daß das abgelehnte Objekt ein internalisiertes Objekt ist. Die Überbewertung des realen Objektes entspricht dem akzeptierten, nach außen verlagerten Objekt.

Vergleichen wir nun paranoide und hysterische Zustände, so ist für den Hysteriker typisch, daß er die Objekte der Außenwelt überbewertet, während der Paranoiker sie eher als Verfolger wahrnimmt. Während die hysterische Dissoziation eine Form der Selbstentwertung ist, hält sich der Paranoide für besonders grandios und wertvoll. Daher stellt der *paranoide Zustand* eine Ablehnung des externalisierten Objekts und die Annahme des internalisierten Objektes dar – oder, anders gesagt, die Externalisierung des abgelehnten Objektes und die Internalisierung des akzeptierten Objektes. Hierauf beruht auch die kämpferische Stärke von Ideologen und Fundamentalisten, die für ihre Erkenntnisse und somit für die gute Sache extrem kämpfen können, auch wenn dies unter Umständen Menschenleben kostet.

Die moralische Abwehr gegen schlechte (böse) Objekte (1943)

Eine Sonderform der Übergangstechnik ist die moralische Abwehr. Wie bereits beschrieben, werden in der Frühphase schlechte (böse) Objekte, die bedingungslos (libidinös) und nicht an Bedingungen geknüpft (moralisch) schlecht sind, abgespalten und verdrängt. Das kindliche Ich hat diese Objekte introjiziert, so daß es sich unter diesen Bedingungen bedingungslos schlecht fühlt. Ich möchte diese Situation mit einem Bild veranschaulichen. Ich denke ich an ein Kind, daß »brav« in der Ecke sitzt, bewußt weder Schmerz noch Sehnsucht empfindet, aber sich irgendwie schlecht und unzufrieden fühlt und schließlich darüber nachdenkt, was es unternehmen könnte (welche Bedingungen es erfüllen muß), um die Aufmerksamkeit der Mutter durch eine »Leistung« zu gewinnen. Das Ziel der moralischen Abwehr besteht somit darin, diese innere unerträgliche Situation zu verbessern, indem das Kind sich mit den Bedingungen auseinandersetzt, die es ihm ermöglichen, sich moralisch gut oder schlecht zu fühlen. Dieses Ziel kann das Kind nur durch Internalisierung von guten Objekten erreichen, die Über-Ich-Funktion übernehmen. Somit beachtet das Kind Gebote und Anforderungen der Eltern, um sich geliebt und damit als moralisch gut und wertvoll zu erleben. Daraus folgt, daß ein bedingtes Gutsein von einer überwiegenden Identifizierung mit internalisierten guten Objekten und eine bedingte Schlechtigkeit von einer überwiegenden Identifizierung mit schlechten (bösen) internalisierten Objekt abhängt. Es ist einsichtig, daß alle Alternativen der bedingungslosen Schlechtigkeit vorzuziehen sind, da die bedingte Schlechtigkeit Raum läßt für die Hoffnung, die sich aus der Möglichkeit der Wiedergutmachung und der Vergebung ergibt. Es kann somit durch die moralische Abwehr und die damit verbundene Abschwächung der bedingungslosen in bedingt schlechte (böse bzw. gute) Objekte eine Aktivierung früher, abgespaltener verinnerlichter Objektbeziehungen zu schlechten (bösen) Objekten in Beziehungen überhaupt, aber auch in der Übertragung zugelassen werden. Somit können masochistische Neigungen und die damit verbundene masochistische Beziehung als ein Versuch angesehen werden, die Beziehung zwischen antilibidinösem Ich und antilibidinösem Objekt zuzulassen. Dabei spielt die große Hoffnung eine Rolle, ein inneres schlechtes (böses; antilibidinöses) Objekt in ein gutes Objekt zu verwandeln. Es wird die hoffnungslose und bedrohliche Sehnsucht des libidinösen Ichs zum libidinösen Objekt aktiviert und mit der Beziehung zum antilibidinösen und ablehnenden Objekt in Beziehung zu bringen versucht, weil dieser Schritt in der frühen Kindheit mißlungen ist. Ein schlechtes (böses) äußeres Objekt übernimmt in der masochistischen Inszenierung die Zurückweisung und Reglementierung. Es wird nun eine innere abgespaltene Situation mit der Hoffnung auf ein bedingt schlechtes (böses) Objekt in der äußeren Realität gesucht, was ein großes Wagnis ist. Die innere abgespaltene Situation, die mit dem Gefühl von Isolation, Sinnlosigkeit und Leere einhergeht, kann durch masochistische Bedürfnisse in einer äußere Objektbeziehung langsam zuzulassen werden. Unter diesem Gesichtspunkt ist die masochistische Unterwerfung ein vertrauensvoller Versuch, die innere schizoide Situation in eine reale Objektbeziehung von einer bedingungslos schlechten in eine bedingt schlechte oder bedingt gute zu verwandeln.

Hier liegt auch das therapeutische Potential der analytischen Situation, wobei eine gute basale Beziehung die Voraussetzung ist. So vereinbaren Therapeut und der Patient ein Setting (verbindliche Termine, Vereinbarungen bei Ausfall von Stunden). Der Patient hat dabei die Hoffnung, daß er durch die Behandlung seine Symptome verliert. Dies entspricht der Beziehung zwischen zentralem Ich und akzeptiertem Objekt. In der psychoanalytischen Behandlung bleibt die Beziehung jedoch nicht rein rational; vielmehr paßt sichder Patient z. B. durch Pünktlichkeit an vermutete Forderungen des Therapeuten an. Er unterwirft sich der auf den Analytiker übertragenen Strenge. So kann das mit dem antilibidinösen Ich verbundene antilibidinöse Objekt in einer therapeutischen Beziehung übertragen werden. Außerdem zeigt der Patient durch seine Unterwerfung seine Liebe und erhofft sich vom Therapeuten entsprechende Zuwendung, d. h. er überträgt eine Objektbeziehung, in der er sich einem bedingt strengen Objekt unterwirft, um es in ein bedingt gutes Objekt zu verwandeln. Hingegen ist das sofortige Auftauchen oder gar das Provozieren bedingungslos schlechter (böser) innerer Objekte mit entsprechenden Aggressionen nur traumatisch und hat mit Therapie eigentlich nichts zu tun. Dies wäre der Fall, wenn der Therapeut diese Unterwerfung sofort als Abwehr der dahinter vermuteten Aggression deutete. Dann bliebe dem Patienten nur die Erkenntnis, daß er bedingungslos schlecht ist, obwohl er dem Objekt doch auch Liebe entgegengebracht hat. In dieser Situation kann der Patient nur noch sich selbst oder den Therapeuten als schlecht erleben, was nur zu offener Aggression und somit zur Abgrenzung gegen ein ablehnendes schlechtes (böses) Objekt oder zu starker Selbstentwertung mit emotionalem Rückzug führen kann.

Allgemein folgert Fairbairn, daß von der Verinnerlichung bedingt guter Objekte etwas in unserer Religiosität enthalten ist und wir lieber die bedingte Bösartigkeit unserer frustrierenden und verfolgenden Objekte auf uns nehmen: Es sei besser, in einer von Gott beherrschten Welt ein Sünder zu sein, als in einer vom Teufel beherrschten Welt zu leben. Kernberg drückte dies unter Bezugnahme auf Fairbairn ähnlich aus: »Es werde der Teufel in einem Versuch verinnerlicht, ihn in einen zornigen Gott umzuwandeln, und später werde er mit dem idealen Gott verschmolzen, um die Hoffnung auf eine mögliche Erlösung in der Welt Gottes aufrecht zu erhalten« (Kernberg 1988, S. 85).

II. Eine objektbeziehungspsychologische Sichtweise der Sexualität

Einführung

Da Fairbairn selbst sich nicht sehr ausführlich mit den sexuellen Phänomenen auseinander setzte, soll hier versucht werden, mit seinem Modell die Sexualität und die psychopathologischen Zustände zu beschreiben und zu untersuchen. Mit den wichtigsten anderen Autoren werde ich mich zunächst, doch aus Platzgründen lediglich kurz, beschäftigen.

Betrachten wir die Libidotheorie *Freuds* objektbeziehungspsychologisch. Ein Mann, der sich in eine Frau verliebt, mit ihr Sex praktiziert und ein Kind zeugt, hat sich unbewußt der Mutter bemächtigt, seinen Kastrationskomplex überwunden und sich mit dem Vater hinreichend identifiziert und über ihn triumphiert und wird durch Schuldgefühle nicht wesentlich beeinträchtigt. Für eine Frau sind Liebe und Sex eine Kompensation der Penislosigkeit und eine Überwindung ihres Penisneides. Sie kann unbewußt ihre narzißtische Problematik (Kastrationskomplex) durch die Objektbeziehung mit einem Vaterersatz kompensieren und wird dabei nicht wesentlich von Schuldgefühlen behindert.

Nach *Melanie Klein* wird für den Mann über die sexuelle Liebe zu einer Frau eine Wiedergutmachung an der Mutter für die vorher bestehenden aggressiven Zerstörungsgelüste über eine Identifizierung mit ihr geleistet. Bei der sexuellen Liebe zur Frau wird der Vater als triangulierendes drittes

Objekt benötigt, um vor den frühen Verlustängsten (depressive Position) symbolisch zu schützen und zu einer Wiedergutmachung und zu einem (sexuellen Verschmelzen) mit einem »guten« Objekt zu kommen.

Das Konzept des Übergangsobjekts von Winnicott überträgt *Masud Khan* (1979) auf die anormale sexuelle Entwicklung. Nach seiner Meinung kümmert sich die Mutter des zukünftigen Perversen zu intensiv (überprotektiv mit Nahrung und Sauberkeit) um ihren Sohn, aber unpersönlich und auf eine distanzierte Weise, so daß er später auf intensiven Körperkontakt fixiert bleibt, um das verkümmerte Selbst zu reparieren. So wird der andere zu dem Ding, als das er selbst früher behandelt wurde. Es wird die Beziehung zu einer ganzen Person vermieden, mit der sich wechselseitig identifiziert werden kann (Kreuzidentifizierung nach Winnicott 1971). Sexualität wird zu einem Ritual, einer Erfindung, einer »kreativen Leistung« einer Person mit omnipotenter Kontrolle, die zu einer Linderung der inneren Objektbeziehung (inneres idolisiertes Objekt) nötig ist. Dies hat wenig mit einer interpersonellen Beziehung mit wechselseitigem Partnerwunsch und spielerischem Rollenwechsel zwischen Subjekt und Objekt zu tun. Für den Perversen ist es aber notwendig, daß gerade der andere »leer ausgeht«, da er früher selbst keinen Resonanz für eigene Bedürfnisse und Wünsche fand. Der andere wird wie ein »Übergangsobjekt« behandelt.

Kernberg integriert den kleinianischen Ansatz mit Ideen Edith Jacobsons (1964, 1971), mit ichpsychologische Überlegungen und mit dem objektbeziehungspsychologischem Denken Fairbairns. Er erklärt, warum auch bei schweren Charakterstörungen die Sexualität mit Hilfe einer Objektspaltung durchaus gut funktionieren kann. Nicht selten kommt es zu Störungen bei einer besseren Integration der Persönlichkeit.

Die Erotisierung des Hasses bei sexuellen Störungen steht für *Robert Stoller* (1975, 1985) im Vordergrund. Die Inszenierungen haben das Ziel, den anderen zu demütigen, um so das erlittene Trauma von Demütigung in der Kindheit wiederaufzulegen, es aber umzudrehen. Es geht dabei weniger um die Abwehr der Kastrationsangst als vielmehr um eine Frage der männlichen Identitätsabsicherung.

Mit *Fairbairn* lassen sich Manifestationen der Sexualität in einer anderen, nicht desexualisierten Perspektive sehen, nämlich unter einem über den rein triebpsychologischen Gesichtspunkt hinaus erweiterten und durchgängig objektbeziehungspsychologischen Blickwinkel. Fairbairn zufolge wird Sexualität durch die Art der inneren Objektbeziehung bestimmt und nicht durch Fixierungen der Libido. Dies liegt im Unterschied zu Balint und Winnicott daran, daß dieses Konzept auf alle psychologischen und somit auf alle sexuellen Phänomene angewendet werden kann, weil es nicht auf die frühen Bedürfnisse beschränkt bleibt. Für Fairbairn ist die Sexualität ein »Kanal«, über den eine gute Objektbeziehung hergestellt und ausgedrückt werden kann. Die sexuelle Betätigung ordnet er dem Stadium der reifen Abhängigkeit zu, in der das Objekt als ganze Person gesehen wird und in der das Geben gegenüber dem Nehmen vorherrscht. Dem geliebten, guten Objekt kann Liebe durch Sexualität gezeigt und gegeben werden. Die sexuelle Triebabfuhr spielt für Fairbairn dabei eine untergeordnete Rolle. Diesem Ideal, das mit genitaler Sexualität und Objektkonstanz einhergeht, steht in der klinischen Praxis die ganze Palette der sexuellen Betätigung gegenüber, die Ausdruck einer mehr oder weniger guten inneren Objektbeziehung ist.

Zunächst ist unübersehbar, daß Körperkontakt und damit eine Objektbeziehung von Beginn des Lebens eine große Rolle spielen. So ist der Körpererleben des Kindes der Möglichkeitsraum, eine Objektbeziehung zu gestalten, sie als zärtlich annehmend, ernährend erregend, aber auch als passiv zurückgewiesen oder aktiv zurückweisend mit der Möglichkeit der Ausscheidung und des Beißens sowie der Lust und/oder des Schmerzes erleben zu können.

Da es in der Objektbeziehung unterschiedliche Möglichkeiten des Aufnehmens, Ausscheidens und Eindringens gibt, kann sich die Objektbeziehung auch auf vielerlei Weise realisieren (erregen, erregen lassen, triumphieren, entwerten, unterwerfen, sich ausliefern, sich anvertrauen, fallen lassen, sich gehen lassen, auffressen, sich auffressen lassen usw.). All diese Variationen ermöglichen es, sich aus der schizoiden narzißtischen Isolation herauszubegeben und eine reale äußere Objektbeziehung aufzunehmen und konkretistisch zu spüren. Da aber jedes Individuum von seinen inneren Objektbeziehungen unbewußt mehr oder weniger stark beherrscht wird, ist dies grundsätzlich immer ein Wagnis, da man dann in der äußeren Realität auf erregende und zurückweisende Objekte stößt, die das innere Dilemma anstoßen und aktivieren. Wie stark ein anderer eine bedeutende Rolle spielen darf oder nicht, zeigt, ob die Objektbeziehung in einem *geschlossenen System* oder in einem *Risikobereich* mit Auslieferung und Abhängigkeit möglich ist. Dies in der für den Einzelnen in für das innere Gleichgewicht erträglichen Weise zu gestalten und bedingt sehr unterschiedliche sexuelle Phänomene der Gestaltung dieses Wagnisses, was zu den wohlbekannten Erscheinungen der polymorph-perversen Sexualität führt.

Stephen Mitchell (1988) beschreibt die Sexualität als intensivste Möglichkeit des Menschen, sich selbst mit einem einen anderen zusammen als lebendig und durch den anderen ebenso intensiv – interaktionell-beantwortend – bestätigt erleben zu können. Es können Dimensionen der frühen Objektbeziehungen reinszeniert, aber auch die Hoffnung auf eine konkrete Lösung inszeniert werden. Das »wahre Selbst« kann sich zeigen und wird bestätigt, oder zumindest kann es dem anderen Objekt zugespielt und zumindest dadurch indirekt sichtbar werden.

Spezielle Formen der Sexualität und andere Bereiche

Bei der *Masturbation* wird in der objektbeziehungspsychologischen Sichtweise ein Objekt phantasiert, das im Moment, aber vielleicht auch generell nicht erreichbar ist, da er/sie vorübergehend oder immer allein ist. Es wird ein Körperteil – der Penis oder die Klitoris als körpereigenes Objekt – entdeckt und stimuliert, so daß Erregung und physiologische Lebendigkeit erlebt wird, ohne von einer anderen Person in der Realität abhängig zu sein. Es wird das Gefühl von Risiko und im weitesten Sinne von Auslieferung an einen anderen vermieden und die omnipotente Kontrolle erhalten, was vor allem bei der zwanghaften Masturbation eine Rolle spielen dürfte. Durch masturbatorische Vorstellungen kann ein Gefühl von Einsamkeit, Leere, schizoider Isolation, innerer Unruhe und Ängstlichkeit durch Objektvorstellungen und das Gefühl der Erregung zumindest vorübergehend überwunden oder doch beruhigt werden. Alle Selbstzweifel und Minderwertigkeitsgefühle können weggewischt werden: Bin ich liebenswert? Ist mein Körper richtig (Größe, Aussehen, Gesicht, Nase, Beine, Brust, Hüften, Penis, usw.)? Werde ich zurückgewiesen? Werde ich ausgenutzt (körperlich, sexuell, materiell, geistig, usw.)? Werde ich enttäuscht oder verlassen? Gebe ich wieder alles und erhalte nicht das, was ich eigentlich will? Werde ich um meiner selbst willen geliebt oder nur wegen meines Körpers? Kann ich noch ich selbst bleiben, oder muß ich mich wieder aufgeben? All diesen Ungewißheiten und realen Schwierigkeiten geht der Masturbierende aus dem Weg. Mit dieser Selbstgenügsamkeit kann er/sie sich mit seinen inneren Objektbeziehungen – soweit sie bewußt zugelassen werden können – eine eigene Welt der Phantasie von Beziehung erschaffen, wodurch zumindest die Einsamkeit innerlich zumindest vorübergehend und teilweise überwunden wird. Diesen Phantasien und Beziehungswünschen kann durch Bilder, Filme oder Hilfsmittel eine selbstgenügsame Welt phantasierter erregender und zurückweisender Objektbeziehungen geschaffen werden. Darüber hinaus können Inszenierungen, die sowohl ein gutes als auch ein schlechtes (böses) Objekt enthalten (liebend, sadistisch, masochistisch, voyeuristisch, exhibitionistisch, fetischistisch) ausgemalt werden, die einer inneren Objektbeziehung entsprechen. Die Objektauslieferung und die Angst vor Identitätsverlust in der Nähe eines anderen können so vermieden werden, jedoch um den hohen Preis des Fehlens einer guten realen, wechselseitig bestätigenden Interaktion, die zumeist mehr oder weniger stark in der sexuellen Interaktion enthalten ist. Nicht selten haben diese masturbatorischen Inszenierungen bewußt nichts mit der Persönlichkeit zu tun, so daß es häufig lange dauert, bis diese durch eine Analyse auch als abgespaltener Teil der Persönlichkeit integriert werden können. Kann aber Masturbation überhaupt nicht zugelassen werden, so zeigt dies unter anderem, wie schwer es demjenigen fällt, etwa Unabhängiges von Mutter, Vater oder Partner zu unternehmen oder die innere Welt der Objektbeziehungen zu entfalten. Der eigene Körper darf nicht als Quelle von Lebendigkeit erfahren werden, was auf große Schwierigkeiten hindeutet, sich getrennt von anderen erleben zu dürfen. Das antilibidinöse Ich ist so stark, daß es selbst am eigenen Körper das libidinöse Ich verfolgt und somit keine Erregung und Liebessehnsucht zuläßt; möglich ist aber auch, daß das zentrale Ich keine Aggressionen des antilibidinösen Ichs in Form von aggressiven Onaniephantasien zuläßt.

Bei der *Homosexualität* ist zu unterscheiden zwischen einer sublimierten homosexuellen Interaktion, etwa bei Männerfreundschaften, im Sport beim Fußballspiel oder anderen Mannschaftssportarten, und einer manifesten sexuellen Interaktion. Die *sublimierte Form der Homosexualität* dient unbewußt der spielerischen Auseinandersetzung mit dem Vater, bei der die ödipale Rivalität inszeniert werden kann. Mit Fairbairn ausgedrückt, wird das zurückweisende Objekt – der Vater – spielerisch bekämpft und dient der Absicherung der eigenen Identität. Spielerisch kann man verlieren, unterliegen, ein Tor reinbekommen, sich einzuordnen lernen, gekonnt kämpfen mit vollem Engagement, aber es kommt durch den Schiedsrichter oder durch den Schlußpfiff ein Ende in die Spannung (siehe hierzu auch Hensel, 1998). Symbolisch wird beim Sieg ein Phallus in Form eines Pokals gewonnen, der ganz konkret mit nach Hause genommen werden kann. Bei diesen Inszenierungen werden spielerisch die zurückweisenden Objekte bekämpft und im guten Sinne integriert, was einem inneren und körperlichen Wohlgefühl und der Stärkung der eigenen Identität dient. Dies gilt natürlich für Frauen ebenso. Der »strahlende Sieger« – der auf einer tiefen Ebene die Bestätigung durch die Mutter gefunden hat – kann sich, in der eigenen sexuellen Identität bestätigt, gestärkt dem anderen Geschlecht zuwenden. So sind dann die erregenden und zurückweisenden Aspekte weniger bedrohlich und die Fusionsängste gemindert.

Von *manifest homosexuellen Männern* wird zwar häufig bewußt eine gute Mutterbeziehung angeführt und auch auf viele Frauenfreundschaften verwiesen. Meist verbirgt sich dahinter aber eine wenig auf die Bedürfnisse des Sohnes eingehende Mutter, die eher die Dominierende in der Familie gewesen ist, so daß ihr später auch nicht mehr die Genitalien anvertraut werden können (Vagina-dentata-Phantasie). Der Vater wird nicht selten als der Schwache und Hilflose geschildert oder war oft real nicht vorhanden. Die Mutter wurde zum antilibidinösen Objekt, während der Vater das libidinöse Objekt darstellt. Damit wird die libidinöse Beziehung zur Mutter durch die Spaltung abgewehrt, findet aber durch die Verschiebung auf den Vater ihren Ausdruck. So bleibt das weibliche Genitale, das für die bedrohliche Mutter steht, bei der sexuellen Interaktion vollkommen ausgeschlossen. Es wird lediglich eine sexuelle Beziehung zum Geschlechtsgenossen unterhalten, so daß sich die Erinnerung an den Geschlechtsunterschied nicht einstellt. Hier kann die zerstörerisch erlebte Mutterbeziehung in Form von heterosexuellen Kontakten nicht in Szene gesetzt werden. Beim Mann wird der väterliche Penis als gutes Objekt gesucht, der dem ursprünglichen Objekt, der Brust des Vaters, als akzeptiertem Objekt entspricht. Die mütterliche Brust und die Mutter als ganzes Objekt werden in bezug auf Sexualität hingegen abgelehnt. Bei der aktiven Rolle wird die Identifizierung mit dem Sadismus, bei der passiven Rolle die Identifizierung mit dem Masochismus in Szene gesetzt. Die analsadistische Interaktion zeigt, daß es nicht nur um Liebe, Auslieferung und Strafbedürfnis geht, sondern auch die Thematik von Dominanz, Unterwerfung und Entwertung abgehandelt werden.

Bei der *weiblichen manifesten Homosexualität* werden eher häufig schwache, an der Tochter uninteressierte Väter gefunden. Zumindest wurden sie als solche durch das Umfeld vermittelt und internalisiert, so daß das männliche Geschlecht in die Rolle des antilibidinösen Objekts gerät, wobei natürlich diese Spaltung wiederum vor allem von der schlechten antilibidinösen Mutterbeziehung herrühren dürfte. Die Mutter und somit die Frauen sind durch die Spaltung als libidinöses Objekt internalisiert worden und können begehrt werden, während die Männerwelt ausgeschlossen wird. So kann die tiefer liegende frühe Sehnsucht nach einer liebevollen Mutterbeziehung in sexueller Interaktion konkretistisch nachgeholt und die eigene Identität als Frau gestärkt werden, während die sexuelle Welt mit den Männern durch Abspaltung eliminiert wird. Dies schließt natürlich sadomasochistische Interaktionen nicht aus, in die der antilibidinöse Teil der Mutterbeziehung einbezogen werden kann.

Die *sublimierte Form des Masochismus (moralischer Masochismus) und die Attraktivität des »bösen« Objekts* sind bei der moralischen Abwehr zu finden. Freud führte den Masochismus auf den Todestrieb zurück. Eine gute Übersicht gibt Grunert (1981). Grundsätzlich haben Objektbeziehungen »masochistische Züge«, da sie innerlich eine mehr oder weniger starke Auslieferung an einen anderen – früher die Mutter, später der Partner etc. – beinhalten. Wie einleitend erläutert, haben die Depression, die Phobie und die Hysterie masochistische Züge, während die Zwangsneurose und die Paranoia eher sadistische Züge aufweisen. Es besteht somit die Möglichkeit, die masochistische Beziehung zu vermeiden und bis zur Omnipotenz zu kontrollieren, und zwar durch schizoiden Rückzug oder mit Teilintegration des antilibidinösen Ichs durch sadistische Verkehrung der früher erlittene Passivität und Auslieferung ins Gegenteil.

So gesehen, ist es auch nicht verwunderlich, daß das »böse« Objekt« so attraktiv ist, da sehr viele Neurotiker sich durch Unterwerfung »Erlösung«, Aufwertung und letztlich die Lösung eines internalisierten Konfliktes erhoffen. Es zeigt wieder einmal mehr, wie stark die Wirkung der unbewußten inneren Objektbeziehungen ist und mit welcher Intensität und Beharrlichkeit wir an den schlechten («bösen«) Objekten innerlich und auch äußerlich festhalten.

Die *Attraktivität der Strenge* wird verständlich, wenn wir uns vor Augen halten, daß das zurückweisende Objekt aus der Not mit dem Idealobjekt verschmolzen und auf diese Weise aus einem bedingungslos schlechten ein bedingt schlechtes Objekt innerlich hergestellt wird. Dies heißt, es besteht die Hoffnung, daß unter bestimmten Bedingungen die Liebe des zurückweisenden Objektes erreicht – im Sinne von »verdient« – werden kann. Die Sehnsucht nach einem harten, aber gerechten Tyrannen, immer härteren und strengeren Gesetzen, kann auch unter diesem Blickwinkel erklärt werden. Diese Haltung beinhaltet aber auch die – auf Identifizierung beruhende – Hoffnung, anschließend selbst »so streng und gerecht sein« zu dürfen.

Natürlich bezieht sich diese Dynamik auch auf die *sexuelle Attraktivität* eines Objekts, das zurückweisende und erregende Attribute haben muß und mit dem Idealobjekt innerlich verbunden wird. Es wird begehrt und erzeugt Opferbereitschaft. Damit wird die subjektiv empfundene eigene – körperliche und/oder seelische – Minderwertigkeit und Leere überbrückt. Im Sehnen und Leiden werden Lebendigkeit und Intensität spürbar.

Das Gefühl, immer denjenigen am meisten zu lieben, der am schwierigsten zu erreichen ist, ist vielen wohl bekannt. So werden Starkult und Sehnsüchte nach idealen erotischen Supermännern wie James Dean oder sexuellen Superfrauen mit Eigenschaften von Brigitte Bardot oder Claudia Schiffer verständlich. Viele Klatschzeitungen und Journale finden großen Absatz, da sie von erregenden Objekten berichten, die nur in Träumen erreicht werden können, weil sie hinter dem Zaun der Distanz in Nobelclubs zurückweisen.

Aber auch die Bereitschaft, sich für einen Partner, der erregende und zurückweisende Attribute aufweist, aufzuopfern und alles zu tun und sich alles gefallen zu lassen, wird vor diesem Hintergrund verständlich. Hier werden, den internalisierten Objektbeziehungen entsprechend, die Liebe und Zuwendung seitens des bösen Objekts sucht, das sie gewährend wird, wenn nur genügend Bedingungen (Leiden) erfüllt sind. So soll ein Paradies erreicht und manchmal auch erzwungen werden, was zu nicht selten zu einer Höllenqual mit Enttäuschung wird.

Der *erogene (sexuelle) Masochist* erlebt die Unterwerfung unter ein strenges, ihn zurückweisendes (böses) Objekt als erregend. Es wird die innere Objektbeziehung, die der moralischen Abwehr auf der neurotischen Ebene entspricht, konkretistisch sexuell inszeniert. Der Masochist unterwirft sich einem bedingt schlechten (bösen) Objekt in der Hoffnung, es in ein gutes Objekt verwandeln zu können. Nach der masochistischen Inszenierung entwickelt sich nicht selten ein Gefühl des Stolzes darüber, das entsprechende Ritual und den körperlichen Schmerz, der für den seelischen Schmerz steht, überstanden zu haben: Der Masochist hat sich seiner bedingten »Boshaftigkeit« oder Schlechtigkeit gestellt und dafür auch die »gerechte Strafe« bekommen. Letztlich versucht der Masochist, den schlechten (bösen) Sadisten in ein gutes liebendes Objekt zu verwandeln. Er zeigt seine Liebe durch das Vertrauen, mit dem er sich dem strengen antilibidinösen Objekt ausliefert. Durch das Erleiden des Schmerzes wird unbewußt die besondere intensive Sehnsucht nach Liebe und Zuwendung und die Einzigartigkeit und Besonderheit der Liebesbeziehung unter Beweis gestellt. Dabei wird durch das Gefühl der Besonderheit und Intensität die Innigkeit, oder besser gesagt die innige Sehnsucht nach Resonanz in Szene gesetzt. Wird diese Hoffnung enttäuscht trotz aller Leiden, so ist das Gefühl von Isolation und Vereinsamung besonders groß und die Gefahr eines schizoiden Rückzugs sehr stark. Der körperliche Schmerz spielt für den Masochisten eine besondere Rolle, weil durch ihn die antilibidinöse innere Beziehung in ein körperliche Erfahrung transformiert wird. Durch den körperlichen Schmerz kann er den seelischen Schmerz verdrängen und »psychosomatisch« umwandeln (binden), indem er eine konkrete Erfahrung im Hier und Jetzt auf sich nimmt und dadurch eine innere Sperre zur früheren Erfahrung herstellt. Auch erzeugt der konkrete Schmerz ein Gefühl der Lebendigkeit, das zur Überwindung der Isolation von großer Bedeutung ist.

Der *Sadist* hingegen hat Teile des antilibidinösen Ich mit dem zentralen Ich verbunden und kann so seine Wut und seinen Haß ausleben. Seine innere Unsicherheit und Schwäche wird einem anderen dem Masochisten zugewiesen. So kann der Haß auf das antilibidinöse Objekt durch Identifizierung mit diesem, auf das liebende, libidinöse Objekt projiziert, in Szene gesetzt werden. Zur Abschwächung der Situation ist es meist erforderlich, daß sich das Objekt zuvor eines »Vergehens« – gleichgesetzt mit bedingter Schlechtigkeit – schuldig gemacht hat, das nicht selten zum Ritual gehört und die Bestrafung rechtfertigt. Im Analsadismus wird ein geheimer Ort gefunden, ein verbotener Raum aufgesucht, der verboten und von sonst niemand heimgesucht wird, so ist hier der Ort der »Wahrheit« und der »wirklichen Begegnung«, bei der es keine Maske und kein Verstecke gibt, was die exklusive Intensität der Erregung steigert. Hier soll ein zurückweisendes Objekt erreicht werden, dem erst durch das Erdulden des Schmerzes die Maske vom Gesicht gerissen wird und so seine Liebe zeigt. So wird die frühere Ausgeliefertheit und Überwältigung durch das Primärobjekt und die eigenen schizoiden Rückzüge und Falschheiten umgedreht und dadurch versucht zu bewältigen.

Beim *Exhibitionismus* ist zwischen einem sexuellen und einem sozialen Exhibitionismus zu unterscheiden. Beim *sozialen Exhibitionismus* besteht die Abwehr darin, daß gegeben wird, ohne zu geben: Das Geben wird durch Zeigen ersetzt (vgl. Fairbairn, 2000, S. 45). Die Angst vor dem Geben wird durch die Angst ersetzt, die mit dem Zeigen, nämlich dem Entblößen, verbunden ist. Vor allem prahlerisches Zeigen kann dann umschlagen in peinliche Situationen, die akute Selbstunsicherheit wecken. Dahinter steht vermutlich auch der Wunsch des Exhibitionisten, ein Stück der internalisierten Objektbeziehung in Szene zu setzen, indem er die Rolle des erregenden und des zurückweisenden Objektes einnimmt, was nicht selten auch für die Aggressivität des Exhibitionisten mit verantwortlich ist.

Beim *sexuellen Exhibitionismus* wird dies noch deutlicher: Allein durch das Zeigen des Penis beziehungsweise der weiblichen Brüste oder des Körpers sollen Begehren oder Schrecken ausgelöst werden. Danach erfolgt die Zurückweisung, indem sich der Zeigende als erregendes Objekt entzieht. Diese Konstellation ermöglicht auch Gefühl der Befriedigung, da eine früher passiv erlittene Situation in ihr Gegenteil verkehrt wird: Nicht ich bin erregt und wünsche etwas und werde zurückgewiesen, sondern du bist erregt und möchtest etwas von mir; das tut mir gut und bestätigt mir, daß ich noch lebendig bin, attraktiv und liebenswert. Nicht selten steht dahinter eine Beziehung zu beiden Eltern, die wenig Gefühle und Bestätigung wechselseitig, aber auch gegenüber dem Kind zeigen konnten. Durch das Symptom kann diese tiefe innere Unsicherheit in einer realen Objektbeziehung in Szene gesetzt und beruhigt werden, etwa nach dem Motto: wenn ich bei so vielen Menschen auffalle und sie erregen kann, dann kann ich nicht bedeutungslos, unattraktiv oder gar unwichtig sein. Zugleich hat die »Auslieferung an die anderen« auch einen masochistischen Zug, der häufig die Erregung ausmacht. Es wird dabei aber auch eine mit entsprechenden Verlustängsten verbundene, allzu dichte, liebevoll-zärtliche Auslieferung des libidinösen Ichs an einen anderen abgewehrt. Hinter all diesen Variationen steht der Versuch, den anderen in die liebende, bestätigende Rolle (die Rolle des libidinösen Objekts oder, im Sinne Kohuts, des Selbstobjekts) zu bringen.

Beim *Voyeurismus* wird das Geben durch das Schauen ersetzt, denn der Voyeurist ist an der sexuellen Szene, der er zuschaut, als Person nicht direkt beteiligt; er muß nichts geben, sondern kann bei einer erregenden Situation zwischen zwei Menschen zuschauen, sich selbst erregen, aber es sich ersparen, zurückgewiesen und nicht geliebt zu werden. Im Gegenteil: Er ist selbst eher zurückweisendes Objekt, indem er eine Mauer aufrichtet und gar nicht direkt an der Aktion beteiligt sein *möchte*. Dies kann aber wiederum auch als eine Vorstufe gelten, denn der Voyeur kann durch die Situation so angeregt werden, daß er sich aktiv einschalten möchte; dann allerdings wird er zum zurückgewiesenen Objekt, was weniger erträglich ist. Am ehesten wird diese Abwehr durch ein äußeres Objekt (beispielsweise die zeitliche Begrenzung bei einer Peep-Show) übernommen, so daß das erregende Objekt und das zurückweisende Objekt noch einmal gespalten werden können. So bleibt die Illusion aufrechterhalten, daß nicht das betrachtete Objekt selbst das zurückweisende Objekt ist, sondern die zeitliche Begrenzung, die bei diesem Arrangement eingebaut ist (demgegenüber hat die Nacktheit an einem Nacktbadestrand kaum erotische Qualitäten, da sie hier dauernd zur Verfügung steht und eher langweilig wird). Unter dem Gesichtspunkt Freuds wird versucht, das Geheimnis der Eltern, nämlich die Urszene, zu lüften. Mit dem Blick durch das Schlüsselloch soll herausgefunden werden, was die Eltern Unvorstellbares miteinander treiben. Der Voyeurismus kann aber darüber hinaus auch Ausdruck einer Familienatmosphäre sein, in der das Kind immer das Gefühl hatte, daß »dies nicht alles sein kann«, was die

Eltern miteinander verbindet und sie »öffentlich« einander zeigen. Alles ist so leer, flach und depressiv, Gefühle und Zärtlichkeit werden nicht geäußert. Demnach müssen sie verborgen sein. Das libidinöse Ich sucht ursprünglich nach dem Geheimnis von Zärtlichkeit, Innigkeit und Nähe, findet voyeuristisch sexuelle Erregung und kann sich selbst daran erregen. Es bleibt weiterhin ein Geheimnis, was die Beobachteten wirklich verbindet, aber es können eigene Wünsche liebevoll-zärtlich oder aggressiv-sexuell hineinphantasiert werden. So kann von den eigenen Abhängigkeitsängsten, Minderwertigkeitsgefühlen und von der eigenen sexuellen Identitätsstörung abgelenkt werden. Unsicherheitsgefühle, die auftreten würden, wenn man zu einer anderen realen Person eine befriedigende Beziehung hätte, die Sexualität einschließt, werden abgewehrt. Nicht selten ist der Voyeur auf eine bestimmte Szene fixiert, hinter der sich zumeist seine innere abgewehrte internalisierte Objektbeziehung verbirgt, die auch niemandem »zugemutet« werden muß. Sadomasochistische Szenen können so beobachtet und damit erregend durchgespielt werden, ohne daß man tatsächlich dafür die Verantwortung übernehmen müßte, denn die Täter sind schließlich andere (bei aggressiven Interaktionen nicht selten auch andersgeschlechtliche).

Am Rande sei hier nur vermerkt, daß die aggressive Urszenenphantasie, die meist als bedrohlich erlebt wird, als die heimlich vermutete Beziehung der Eltern angesehen werden kann und nicht, der gängigen Interpretation entsprechend, Ausdruck der eigenen aggressiven Triebwünschen sein muß.

Freud (1927e) versteht den *Fetischismus* als Versuch, die Kastrationsangst zu bewältigen. Die Frau, die mit einem Fetisch ausgestattet ist, hat vielleicht doch einen Penis. Leichtere Formen des Fetischismus sind häufig zu sehen. Ich denke hier an die Fixierung auf bestimmte Strümpfe, Strapse, lange Beine, große oder kleine Brüste, bestimmte Ausformungen des Gesäßes, Hautfarbe usw., die zum Teil in der Partnerwahl einfließen. Unter unserem objektbeziehungspsychologischen Blickwinkel kann diese Perspektive erweitert werden, indem wir hier wiederum sehen, daß der Fetisch für das erregende, intensiv geliebte Objekt steht, was jedoch durch Vergegenständlichung und Entfremdung emotional nicht allzu direkt und ausliefernd erlebt werden muß. Es scheint ja nur ein Accessoire zu sein, das immer wieder ersetzbar ist. Fließen dies fetischistischen Elemente in eine Partnerbeziehung ein, ist dies nicht sonderlich dramatisch. Schwieriger ist dies bei Patienten, die ausschließlich auf den Fetisch fixiert sind, so daß eine Person überhaupt keine Rolle mehr spielt. Dann steht die sexuelle Erregung nur noch in Zusammenhang mit einem nach Fußschweiß riechenden

Strumpf, einem benutzten Slip oder einem Schirm, der vorher in einem Kaufhaus entwendet werden muß. Hier ist das antilibidinöse Objekt so extrem stark ausgeprägt, daß es nicht mehr mit einer realen irgendwie gearteten Person in Verbindung gebracht werden kann, was auf die extreme Entfremdung und enorme Bedrohlichkeit jeder Beziehung hindeutet. Diese Handlungen haben häufig auch einen extrem dranghaften Charakter mit einem extrem starken antilibidinösen Ich, das sich für diese Handlungen zumeist selbst verachtet und haßt. Im schlimmsten Fall wird durch das Arrangement auch die Bestrafung durch die Polizei gleich miteingebaut. Bei diesen Patienten liegen extreme innere Objektbeziehungen vor, da enorme Enthumanisierungen in Form von Demütigung und Entwertung dazu geführt haben, daß sich die Hoffnung auf das emotionale Erreichen eines Objekts nur noch an ein »Ding« knüpft.

Bei der *Promiskuität* führt der Betroffene sein Drama durch Verteilung vieler Rollen auf. Es wird mit vielen Rollen gespielt, als sei alles mit allen möglich (Faber 1976). Durch Lockerheit, unkonventionelles, lockeres Leben wirkt alles »lustvoll und unkompliziert«; andere, die damit nicht einverstanden sind oder Bedenken haben, werden als verklemmt und kleinbürgerlich abgetan. Der antilibidinöse Ichanteil wird auf die anderen projiziert, so daß diejenigen, die damit nicht einverstanden sind, die dahinter stehende Strenge dieser Auffassung zugeschoben bekommen. Auch die Angst, von einem bedeutungsvollen anderen verlassen zu werden, wird abgewehrt. Eine Flucht vor dem anderen wird zu einer manischen Flucht *mit* allen anderen. Alle tiefen Sehnsüchte nach Liebe und Zuwendung des libidinösen Ichs werden abgewehrt und auf »freie« Lustbefriedigung reduziert. Natürlich ist die neue Eroberung zunächst von starken Qualitäten des erregenden und zurückweisenden Objekts durchdrungen, aber hier wird durch ein zwanghaftes Wiederholen ein inneres Leere- und Leblosigkeitsgefühl abgewehrt.

Bei der *Transsexualität* ist die Situation wesentlich komplizierter. Auf einer tiefen Ebene wird der eigene Körper antilibidinös abgelehnt, was der internalisierten Mutterbeziehung entspricht. Im Vordergrund stehen allerdings die Ablehnung des eigenen Geschlechtsteils und der Wunsch, es zu beseitigen. Somit wird durch die mit allen Mitteln angestrebte Kastration auch der Vater ausgeschaltet, indem dessen Repräsentant am Körper entfernt und dadurch zerstört wird (antilibidinös). Der eigene Körper wird durch entsprechende Operationen ganz konkret sadistisch-antilibidinös verstümmelnd behandelt. Es wird auch die moralische Abwehr eingesetzt, indem der Patient alles tut, um endlich eine Frau zu sein und sich auf diese Weise innerlich der bedingt bösen Mutter annähern zu können. Die größte Erfüllung und das Ziel aller Qualen durch Operation und Hormonbehandlungen besteht darin, für einen Mann ein erregendes Objekt zu sein und sich von einem Mann in ein präpariertes Genitale penetrieren zu lassen, um sich so in der eigenen Weiblichkeit (das wahre Selbst) bestätigt zu sehen. Da die Geschlechtsumwandlung eine Illusion ist, fühlen sich die Transsexuellen sehr häufig verloren, leben »zwischen den Welten« (Mann und Frau) und inszenieren auf diese Weise in einer sexualisierten Form ihren schizoiden Konflikt des Verlorenseins. Der gesamte Lebensinhalt konzentriert sich auf die Veränderung des eigenen Körpers – um einen hohen seelischen und materiellen Preis. Um das letztlich doch unerreichbare Ideal zu verwirklichen, werden zahllose Eingriffe notwendig – entweder stören die lästigen Barthaare, oder die hormonelle Brustvergrößerung wird als unzulänglich empfunden, so daß eine Operation in Erwägung gezogen wird. Und dennoch sind alle Strapazen und Leiden keine Gewähr dafür, daß man mit dem neuen Körper für einen Partner attraktiv geworden ist. Eine alternative Möglichkeit, dieses Problem abzuwehren, besteht in der Promiskuität, weil der häufige Partnerwechsel die Abhängigkeits- und Verlassenheitsängste lindert. Sehr häufig wurden diese Patienten weder vom Vater noch von der Mutter beachtet, sondern eher abgelehnt und aktiv entwertet. Die Fortsetzung dieser internalisierten Objektbeziehung kann zwar ein Selbstwertgefühl vermitteln, ist aber immer auch mit dem Gefühl extremer Einsamkeit und Verlassenheit verbunden.

Die Krankheitsbilder der *psychosomatischen Medizin* können ebenfalls objektbeziehungspsychologisch interpretiert werden. Nicht selten sind psychosomatische Patienten in ihrer Umwelt sehr gut angepaßt, während sie ihre frühen Objektbeziehungen so gut verdrängt und abgespalten haben, daß diese sich nicht mehr psychisch, sondern durch körperliche Symptome äußern. Sehr häufig spielt bei der Verdrängung der aggressive Aspekt ein Rolle, der jedoch psychisch nicht erlebt wird, sondern sich im Sinne der von Mitscherlich beschriebenen doppelten Verdrängung somatisch niederschlägt. Bei Hochdruck, Asthma bronchiale oder Ulkus wird dieser innere Bürgerkrieg – antilibidinöses Körper-Ich gegen das libidinöse Körper-Ich – als extreme Erregung oder innerem Streß, der an einem äußeren Streß festgemacht wird, ausgetragen. Die moralische Abwehr besteht trotz des inneren schwelenden Kampfes darin, daß diese Patienten ausgesprochen gut angepaßt und tüchtig sind, aber nicht zu sich selbst kommen, sondern eher wie ein »Funktions-Ich« den Anforderungen der äußeren Welt bis zur eigenen körperlichen Zerstörung gerecht zu werden versuchen. So werden Normen (Beruf, Ehe, Kinder, Hausbau und Pflanzung eines Baumes) in der Hoffnung erfüllt, auf diese Weise Anerkennung und Liebe durch ihre Umgebung zu erhalten. Dies entspricht wiederum der Sehnsucht, durch Leistung die innere Zuneigung des internalisierten, bedingt guten Objektes zu gewinnen. Der innere Konflikt zeigt sich nur durch Symptome, die jedoch schnellstens beseitigt werden sollen. Gerade diesen Patienten fällt es besonders schwer, einen inneren Dialog mit sich selbst und ihren Symptomen herzustellen. Die psychosomatischen Patientin möchten dieses Symptom, das mit dem bösen Objekt gleichgesetzt wird, einfach nur »weg« haben. Deshalb fällt es ihnen außerordentlich schwer, damit in einen inneren Dialog zu kommen. Da nur wenig Zugang zu den eigenen Bedürfnissen (wahres Selbst) vorhanden ist, wird ein innerer Dialog über die Bedeutungssymbolik des Symptoms so schwierig.

Schließlich ist noch der *Alkoholismus* zu erwähnen (in diesem Zusammenhang verweise ich auf die im vorliegenden Band enthaltene Arbeit von Rost sowie auf seine ausführlichere Darstellung dieser Problematik aus psychoanalytischer Sicht in Rost, 1992). Während der Alkoholgenuß darin besteht, gelegentlich in bestimmten Situationen durch Alkohol einen bestimmten Bewußtseinszustand zu erreichen, verachtet sich der Alkoholiker nicht selten schon während des Trinkens. Er ist aber auf die Bewußtseinsänderung, die euphorische Stimmung oder Beruhigung, angewiesen. Typisch für den Alkoholiker sind seine hochgradige Einsamkeit und seine große Sehnsucht nach einem inneren oder äußeren Idealzustand, der in der äußeren Realität nicht erreichbar ist. Dies entstammt einer in der Kindheit nicht genügend erlebten guten Beziehung zur Mutter. Die Tatsache, daß real befriedigende äußere Objektbeziehungen für den Alkoholiker eher in den Hintergrund treten, zeigt den verzweifelten schizoiden Zustand. So wird in konkretistischer Weise ein äußeres schlechtes Objekt, der Alkohol, introjiziert, das heißt: Ein innerer Ich-Zustand wird mit einer äußeren Substanz behandelt, die mit Selbstzerstörung, Todesnähe und Destruktivität endet. Es wird ein schizoider Ich-Zustand erreicht, in dem äußere reale Objektbeziehungen aufgegeben werden oder zumindest in der emotionalen Bedeutung an Besetzung verlieren und durch eine schlechte (böse) Substanz behandelt werden. Dies endet letztlich in der Selbstzerstörung, die aber wegen des extremen Selbsthasses durch das antilibidinöse Ich billigend in Kauf genommen wird: »Es ist doch eh alles egal.« So wird die frühere traumatische Objektbeziehung, die introjiziert werden mußte, in Form eines Wiederholungszwangs ständig neu konkretistisch mit der Substanz

Alkohol reinszeniert. Der »innere Bürgerkrieg« zwischen einem enttäuschenden zurückweisenden und letztlich hassenden Objekt und einem erregenden geliebten, aber nicht erreichbaren Objekt soll innerlich betäubt und vermindert werden. Hier wird keine moralische Abwehr mehr zur Anwendung gebracht, so daß die Hoffnungslosigkeit sehr groß ist und scheinbar nur betäubt werden kann. Die Tragik besteht darin, daß mit einem schlechten (bösen) Objekt, nämlich dem Alkohol, im Sinne einer Selbstmedikation behandelt wird, die den Alkoholiker dann wie früher konkret in Todesnähe bringt. Unter diesem Gesichtspunkt handelt es sich um eine Beziehung zwischen libidinösem Ich und libidinösem Objekt, wobei die Liebe zu diesem bösen Objekt tatsächlich zerstörerisch ist. Es wird der internalisierte abgewehrte Konflikt mit den entsprechenden Ich-Zuständen des Schizoiden, nämlich Lieben oder Nicht-lieben = Leben oder Sterben, in einer realdestruktiven Form inszeniert und endet mit dem Tod. Die »Heilung« besteht für den Alkoholiker darin, daß er das vernichtende schlechte (böse) Objekt, nämlich den Alkohol, als selbstzerstörerisch und somit als schlecht erkennt. Dies macht die Behandlung so schwierig und für Psychoanalytiker wohl auch nicht sonderlich attraktiv. Der Alkoholiker muß zur Heilung die äußere Realität anerkennen und seine Verleugnung aufgeben. Erst wenn er erkennt, daß für ihn diese Substanz ein schlechtes Objekt ist, und er ein äußeres gutes Objekt findet, daß es ihm ermöglicht, sein inneres bedingungslos schlechtes Objekt in ein bedingt schlechtes zu verwandeln, kann er geheilt werden. Hierzu ist eine Objektspaltung nötig. Dies kann geschehen, indem er ein äußeres gutes Objekt – zum Beispiel in Form der AA-Gruppe – findet, die ihm diese »Objektspaltung« ermöglicht. Psychoanalytiker hingegen sind normalerweise eher damit beschäftigt, Patienten eine ambivalente Haltung gegenüber inneren und äußeren Objekten zu vermitteln, was hier gerade nicht angezeigt ist.

III. Allgemeine therapeutische Folgerungen

Fairbairn äußerte sich zu Fragen der Behandlung 1943, 1955 und 1958. Er mißt der Integration des gespaltenen Ichs zentrale Bedeutung bei. Das Hauptziel der psychoanalytischen Behandlung ist eine Synthese derjenigen Strukturen, in die das ursprüngliche Ich gespalten wurde. Fairbairn denkt nicht methodenzentriert, sondern prozeßorientiert. Auch die Couch ist für ihn nicht sakrosankt, denn er nimmt an, daß eine Reihe von Patienten die Passivität des Liegens und die Unmöglichkeit des Blickkontaktes als

Retraumatisierung erleben kann ([1958] 2000, S. 259). Für solche Patienten wiederholt sich eine Isolation, die sie tatsächlich erlebt haben. Deshalb empfiehlt er in diesen Fällen das aufrechte Sitzen, betont jedoch, daß auch auf diese Weise ein psychoanalytisches Setting eingehalten werde. Entscheidend ist für ihn die Frage, wie die Psychoanalyse wirkt. Im Gegensatz zur klassischen Technik, die davon ausgeht, daß die Erinnerung, vor allem aber Deutung und Einsicht, therapeutisch entscheidend sind, geht Fairbairn davon aus, daß der basale therapeutische Faktor die Beziehung zwischen Patient und Therapeut ist, denn einer der Hauptwiderstände gegen die Behandlung besteht darin, daß der Patient bestrebt ist, seine innere Welt »*als geschlossenes System*« ([1958] 2000, S. 263) aufrechtzuerhalten. Es sollen die inneren Ich-Strukturen mit den internalisierten Objektbeziehungen bewahrt bleiben. Da jedoch die Beschaffenheit dieser inneren Beziehungen die Ursache seiner Symptome und Charakterauffälligkeiten sind, besteht das Ziel der Behandlung darin, das »*durch die innere Welt des Patienten konstituierte geschlossene System aufzubrechen, um diese Welt dem Einfluß der äußeren Realität zu öffnen*« (ebd.).

Um eine zufriedenstellende Änderung im Patienten zu bewirken, reicht die Deutung der Übertragungssituation allein nicht aus; sie muß vielmehr in eine realistische Beziehung zwischen zwei Personen in der äußeren Welt eingebettet sein.

Da der Hauptwiderstand in der Verdrängung der schlechten Beziehungen besteht, an denen innerlich festgehalten wird, empfiehlt Fairbairn, (1) Situationen nicht in bezug auf Triebbefriedigungen, sondern in bezug auf Objektbeziehungen zu deuten; (2) libidinöse Strebungen sollten dem Patienten als Ergebnis der Liebe zum Objekt dargestellt werden, die grundsätzlich gut sind; (3) das libidinöse »Schlechtsein« ist auf die libidinöse Besetzung schlechter Objekte zu beziehen; (4) Schuldsituationen sind durch Deutungen mit Situationen zu verbinden, die von einem schlechten Objekt beherrscht werden; (5) bei Aggressionsdeutungen ist Vorsicht geboten, da der Patient dann schnell glaubt, daß der Therapeut ihn für schlecht hält. Viel wichtiger ist es, dem Patienten den libidinösen Faktor davon aufzuzeigen (1943).

Voraussetzung für die Lockerung der Abwehr ist die (hinreichend) gute reale Beziehung zwischen Therapeut und Patient. Erst auf dieser Grundlage können ein therapeutischer Zugang und eine Änderung der inneren Situation erreicht werden. Fairbairn unterscheidet dies sehr feinfühlig von einer traumatischen Situation, bei der diese schlechten Beziehungen durch äußere Faktoren wie Krieg spontan freigesetzt werden. Natürlich kann dies auch in einer Therapie passieren, wenn ausreichende Empathie fehlt und es zu einem reinen Machtkampf kommt, in dem der Patient symbolisch um seine Identität, sein inneres Überleben, kämpft. Dann bleibt nur Therapieabbruch oder Identitätsverlust, wie wir dies von der paranoiden Technik her kennen.

Eine andere Komplikation ist die Anwendung der moralischen Abwehr mit Schuldgefühlen. Die meisten Psychotherapien und Psychoanalysen laufen auf ein Analyse der Schuldgefühle hinaus, mit dem Ziel, diese zu lindern und das strenge Über-Ich zu modifizieren. Dies geschieht durch die Analyse des Ödipuskomplexes mit den ödipalen Schuldgefühlen und oder der depressiven Position mit Analyse der eigenen Aggressivität, die dem geliebten Objekt sowie den dazugehörigen Verlustängsten gilt. Dies kann aber nur dann gelingen, wenn der Therapeut in der Übertragung nicht als ebenso böse und gefährlich erlebt wird wie die früheren Objekte. Das heißt, daß eine gute Beziehung als Basis für eine Art korrigierende Erfahrung dient. Für sehr wichtig im therapeutischen Prozeß erachtet Fairbairn die kontrollierte und langsame Freisetzung in relativer Sicherheit, weshalb es für den Patienten unumgänglich ist, den Erfolg vor allem als gutes Objekt zu erleben, so daß er das Risiko eingehen kann, sich seinem bösen internalisierten Objekt zu stellen und die Verdrängung langsam zu lockern, um sie dann auch im Kontakt mit dem Therapeuten zu verändern.

Entscheidend ist jedoch, daß sich der Patient häufig eher bereit ist, sich selbst schuldig zu fühlen, als den Therapeuten als schlecht zu erleben. Hier zeigt sich, daß Schuldgefühle häufig einen Widerstand gegen das Wiederaufleben schlechter Objektbeziehungen in der Übertragung darstellen. Fairbairn unterscheidet sich wesentlich von der Selbstpsychologie, da er das Auftauchen von schlechten Objektbeziehungen auch in der Übertragung als Voraussetzung einer erfolgreichen Therapie betrachtet, während die Selbstpsychologie das Auftauchen von Aggression in der Übertragung auf das empathische Versagen des Therapeuten zurückführt.

Typischerweise kann sich eine Abwehr durch Schuldgefühle einstellen, bei der etwa nach dem Motto »Ich bin schlecht, deshalb kannst du als Vater / Mutter- gut bleiben«, der Analytiker eher in die Idealobjektbeziehung des akzeptierten Objektes zum zentralen Ich verbleibt. Eine andere Möglichkeit, die bösen Objekte stärker in die Übertragung einzubeziehen, ergibt sich durch die Inszenierung der moralischen Abwehr, wenn sich der Patienten einem eher bedingt guten Objekt oder strengen Objekt unterwerfen muß und so eine Reinszenierung der frühen Objektbeziehung zwischen antilibidinösem Objekt und libidinösem Ich entwickelt. Entscheidend für die Behandlung hält Fairbairn weiterhin, wie böse

Objekte aus der Verdrängung auftauchen können und wie der Patient sich von diesen Objekten auch trennen kann, statt im Übergangsstadium verhaftet zu bleiben. Dazu ist eine Bearbeitung dieser Objektbeziehung auch und vor allem in der Übertragung notwendig.

Als einfaches, leicht nachvollziehbares Beispiel mag ein Patient dienen, der regelmäßig pünktlich kommt. Soll die Beziehung im geschlossenen System verbleiben, so wird er eine Vielzahl von Problemen und Schwierigkeiten schildern, die nichts mit der analytischen Situation zu tun haben. Seine Pünktlichkeit hat auch nichts mit dem Analytiker zu tun, sondern ist seine persönliche Art. Hier wird der Analytiker auf der Ebene des Idealobjektes gehalten und eine neutrale gute Beziehung erhalten.

Im weiteren Verlauf wird es dem Patienten möglich, sich einzugestehen, daß er pünktlich kommt, weil er sich vor dem Zorn des Analytikers im Falle einer Verspätung fürchtet. Hier hat der Patient dem Analytiker die Rolle des antilibidinösen Objektes zugedacht und sein inneres System geöffnet. Bei der Bearbeitung ist es wichtig, genau auch die realistischen Wahrnehmungen des Patienten gemeinsam herauszuarbeiten, da der Patient etwas wahrnehmen kann, das dem Analytiker selbst gar nicht bewußt ist. Erst danach ist eine Rekonstruktion der mutmaßlichen früheren Strenge der Eltern sinnvoll, die ihn auch heute noch beherrschen. Es wird dabei auch deutlich, daß der Patient sich sehr schnell »schlecht« und »böse« fühlt, wenn er sich nicht mit den Bedingungen identifiziert, die die Eltern für sein »Gutsein« erwarten. So kann er sich über »braves« Verhalten »gut« fühlen (moralische Abwehr).

Im weiteren Verlauf kann der Patient aber auch noch sagen, daß er froh ist, wieder eine Sitzung zu haben, und er deshalb pünktlich ist, weil er die Stunde so dringend braucht. Hier zeigt sich das libidinöse Ich, das mit all der Sehnsucht nach Zuwendung, Verständnis und Liebe sein libidinöses Objekt sucht. Es geht dabei ein Wagnis ein, denn es setzt vertrauensvoll voraus, daß der Therapeut den Patienten mit seiner Bedürftigkeit annimmt. Hier hat sich das geschlossene System des Patienten geöffnet, und von solchen »wahren Momenten« hängt es ab, ob sich der Patient auch künftig öffnen kann und darf. Wird dem Therapeuten eine solche Nähe allzu eng und zu dicht, was er unweigerlich durch Gestik, Tonfall oder eine Bemerkung zeigt, so wird sich der Patient wieder auf sein geschlossenes System zurückziehen und sich lange oder überhaupt nicht mehr öffnen. Selbstverständlich gibt es auch viele Patienten, die den Therapeuten durch Inszenierungen und Rollenzuweisungen unbewußt sehr genau daraufhin prüfen, wie es wirklich mit ihm und seinem Verständnis aussieht. Hier sei nur auf die Arbeit von Sandler (1976) verwiesen.

Guntrip entwickelte die Thesen Fairbairns weiter (siehe hierzu auch den Beitrag von Williamson im vorliegenden Band) und betonte, daß ein Hauptwiderstand des Patienten darin bestehe, seine eigene Schwäche anzuerkennen und sich als hilflos und unzulänglich zu empfinden. Diese Einstellung wird mit einem Gefühl von Scham und Demütigung einhergehen, weshalb Patienten eine Therapie häufig gar nicht erst aufnehmen können. Guntrip sieht darin ein Beispiel für das antilibidinöse Ich, welches das Bewußtwerden und die Äußerung von Bedürfnissen, die vermutlich keine Befriedigung finden werden, aktiv zu verhindern sucht. Dieser Widerstand ist gegen die Sehnsucht des libidinösen Ichs gerichtet oder ist, um es mit Winnicott auszudrücken, eine Angst vor einer Retraumatisierung. Eine wichtige Aufgabe des Analytikers besteht darin, die Aktivität des antilibidinösen Ich seines Patienten, das die Wahrnehmung und Äußerung seiner tiefsten Bedürfnisse unterdrückt, aufmerksam zu beobachten und eine konstruktive, kontrollierte Regression auf die primäre Identifizierung zu ermöglichen, in der er sein Wachstum wiederaufnehmen und sein Selbst in der Beziehung zum Therapeuten reinszenieren kann, statt den zurückgezogenen und unkontrollierten unfreiwilligen Zustand des regredierten Ichs aufrecht zu erhalten.

Der therapeutische Prozeß kann den Bedürfnissen des Patienten gerecht werden, indem er ihm die Chance gibt, eine Beziehung zum Therapeuten aufzubauen und diesen als Elternfigur zu erleben, die ihn vor großer Angst schützt und ihm das Gefühl vermittelt, sich intensiv um seine Belange zu kümmern. Letztlich geht es dabei um die Befriedigung des kindlichen Bedürfnisses, sich geliebt und unterstützt zu fühlen, da Liebe und Unterstützung die Grundvoraussetzung für das Leben des Menschen und seine Entwicklung darstellen. Weiterhin ist die Analyse der Übertragung, die deutlich werden läßt, wie die für die normale Entwicklung wegweisende Beziehung in der Kindheit beeinträchtigt wurde, von entscheidender Bedeutung. Durch die Herstellung einer Beziehung zum Therapeuten, in der letzterer seinen Patienten in aufrichtiger, persönlicher Weise als gleichberechtigten Partner behandelt, wird es diesem ermöglicht, zu reifen und zu dem Individuum zu werden, das er ist. Im Hinblick auf das Therapieresultat ist es daher entscheidend, ob der Patient das Bewußtwerden eines Gefühls grundlegender Schwäche und Isolation zu tolerieren vermag und ob er es dem Analytiker zutraut, ihn in seinem tiefen Inneren zu erreichen, ohne ihm dieselben Verletzungen zuzufügen, die er als Kind erlitten hat. Am meisten fürchtet der Patient, daß er ausgebeutet wird, in seiner Individualität überwältigt und zurückgewiesen oder im Stich gelassen wird, weil seine Bedürfnisse erneut als derart anspruchsvoll, fordernd oder deprimierend erlebt werden, daß sie in der Gegenwart auch vom Analytiker nicht getragen werden. Aus diesem Grund ist es von grundlegender Bedeutung, daß der Therapeut die Abhängigkeit des Patienten akzeptieren und eine aufrichtige persönliche Beziehung zu ihm eingehen kann.

IV. Spezielle klinische und therapeutische Implikationen der Theorie Fairbairns

Ödipale Situation: die »erregte« ödipale Situation im Schatten der oralen Fixierung und die »ruhige« Triangulierung

Bekanntlich bilden sich nach Fairbairn die dynamischen Ich-Strukturen durch die Verarbeitung realer Objektbeziehungen in der frühen Interaktion mit dem Primärobjekt. Wie dies geschieht, soll hier kurz rekapituliert werden. Auch wenn die äußere Realität der Beziehung zum Primärobjekt für das Kind unerträglich ist, muß es die Beziehung zur Mutter wegen seiner hochgradigen Abhängigkeit dennoch »gut« erhalten. Dies geschieht, indem es zunächst die ganze Objektbeziehung (präambivalent) introjiziert. Anschließend werden dieses Objekt und – wegen der hohen Besetzung dieses Objekts durch das Ich – auch die entsprechenden Ich-Strukturen aufgespalten. So entstehen ein gutes – das akzeptierte – Objekt mit dem Zentral-Ich und ein schlechtes Objekt, das sich jedoch sofort in zwei Objekte spaltet: In das erregende Objekt, dem die unerfüllten Liebessehnsüchte gelten, und in das zurückweisende Objekt, dem alle Haßgefühle wegen der Zurückweisung gelten. Mit diesen internalisierten Objekten spaltet sich das ursprünglich einheitliche Ich in das zentrale Ich, das libidinöse Ich und das antilibidinöse Ich. So kann die äußere Realität kontrolliert und »gut« erhalten werden, aber nur um den hohen Preis einer Objekt- und vor allem einer Ich-Spaltung.

Fairbairn erklärt den triangulären ödipalen Konflikt mit Hilfe der aus der Dyade hervorgegangenen endopsychischen Situation. Bei der positiv ödipalen Konstellation erlebt der Knabe die Mutter als erregendes und den Vater als zurückweisendes Objekt. Die entstehenden Schuldgefühle werden nicht als Folge der ödipalen, vom Vater verbotenen Wünsche, sondern als Folge der Zurückweisung des kindlichen Bedürfnisses nach Liebe verstanden.

Meiner Auffassung nach kann die ödipale und vor allem die frühe Triangulierung noch auf andere Weise verstanden werden. Die Anwesenheit des Vaters verändert die Beziehung zwischen Mutter und Kind. Somit stellt sich nicht eine duale Beziehung her, sondern diese Beziehung ist von Anfang an trianguläar, da drei Personen miteinander interagieren und Gefühle füreinander empfinden. In der Regel ist die Beziehung zwischen Vater und Mutter nicht nur durch intensive Gefühle (high emotions) im Sinne der Urszene (kannibalistisch, antilibidinös, sadomasochistisch oder libidinös-genital) gekennzeichnet, sondern auch durch eine ruhige, desexualisierte Beziehung, die sich durch wechselseitige Fürsorge (low emotions) auszeichnet. Ich denke hier zum Beispiel an den Broterwerb des Vaters zur materiellen Versorgung der Familie und an seine Präsenz innerhalb des Hauses sowie an die mütterliche Versorgung der Familie durch das Einkaufen von Lebensmittel und vor allem durch die wechselseitige Interaktion, die sich in einer behaglichen familiären Situation (Wohnung, die geheizt und behaglich eingerichtet ist und emotional hinreichend Geborgenheit und Sicherheit bietet) zeigt. Selbstverständlich sind auch andere wohlwollende, lebendige und ruhige Konstellationen denkbar. Insofern können sich die Eltern durch ihre wechselseitigen emotionalen Einstellungen und praktischen Verrichtungen gegenseitig emotional entlasten und bestätigen, so daß die Mutter sich dem Kind weniger ausgeliefert fühlt und den Umgang mit seinen »maßlosen Ansprüchen« als weniger anstrengend erlebt. Sie kann sich unter diesen günstigen Bedingungen eher auf die emotionalen und physischen Bedürfnisse des Kindes einstellen, (was natürlich auch von ihrer eigenen inneren Struktur abhängig ist) und es um seiner selbst willen lieben, so daß sie weder als übermäßig emotional erregend noch als übermäßig zurückweisend erlebt wird. Die wichtige Funktion des Vaters besteht somit in der Entlastung der Mutter durch handelnde Mitverantwortung. Für das Kind verstärkt der Vater, wenn er mit der neuen Situation zurecht kommt, die Unabhängigkeit von der immer auch erregenden und zurückweisenden Mutter, wenn er als reales drittes Objekt zur Verfügung steht. Die Mutter wird eher zum akzeptierten Objekt und stärkt so das zentrale Ich des Kindes. Wird die Mutter als zurückweisend erlebt, kann sich u.U. der Vater als das ruhige gute Objekt zur Verfügung stellen, so daß ebenfalls eine Beziehung zum akzeptierten Objekt hergestellt werden kann, die das kindliche zentrale Ich stärkt.

Nach dieser Einleitung wird die Unterteilung verständlich. Eine *erregte ödipale Situation* (high emotions) ist gekennzeichnet durch sexuelle Erregung im Sinne der Urszene. Diese Situation wird in der Realität, aber auch in der Phantasie, als um so dramatischer erlebt, je stärker eine frühe dyadische

Mangelsituation mit der Mutter vorherrschte und zu einer inneren Spaltung der Mutter in ein schlechtes Objekt mit einem stark erregenden und zurükkweisenden Objekt führte. Diese Konstellation liegt der frühen oralen Fixierung bei der Hysterie zugrunde (konstitutionelle Faktoren spielen hierbei ebenfalls eine Rolle). Davon zu unterscheiden ist eine *ruhige Triangulierung* (low emotions), bei der die Mutter durch eine günstige familiäre Konstellation emotional entlastet ist. Unter diesen Bedingungen fühlt sich der Knabe von zwei Personen – der Mutter und dem Vater – geliebt. Kommen nun genitale Impulse hinzu, so steht der Knabe zwischen einem erregenden Objekt (Mutter) und einem zurückweisenden Objekt (Vater), das aber durch innere Beruhigung aufgrund einer zuvor guten Objektbeziehung schneller auch zum akzeptierten Objekt wird. Es ist die Dramatik der frühen Interaktion weniger stark ausgeprägt, da innere abgespaltene, desintegrierte erregende und zurückweisende Objekte keine so große Rolle spielen.

Lokalisierung von Abwehr und Widerstand einschließlich der projektiven Identifizierung mit Hilfe der dynamischen Ich-Strukturen

Bekanntlich ist die projektive Identifizierung ein interaktiver Prozeß zwischen zwei Personen. Es wird dabei von einer Person ein Teil des Ichs, der abgewehrt werden soll, auf eine andere Person projiziert. Zur anderen Person besteht eine interaktive Beziehung, durch die sie dazu gebracht wird, den abgewehrten Teil des Ichs zu übernehmen. Das Ziel der projektiven Identifizierung besteht darin, einen unerwünschten Ich-Anteil »los zu werden« und gleichzeitig über die andere Person eine Beziehung zu diesem Anteil als Objekt aufrechtzuerhalten, wobei Affekte (z. B. Aggression) interpersonal geäußert werden können. Die wichtige Abwehrfunktion besteht darin, daß reale Objektbeziehungen aufrechterhalten bleiben und ein »innerer Bürgerkrieg« in einen äußeren, interpersonellen Konflikt verwandelt wird.

Hier sei lediglich vermerkt, daß wir die interpersonale Dynamik aus Familien- und Paarbeziehungen kennen. Ich verweise dazu auf die ausführliche Darstellung von Stierlin (2001) sowie auf David Scharff (1987, 1998), der die Objektbeziehungstheorie von Fairbairn berücksichtigt. In Paarbeziehungen verhält sich zum Beispiel ein Partner eher als der anhänglich gefühlsbetonte (depressive) Teil und übernimmt somit das libidinöse Ich, während der andere Partner die Rolle des abweisenden (schizoiden), auf Abstand und Gefühlskontrolle bedachten Teils und somit die Rolle des zurückweisenden Objekts übernimmt, das eng mit dem antilibidinöses Ich verbunden ist. So kann beim Partner jeweils ein eigener Ich-Anteil beziehungsweise ein internalisiertes Objekt untergebracht werden, das gebraucht, verachtet und kontrolliert wird. Entscheidend bei diesen Rollenverteilungen ist, daß der andere zur Aufrechterhaltung des eigenen Gleichgewichts dringend gebraucht wird und mit ihm mehr oder weniger intensive Gefühle interagiert werden können. Die innerliche Unabgegrenztheit und die abgewehrte tiefe basale Bedürftigkeit gegenüber dem Partner äußert sich häufig in dem intensiven Wunsch, den Partner in einem speziellen Charakterzug oder wegen einer speziellen Eigenschaft ändern zu wollen. Als einfaches Beispiel kann hier der Wunsch einer Frau angesehen werden, der Ehemann möge gefühlvoller und häuslicher sein, oder der Wunsch eines Mannes, die Ehefrau solle sich sexuell offener und zugänglicher zeigen, gleichzeitig aber auch die versorgenden Aspekte verkörpern und beispielsweise regelmäßig kochen. Hierbei wird ein tief abgespaltener Wunsch, der einem abgespaltenen Ich-Anteil entspricht – dem libidinösen Ich, das sich nach Liebe und Zuwendung sehnt – nicht erfüllt. Aus scheinbar harmlosen Situationen resultieren dann nicht selten schwere Beziehungskrisen. Der eine Partner übernimmt dabei die Rolle des zurückweisenden Objekts, was als enorme Kränkung und Zurückweisung der innigen Versorgungs- und Liebessehnsüchte erlebt wird. Bei einem Schizoiden, der narzißtisch sehr kränkbar ist, kann daraus Rückzug mit Verdünnung der Beziehung resultieren, getreu dem Motto:»Bei einem Streit stirbt jedes Mal etwas von meiner Liebe.« Hier wird das libidinöse Ich sofort verdrängt, wenn es vom starken zurückweisenden Objekt, das im Partner untergebracht ist, verletzt wurde. Es wird die verdünnte Beziehung zum Ideal-Objekt vom zentralen Ich aufrechterhalten. Solche Beziehungen können wegen der wechselseitigen tieferen Abhängigkeit sehr lange auf »emotionaler Sparflamme« laufen und werden unter Umständen irgendwann abgebrochen, ohne daß den Partnern überhaupt Gründe einsichtig werden oder eine wirkliche Auseinandersetzung stattgefunden hat. Im Extremfall kommt es zu einem spontanen und vollständigen Beziehungsabbruch.

Sind die Partner besser von einander abgegrenzt und ist die basale bedingungslose Abhängigkeit bei beiden Partnern weniger intensiv, so kommt es bei der Zurückweisung der Sehnsüchte des libidinösen Ichs zu einer Ablehnung des Objekts entsprechend dem Übergangsstadium von Fairbairn. Dies bedeutet Streit mit intensiven Auseinandersetzungen, da ein tief abgespaltener Wunsch nach Liebe zurückgewiesen wurde. Jedoch können beide oder zumindest ein Partner die dahinter stehenden Wünsche als jeweils eigene erleben. Es werden die Grenzen des anderen als reale

Person wahrgenommen, so daß nach einer Auseinandersetzung oder Kränkung nicht gleich der Faden der Beziehung reißt, sondern Gespräch, Versöhnung und Annäherung relativ rasch wieder möglich werden. Dies bedeutet, daß die Ablehnung von tiefer liegenden, abgespaltenen Sehnsüchten, die in allen Beziehungen immer wieder stattfindet, besser toleriert wird. Eine ursprünglich intrapsychische Situation wird interpersonell erfahren und nährt die Hoffnung auf einen »besseren Ausgang« für eigene Sehnsüchte und Defizite. Der entscheidende Punkt ist das Ausmaß der abgespaltenen, desintegrierten schlechten Objekte, die dann vom Partner ersehnt und unter Umständen erzwungen werden, was nicht selten Paarbeziehungen überlastet und zu extremen Spannungen und Krisen führt.

Hier allerdings möchte ich mich auf eine alltägliche klinische psychoanalytische Situation konzentrieren. Als Beispiel kann ein Patient dienen, der ständig verspätet zu seinen Sitzungen kommt. Dem Patienten ist ein Gefühl von Aggression oder eine Zurückweisung des anderen oder gar die Intention, den anderen in eine Situation zu bringen, die er auf jeden Fall vermeiden möchte, bewußt völlig fremd, unbewußt, abgespalten und desintegriert. Wir alle kennen die typischen Rationalisierungen durch »reale Ereignisse«. So versucht der Patient, die Beziehung zum Analytiker auf der Idealobjekt-Beziehung zu halten. In der Regel ist der Analytiker verärgert, da er warten muß und sich Gedanken macht (machen soll). Unter dem Blickwinkel der dynamischen Ich-Strukturen können diese Vorgänge intrapersonal beim Patienten lokalisiert werden. So wird dem Analytiker via projektive Identifizierung die Rolle des libidinösen Ichs zugeschrieben, das passiv sehnsüchtig auf den Patienten warten soll, so wie der Patient früher auf seine Mutter wartete. Die damit verbundene Angst vor dem Sterben, wenn die frühe Abhängigkeit abgewehrt wird, soll der Analytiker übernehmen. Durch das Wartenlassen übernimmt der Patient gegenüber dem Analytiker die Rolle des zurückweisenden Objekts. Da der Analytiker aber nicht in der Situation des bedingungslos abhängigen kleinen Kindes ist, spürt er den berechtigten Ärger auf ein ihn ablehnendes zurückweisendes Objekt. Daraus resultiert der aggressive Affekt, welcher der Abwehr der Hilflosigkeit und Passivität dient. Dieser wird jedoch dem Analytiker »zugeschoben«. Je weniger abgegrenzt der Analytiker vom Patienten ist und je stärker der Druck ist, den dieser ausübt, um so eher identifiziert sich der Analytiker mit der ihm zugewiesenen Rolle und damit mit der ihm zugewiesenen Objektbeziehung und dem abgespaltenen Ich-Anteil des Patienten, was sich dann in seiner Gegenübertragung zeigt. Kann er sich diese bewußt machen, so wird sie für den Prozeß nutzbar, bleibt sie unbewußt, so wird mehr oder weniger mitagiert.

Bewußt hält der Patient die von Fairbairn beschriebene Idealobjekt-Beziehung zum Analytiker aufrecht. Der Analytiker erlebt den Ärger (antilibidinöses Ich des Patienten). Auf einer tieferen Ebene spürt er konkordant im Sinne von Racker unter Umständen Sorge (zentrale Ich des Patienten) und noch stärker abgewehrt zärtliche Liebe (libidinöses Ich des Patienten).

Durch die dynamischen Ich-Strukturen wird die Gegenübertragung des Analytikers besser verstehbar und analysierbar. Sie ist leichter zu bewältigen, da eine Lokalisierung der projektiven Identifizierung oder, in abgeschwächter Form, der Externalisierung möglich und damit metapsychologisch erklärbar wird. So kann dann im günstigen Fall dem Patienten durch Deutung seine Übertragung im Hier und Jetzt deutlich gemacht und mit dem Dort und Damals der Lebensgeschichte des Patienten verbunden, durchgearbeitet und integriert werden.

Der oben erwähnte Patient kennt sich durch seine Lebensgeschichte mit Bestrafungen besser aus als mit liebevollem Verständnis. Er benötigt »unschuldigen« Abstand, für den er scheinbar nicht verantwortlich ist. So bleibt er diesen verinnerlichten schlechten primären Objektbeziehungen treu, solange diese abgespalten wirken. Ziel der psychoanalytischen Behandlung ist es, daß der Patient diese abgespaltenen verinnerlichten Objektbeziehungen, die bewußt immer wieder in realen Beziehungen festgemacht werden, als einen Teil seines eigenen, verdrängten und abgespaltenen, geteilten Selbst erkennt, den Bezug zu den schlechten Erfahrungen herstellen und diese damit besser integrieren kann. Erst dann kann es möglich werden, daß ihn diese Anteile nicht mehr unnachgiebig beherrschen. Das bedeutet, daß er diese internalisierten Objektbeziehungen mit den entsprechenden Affekten zunächst in der Übertragung als letztlich in hohem Maße zu sich selbst gehörig erleben und anerkennen muß.

V. Klinische Illustration der Analyse von Übertragung und Gegenübertragung unter dem Blickwinkel der dynamischen Ich-Strukturen und der Träume als »Self State Dreams«

Unter dem Blickwinkel der Objektbeziehungspsychologie werden Träume nicht als Ausdruck einer unbewußten Wunscherfüllung gesehen, sondern als Ausdruck der verinnerlichten Objektbeziehungen und der damit verbundenen dynamischen Ich-Strukturen, die sich im manifesten Traum zeigen. Hier mag uns ein klinisches Beispiel diese Situation verdeutlichen.

Der Patient kam wegen Schlaflosigkeit und chronisch depressiver Stimmung mit zeitweise auftretenden Selbstmordgedanken und Partnerproblemen in Behandlung. Einer seiner ersten Träume in der Analyse, der eigentlich recht eindeutig und einfach verständlich ist, war:

> Ich (zentrale Ich, ZI) befinde mich in einem langen Gang. Ich weiß nicht genau, wo es hingeht. Plötzlich höre ich ein Kind (libidinöses Ich, LI) schreien, was ein unerträglicher Krach ist, den ich nicht ertragen kann. Ich (antilibidinöses Ich, AI) kann das ekelhafte Geschrei nicht hören. Ich werde wütend und schlage das Kind (LI) tot.

Im Laufe der Analyse konnten wir den Traum gemeinsam verstehen. Der Patient haßte das Kind genau so, wie die Mutter (zurückweisendes Objekt, ZO) früher ihn in seiner Bedürftigkeit abgelehnt, ja gehaßt hatte. In seinen Beziehungen und im Laufe der Behandlung brachte er in der Übertragung via projektive Identifizierung bei mir oder in seinen Partnerbeziehungen diesen bedürftigen (LI) oder auch hassenden Ich-Anteil (antilibidinöses Ich, AI) mit den entsprechenden Affekten unter.

Zum dynamischen Verständnis des Traums möchte ich einige Angaben über die Biographie und den Verlauf der Analyse machen. Zunächst ist dieser Traum dem Patienten völlig unverständlich. Er meint nur abschätzig, daß er wieder nur Unsinn geträumt habe, der mit seinem Leben überhaupt nichts zu tun habe. Wenn er ehrlich sei, müsse er zugeben, daß er diesen Unsinn nur mir zuliebe erzähle, da er wisse, daß sich Analytiker für Träume interessieren. So kann er zu mir eine neutrale Beziehung (zum akzeptierten Objekt) aufrechterhalten und dabei gleichzeitig sich selbst mit seinem Traum und indirekt mich als Analytiker (antilibidinöses Ich) entwerten. Der Traum konnte während der Analyse in seiner Bedeutung für den Patienten erst allmählich gemeinsam verstanden werden.

Es handelt sich um einen beruflich erfolgreichen Akademiker, der wegen großer Probleme in seinen persönlichen Beziehungen in Analyse kam. Er war zwar meist erfolgreich bei der Eroberungen von Frauen, konnte aber nur wenig dabei empfinden. Er hatte das Gefühl, sich nicht verlieben zu können. Nur einmal habe er sich in eine verheiratete Frau (erregendes Objekt, EO, und zurückweisendes Objekt, ZO) verliebt. Sie habe ihm aber von Anfang an signalisiert, daß diese Beziehung für sie lediglich ein erotisches Abenteuer sein könne. Mit ihr sei es sexuell so intensiv gewesen wie danach nie wieder in seinem Leben. Zwar lebte er ständig in Beziehungen zu Frauen, doch entwertete er seine Partnerinnen, die ihn liebten und die er für sich gewonnen hatte. Die Mutterbeziehung wurde von ihm zu Anfang als »nur gut« – im Laufe der Analyse als sehr schwierig – geschildert. Die Mutter habe sich sehr für ihn eingesetzt, ihn geliebt und in ihre tiefsten Geheimnisse eingeweiht, worauf er schon immer sehr stolz gewesen sei. Erst später begriff er, daß er von der Mutter auch benutzt wurde und sie eigentlich extrem streng und ungerecht war. Wenn er nicht so reagierte, wie sie es von ihm erwartete, habe sie ihn brutal mit einem Lederriemen geschlagen. Wenn er wegen der Schmerzen geschrieen habe, so habe sie ihn angebrüllt, daß er sofort still sein sollte. Wenn er ungehorsam war, habe sie ihn stundenlang allein gelassen und sei mit dem Auto weggefahren. Er habe damals Todesangst gehabt, da er geglaubt habe, daß die Mutter nie mehr zurückkommen werde. Diese Situation habe ihn in einem Gefühl völliger Verzweiflung untröstlich sein lassen; darüber hinaus habe er starke Schuldgefühle empfunden. Wenn die Mutter schließlich zurückkam, sei sie wie ausgewechselt und ihm gegenüber wieder sehr liebevoll gewesen. Der Vater habe wegen seiner kleinkarierten Zwanghaftigkeit keine Rolle gespielt. So habe er seinen Vater, den der Patient als »Erbsenzähler« und als bedauernswerten Menschen bezeichnete, nie recht ernst genommen, obwohl er ein recht erfolgreicher Geschäftsmann gewesen sei. Bei seltenen gemeinsamen Besuchen von Sportveranstaltungen habe der Vater immer um Verständnis für die Mutter gebeten, da er sie für krank gehalten habe. Der Vater habe immer betont, daß er wisse, daß die Mutter ihn trotz aller Angriffe brauche. Diese »Gefühlsduselei« des Vaters sei, so der Patient, unerträglich gewesen. Er verachtete den Vater, konnte ihn aber im weiteren Verlauf besser annehmen und seine Stabilität schätzen lernen. An dieser Stelle verzichte ich jedoch auf die eingehende Untersuchung des Behandlungsverlaufs und der Übertragungsdynamik sowie der ebenfalls mit der Vaterbeziehung zusammenhängenden sexuellen Identitätsstörung. Vielmehr sollen am Beispiel der Träume die inneren Objektbeziehungen dargestellt werden, die in bestimmter Sequenzen der Übertragungsdynamik zutage traten.

Ein zweiter Traum, den der Patient gegen Ende der Analyse hatte, verdeutlicht die Differenzierung seiner inneren Objektbeziehung:

> Ich (ZI) befinde mich in einem großen Haus. Die Türen zu den einzelnen Zimmern (Idealobjekt, IO, erregendes Objekt (EO), zurückweisendes Objekt, ZO) sind zum Teil geöffnet, manche geschlossen. Im Haus befinden sich einige Leute (EO, ZO, IO), zum Teil ist es sehr laut und ängstigend. Ganz genau weiß ich das nicht mehr. In einem Raum befindet sich ein Kind (LI), das

schreit. Plötzlich kommt es aus einem Zimmer und rennt auf mich zu. Ich (ZI) fühle mich hilflos. Eine Frau (ZO) schreit herum, eine andere (EO) ist ganz freundlich, das verwirrt mich alles sehr. Ein Mann (IO, EO) geht herum und bringt belegte Brote. Ich (ZI, LI, AI) nehme das Kind (LI) auf den Arm und ärgere mich, finde es aber auch nicht so schrecklich, denn es ist noch sehr klein. Während ich (ZI) es halte, wird das Kind (LI) zu meiner Überraschung ruhiger, obwohl ich doch gar nichts besonderes gemacht habe.

In diesem Traum stellte der Patient seine innere psychische Situation interpersonal durch Objektbeziehungen dar (hier durch entsprechende Zuordnung der Ich-Anteile angezeigt). Das lärmende, sich nach Liebe sehnende Kind (LI) in ihm konnte der Patient (ZI, AI) nicht ertragen, dann aber doch annehmen. Das Kind und letztlich seine eigenen kindlichen Anteile, die sich nach Liebe und Zuwendung sehnen, sowie seine strengen, zurück weisenden Ich-Anteile sind in dem Traum deutlich repräsentiert; er konnte diese Anteile nicht nur vorbewußt besser integrieren und annehmen, sondern den Traum nun auch gemeinsam mit dem Therapeuten ansehen und bearbeiten. Selbstverständlich enthält der Traum auch eine Vielzahl von Übertragungsaspekten und Selbstaspekten, die ebenfalls bearbeitet werden konnten.

Typisch für den Patienten war am Anfang der Analyse zunächst seine Neigung, die therapeutische Beziehung zu neutralisieren, von Gefühlen zu »reinigen«, so daß eine emotional relativ sterile Beziehung zum Idealobjekt übrig blieb. Diese war aber für die Aufrechterhaltung und Fortsetzung der Therapie enorm wichtig. Erst sehr langsam konnten aggressive Beziehungsformen in der Übertragung untergebracht werden. So wurde ich wegen einer Verspätung heftig (natürlich nicht ganz ohne realen Grund) angegriffen. Hier brach in der Übertragung sein antilibidinöses Ich durch. Er konnte mich in der Übertragung »verhauen«, wie er selbst früher von der Mutter verprügelt worden war. Erst viel später verstand er, daß er mich auf einer tieferen Ebene auch sehnsüchtig erwartet hatte und meine Abwesenheit nicht ertragen konnte. Das Eingeständnis der dahinter stehenden großen Abhängigkeit vom Analytiker wurde jedoch zunächst völlig abgewehrt, da dies die eigene Grandiosität in Frage gestellt und die von ihm erlebte und auch als Ideal propagierte absolute Autonomie bedroht hätte. Diese Ich-Anteile mußten zunächst unbedingt durch anal-schizoide Rückzüge und später durch aggressive Ausbrüche geschützt werden. Unter dem Blickwinkel der »role responsiveness« (Sandler) betrachtet, konnte der Patient außerdem untersuchen, ob der Analytiker ebenso wie die

Mutter bei »Ungezogenheit« mit Prügel, Rückzug und Kontaktabbruch reagierte. Entweder wurden die unbewußten Erwartungen irgendwie bestätigt, oder es folgte eine Phase der ungläubigen, mißtrauischen Verwunderung, wenn sich diese Muster nicht wiederholten, insbesondere wenn der Analytiker den Kontakt durch das Bemühen, die Szene gemeinsam zu verstehen, aufrechterhielt. So wurde durch den Analytiker zunächst das verachtete libidinöse Ich repräsentiert, das vom Patienten zeitweise mit dem »gefühlsduseligen« Vater gleichgesetzt und (antilibidinös) verachtet wurde – eine Entsprechung der intrapsychischen Situation, da das libidinöse Ich nicht nur vom zentralen Ich, sondern auch vom antilibidinösen Ich aggressiv abgewehrt wird. Dies geschah deshalb so ausgeprägt, weil die bedürftigen Seiten des Patienten von der Mutter nicht ausreichend angenommen werden konnten.

Bei mir stellte sich in manchen Stunden eine große Müdigkeit ein, da auch ich zeitweise unfähig war, die abgespaltenen Objektbeziehungen zu erleben. Dies entspricht auch bei mir den via projektive Identifizierung abgewehrten Ich-Strukturen und Objektbeziehungen. So konnte ich sein Gefühl von Leere, Sinnlosigkeit und Unmöglichkeit, eine lebendige Beziehung herzustellen, erleben. Als der Patient mich wegen meiner »Leblosigkeit« und der Langeweile in den Sitzungen attackieren konnte, wurde das geschlossene System der verinnerlichten Ich-Strukturen in das offene System der Übertragungsbeziehung umgewandelt.

Die Funktion des Analytikers besteht darin, die Attacken des zurückweisenden Objekts zu »überleben«, indem er – wie dies Winnicott beschrieben hat – seine wohlwollende, verstehende, analysierende Haltung trotz der Entwertungen durch den Patienten nicht verliert. Das bedeutet, daß er den Patienten immer wieder dazu ermuntert, die Situation, die sich ergibt, durch Reflexion im Sinne des Bühnenmodells gemeinsam zugänglich zu machen. So wurden die Gefühle aus der Vergangenheit, die für ihn »lebensgefährlich«, nämlich mit Todesängsten verbunden waren, bei mir oder in seinen Nebenübertragungsbeziehungen untergebracht. Mit der Zeit konnte der Patient diese abgespaltenen inneren Ich-Strukturen und Objektbeziehungen, die er durch seine schwierige Mutterbeziehung erlebt hatte und introjizieren mußte, nach »Entgiftung« durch das Holding des Analytikers und ein angemessenes Timing der Deutungen besser integrieren und annehmen. Hier sei nur angemerkt, daß nach meiner Meinung die Deutung im Hier und Jetzt auch die Berechtigung des Widerstandes als Notlösung im Dort und Damals mit berücksichtigen sollte. Vor allem bei aggressiver Übertragung schießt dies auch die Betonung des libidinösen

Anteils ein, da sich hier das antilibidinöse Ich in der Übertragung entfaltet. So entwickelte der Patient die wichtige Fähigkeit, sich durch Aggressionen gegen ein frustrierendes Objekt zu wehren, eine Haltung, die als »Notlösung« im Dort und Damals sehr wichtig war, aber auch in der Übertragung anerkannt werden sollte. Vor allem sollte der Analytiker bei seiner Gegenübertragungsanalyse möglichst auch die Berechtigung der Attacke im Hier und Jetzt erwägen und nicht alles als »reine« Übertragung handhaben, die nichts mit der realen Interaktion zu tun hat.

Erst nach und nach konnten diese eingefrorenen inneren Prozesse zugelassen werden. Es bedurfte großer Geduld, da allein der Patient die Geschwindigkeit bestimmen mußte und der Therapeuten keinesfalls den Eindruck erwecken durfte, den Prozeß irgendwie beschleunigen wollen. Nur unter dieser Voraussetzung erhielt der Patient die Chance zu einem inneren Nachreifen im Sinne Winnicotts und die Gelegenheit, ein anderes inneres Gleichgewicht der intrapsychischen Situation zu entwickeln und zur Anerkenntnis seiner immer bestehenden, erwachsenen Abhängigkeit von realen Objektbeziehungen zu finden.

Literatur

Bacal, H. A., und K. M. Newman (1990): *Objektbeziehungstheorien – Brücken zur Selbstpsychologie.* Stuttgart (frommann-holzboog) 1994.

Balint, M. (1937): Frühe Entwicklungsstadien des Ichs. Primäre Objektliebe. In: Ders.: *Die Urformen der Liebe und die Technik der Psychoanalyse.* Stuttgart (Klett) 1966.

Bowlby, J. (1969): *Bindung.* München (Kindler) 1975.

Cooper, A. M. (1988): Review and How does Analysis Cure? *J. Amer. Psychoanal. Assn.* 36: 175–9.

Dantlgraber, J. (1989): Die psychoanalytische Haltung als Stufe in der Übertragungs/Gegenübertragungsbeziehung. *Psyche* 43: 773–1006.

Eagle, M. N. (1984): *Neuere Entwicklung der Psychoanalyse.* München, Wien (Verlag Internationale Psychoanalyse) 1988.

Faber, J. (1976): *Lying, despair, jealousy, envy, sex, suicide, drugs, and good life.* New York (Basic Books).

Fairbairn, W. R. D. (1940): Schizoide Persönlichkeitsfaktoren. In: Ders.: *Das Selbst und die inneren Objektbeziehungen.* Gießen (Psychosozial-Verlag) 2000.

Fairbairn, W. R. D. (1941): Eine revidierte Psychopathologie der Psychosen und der Psychoneurosen. In: Ders.: *Das Selbst und die inneren Objektbeziehungen*. Gießen (Psychosozial-Verlag) 2000.
Fairbairn, W. R. D. (1943) Die Verdrängung und Wiederkehr schlechter Objekte (unter Berücksichtigung der »Kriegsneurosen«). In: ders.: *Das Selbst und die inneren Objektbeziehungen*. Gießen (Psychosozial-Verlag) 2000.
Fairbairn, W. R. D. (1944): Darstellung der endopsychischen Struktur auf der Grundlage der Objektbeziehungspsychologie. In: Ders.: *Das Selbst und die inneren Objekte*. Gießen (Psychosozial-Verlag) 2000.
Fairbairn, W. R.D. (1952): *Psychoanlytic Studies of the Personality*. London, New York (Tavistock-Routledge).
Fairbairn W. R. D. (1954): Über den Charakter hysterischer Zustände. In: Ders.: *Das Selbst und die inneren Objektbeziehungen*. Gießen (Psychosozial-Verlag) 2000.
Fairbairn, W. R.D. (1955): Observations in defence of the object-relation theory of the personality. *British Journal of Medical Psychology* 28 (2,3): 154.
Freud, S. (1924c): Das ökonomische Problem des Masochismus. *G. W.*, Bd. 13, S. 371–383.
Freud, S. (1927e): Fetischismus. *G. W.*, Bd. 14, S. 311– 317.
Greenberg, J. R. und S. A. Mitchell (1983): *Object Relations and Psychoanalytic Theory*. Cambridge, MA (Harvard University Press).
Grotstein, J. S. und D. R. Rinsley (Hg.) (1994): *Fairbairn and the Origins of Object Relations*. London (Free Association Books).
Grotstein, J. S. (1994): Notes on Fairbairns metapsychology. In: Ders. und Rinsley, D. R.: *Fairbairn and the Origins of Object Relations*. London (Free Association Books).
Grunert, J. (Hg.) (1981): *Leiden am Selbst – Zum Phänomen des Masochismus*. München (Kindler).
Guntrip, H. (1968): *Schizoid Phenomena, Object Relations, and the Self*. London (Hogarth Press).
Guntrip, H. (1975): My experience of analysis with Fairbairn and Winnicott. *Int. Rev. of Psycho-Anal.* 2: 145–156.
Heising, G., M. Brieskorn und W.-D. Rost (1982): *Sozialschicht und Gruppenpsychotherapie*. Göttingen (Verlag für Medizinische Psychologie. Vandenhoeck & Ruprecht).
Heising, G., und E. S. Poluda-Korte (1989: Sigmund Freuds sexuelle Objektbeziehungspsychologie. Ihre Verdrängung und Wiederkehr. In: H. Luft u. G. Maass (Hg.): *Das Erbe Sigmund Freuds in Deutschland – 50 Jahre nach seiner Vertreibung*. DPV Arbeitstagung 1989.

Hensel, B. F. (1997): Die Bedeutung von Absenz und Präsenz des Objekts für das Spaltungskonzept von Fairbairn. In: H. Peters und T. Rollwagen (Hg.): *Denken in Gegenwart des Anderen. Tagungsband der Arbeitstagung der DPV. Herbst 1997.*

Hensel, B. F. (1998): Die »Psychosomatik« und das Tennis. In: Ders., A. Nahrendorf und S. Trenk-Hinterberger (Hg.): *Lebendige Psychoanalyse – Gerd Heising zum 70. Geburtstag.* Gießen (Psychosozial-Verlag).

Hensel, B. F., und R. Rehberger (1999): Äußere und innere Lebenstatsachen in der Übertragung und im psychoanalytischen Prozess. In: U. Ostendorf und H. Peters (Hg.): *Lebenstatsachen und Psychoanalytischer Prozeß. Tagungsband der Arbeitstagung der DPV. Herbst 1999.*

Jacobson, E. (1964): *Das Selbst und die inneren Objekte.* Frankfurt am Main (Suhrkamp) 1973.

Jacobson, E. (1971): *Depression.* Frankfurt am Main (Suhrkamp) 1978.

Kernberg, O. F. (1980): *Innere Welt und äußere Realität: Anwendungen der Objektbeziehungstherorie.* München, Wien (Verlag Intern. Psychoanalyse) 1988.

Klein, M. (1962): *Das Seelenleben des Kleinkindes.* Stuttgart (Klett-Cotta) 1968.

Khan, M. M.R. (1979): *Entfremdung bei Perversionen.* Frankfurt am Main (Suhrkamp) 1983.

Kutter, P. (1982) (Hg.): *Psychologie der zwischenmenschlichen Beziehungen.* Darmstadt (Wissenschaftliche Buchgesellschaft).

Mahler, M. S. (1979): *Symbiose und Individuation. Bd. 1. Psychosen im frühen Kindesalter.* Stuttgart (Klett-Cotta).

Minden, G. von (1978): Der strukturell ich-gestörte Patient und die Theorie der Objektbeziehungen. *Zeitschrift für Psychosomatische Medizin und Psychoanalyse.* Göttingen (Verlag für medizinische Psychologie im Verlag Vandenhoeck & Ruprecht).

Minden, G. von (1988): *Der Bruchstück Mensch: Psychoanalyse des frühgestörtneurotischen Menschen.* Göttingen (Vandenhoeck & Ruprecht).

Mitchell, S. A. (1981): The origin and nature of the »object« in the theories of Klein and Fairbairn. *Contemporary Psychoanalysis* 17(3): 374–398.

Mitchell, S. A. (1988): *Relational Concepts in psychoanalysis – an integration.* Cambridge, Massachusetts, and London. Harvard University Press

Racker, H. (1959): *Übertragung und Gegenübertragung: Studien zur psychoanalytischen Technik.* München, Basel (Ernst Reinhard) 1978.

Rehberger, R. (1995): Die Begegnung mit D.W. Fairbairn. Gedanken zu seiner Rezeption und seiner bemerkenswerten Unbekanntheit. *DPV Information* Nr. 18.

Rehberger, R. (1999): *Verlassenheitspanik und Trennungsangst.* Stuttgart (Pfeiffer bei Klett-Cotta).

Rehberger, R., und B. F. Hensel: Fragen des Ichs – die dynamischen Ich-Strukturen als ein heute allgemein anerkannter Theorieansatz. In: *Tagungsband der DPV in München, Herbst 2000*.
Rost, W.-D. (1992): *Psychoanalyse des Alkoholismus: Theorie Diagnostik und Behandlung*. Stuttgart (Klett-Cotta).
Rovee-Collier, C., H. Hayne und M. Colombo (2001): *The Development of Implicit and Explicit Memory*. John Benjamins Publishing Amsterdam, Philadelphia.
Sandler, J. (1976): Gegenübertragung und Bereitschaft zur Rollenübernahme. *Psyche* 30: 297–305.
Scharff, D. E., und J. S. Scharff (1987): *Object Relations Family Therapy*. Northvale, NY (Aronson).
Scharff, D. E. (1998): Object construction, object sorting, and object exclusion. In: N. J. Skolnick und D. Scharff: *Fairbairn Then and Now*. London, Hillsdale, NJ (Analytic Press).
Scharff, D. E., und E. F. Fairbairn Birtles (Hg.) (1994): *From Instinct to Self: Selected Papers of W. R. D. Fairbairn. Volume I & II*. Northvale, NJ (Jason Aronson).
Stern, D. N. (1985): *The Interpersonal World of the Infant*. New York (Basic Books).
Stierlin, H. (2001): *Psychoanalyse – Familientherapie – systemische Therapie*. Stuttgart (Klett-Cotta).
Stoller, R. S. (1975): *Perversion. Die erotische Form von Haß*. Hamburg (Rowohlt) 1979.
Stoller, R. S. (1985): *Observing the erotic imagination*. New Haven (Yale University Press).
Sutherland, J. D. (1989): *Fairbairn's Journey into the Interior*. London (Free Association Books).
Suttie, I. (1935): *The Origins of Love and Hate*. New York (Matrix House) 1952.
Winnicott, W. D. (1971): Kreuzidentifizierung und zwischenmenschliche Beziehung. In: Ders.: *Vom Spiel zur Kreativität*. Stuttgart (Klett-Cotta) 1974.

13. Ellen Kindschuh-van Roje

ZUR PSYCHODYNAMIK
DER »NEBENÜBERTRAGUNG«[1]

Einleitung und Problemstellung

In meiner Arbeit als Analytikerin stellte ich fest, daß in vielen Analysen trieb- und affektbesetzte Konflikte aus der bewußten direkten Interaktion mit dem Analytiker herausgehalten und mit Ersatzfiguren agiert werden. Im Laufe der Behandlung tauchen scheinbar »neue Objekte« auf, die in außergewöhnlicher Stärke sexuell oder aggressiv besetzt werden. So bleibt der Analytiker in vielen Fällen in einer milden Akzeptanz als Ruhe- und Schutzobjekt und wird vom Patienten zeitweilig nicht affektiv besetzt. Dies kann sich zum Beispiel äußern in emotionalen Distanzierungen vom Analytiker einerseits und emotional heftigen Auseinandersetzungen mit den Objekten der Außenwelt andererseits. Der Analytiker bleibt als gutes und unzerstörbares Objekt erhalten und gibt Ruhe und Schutz.

Die Beschäftigung einiger Autoren mit der affektiven Besetzung von Objekten und Bereichen außerhalb der therapeutischen Beziehung, aber auch die Wichtigkeit und Priorität, die sie alle der Übertragungsanalyse beimessen, haben mich ermutigt, mich dem Begriff der »Nebenübertragung«[2] und seinen klinischen Implikationen zu nähern.

»Nebenübertragungen« sind ubiquitäre Phänomene in jeder Analyse. Neyraut (1976) meint, »daß die Nebenübertragung eine Wirkung der Übertragung ist; daß sie sich in die Übertragung selbst einschreibt, auch wenn sie ihr entgegenzustehen scheint; daß sie nicht grundlegend Widerstand *gegen* die Übertragung ist, sondern eine oppositionelle Variante von ihr bildet. Viele Analysen finden aus einer Übertragungssackgasse mittels einer Nebenübertragung heraus, die im übrigen meist völlig unbewußt ist (jedoch nicht immer)« (S. 285–286).

---

1 Erweiterte Fassung eines Vortrags, der am 22.8.1997 vor der Psychoanalytischen Arbeitsgemeinschaft Köln-Düsseldorf gehalten wurde.
2 Im folgenden setze ich Nebenübertragung in Anführungszeichen und betrachte den Begriff als Arbeitsbegriff, um die Problematik zu erläutern.

Eine Theorie speziell der »Nebenübertragung« existiert nicht. Einige Autoren beschäftigen sich jedoch im Rahmen dieser Thematik mit dem Nutzen und Wert von Material außerhalb der Übertragung und dem methodischen und technischen Umgang damit, den Außerübertragungsdeutungen (Haesler, 1992) oder auch Nicht-Übertragungsdeutungen. Diese »Übertragung außerhalb der analytischen Situation« (Haas, 1965), diese Inszenierung von Außerübertragungsbereichen, kann Aufschluß über die Strukturierung der inneren Objektbeziehungen des Patienten und den gegenwärtigen Stand der Übertragungsentwicklung geben.

Thomä und Kächele (1989) sprechen von »Nebenübertragungen« als von Konflikten, die mit »Ersatzfiguren« ausgetragen werden und so für den analytischen Prozeß hilfreich seien. Die Autoren beziehen sich auch auf Heising et al. (1982), der in Gruppen mit Borderline-Patienten aus der Unterschicht starke »Spaltungsübertragungen« feststellte und eine Wiederbelebung primitiver Objektbeziehungen, die in jeder Form der analytischen Therapie beobachtet werden können und seiner Meinung nach oft als »Objektspaltungen« zwischen Therapeut und Außenobjekt auftreten.

Loch (1965) vertritt die Auffassung, daß es neben der Übertragung zum Arzt auch Übertragung zu anderen Beziehungspersonen des Patienten gibt, und spricht von einer »Aufsplitterung der Übertragung«, wodurch etwas über das »Gesamt« der inneren Objektbeziehungen des Patienten deutlich werde. Der Arzt wird zum Teil zu einem guten desexualisierten Objekt, und der Patient bringt seine sexuellen und aggressiven Bedürfnisse »draußen« unter; er »agiert« nach Loch damit etwas aus in einer »Nebenübertragung«. In Anlehnung an Fairbairns Theorie beschreibt Dantlgraber (1989) »Nebenübertragungen« in einem Fallbeispiel als solche, die »entweder vom Typ einer Beziehung des libidinösen Selbst mit dem libidinösen Objekt oder einer des antilibidinösen Selbst mit dem antilibidinösen Objekt waren« (S. 991). Der Analytiker blieb dabei ein Ruheobjekt und ein eher idealisiertes Objekt; die direkte Äußerung aggressiver Impulse dem Analytiker gegenüber wurde vermieden.

Aus dieser vorläufigen Rückschau kann ich vorab sagen, daß ich unter »Nebenübertragung« eine libidinöse, sexuelle oder aggressive Besetzung von Außerübertragungsbereichen und/oder -objekten verstehe, wobei die Aufrechterhaltung der Beziehung zum Analytiker meistens unbewußt in einer eher milden neutralisierten und distanzierten Übertragungsbeziehung gehalten wird. Ich gehe auch davon aus, daß der Wiederholungszwang der Patienten sich nicht nur auf die Person des Analytikers beschränkt, sondern eine größere Brennweite erreicht. Die »Nebenübertragung« als eine Form der Übertragung läßt – ebenso wie alle anderen direkten oder indirekten Bemerkungen und Formen der Beziehungsaufnahme – die Wiederholung der Fixierungen des Patienten an seine infantilen Objekte erkennen.

»Nebenübertragung« setze ich im folgenden mit Außerübertragung inhaltlich gleich, einem Begriff, der in der Literatur eher Verwendung findet. »Nebenübertragung« hat im Sprachgebrauch oft eine wertende und negative Konnotation, wie Neyraut (1976) meint: »eine schlechte Presse«. Der Begriff der »Nebenübertragung« könnte meiner Meinung nach als ein Konstrukt des Analytikers gesehen werden oder auch als Begriff, der einen »Widerstand im Widerstand« beschreibt (Neyraut, 1976). »Nebenübertragung« ist somit zwar eng mit Widerstand und der Gegenübertragung des Analytikers verbunden, impliziert jedoch durch diese zwangsläufige inhaltliche Anbindung keineswegs die Notwendigkeit, sie als etwas Störendes im psychoanalytischen Prozeß zu behandeln. Es ist sicherlich auch ein Anliegen meiner Arbeit, den Begriff der »Nebenübertragung« aus seiner negativen Konnotation zu entlassen und einem bisher eher vernachlässigten Thema Aufmerksamkeit entgegenzubringen, indem man die »Nebenübertragung« begrifflich und inhaltlich in die Übertragung integriert. Könnte man vielleicht ganz auf den Begriff »Nebenübertragung« verzichten und nur von Außerübertragung sprechen?

Anhand meiner späteren Falldarstellung mit drei »Nebenübertragungen« gehe ich der Frage nach, wie diese klinisch auf dem Hintergrund des Übertragungs-Gegenübertragungsgeschehens verstanden werden können.

Nebenübertragung als Material, das vermeintlich »nicht zur Übertragung« gehört

Um meine eigenen Vorstellungen und Schlüsse darzustellen und zu präzisieren und um einen Einblick in die Thematik zu geben und den Wert des Materials, das aus diesen Außerübertragungen bzw. »Nebenübertragungen« stammt, zu verdeutlichen, skizziere ich die bisher wesentlichsten Vorstellungen in der Literatur. [3]

---

[3] Mir ist bewußt, daß sich die Thematik der »Nebenübertragung« einer Reihe komplexer psychoanalytisch-wissenschaftlicher Fragestellungen zuordnen läßt (z. B. Übertragungsneurose, Übertragungsdeutung, Historie der Übertragung, um nur einige zu nennen). Ich beschränke mich in meiner Darstellung allerdings auf zentrale Gesichtspunkte, die mein Verständnis der »Nebenübertragung« im Übertragungs-Gegenübertragungsgeschehen betreffen.

Meine Auffassung von Übertragung, die die zum Teil unbewußte Projektion frühkindlicher Objektbeziehungen, Abwehrmodi, Triebwünsche etc. auf den Therapeuten oder auch auf andere Objekte umfaßt, gibt auch Spielraum für eine Betrachtung von Außerübertragungsmaterial.[4]

So ist die Übertragung meines Erachtens zu Beginn der Begegnung zwischen Analytiker und Patient vorhanden, und man kann sie, wie Laplanche (1996) es tut, mit einem »Milieu« vergleichen, in das man eintaucht und das man erst bewußt wahrnimmt, wenn es sich verändert oder es verlassen wird. Laplanche (1996) erklärt sich übrigens daraus das Interesse an der »Nebenübertragung«, die seiner Meinung nach kein von Freud näher ausgeführter Begriff ist.

Autoren wie Haas (1965), Loch (1965), Neyraut (1976), Heising (1982), Thomä und Kächele (1989) und Haesler (1992) befassen sich mit dem Wert des Materials von Patienten, das sich auf Außerübertragungsbereiche und Außenobjekte bezieht und während des psychoanalytischen Dialogs »neu« zutage tritt – den »Nebenübertragungen«.

Zunächst zu Freud: Bei Freud findet man Hinweise auf die Bedeutung außeranalytischen Materials im Zusammenhang mit dem Agieren. Der Wiederholungszwang bezieht sich nicht nur auf die Person des Analytikers. So schreibt Freud (1914g):

> »Wir müssen also darauf gefaßt sein, daß der Analysierte sich dem Zwange zur Wiederholung, der nun den Impuls zur Erinnerung ersetzt, nicht nur im persönlichen Verhältnis zum Arzte hingibt, sondern auch in allen anderen gleichzeitigen Tätigkeiten und Beziehungen seines Lebens, zum Beispiel wenn er während der Kur ein Liebesobjekt wählt, eine Aufgabe auf sich nimmt, eine Unternehmung eingeht. Auch der Anteil des Widerstandes ist leicht zu erkennen. Je größer der Widerstand ist, desto ausgiebiger wird das Erinnern durch das Agieren (Wiederholen) ersetzt sein.« (S. 130)

---

[4] Sicherlich ist auch der interaktionelle Einfluß des Psychoanalytikers vorhanden, der dem Patienten in der analytischen Beziehung durch neue Identifizierungen die Möglichkeiten der Entstehung eines »neuen Objektes« gibt (vgl. Thomä, 1984; Thomä und Kächele, 1989; Gill, 1982). Dabei geht es um eine neu erfahrbare innere Realität, denn anhand dieses »Objektes« können neue Wege entdeckt werden, die zu einer anderen Art der Objektbeziehungsentwicklung führen.

Obwohl für Freud (1937c) selbstverständlich die Analyse der Übertragung das Zentrale ist und die Notwendigkeit besteht, die »schlafenden Hunde« zu wecken, um die »psychische Unterwelt« zu erforschen, räumt er an anderer Stelle ein: »Der Analysierte selbst kann nicht alle seine Konflikte in der Übertragung unterbringen; ebensowenig kann der Analytiker aus der Übertragungssituation alle möglichen Triebkonflikte des Patienten wachrufen« (S. 77f.). Er ist auch der Auffassung, daß verdrängte Erlebnisse und Abkömmlinge von Affektregungen vom Patienten in vielerlei Form zur Verfügung gestellt werden, um verlorene Erinnerungen wieder zur Geltung zu bringen. So hebt er hervor, daß auch die »Andeutung von Wiederholungen der dem Verdrängten zugehörigen Affekte in wichtigeren oder geringfügigen Handlungen des Patienten innerhalb wie außerhalb der analytischen Situation« von Nutzen sei (Freud 1937d, S. 44). Dafür, meint er, sei die Übertragung ganz besonders geeignet, die Wiederkehr solcher Affektbeziehungen zu begünstigen, »denn schließlich kann niemand *in absentia* oder *in effigie* erschlagen werden« (Freud, 1912b, S. 374).

Ein Autor, der sich explizit mit der Frage des Werts des Außerübertragungsmaterials befaßt hat, ist Blum (1981). Er rückt die Vorstellung in den Vordergrund, daß Einsichten über einen Patienten auch auf diese Weise erreicht werden können. Eine Analyse könne nicht nur auf der Grundlage der Übertragung durchgeführt werden: »Es ist letztlich unmöglich, die Analyse einzig auf der Basis der Übertragung durchzuführen, ohne aktuelle Konflikte und reale Umstände zu berücksichtigen und ohne die Vergangenheit zu rekonstruieren, in der die Übertragung wurzelt« (S. 594). Blum schätzt die Bedeutung der außerhalb der Übertragung liegenden Bereiche hoch ein. Er kritisiert, daß zwar viel über Übertragung und Übertragungsneurose geschrieben werde, aber bisher wenig Diskussion stattfinde über Außerübertragungsbereiche, die seiner Meinung nach tendenziell als »unanalytisch« betrachtet werden. Er ist der Meinung, daß eine Deutung von Nicht-Übertragungsmaterial sich nicht automatisch außerhalb der Übertragung befindet, sie aber nicht mit der Übertragung zum Arzt zu tun habe, sondern eher mit anderen Objekten der äußeren Realität oder der realen Beziehung zum Analytiker. Sein Akzent liegt generell auf der Vorstellung, daß die Realität der analytischen Situation, z. B. der Einfluß des Analytikers, ferner Entwicklungsphasen, kulturelle und familiäre Faktoren einen Stellenwert in der analytischen Arbeit haben sollten und einige neurotische Probleme sich nur im alltäglichen Leben eines Patienten darstellen würden, nicht unbedingt in der Übertragung. Blum kritisiert die von Strachey (1934) vertretene »transference only position«, die seiner

Meinung nach zu einer Isolation vom Leben führe, zur Ablehnung verschiedener Realitäten, und ein Fortbestehen kindlicher Amnesien fördere. Blum (1981) mißt zwar der Übertragung generell eine zentrale Kraft in der analytischen Behandlung bei, legt aber auch eine Trennung zwischen Übertragung und Außerübertragungsbereichen nahe und vertritt die Position, daß es eher um zwei getrennte Bereiche der analytischen Betrachtung geht, die erst zusammengeführt werden sollten. Er postuliert, daß eine Übertragungsphantasie nicht ohne das Verständnis des »Körnchens Wahrheit« erklärt werden könne, mit welchem sie innerhalb und außerhalb der analytischen Behandlung verankert sei.[5]

Ich halte die Betonung der Außerübertragungssphäre und die Kritik an einer Überidealisierung der Übertragungsdeutung für wichtig und für ein Verdienst Blums, der zudem das Außerübertragungsmaterial positiv wertet, bin jedoch mit seiner nahegelegten Aufteilung beider Bereiche nicht ganz einverstanden. Wenn man unter Übertragung nämlich das Gesamt der Projektionen der inneren Welt des Patienten versteht und jeden Teil der Begegnung zwischen Patient und Analytiker auf dem Hintergrund der Übertragung-Gegenübertragung betrachtet, kann man mit Haesler (1992) sagen, daß das Außerübertragungsmaterial so zu betrachten sei,

> »daß in der Regel in beiden identische dynamische Beziehungskonfigurationen wirksam sind, die der Patient innerhalb und außerhalb der Analyse im Sinne von gleichartigen oder ähnlichen Versionen und Varianten strukturiert hat und aktualisiert, so daß beide Bereiche weder unabhängig voneinander sind, noch der eine ausschließlich und künstlich auf den anderen reduziert werden kann, sondern beide als unterschiedliche Versionen aufeinander bezogen zu verstehen sind« (S. 381).

Unter dem Gesichtspunkt, daß der Patient sich vor direktem emotionalen Kontakt schützen muß, führt Loewald (1971), der die Übertragungsneurose durchaus als kreativen Prozeß und schöpferische Leistung beider Beziehungspartner einschätzt, aus, daß es Patienten gebe, die in ihrer Analyse eine emotionale Distanz zum Analytiker aufrechterhalten würden. Er spricht bei diesen Patienten von der Notwendigkeit eines »narzißtischen Schutzschirms«, der die Funktion haben könnte, starke Gefühle der Über-

---

[5] Blums Position wird ebenfalls von Graf von Schlieffen (1997) in den Vordergrund gerückt.

tragungsneurose zu filtern und diese somit für den Patienten aushaltbar zu machen. Hinter diesem »narzißtischen Schutzschirm« könnte seiner Meinung nach durchaus eine Neuorganisation stattfinden. Das würde bedeuten, daß unerträgliche Gefühle wie Scham, Eifersucht und Desintegrationsängste zum Teil in anderen Objekten hervorgerufen werden, d. h. in diese hineinprojiziert werden, damit der Patient diese Gefühle selbst aushalten kann. So vertritt Loewald die Auffassung, daß eine Analyse durchaus beachtliche Fortschritte machen kann, obwohl der Patient sich – ich würde sagen »vermeintlich« – nicht emotional einläßt. Brenner (1982) betont die Wichtigkeit der Informationen, die durch Material außerhalb der Übertragung in die Analyse mit einfließen. Er beschreibt Patienten, die sich aufgrund ihrer Konflikte und Ängste vom Analytiker zurückziehen, und betrachtet diese Rückzüge, diese Abkehr vom Analytiker, das Fehlen bewußten persönlichen Interesses, durchaus als Übertragungsmanifestation, d. h. als eine Folge psychischer Konflikte infantilen Ursprungs. So mißt er Berichten des Patienten über seine Handlungen außerhalb der Analysestunden und den Assoziationen darüber einen wesentlichen Informationswert für die Übertragung zu. Seiner Ansicht nach sind auch darin Hinweise auf infantile Wünsche, Konflikte und Ängste enthalten, und er schätzt die Nützlichkeit solcher Berichte genauso ein wie Phantasien, Träume oder Symptome.

Wie oben bereits erwähnt, ist Strachey (1934) ein Vertreter der »transference only position«, der ausschließlich der Übertragungsdeutung eine »mutative« Wirkung zuschreibt. Er äußert sich indirekt über die geringere Effektivität von Außerübertragungsmaterial in der analytischen Beziehung, indem er dem Nichtübertragungsmaterial »keine Unmittelbarkeit« zubilligt. Gill (1982) vertritt eine ähnliche Position und bewertet die direkte explizite verbale Bezugnahme des Patienten auf den Analytiker hoch. Er betont nachdrücklich den Widerstand gegen das Bewußtwerden der Übertragung, ein meiner Meinung nach problematischer Begriff, und ist der Auffassung, daß dieser nicht genügend aktiv analysiert werde. So räumt er ein, daß sich in jedem Fallbericht ein Beispiel für eine Situation finden ließe, in welcher der Patient seine Beziehungen zu einer dritten Person beschreibt, betont allerdings die große Priorität der Übertragungsanalyse. Unabhängig davon, daß es meiner Meinung nach sehr schwierig ist zu entscheiden, was nicht zur Übertragung gehört, wertet er Außerübertragungsmaterial als weniger informativ, und es erscheint ihm fragwürdig, »mit Nichtübertragungsmaterial als solchem zu arbeiten, ohne irgend einen Bezug zur Übertragung herzustellen« (S. 151).

Kernberg (1975) und von Minden (1988) akzentuieren den Aspekt der psychischen Störung bei dem Auftreten von Übertragungen und »Nebenübertragungen«. So spricht Kernberg von Patienten, denen es schwerfällt, eine ruhige Übertragungsbeziehung konstant aufrechtzuerhalten, und die starke Widerstände gegen dieselbe zeigen. Er spricht von »überstürzter Übertragungsentwicklung« bei verschiedenen Ichzuständen, verbunden mit der Abwehr einer wichtigen Objektbeziehung. Kernberg (1984) stellt auch im Rahmen seiner Ausführungen über die Charakteranalyse fest, daß es bei Patienten Perioden gebe, in denen außeranalytisches Material, das für ihn Übertragungskomponenten enthält, stark affektiv besetzt sei und sich nicht in der Behandlung direkt zeige, weil die Übertragung auf außeranalytische Objekte verschoben sei. Das Augenmerk darauf könne seiner Meinung nach sogar die Formulierung in der Deutung erleichtern. Er verbindet dies in der Regel mit schwer narzißtisch gestörten Patienten, spricht aber auch von jenen, die aus Angst vor bestimmten Triebwünschen oder intensiven Ambivalenzen und aus Angst vor Abhängigkeit vom Analytiker ihm gegenüber diese Form der Beziehung wählen.[6] Auch von Minden (1988) führt aus, daß der »Kern der Arbeit mit früh gestörten Patienten die laufende Beschäftigung mit Bezugspersonen des Analysanden« (S. 45) sei, die durch Affekte, Störungen der Ichbildung und Haß als verzerrt wahrgenommen werden. Er sieht es als wesentlich in der Arbeit mit früh gestörten Patienten, diese Verzerrungen der Wahrnehmungen aufzuheben.

Jedoch nicht nur bei schwer gestörten Patienten tauchen diese »Nebenübertragungen« auf – sie sind, wie bereits öfters postuliert – ein ubiquitäres Phänomen jeder Analyse. Sie haben einen engen Bezug zum Widerstand und zum Agieren. Eine »Nebenübertragung«, so warnt Neyraut (1976), kann durchaus ein ständiges Acting-out werden, d. h. eine, wie er es nennt, »Ablehnung der phantasierten Welt«, wenn daran festgehalten wird. Neyraut betont den Widerstandsaspekt der »Nebenübertragungen«, besonders wenn der Patient daran festhält. Mit der

---

[6] An anderer Stelle räumt Kernberg (1994) in seiner Ausführung über die Übertragungsliebe Außenbeziehungen ebenfalls einen Stellenwert ein. »Anders gesagt, eine höchst befriedigende Liebesbeziehung in der äußeren Realität erfüllte außerdem die Übertragungsfunktion, einen Trauervorgang mit mir durchzuarbeiten, der sowohl das Trauern als auch eine Versöhnung im Hinblick auf die ambivalente Beziehung zu ihrem Vater wiederholte« (S. 825).

Annahme der Ablehnung der phantasierten Welt bei den »Nebenübertragungen« legt er nahe, daß sie auf einer anderen Ebene als die Übertragung zu betrachten sind. Meiner Meinung nach sind jedoch auch die »Nebenübertragungen« Produkte der Phantasie des Patienten über seine Objektbeziehungen, selbst wenn es sich um Beziehungsobjekte aus der Realität handelt. Sicherlich ist der Aspekt des am Widerstand orientierten Agierens, vor allem, wenn dies konstant beibehalten wird, erwähnenswert. Allerdings steht die, wie Bilger (1986) es sieht, kreative und dialogische Seite im Vordergrund, und das Agieren kann, wie es sich in einer »Nebenübertragung« darstellt, mit einem kreativen Potential des Patienten verbunden sein und Informationen über die Übertragungssituation geben. In diesem Sinne wäre das Agieren auch als ein spezifischer Aspekt der Übertragungssituation zu verstehen.[7]

Die Darstellung in der Literatur ist sowohl vom theoretischen Ausgangspunkt als auch von den klinischen Positionen her heterogen und ohne klare klinische Konzepte, was zu der Auffassung führen kann, daß das Thema bisher relativ wenig in der psychoanalytischen Literatur behandelt wurde. Meine Schlußfolgerungen daraus sind, daß eine ständige direkte, bewußte verbale Bezugnahme auf den Analytiker ebenso eine Abwehr und einen Widerstand bedeuten können wie das ausschließliche Festhalten an der »Nebenübertragung«, wenn sie vom eigentlichen Brennpunkt der analytischen Begegnung wegführt. In diesem Sinne kritisiert auch Joseph (1985), daß man die Übertragung viele Jahre unter dem Aspekt einer direkten Bezugnahme auf den Analytiker verstanden und erst später erkannt habe, daß Erzählungen über den Alltag auch Hinweise auf unbewußte Ängste, die in der Übertragungssituation wieder neu zum Vorschein kommen, und entsprechende projektive Identifizierungen enthalten können.

Bei »Nebenübertragungen« findet ja – wie einleitend erwähnt – eine unbewußte Überbesetzung der äußeren Realität oder von Objekten der Realität statt, die eine Projektion von intrapsychischen Strukturen auf jene Objekte und Bereiche beinhaltet. Die Besetzung der kindlichen Objektwelt, die in der Analyse verändert werden soll, tritt zunächst einmal zurück und wird auf Außerübertragungsbereiche verschoben. Daher ist mit einer »Nebenübertragung« sicherlich eine besondere Form des Widerstandes

---

[7] Vgl. dazu auch Klüwer (1995), der von »in Szene setzen« spricht, um dem Agieren ein Stück der negativen Bedeutung zu nehmen.

(auch »Agierens«) gegen die emotionale Beziehung zum zentralen Übertragungsobjekt, eine Ansiedlung außerhalb der direkten Thematisierung der Beziehung und ebenso eine spezifische Form des Aufspaltens verbunden. Zugleich aber stellt die »Nebenübertragung« eine Wiederbelebung der gesamten inneren Struktur dar, die auf der Dimension der Übertragung, d. h. der Beziehung- zum Primärobjekt, zu sehen ist. Nicht jede Beschäftigung des Patienten mit Außenobjekten muß den Stellenwert einer »Nebenübertragung« haben, aber sowohl die Affekte in der analytischen Übertragungs-Gegenübertragungs-Beziehung als auch der enge emotional erlebbare Bezug zum Primärobjekt können sie dazu machen. Dies führt zu meiner Auffassung, daß »Nebenübertragungen« letztlich als Material zu sehen sind, das nur »vermeintlich außerhalb der Übertragung« zu verstehen ist.

Umgang mit Material »außerhalb der Übertragung«

Bislang habe ich theoretische Annahmen zur Existenz und Wichtigkeit von Material der Außer- bzw. »Nebenübertragungen« dargestellt. Im folgenden geht es um verschiedene Ansätze in der Literatur, die sich mit der Handhabung dieses Außerübertragungsmaterials in Form von »Nebenübertragungen« befassen, jedoch nicht um eine ausführliche Darstellung und Diskussion von Übertragungsdeutung, Außerübertragungsdeutung und anderen Deutungstypen etc. schlechthin.[8]

Ein Vertreter einer sehr eng umschriebenen Position ist, wie erwähnt, Strachey (1934). Er weist darauf hin, daß Deutungen innerhalb der Übertragung einen »mutativen« Wert und Nichtübertragungsdeutungen keine emotionale Evidenz des Materials aufzeigen.

---

[8] So wird, um nur ein Beispiel zu nennen, die Außerübertragungsdeutung von Mertens (1990) definiert als »Zurückführung der Wahrnehmungs- und Interaktionseindrücke von wichtigen gegenwärtigen Bezugspersonen auf vergangene Beziehungserfahrungen, zumeist mit den Eltern« (S. 99), wobei nicht unbedingt der Bezug zum Analytiker explizit thematisiert wird. Er unterscheidet zudem noch Nicht-Übertragungsdeutungen, in denen der Analytiker Übersetzungsarbeit von Gefühlen und Dingen, die dem Patienten noch nicht bewußt sind, leistet.

»Das muß so sein, weil im Falle einer Nichtübertragungsdeutung das Objekt der Es-Regung, das ins Bewußtsein gebracht wird, nicht der Analytiker und also nicht unmittelbar anwesend ist, während, abgesehen von den frühesten Stadien der Analyse und anderen außergewöhnlichen Umständen, der Dringlichkeitspunkt fast immer in der Übertragung gefunden wird.« (S. 512)

Obwohl Strachey einräumt, daß die Mehrzahl der Deutungen sich auf Bereiche außerhalb der Übertragung bezieht, er diese als wesentlich wertet und ein Oszillieren zwischen beiden annimmt, erklärt er, daß »Nichtübertragungsdeutungen zum größten Teil nicht mutativ sind und für sich selbst nicht jene entscheidenden Ergebnisse hervorbringen, die eine dauernde Veränderung in der Psyche des Patienten einschließen« (S. 515). Er mißt also damit Nicht-Übertragungsdeutungen eine geringere emotionale Wirkung zu und behält eine ideale Konstruktion der Übertragungsdeutung bei.

Gills (1982) Position akzeptiert zwar die Existenz von Nicht-Übertragungsdeutungen, mißt jedoch letztlich der Übertragungsdeutung die entscheidende Wirkung zu und versteht »Nebenübertragungen« hauptsächlich als Widerstand gegen das Bewußtwerden der Übertragung und die Auflösung der Übertragung. Er beklagt, daß mögliche Übertragungsdeutungen unter Umständen gar nicht in Betracht gezogen werden und genetische und Außerübertragungsdeutungen als »Flucht vor der Unmittelbarkeit der Übertragung in der analytischen Situation dienen« (S. 151). Er redet einer aktiven Deutungsweise des Analytikers das Wort und vertritt die Auffassung, daß alle indirekten Hinweise auf die Übertragung, welche die therapeutische Beziehung nicht aktiv betreffen oder auch im Verhalten des Patienten verborgen sind, gedeutet werden sollten. Meiner Auffassung nach ist die direkte verbale Bezugnahme auf den Analytiker kein Beweis für das Vorhandensein der Übertragung, die nicht einfach als objektivierbare Größe oder als zu verbalisierendes Agens in der Begegnung zweier Menschen zu verstehen ist. Die Mehrzahl der Deutungen sollten Gills Meinung nach folglich Übertragungsdeutungen sein und Priorität – zeitlich wie inhaltlich – haben. In diesem Punkt geht er mit Strachey (1934) nicht konform, der von der Wahrscheinlichkeit der Mehrzahl der Deutungen außerhalb der Übertragung spricht. Dies wäre nach Gills Auffassung keine »wirklich gute analytische Arbeit«.

Blum (1981)⁹, der sich, wie erwähnt, umfassend zum Thema der »Deutung außerhalb der Übertragung« geäußert hat, wendet sich in seiner Deutungsstrategie gegen eine »transference only position«, wie sie von Strachey (1934) seiner Meinung nach vertreten wird. Er räumt der Außerübertragungsdeutung einen hohen Stellenwert ein, wenn er auch bei dieser Form der Deutung eine Trennung zwischen beiden Bereichen impliziert.

»Eine ›reine Übertragungs‹position in der analytischen Arbeit wird zu Verzerrungen des analytischen Prozesses und der analytischen Erklärung führen. Solch eine Position, die lediglich Übertragungsdeutungen Wert beimißt, wird tendenziell nichts außer der Übertragung anerkennen und das gesamte Material als Übertragung zurechtbiegen oder in die Übertragung zwingen.« (S. 596f.)

Blum (1981) wendet sich hier durchaus zu Recht gegen eine Idealisierung der Übertragungsdeutung und kritisiert, daß die Diskussion über die Außerübertragungsdeutung in der Psychoanalyse etwas in Vergessenheit geraten sei und die Übertragungsdeutung als der einzige Weg betrachtet werde, die inneren Strukturen des Patienten zu entdecken. Sein großes Verdienst besteht meiner Meinung nach darin, daß er die Außerübertragungsdeutung aus einem Nebendasein befreit hat, obwohl er ihr eher einen »außerhalb der Übertragung liegenden Stellenwert« einräumt, was meiner Intention, beide als gemeinsames Thema zu betrachten, nicht entgegenkommt.

»Die Deutung außerhalb der Übertragung ist eine Deutung, die relativ außerhalb der analytischen Übertragungsbeziehung bleibt [...] Die Deutung außerhalb der Übertragung hat einen Stellenwert und Nutzen, der sich nicht lediglich auf eine untergeordnete, vorbereitende und ergänzende Rolle gegenüber der Übertragungsdeutung beschränkt.« (S. 615)

Haesler (1992), der sich in einer klinischen Studie speziell mit der Beziehung von Übertragungsdeutung und Außerübertragungsdeutung befaßt

---

⁹ Vgl. Leites (1977), der den Wert der Außerübertragungsdeutung im psychoanalytischen Prozeß betont und ebenfalls der Auffassung ist, daß die Übertragung nicht nur direkt zum zentralen Übertragungsobjekt hin verläuft, sondern auch zu außerhalb existierenden Personen, z. B. aus der Gegenwart des Patienten (S. 276); vgl. auch Halpert (1984), der in einem Panel-Report den Wert der Außerübertragungsdeutung zur Diskussion stellt.

hat, nimmt dagegen an, daß eine Außerübertragungsdeutung eine wichtige »Vorläuferfunktion« habe, die komplementär zur Übertragungsdeutung zu sehen ist (S. 396). Er betrachtet beide eher als gemeinsames Thema. So meint er, daß

> »jeder Analytiker in seiner täglichen Praxis neben Deutungen, die auf die Übertragung, auf das Hier und Jetzt, gerichtet sind, auch Deutungen gibt, die sich auf Situationen und Beziehungen außerhalb der Analyse in Gegenwart und Vergangenheit beziehen, ohne daß dies zugleich als eine Verschiebung oder als Flucht aus der Übertragung verstanden werden muß, ist wohl unumstritten« (S. 380).

Er faßt – im Gegensatz zu Blum (1981) – Außerübertragungs- und Übertragungsdeutung nicht als zwei verschiedene Bereiche auf, die erst noch zusammengeführt werden müssen, sondern sieht beide als Varianten einer dynamisch wirksamen Objektbeziehungskonfiguration an, wobei er jene Perspektive der Übertragung als zentral wertet, die es erst ermöglicht, die »Objektbeziehungsstrukturen in der Aktualität des Hier und Jetzt« erlebbar zu machen.

Selbstverständlich sind die ständige Rückführung auf das Übertragungsgeschehen und der Vergleich der Inszenierungen des Materials außerhalb und innerhalb der Übertragung unumgänglich, denn es können sich dabei unterschiedliche Aspekte eines Konflikts verdeutlichen. Eine Außerübertragungsdeutung, die die Situation außerhalb der analytischen Beziehung in Verbindung mit genetischen Aspekten und gegenwärtigen Aspekten der Situation verknüpft, ist somit keine Flucht aus der Übertragung, die als »Referenzpunkt« (Haesler, 1992) bestehen bleibt, sondern beide Bereiche spielen ein gemeinsames Spiel.

Wenn man davon ausgeht, daß das Wiederaufnehmen früher infantiler Konflikte und neurotischer Fixierungen innerhalb einer Übertragungsneurose, einer neuen künstlich geschaffenen Krankheit, existiert, so kann man den affektiven Reaktionen in Form von »Nebenübertragungen«, die auch »neu« hervorgerufen werden, durchaus einen Stellenwert innerhalb dieses Geschehens einräumen.

Einen interessanten Aspekt möchte ich kurz erwähnen, der die Wirkung einer Übertragungsdeutung aufweist. Dantlgraber (1989) meint, daß bei der »Deutung einer bestimmten Übertragungsbeziehung für den Patienten ein Stück Trennung vom Analytiker, wodurch primäre Trennungserlebnisse evoziert werden«, geschehen kann (S. 977).[10] Ausgehend von meiner These, daß die Nebenübertragung eine Wiederbelebung und Externalisierung innerer Objektbeziehungen auf der Dimension der Übertragung ist, möchte ich folgende methodische und technische Konsequenzen skizzieren:

Bei einer einseitigen und eindringlichen Verwendung von Übertragungsdeutungen, welche die psychische Realität, z. B. eine traumatisierende Trennung, im Patienten nicht anerkennt, kann sich der Widerstand verstärken. Dem Patienten Raum zu lassen, seine Übertragungsthemen zu entfalten, wird zur Folge haben, daß auch in »Nebenübertragungen« Übertragungsanspielungen, Phantasien, Einschätzungen und Konflikte des Patienten zutage treten. Die Beziehungen zu seinen Objekten außerhalb der Analyse geben uns einen Einblick in seine Welt der inneren Objektbeziehungen, seine Emotionen, seine Beziehungen und Abwehrformen. Sicherlich sind das Ansprechen und Durcharbeiten der Einfälle und die Reintegration der auf die äußeren Objekte projizierten Eigenschaften und Affekte notwendig. Aber dies sollte so geschehen, daß die klinischen und emotionalen Evidenzerlebnisse im Patienten berücksichtigt werden. Das bedeutet für die Wertung der Arbeit mit Nebenübertragungsmaterial, daß ich dies nicht als störende Variante oder seine Bearbeitung als »schlechte analytische Arbeit« im psychoanalytischen Prozeß begreife, sondern diesem Material mit dem Wissen um die Übertragung Raum gebe, die Projektionen toleriere, keine Verknüpfungen erzwinge, bis der Patient selbst einen in der Gegenwart erlebbaren Zugang zu seinen psychischen Mechanismen findet. Erst dann sind meiner Meinung nach auch die Genetik und die damit verbundene distanzierende Betrachtungsweise für die Patienten rekonstruierbar.[11] Sowohl die Wahl des Zeitpunkts einer Deutung als auch die vor allem in der Gegenübertragung spürbare Interaktion sollten dabei eine Rolle spielen.

---

[10] Vgl. auch Loch (1993), der von einer Traumatisierung bei der Auflösung der Übertragung spricht, weil es eine Trennung vom alten Objekt gibt und einen Kampf um das neue.

[11] Kernberg (1984) spricht sich ebenfalls dafür aus, die Entwicklungen des Patienten sowohl außerhalb der Analysestunden als auch in der analytischen Beziehung sorgfältig zu untersuchen, ehe das Material in einer Übertragungsdeutung zusammengefaßt wird.

Ausführungen zu Spaltungskonzepten

Bei »Nebenübertragungen« geht es, wie ich es im folgenden Fallbeispiel zeigen werde, vorrangig um Aufspaltungen innerhalb der Übertragung. Neyraut (1976) meint: »Das größte Interesse der Nebenübertragung liegt in der Trennungslinie, welche die feindseligen und die ›günstigen‹ Regungen, die sexuellen und narzißtischen Regungen scheidet« (S. 286). Trotz allem ist er der Ansicht, daß diese Spaltungen dem analytischen Prozeß zuträglich seien, obwohl sie seiner Meinung nach einen Widerstand darstellen.[12] Bei »Nebenübertragungen« wird vom Patienten etwas getrennt gehalten, aufgespalten. Die Aspekte der Spaltungskonzepte, die im folgenden kurz skizziert werden, beziehen sich eben nur auf diesen spezifischen Aspekt, ohne zu implizieren, daß es sich bei Patienten mit aufspaltenden »Nebenübertragungen« vorwiegend um solche mit frühen Abwehrmechanismen wie z. B. der Spaltung handelt.

Interessante Aspekte der objektbeziehungstheoretischen Konzepte Melanie Kleins (1935; 1945; 1952), Fairbairns (1952) und Kernbergs (1975; 1984) können zum Verstehen von Aufspaltungen herangezogen werden.[13]

Freud (1910h), der in einem frühen »Spaltungskonzept« dargestellt hat, daß ein Patient sich durchaus Liebesobjekte in kontrastierender Weise vorstellen kann, im Sinne von »Mutter« und »Dirne« (S. 72), die einmal besetzt sind mit sexuell-libidinösen Impulsen, zum anderen frei davon phantasiert werden, erläutert im Zusammenhang mit der Attraktivität des erregenden Objektes, »daß das keusche und unverdächtige Weib niemals den Reiz ausübt, der es zum Liebesobjekt erhebt, sondern nur das irgendwie sexuell anrüchige, an dessen Treue und Verläßlichkeit ein Zweifel gestattet ist« (S. 68).

Bei »Nebenübertragungen« kann man vermuten, daß eine Spaltung zwischen guten und bösen Objekten das Ich vor diffusen Ängsten (Nähe, Destruktion) schützen soll und ebenso die inneren guten Introjekte vor eindringenden bösen (Klein, 1952). Auch sind Wirkungen projektiver Identifizierungen, d. h. der Projektion abgespaltener Teile libidinöser und aggressiver Impulse in ein Objekt (den Analytiker) oder ein Außenobjekt,

---

[12] Vgl. Loch (1965), der von einer »Aufsplitterung der Übertragung« spricht, und Heising (1982), der eine »Übertragungsspaltung« beschreibt.
[13] Vgl. Heising (1987), der die Spaltungskonzepte in einer übersichtlichen Darstellung ausführt.

in jeder Analyse wahrnehmbar. Der Patient versucht die unbewußte Manipulation, um sein psychisches Gleichgewicht zu erhalten.

Ebenso kann sich der Patient im »Stadium der Besorgnis« zwei Mütter schaffen, eine Umweltmutter und eine Objektmutter (Winnicott, 1958). Eine dieser Mütter sorgt für Ruhe, Wohlbefinden und Sicherheit des Kindes und ist präsent, während die andere das Objekt der Begierde, Triebe, Erregung und zerstörerischer Antriebe verkörpert. Diese Aufteilung, die in einem frühen Zustand der Dissoziation des Kindes wurzelt, sollte in der psychoanalytischen Behandlung einer Synthese zugeführt werden. Dabei ist es wichtig, daß der Analytiker die Angriffe des Patienten überlebt und damit die Integration fördert. Bei »Nebenübertragungen«, die den Analytiker ja vermeintlich ausschalten, ist es sehr schwierig und um so wichtiger in der Gegenübertragung zu bearbeiten, daß der Analytiker Attacken und Spaltungstendenzen unzerstörbar überlebt und dem Patienten trotz allem als gutes Objekt zur Verfügung steht und eine gute Umwelt in der Analyse schafft. Das bedeutet, daß er alles ernst nimmt, was der Patient anbietet, wenn es auch seinem theoretischen Übertragungskonzept nicht total entspricht. Diese Wiederbelebung der zwei Mütter und die Inszenierungen in der Analyse sollen dem Patienten das psychische Überleben sichern und halten so lange an, bis der Analytiker diese Aufspaltungen in seinem eigenen Inneren und im Patienten aufheben kann.

Fairbairn (1952), der die Suche nach einem Objekt für die entscheidende Antriebskraft der Entwicklung hält und eine Objektspaltung des »inneren bösen Objektes« in ein erregendes libidinöses Objekt und in ein zurückweisendes anti-libidinöses Objekt postuliert, vermutet, daß sich der Hysteriker stets sehr erregende und sehr ablehnende Objekte sucht. Damit hält er, wie von Minden (1988) es darlegt, einen Zustand der Suche aufrecht. Unter dem Druck der Übertragung versucht der hysterische Patient ein gutes Objekt, das ihm Ruhe und Sicherheit bietet, aufrechtzuerhalten; das erregende und ablehnende Objekt wird daher eher »draußen gesucht«, um die Beziehung zum Analytiker nicht zu gefährden. Der Analytiker sollte sich auch zu dieser Rollenübernahme, d. h. dem Festhalten des »Zentral-Ichs« am Analytiker als »Idealobjekt«, bereit erklären, bis der Patient dies beides integrieren kann. Für die Bearbeitung von »Nebenübertragungen« bedeutet dies Fairbairn zufolge, daß sich das böse innere Objekt mit beiden Aspekten in der Übertragung entfalten und aktivieren kann, so daß sich die Spaltung im Laufe der Bearbeitung verringert und der Patient eine befriedigendere Beziehung zu äußeren Objekten aufnehmen kann. Zieht der Patient sich, wie im folgenden Fallbeispiel, aus der Übertragung durch »Nebenübertragungen« vermeintlich zurück, so deshalb, um die ruhige und gute Beziehung zum Analytiker zu schützen und zu bewahren.

Kernberg (1984) beschreibt den Mechanismus der Spaltung bei Borderline-Patienten, der mit den Mechanismen von Verleugnung, projektiver Identifizierung und primitiver Idealisierung, Entwertung und Allmacht einhergeht. Alles steht bei diesen Patienten unter dem starken Einfluß prägenitaler Aggression, die die inneren Elternbilder projektiv verzerrt und als gefährlich darstellt. Er meint, daß die Spaltung hilft, liebenswerte und hassenswerte Bilder von wichtigen Personen getrennt zu halten, da ein Zusammenfügen Angst- und Schuldgefühle auslösen würde.

Alle Konzepte stimmen darin überein, daß die Integration im Sinne einer »depressiven Position« (Klein 1935; 1945; 1952) oder eines »Stadium der Besorgnis« (Winnicott, 1958) oder der Introjektion akzeptabler Objekte mit dem Gefühl der »reifen Abhängigkeit« (Fairbairn, 1952) Ziel einer psychoanalytischen Behandlung sein könnte, wenn man vom »Ziel« sprechen will. Für die »Nebenübertragungen« kann das bedeuten, daß sie aus der Angst heraus, die »gute Brust« durch die »böse Brust« zu zerstören, das »zu töten, was man liebt«, oder die »hinreichend gute Mutter« zu verlieren, aufrechterhalten und aktiviert werden. Diese Aufspaltungen sind auf der Dimension der Übertragung zu verstehen.

Falldarstellung

Für die Falldarstellung habe ich eine Patientin ausgewählt, die mich wegen ihrer »Nebenübertragungen« interessiert und beschäftigt hat. Sie hatte nacheinander in der Analyse eine starke Objektbesetzung zu einem homosexuellen Mann, dann zu einem verheirateten strengen Chef (Vater) und in der dritten Phase der Analyse zu einer geliebten und gehaßten Frau. In der Falldarstellung werden übrige Themen des Verlaufs der Analyse ausgespart, es geht nur um die als »Nebenübertragung« bzw. als Außerübertragung auftretenden und auf der Dimension der Übertragung-Gegenübertragung zu verstehenden Phänomene.

Die Patientin (33 Jahre alt) hat einen Freund, ist stellvertretende Leiterin einer behördlich-konfessionell gebundenen Einrichtung, kommt mit Symptomen wie depressiven Verstimmungen, Schwindelanfällen und Angstzuständen in die Analyse und dem Gefühl, das »Leben nicht gelebt zu haben«. Diese Symptome waren kurz nach der Eheschließung aufgetreten (die Patientin ist mittlerweile geschieden).

Die Patientin hat ihre Mutter, von der sie sich aufgrund einer Hüfterkrankung sehr abhängig gefühlt hat, sehr geliebt (bis zum 6. Lebensjahr fanden viele Hüftoperationen statt, das Hüftleiden besteht noch, verschlimmert sich aber zur Zeit nicht). Gleichzeitig hat sie jedoch auch das Gefühl, daß ihre Erkrankung, die sie als Kleinkind sehr einschränkte, die Mutter mehr belastet habe als sie selbst. So sei sie selten von ihr im Krankenhaus besucht worden, weil die Mutter »dies nicht ausgehalten habe«. Den Bruder habe die Mutter als »Wonneproppen« bezeichnet, da er »pflegeleicht« gewesen sei.

Der Vater – promovierter Akademiker in leitender Stellung – wird als eher flüchtig, mit vielen Interessen beschäftigt, als wenig präsent beschrieben. Er habe sogar das Sterben der Mutter an sie »delegiert«. So habe sie »allein voller Angst am Sterbebett der Mutter gesessen«, der Vater sei abwesend gewesen. Zum Vater bestand ein libidinös angehauchtes, den fernen Vater bewunderndes Verhältnis, jedoch ohne Realisierung der Beziehung.

Der Patientin fällt es zunächst schwer, sich auf die therapeutische Beziehung einzulassen, weil sie Angst hat, »nicht gehalten zu werden«. Phantasien wie, »was sie der Mutter angetan und zugemutet habe durch ihre Behinderung«, tauchen auf. Durch anfängliches Containing und vorsichtige Interventionen in Richtung ihrer ambivalenten Mutterbeziehung gestaltet sich eine positive Übertragungsbeziehung, und sie erzählt ihr Leben. Nach einigen Monaten träumt die Patientin von verschlingenden kannibalistischen Frauen, und es wird mir deutlich, daß die Beziehung zu mir innere Ängste, aber auch intensive Nähewünsche auslöst.

Die Schaffung einer triangulären Objektsituation – aus der Not heraus – wird für die Patientin rettend, eine erste intensive »Nebenübertragung« taucht auf, und sie verliebt sich in einen homosexuellen Mann, den sie auf einer Party kennenlernt. Sie fühlt sich sofort zu ihm hingezogen, trifft sich mit ihm, ist verliebt, sexuell erregt und teilt dies der Analytikerin mit. Der Freund gibt der Patientin kleine Zeichen der Zuneigung; sie fühlt sich von ihm angezogen und gleichzeitig auf Abstand gehalten durch seine sexuelle Unerreichbarkeit und manifeste Homosexualität. Oft waren die von der Patientin erotisierten Bilder auch so, daß ich mich in der Gegenübertragung als »Voyeur« erlebte und eine Neigung spürte, ihren Schilderungen gern zuzuhören. Diese Gefühle wiederum zeigten mir ihre unbewußte Absicht, mich auf sicheren Abstand zu halten, aber mich doch für sie zu interessieren.

Der homosexuelle Mann ist eingebettet in ein Spaltungskonzept der Patientin. So stellt sie im Gegensatz zu dem homosexuellen Mann ihren

Freund in vielen Stunden als »gut«, aber »eher langweilig«, »sexuell uninteressant« dar, als einen, der »stets erreichbar« sei, ihr Halt gebe, aber auch an Attraktivität eingebüßt habe. Auch in der Übertragungsbeziehung reproduziert sich dieser Mechanismus. Sie »mag« mich, findet bei mir »Ruhe und Verständnis«, und in den Stunden erlebe ich dies auch so. Ich verstehe es so, daß die Patientin libidinöse, vielleicht ödipale Wünsche in der Außenbeziehung agierte, obwohl ich auch wußte, daß ich in der analytischen Abstinenz für die Patientin nicht erreichbar war.

Trotzdem empfand ich oft Eifersucht und Ärger in der Gegenübertragung, fühlte mich als »ausgeschlossenen Dritten«, hatte den Eindruck, es spielte sich alles »draußen« ab, und hatte das Gefühl, daß die Wahrnehmung von mir als »ruhigem Objekt« auch eine Abwehr unbewußten Hasses und Rache gegenüber der Mutter darstellte. Dies war in den frühen Phasen der Analyse noch nicht erkennbar und besprechbar. Problematisch war zu Beginn oft, daß die Patientin jede Übertragungsdeutung in dieser Richtung weit von sich wies und ich mich oft als unpersönlich behandelt und »an den Rand gestellt« fühlte. Deutungen in Richtung dieser Thematik schienen also zu diesem Zeitpunkt nicht wirklich zu überzeugen.

Meine Gefühle waren neben Ärger auch Enttäuschung, Hilflosigkeit und Hoffnungslosigkeit, jemals als zentrales gutes Objekt von der Patientin internalisiert werden zu können. Die Gefühle in der Gegenübertragung waren oft drängend, was mir die ganze Kraft ihrer projektiven Identifizierung und die Not der Patientin zeigte, eigene hilflose Selbstanteile bei mir unterzubringen. In solchen Phasen verzichtete ich auf Deutungen dieser Interaktionen, um sie zu halten, ihr Sicherheit zu geben. Ich ließ mich von ihr führen. Es zeigte mir, wie die Patientin sich bei einer phantasierten Annäherung an die Mutter fühlen mußte und welche Enttäuschung sie in ihrer Kindheit erlebte.

In vielen Stunden ist die Patientin unglücklich darüber, den homosexuellen Mann nicht erreichen zu können und meint, ich »verhindere das Verhältnis«, sei »neidisch und gebe ihr keine Möglichkeit, eine sexuelle Bindung zu ihm zu beginnen«. In solchen Stunden wird auch ihr Haß auf die unerreichbare Analytikerin deutlich, die zwar in den Stunden für sie da ist, aber außerhalb der Sitzungen als fernes, nicht allumfassend anwesendes Objekt existiert. Deutungen, die diese Parallele beleuchten, kann die Patientin nachvollziehen, weicht dann aber wieder zurück.

Trotz all dieser Ambivalenzen kann ich sagen, daß die Patientin es stets schaffte, Gefühle von Gemeinsamkeit, fast symbiotischer Verbundenheit, herzustellen. Übertragungsdeutungen allerdings, die u. a. homosexuelle

Ängste und Wünsche mir gegenüber ansprachen, erlebte sie oft als neidische und eifersüchtige Attacken und Übergriffe. Da sie jedoch immer wieder die vertraute Atmosphäre schuf und die Analytikerin, ähnlich wie es der homosexuelle Mann ihr gegenüber tat, in einer freundlichen, jedoch auf Abstand bedachten Beziehung hielt, blieben die negativen Gegenübertragungsgefühle im erträglichen Rahmen.

So habe ich verstanden, daß die Patientin unbewußt eine gute Beziehung zur Analytikerin brauchte, frei von gefährlichen libidinösen und aggressiv-sexuellen Triebimpulsen, und sich nicht traute, mit ihrem Primärobjekt eine Auseinandersetzung zu führen, weil sie dessen Verlust, Nichtbelastbarkeit oder Rückzug fürchtete.

Auf diesen homosexuellen Mann taucht auch Hass auf, und sie hat das Gefühl, ihn »kastrieren« zu wollen. So stellt sie sich mit beißender Ironie vor, daß zwei Männer zusammenleben und der eine dem anderen »in der Küchenschürze das Essen aufträgt«; sie macht ihn damit lächerlich und impotent.

Nach einer intensiven Bearbeitung ihrer Aufspaltung und der Thematisierung ihrer Wünsche und Ängste hinsichtlich einer guten Beziehung zur Analytikerin spielt sich regelmäßig folgendes ab: Die Patientin versichert der Analytikerin ihre Zuneigung, ist aber auch voller Angst, es werde »zu eng«, und flüchtet in die »Nebenübertragung«. Erst im weiteren Analyseverlauf, als ihr die Sehnsucht nach einem väterlichen Objekt und die Trauer darüber, es nicht besessen zu haben, bewußt wird, kann der homosexuelle Mann in der »Nebenübertragung« aufgegeben werden; das Bild verblaßt zunehmend, und es tritt eine Phase der Entspannung ein, in der die Patientin traurig ist über ihre »zerplatzte Illusion« und meint, sie »müsse sich jetzt mit mir begnügen«.

Erläuterungen

Die Patientin hatte es aufgrund ihrer narzißtisch bedürftigen und unzufriedenen Mutter schwer, ein haltendes und mütterlich-hinreichend gutes Objekt zu verinnerlichen. Dadurch sind die frühe Triangulierung und auch die Verarbeitung ödipaler Krisen beeinflußt worden. Diese primäre Objektbeziehung wiederholt die Patientin in der Analyse.

So fällt es ihr zu Beginn der Analyse schwer, sich positiv dem zentralen Übertragungsobjekt (Analytikerin) zu nähern und eine erste Nebenübertragung taucht auf, ein entferntes, unerreichbares, aber attraktives und libidinös besetztes Objekt, ein homosexueller Mann. Dieser Mann wird auf der einen Seite mit allen libidinösen und sexuellen Attributen ausgestattet, auf der anderen Seite aber auch als »kastriert« präsentiert. Mit ihm – so war meine Meinung zu Beginn – agiert die Patientin ihren Haß auf den geliebten, idealen aber entfernten Vater, der für die Patientin nicht genügend präsent war. Der homosexuelle Mann kann ihr inzestuös nicht gefährlich werden, er reproduziert sich nicht wie ein Vater und stellt auch einen Schutz vor der Analytikerin dar.

Diese Abwehr der Gefühle zum zentralen Übertragungsobjekt (Analytikerin/Mutter) ist deshalb so stark, weil der homosexuelle Mann bei der Patientin keine regressiven Verschmelzungs- und Diffusionsängste auslöst, er bleibt fern und ungefährlich. Die Patientin kann sich der Mutter, der gegenüber sie extreme Abhängigkeit und Verschmelzungsängste verspürt, noch nicht nähern, dies nicht benennen und weicht auf einen Nebenschauplatz aus. Mit dieser »Nebenübertragung« schützt sich die Patientin einerseits vor Verschmelzungsängsten und -wünschen und dabei auch die Analytikerin vor Grenzüberschreitungen. Diese soll ihr als autonomes abgegrenztes Objekt zur Verfügung stehen und gefährliche Impulse integrieren. Die zentrale Introjektion eines guten mütterlichen Objektes ist also noch so gestört, so daß ich auch auf dem Nebenschauplatz mit der Patientin bleibe, um ihr Raum zu geben, sich langsam zu nähern. Die Patientin hat Angst, sich ihren homosexuellen Liebessehnsüchten zu stellen und sich damit in Folge einer gefürchteten, geliebten und gehaßten Mutterimago auszuliefern. Fairbairn (1952) bringt den Rückzug aus der Übertragung damit in Zusammenhang, daß die libidinöse Besetzung der präödipalen und oralen Mutter (vgl. kannibalistische Träume der Patientin zu Beginn der Analyse) als gefährlich erlebt wird, weil diese Liebe etwas Zerstörerisches oder Entleerendes enthalten könnte. Für die Patientin war die Mutter zwar libidinös besetzt, aber auch frustrierend und unerreichbar, und so hütet sie sich vor Nähe, die auch Zerstörung und Hass bringen kann, um dieses Objekt nicht zu gefährden.

Zu dieser ersten Nebenübertragung kann man sagen, daß sie zwar oberflächlich die Suche nach dem entfernten Vater zeigt, aber in der emotionalen Intensität, mit der dies geschieht, offenlegt, daß die ambivalente Beziehung und der Wunsch nach Liebe und Nähe zur entfernten, sich entziehenden Analytikerin (Mutter) für die Patientin unbewußt die Triebfeder ihrer Aktionen ist. Das Übertragungsthema ist der Wunsch nach Nähe zum zentralen primären Übertragungsobjekt und die Angst vor dem, was bei einer Berührung und bei Nähe geschehen könnte.

Nach dem Durcharbeiten ihrer Wünsche nach Nähe zur Mutter (Analytikerin) taucht ein persekutorisch–sadistisches Über-Ich in Form eines neuen Chefs in ihrer Einrichtung auf. Die Phase einer *zweiten Nebenübertragung* beginnt.

Die Patientin, eine sehr religiöse Frau mit einem strengen Über-Ich, bekommt an ihrem Arbeitsplatz einen neuen Chef, der als attraktiv und zugleich streng und kontrollierend geschildert wird. Sie ist fasziniert von seiner Strenge, der Struktur und der Härte, assoziiert zu ihm »stiefeltragende harte Männer«, das erregt sie sexuell. Die Patientin fühlt sich von ihm oft »gequält«, hat Wut auf seine Anweisungen. In der Gegenübertragung stellt sich diese sadomasochistische Interaktion so dar, daß ich das Gefühl habe, mehr von diesem Mann wissen zu wollen, und der Patientin den Mann ausreden möchte. Deutlich wird das in Fragen und Interventionen in dieser Richtung, so daß ich mich teilweise in einer eher sadistisch-verfolgenden Position der Patientin gegenüber fühle und verstehe, daß sie mich verführen will, ihre innere Welt auszuagieren. Die Patientin erlebt mich weiterhin als gutes Objekt, »langweiliger«, und auch als entwertetes Objekt, weniger attraktiv. Die Attraktivität des »bösen Objekts« in der »Nebenübertragung« ist größer.

Der Chef ist nach Meinung der Patientin ihrem Vater ähnlich und erinnert sie an ihn. Interventionen in dieser Richtung lösen bei ihr Trauer aus, sie weint dann heftig und erinnert, daß sie so allein gelassen war. »Ich hätte lieber gar keinen Vater gehabt als einen, der sich immer nur dünne machte.« Das Ausgeschlossensein aus der Urszene wird deutlich an Träumen, in denen der Chef mit seiner attraktiv aussehenden Frau vorbeigeht und die Patientin nicht beachtet. In solchen Stunden ist sie voller Wut, denn der Chef stellt sich zwar für die Patientin erreichbarer dar als der homosexuelle Mann, ist es letztlich aber nicht. In den Berichten über ihren Chef und dessen Frau fühle ich mich selbst oft in der Rolle des Kindes, das der Urszene gegenübergestellt ist, und kann die Wut der Patientin spüren.

In einem Traum vergiftet die Patientin die Frau des Chefs mit Schlafmitteln, zerstört das Paar, ist erschrocken darüber und meint danach, daß sie »mit mir etwas klären müsse.« Der Mord gilt dem inneren zentralen Übertragungsobjekt. Ihre Einfälle zum Traum zeigen, wie sehr sich die Patientin ausgeschlossen fühlte, und geben auch ihre Rivalität mit mir und der Mutter zu erkennen. Nach dem Traum kann sie sich wieder mehr an mich annähern in Form einer Wiedergutmachung, und es wird ihr bewußt, daß sie mich vor Haß und Zerstörung schützen wollte. Sie kann jedoch auch zulassen, sich bewußt zu machen, wie sehr sie auch die Mutter bekämpfen muß, um dem Vater näherzukommen.

Diese »Nebenübertragung« hat sowohl meine Empathie als auch mein analytisches Kompetenzgefühl oft tangiert, und ich erlebte auch – wie die Patientin – ein strenges Über-Ich, da ich Angst hatte, die Patientin nicht erreichen zu können. Ähnlich wie die Patientin bei mir, habe auch ich bei ihr stets innerlich eine Wiedergutmachung leisten müssen und verstanden, wie sehr sie mich vor Sadismus und Destruktivität schützen wollte.

Erläuterungen

Durch die deutende Nebenübertragungsaktivität mit dem Wissen um die Übertragung findet in der *zweiten Nebenübertragung* eine Annäherung an einen heterosexuellen Mann statt, der attraktiv ist und sexuell erreichbarer als der homosexuelle Mann, aber ebenfalls in einer erregenden entfernten Objektbeziehungskonstellation gehalten wird. Die Beziehung zu diesem heterosexuellen Mann, der zudem eher ein reales äußeres Verführungsobjekt darstellt, ist in höherem Maße in die Übertragungsbeziehung zur Analytikerin eingefügt. Er kann diese Beziehung eher bedrohen. In der Phantasie der Patientin ist er zwar erreichbarer, aber auch auf Kosten des Todes der Mutter. Dies wissen Patientin und Analytikerin in einer geheimen Übereinkunft, ohne daß es ständig ein Thema der Deutungsarbeit werden muß.

Dieses erregende Objekt lockt mit Attributen wie Sexualität und Gewalt und ist letztlich als väterliches Objekt ebenfalls nicht präsent. Die Patientin sucht nach dem Vater, wählt aber wieder jemanden, der ihre Bedürfnisse nach einer guten Beziehung nicht befriedigt, sondern von dem sie sich eher gequält fühlt. Dieser masochistische Anteil deutet auf eine verinnerlichte böse Objektbeziehung mit Verfolgungscharakter hin.

Durch diese Beziehung zu ihrem Chef kann sich die Patientin die gute Beziehung zur Analytikerin bewahren, da alle bösen und sadistisch erregenden Teile in einem Außenobjekt untergebracht werden und die Analytikerin dadurch geschützt wird. Den Hass auf den Vater und die damit verbundenen Schuldgefühle sowie das verfolgende Über-Ich verarbeitet die Patientin projektiv in der Beziehung zu dem sadistischen Chef und schützt zudem die Mutter vor ihrer Rache. In der Gegenübertragung habe ich mich zeitweilig, neben dem Gefühl, »ausgeschaltet« zu sein, auch dabei ertappt, »froh« zu sein, daß sadistische und destruktive Regungen »draußen« untergebracht waren.

Daß sich in der Analyse die trotzdem zeitweilig ärgerlichen Reaktionen auf meine Abwesenheiten, z. B. Urlaube, immer wieder milderten, habe ich so verstanden, daß die Patientin unbewußt eine Lösung für ihr Leid gefunden hatte, denn diese negativen Impulse waren in der Beziehung zur Mutter schwer auslebbar gewesen. So habe ich dies als eine Übertragung ihrer Abwehr verstanden.

Wichtig bei dieser zweiten Nebenübertragung schien mir die Aktivierung des bösen Objektes in der Übertragung in all seinen Aspekten zu sein, denn nur dadurch konnte die Aufspaltung reduziert werden, so daß es der Patientin gelang, stabilere Beziehungen zu realen Objekten aufzubauen. Es war sicherlich für die Patientin auch wichtig, die Erfahrung machen zu können, daß die Analytikerin sie überlebte und aushielt, obwohl sie »ausgeschaltet« und als nicht erreichbar erlebt wurde.

Auch das strenge und sadistische Über-Ich, das projektiv am Chef abgehandelt wurde, konnte teilweise durch Deutungen so gemildert werden, so daß die Patientin Teile ihrer eigenen sadistischen Impulse erkennen konnte und somit die Projektion von äußeren Objekten abzog (vgl. Ärger über mich wegen Unterbrechungen, »Ausschalten«). Durch die Unzerstörbarkeit der Analytikerin gelang es ihr auch, Sehnsüchte nach einer guten mütterlichen Beziehung zu spüren (mir wurde in der Gegenübertragung oft »warm ums Herz«). Die Spaltungsprozesse, die u. a. als Abwehr gegen Verfolgungsängste benutzt wurden, konnten auf diese Weise besser integriert werden, was es der Patientin ermöglichte, Liebes- und Sehnsuchtsgefühle zuzulassen. Bei dem Thema der zweiten Nebenübertragung überwiegen nicht Diffusions- und Verschmelzungsängste, sondern eher der Wunsch nach Schutz der Analytikerin (Mutter) vor externalisierter Rache und Destruktionswünschen.

Nach dem Mordtraum findet eine bedeutende Änderung der Atmosphäre in der Analyse statt, eine *dritte Nebenübertragung* beginnt. Die Patientin beschäftigt sich mit einer Freundin und Kollegin. Träume von Frauen, die sich gegenseitig bekämpfen und einander lieben, läuten eine neue Phase der Analyse ein, die wieder ihren Ausdruck in einer intensiven »Nebenübertragung« findet. Eine negativ-ödipale Beziehung beginnt, und eine schrittweise Annäherung an die ambivalent geliebte und gehaßte Mutter findet statt.

Die Patientin hat im Team eine Kollegin und Freundin, mit der sie sehr eng befreundet ist, Intimitäten austauscht und konkurriert. Diese Freundin wird als sexuell attraktiv, erfolgreich, aber auch sehr »flüchtig« und sehr »verräterisch« beschrieben. In der dyadischen Beziehung harmonieren die beiden Frauen sehr gut, die Freundin ist hilfreich, es entsteht eine vertraute Nähe beim Zusammensein. Im Team allerdings erlebt die Patientin eine maligne Konkurrenz, fühlt sich »verraten« und hat den Eindruck, die Beziehung sei zerstört. Kommt die Freundin wieder auf die Patientin zu, läßt sich diese erneut verlocken, und eine homosexuelle Verliebtheit entbrennt. Es findet also immer wieder eine phantasierte homosexuelle Annäherung an die Freundin statt und eine abrupte kurzfristige Beendigung der Beziehung.

In der Gegenübertragung spüre ich ebenfalls diesen Wechsel der Affekte den Objekten gegenüber. So fühle ich mich einerseits von der Patientin angezogen, hofiert, andererseits abrupt auf Abstand gehalten, so wie es die Mutter bei ihr tat, je nachdem, ob der Vater anwesend war oder nicht. Ich deute ihr die Parallele zu unserer Beziehung und daß sie mich ähnlich behandle, wie es die Freundin bei ihr tue, was traurige Erinnerungen an eine schwer erreichbare und belastete Mutter auslöste.

Diese Freundin hat ein Boot an einem süddeutschen See und lockt die Patientin dorthin. Ist die Patientin dort, hält die Freundin ihre Versprechungen nicht, sondern meint, es ginge doch nicht alles so einfach. So schildert die Patientin Szenen aus einem Urlaub mit der Freundin, mit der sie auf dem Boot lebt, sich den Alltag schön gestaltet. Dann fühlt sie sich abrupt an die Seite gedrängt und »abgeschoben«, vor allem, wenn andere Leute dabei sind. Diese Wechsel erlebt die Patientin jedes Mal wie einen Objektverlust.

Das Werben um das zentrale Übertragungsobjekt (Analytikerin/Mutter), das erregt und sich gleichzeitig entzieht, bestimmt längere Zeit die Analyse und nimmt einen sehr großen Raum ein. Parallel dazu lösen Unterbrechungen und meine Urlaube intensiven Ärger aus. Die Patientin wird böse auf mich, fängt Streit an. Das Fairbairnsche »Idealobjekt« ist z. T. zerstört, sie kann mich aber eher als ganzes Objekt mit guten und bösen Seiten sehen. Ich biete ihr in Deutungen an, daß sie auch bei mir einen »Verrat« erlebt in Form von Stundenunterbrechungen, Urlauben etc., Begegnungen in der Stadt, die freundlich und unverbindlich verlaufen. Wünsche nach einer guten Dyade und die Sehnsucht nach der Mutter tauchen auf, all »das mit den Männern«, meint die Patientin, »seien nur Vorläufer« gewesen. Träume von mütterlichem Schutz (»die Freundin habe mehr Zelt«) zeigen die Wünsche der Patientin deutlich. Sie sagt: »Ich habe viel Wind machen müssen, um Sie wegzuhalten.«

Eine längere Phase einer, wie die Patientin es nennt, »banalen guten Beziehung« mit eher langweiligen Stunden folgt, in denen sie mir gesteht, daß sie große Angst vor einer Trennung von mir hat. Sie kann allmählich Dank und Abschiedsschmerz zulassen und meint, »sie habe mir viel zugemutet«.

Erläuterungen

In der homosexuellen und negativ-ödipalen Beziehung zu einer Kollegin und Freundin dieser dritten Nebenübertragung erreicht die Patientin eine problematische Annäherung an die ambivalent geliebte und gehaßte Mutter und die Analytikerin. Die Parallele zu väterlichen Objekten wird geringer, die Patientin kann sich unter dem Schutz (»Zelt«) der Analyse eher dem Primärobjekt annähern.

Die problematische Beziehung zur Mutter hatte bei der Patientin eine präödipale Fixierung zur Folge, die sich in dem homosexuellen Gerangel mit der Freundin darstellt. Letztlich geht es der Patientin immer darum, daß die Mutter »ihr gut sei«. Depressive Ängste prägen die Patientin in dieser Phase. Das Bemühen um die Liebe des mütterlichen Primärobjektes und die Nähe zur Analytikerin stellen sich in der Gegenübertragung dar. Die Patientin ist mir nahe und hat geringere Angst vor Verlassenwerden (vgl. Reaktionen auf Unterbrechungen).

Die Beziehung zur Freundin ist aber auch der Kampf mit der frühen flüchtigen Mutter, die analog der Analytikerin zwar Nähe zuläßt, sie aber dosiert und sich dann abwendet. Idealisierungen und Entwertungen sind bei dem Nebenübertragungsobjekt gut untergebracht, die Patientin schafft sich zeitweise zwei Mütter, spaltet auf, was zu Interventionen in dieser Richtung führt. Die Deutungen sehen die Dynamik im Lichte der Übertragung, die in dem Bemühen besteht, die Mutter zu erreichen, drängen der Patientin den Bezug zum zentralen Übertragungsobjekt nie auf, sondern berücksichtigen den jeweiligen affektiven Zustand. So führen zeitweilige Deutungen der Aufspaltung zwischen zwei Müttern dazu, daß die Patientin traurig wird; sie hat das Gefühl, durch keine Mutter mehr geschützt zu werden (vgl. dazu Dantlgraber, 1989).

Das Thema der dritten Nebenübertragung habe ich als Annäherung an das geliebte und gehaßte Primärobjekt und als Sehnsucht nach ihm verstanden. Es realisiert sich im zentralen Übertragungsobjekt (Analytiker) und wird in diesem Objekt erlebbar, das aufgrund seiner Unerreichbarkeit im Setting und infolge der Abstinenz Grenzen setzt und es unter diesem Schutz der Patientin ermöglicht, sich unter Anerkennung der Mutter einem erreichbareren äußeren Objekt zu nähern.

Bei den drei Nebenübertragungsobjekten, die alle drei verheißungsvoll und in der Phantasie unerreichbar sind, zeichnet sich über die Entwicklung vom ganz fernen kastrierten, dem väterlichen Objekt wenig ähnelnden Nebenübertragungsobjekt hin zu einem eher heterosexuellen Vater mit Urszenenbewältigung die Internalisierung eines ambivalenten, aber stabilen inneren mütterlichen Objektes ab. So hat sich die Objektbesetzungsabwehr der Analytikerin gegenüber in den drei aufeinanderfolgenden »Nebenübertragungen« schrittweise vermindert, so daß schließlich eine Annäherung an das zentrale Übertragungsobjekt zugelassen und internalisiert werden kann.

Thesen zur »Nebenübertragung«

1. »Nebenübertragung« oder Außerübertragung, die die libidinöse, sexuelle oder aggressive Besetzung von Außerübertragungsobjekten oder Bereichen umfaßt, ist immer eingebettet in eine Übertragungsbeziehung, d. h. eine Objektbeziehung zum Analytiker, und gibt Aufschluß über die Struktur der inneren Objektbeziehungen. Sie läßt die Fixierung des Patienten an seine infantilen Objekte, den Bezug zum zentralen Übertragungsobjekt und den Stand der Übertragungsentwicklung deutlich werden.

Nur in der Beziehung zum Analytiker kann in der Gegenwart der analytischen Situation das innere primäre Objekt für den Patienten erlebbar werden. »Nebenübertragung« und Übertragung sind also zwei Varianten einer »identischen Beziehungskonfiguration« (Haesler, 1992). Sie sind ebensowenig störend wie die Gegenübertragung, sondern sollten ihren festen Platz in der Psychoanalyse einnehmen. Allerdings ist nicht jede Beschäftigung mit Außenobjekten und/oder Außerübertragungsbereichen als »Nebenübertragung« zu sehen. Die Affekte und der in der Gegenwart der analytischen Beziehung erlebbare Bezug zum zentralen Übertragungsobjekt und zum Primärobjekt sind dafür entscheidende Kriterien.

So können »Nebenübertragungen« die Funktion haben, den Analytiker z. B. vor aggressiven und destruktiven Impulsen zu schützen, indem sadistische Impulse auf Außenobjekte verschoben werden, um den Analytiker als gutes Objekt zu erhalten und umgekehrt. Ebenso können sie vor zuviel »Liebe« oder »Entleerung des Objektes« (Fairbairn, 1952) schützen und als Versuch dienen, die Objektbeziehung zum Analytiker aufrechtzuerhalten. So ist es auch möglich, daß sie auf einen Ausschluß des Analytikers hinauslaufen, indem der Patient den Analytiker in einer Szene des »ausgeschlossenen Dritten« phantasiert, um eigene Kränkungen zu kompensieren.

2. Forcierte »Nebenübertragungen« fördern bestimmte Gegenübertragungen beim Analytiker, die von seiner Person und auch von seiner unbewußten Haltung abhängen. So kann es kommen, daß »Nebenübertragungen« vom Analytiker aufgrund voyeuristischer Interessen oder in dem Versuch, an ihn gerichtete Nähewünsche abzuwehren, unbewußt gefördert werden. Es können ebenfalls Idealisierungen des Patienten in der Gegenübertragung entstehen, wenn der Patient besonders lebhaft und interessant berichtet und damit zwar eine »innere Leere« abwehrt, dem Analytiker aber die Möglichkeit gibt, sich gut zu fühlen. Beim Analytiker hat in diesem Fall eine Aufspaltung der Affekte in der Gegenübertragung stattgefunden, die in der Selbstanalyse der eigenen sich in Szene setzenden infantilen Objektbeziehungen wieder reintegriert werden muß (Quinondoz, 1992).

Es ist oft schwer, in der Gegenübertragung einen Machtverlust zu ertragen, der darin besteht, daß die Patienten sich nur widerstrebend und langsam dem zentralen Übertragungsobjekt annähern können. Nach Treurniet (1986) ist es für den Analytiker schwer, »seinen Mangel an Macht zu ertragen, sich als Werkzeug benützen zu lassen, seine Nicht-Existenz als Person« (S. 56f.) auszuhalten.

3. Das vermeintliche Pendeln zwischen Außen- und Innenwelt des Patienten, das sich im Außerübertragungsmaterial widerzuspiegeln scheint, ist kein Ausstieg aus der Symbol- und Phantasiewelt der Analyse, sondern eine andere Form der Externalisierung innerer Strukturen. Daraus ergibt sich die methodische und technische Überlegung, daß dem Neben- bzw. Außerübertragungsmaterial Raum gegeben werden soll, daß es auf dem Hintergrund der Übertragungsbeziehung eingeordnet werden muß, die Projektionen akzeptiert und bearbeitet werden müssen. Verknüpfungen dürfen dem Patienten nicht aufgedrängt werden. Er wird sie in der Begegnung mit dem Analytiker selbst erleben und einen Zugang zu seinen inneren psychischen Strukturen bekommen. So ist in der Falldarstellung deutlich geworden, daß die Deutung von Außerübertragungsmaterial mit dem Wissen um die Übertragung der Patientin Raum ließ, sich dem zentralen Übertragungsobjekt in ihrem eigenen Tempo zu nähern.

Literatur

Bilger, A. (1986): Agieren: Problem und Chance. *Forum der Psychoanalyse* 2: 294–308.

Blum, H. P. (1981): The position and value of extratransference interpretation. *Journal of the American Psychoanalytic Association* 31: 587–617.

Brenner, Ch. (1982): *Praxis der Psychoanalyse*. Übers. von Willi Köhler. Frankfurt am Main (Fischer) 1982.

Dantlgraber, I. (1989): Psychoanalytische Haltung und Übertragungsbeziehung. *Psyche* 43: 973–1006.

Fairbairn, W. R. D. (1952): *Das Selbst und die inneren Objektbeziehungen*. Hg. von B. F. Hensel und R. Rehberger. Übers. von E. Vorspohl. Gießen (Psychosozial-Verlag) 2000.

Freud, S. (1910h): Beiträge zur Psychologie des Liebeslebens I. Über einen besonderen Typus der Objektwahl beim Manne. G. W., Bd. VIII, S. 66–91.

Freud, S. (1912b): Zur Dynamik der Übertragung. G. W., Bd. VIII, S. 364–374.

Freud, S. (1914g): Erinnern, Wiederholen und Durcharbeiten. G. W., Bd. X, S. 126–136.

Freud, S. (1937c): Die endliche und die unendliche Analyse. G. W., Bd. XVI, S. 59–99.

Freud, S. (1937d): Konstruktionen in der Analyse. G. W., Bd. XVI, S. 43–56.

Gill, M. M. (1982): *Die Übertragungsanalyse*. Übers. von E. Vorspohl. Frankfurt am Main (Fischer) 1996.

Haas, L. (1965): Übertragung außerhalb der analytischen Situation. *Psyche* 19: 379–385.

Haesler, L. (1992): Die Beziehung zwischen Außerübertragungsdeutungen und Übertragungsdeutungen. Eine klinische Studie. *Zeitschrift Für psychoanalytische Theorie und Praxis* 7: 380–397.

Halpert, E. (1984): The value of extratransference interpretation. Panel Report. *Journal of the American Psychoanalytic Association* 32: 137–146.

Heising, G. (1988): Die Spaltungskonzepte der britischen Schule und ihre Bedeutung für die Hysterie. In: *DPV-Arbeitstagungsband*. Wiesbaden, S. 115–131.

Heising, G., Brieskorn, M., und Rost, W.-D. (1982): *Sozialschicht und Gruppenpsychotherapie*. Göttingen (Verlag für Medizinische Psychologie).

Joseph, B. (1985): Übertragung: Die Gesamtsituation. In: Dies.: *Psychisches Gleichgewicht und psychische Veränderung*. Übers. von E. Vorspohl. Stuttgart (Klett-Cotta) 1994, S. 231–248.

Kernberg, O. F. (1975): *Borderline-Störungen und pathologischer Narzißmus*. Übers. von H. Schultz. Frankfurt am Main (Suhrkamp) 1978.

Kernberg, O. F. (1984): *Schwere Persönlichkeitsstörungen.* Übers. von H. Steinmetz-Schünemann. Stuttgart (Klett-Cotta) 1988.

Kernberg, O. F. (1994): Liebe im analytischen Setting. Übers. von M. Loser. *Psyche* 48: 808–826.

Klein, M. (1935): Beitrag zur Psychogenese der manisch-depressiven Zustände. Übers. von E. Vorspohl. In: Dies.: *Gesammelte Schriften.*Hg. von R. Cycon unter Mitarbeit von H. Erb. Bd. I,2. Stuttgart (frommann-holzboog), S. 29–75.

Klein, M. (1945): Der Ödipuskomplex im Lichte früher Ängste. Übers. von E. Vorspohl. In: Dies.: *Gesammelte Schriften.*Hg. von R. Cycon unter Mitarbeit von H. Erb. Bd. I,2. Stuttgart (frommann-holzboog), S. 361–431.

Klein, M. (1952): Theoretische Betrachtungen über das Gefühlsleben des Säuglings. Übers. von E. Vorspohl. In: Dies.: *Gesammelte Schriften.*Hg. von R. Cycon unter Mitarbeit von H. Erb. Bd. III. Stuttgart (frommann-holzboog), S. 105-155.

Klüwer, R.(1995): Agieren und Mitagieren – zehn Jahre später. *Zeitschrift für psychoanalytische Theorie und Praxis*: 45–71.

Laplanche, J. (1996): *Die unvollendete kopernikanische Revolution in der Psychoanalyse.* Übers. von Udo Hock. Frankfurt am Main (Fischer) 1996.

Leites, N. (1977): Transference interpretations only? *International Journal of Psycho-Analysis* 58: 275–288.

Loch, W. (1965): Übertragung – Gegenübertragung. *Psyche* 19: 1–23.

Loch, W. (1993): *Deutungs-Kunst: Dekonstruktion und Neuanfang im psychoanalytischen Prozeß.* Tübingen (edition discord).

Loewald, H.W. (1971): Die Übertragungsneurose. Anmerkungen zum Begriff und zum Phänomen. In: Ders.: *Psychoanalyse. Aufsätze aus den Jahren 1951–1979.* Übers. von H. Weller. Stuttgart (Klett-Cotta) 1986.

Mertens, W. (1990): *Einführung in die psychoanalytische Therapie.* Bd. 2. Stuttgart (Kohlhammer).

Mertens, W. (1991): *Einführung in die psychoanalytische Therapie.* Bd. 3. Stuttgart (Kohlhammer).

Minden, G. von (1988): *Der Bruchstück-Mensch.* München, Basel (Ernst Reinhardt).

Neyraut, M. (1976): *Die Übertragung.* Frankfurt am Main (Suhrkamp).

Quinodoz, J.-M. (1992): Die Aufdeckung der Übertragungsaffekte in der Gegenübertragung – Bedeutung der Idealisierung des Objektes. In: *DPV-Arbeitstagungsband.* Wiesbaden, S. 51–71.

Schlieffen, Graf H. von (1997): Immanente und artifizielle Grenzen des psychoanalytischen Prozesses. Vortrag am Inst. f. Psychoanalyse und Psychotherapie Gießen e.V. am 11.7.1997 (unveröffentl. Manuskript)

Strachey, J. (1934): Die Grundlagen der therapeutischen Wirkung der Psychoanalyse. *Internationale Zeitschrift für Psychoanalyse* 21 (1935): 486–516.
Thomä, H. (1984): Der Beitrag des Psychoanalytikers zur Übertragung. *Psyche* 38: 29–62.
Thomä, H., und Kächele, H. (1989): *Lehrbuch der psychoanalytischen Therapie.* Bd. 2. Berlin, Heidelberg (Springer).
Treurniet, N. (1986): Die Übertragungsneurose als Struktur und Prozeß – Eine klinische Studie, in: *DPV-Arbeitstagungsband.* Wiesbaden, S. 33–60.
Winnicott, D. W. (1958): *Von der Kinderheilkunde zur Psychoanalyse.* Übers. von G. Theusner-Stampa. Frankfurt am Main (Fischer) 1983.

14. Angela Nahrendorf
GEFÜHLE PRIMÄRER SCHULD
BEI PRÄNATALER MUTTERSCHÄDIGUNG[1]

Einleitung

Im folgenden werden die besonderen Schuldgefühle von Patientinnen geschildert, deren Mütter durch die Schwangerschaft schwer erkrankten, so daß mit der eigenen Existenz bzw. Existenzwerdung eine reale Zerstörung der körperlichen Unversehrtheit und des psychischen und sozialen Wohlbefindens der Mutter verbunden war. Dadurch wurde das Kind durch sein Werden und Wachstum zum Mitverursacher einer Mutterschädigung. Die Einzelheiten der Schwangerschaftskomplikationen wurden den Kindern entweder vorenthalten, nur in bruchstückhaften Andeutungen vermittelt oder von den Kindern verdrängt. Die pränatale Katastrophe wurde dunkel und vage angedeutet: »Mit dir hat alles angefangen, du bist an allem schuld, du hast mich auf dem Gewissen.«

So entstand bei dunklem Vorwissen und vagen Informationen ein diffuses Ahnen von existentieller Wachstumsschuld durch Verinnerlichung der vielfältigen verbalen oder nonverbalen Vorwurfsinteraktionen mit der geschädigten Mutter. Diese internalisierte Objektbeziehung erzeugte ein Gefühl primärer, existentieller Schuld. Es entstand die Phantasie, in einem global umfassenden Sinne schuldig zu sein, am Anfang allen Übels zu stehen, schuldig zu sein an den Kriegs- und Hungerkatastrophen und – in Gleichsetzung von Mutter und Welt – ursprüngliche Verursacherin des Unglücks der Welt zu sein – eine megaloman-egokosmische Interpretation der eigenen Existenz, die in einer größenphantastischen Rückdatierung die väterliche Besamung und die mütterliche Empfängnis vernichtet und somit die Urszene-Imago verleugnete.

Während die Urszenenphantasien verleugnet wurden, erfolgte eine Verschärfung der unbewußten Phantasien, wie sie Susan Isaacs beschrieben

---

1 Überarbeitete Fassung eines Vortrags, gehalten im Dezember 1992 vor der Psychoanalytischen Arbeitsgemeinschaft Bremen.

hat: der destruktiven Körper-Objektphantasien im Zusammenhang mit aggressiven Triebwünschen gegen die Objekte und insbesondere gegen den Bauch der Mutter, gegen die Brust, den Penis und gegen das vereinigte Elternpaar (Isaacs, 1943; Beland, 1989). Dies führte zu einer Zuspitzung der anal-sadistischen, der oral-sadistischen und der ödipalen Impulse und deren Abwehrprozessen.

Der Analytiker ist dann beeindruckt von dem überwältigenden Ausmaß ödipaler und präödipaler Schuldgefühle, die sich gegenüber der Deutungsarbeit solange als resistent erweisen, bis die zugrundeliegende »Urschuld« mit den dazugehörigen unbewußten Phantasien durchgearbeitet wird. Erst dann werden die von diesen Patienten so häufig geäußerten Gefühle, das Recht auf eine eigene Existenz verwirkt zu haben, d. h. schuldig sein zu leben, in ihrer tiefen, ursprünglichen Bedeutung verständlich.

Bemerkungen zur psychoanalytischen Theorie der Schuldgefühle

Bevor ich die Krankengeschichten vorstelle, möchte ich einen kurzen Abriß über einige Theorien zur Entstehung des Schuldgefühls in Mutter-Kind-Interaktionen geben, wobei ich mich schrittweise dieser Urschuld annähern möchte. Die psychoanalytischen Konzeptionen der Schuldproblematik gehen in erster Linie von trieb- und objektpsychologischen Definitionen ödipaler, analer und oraler Schuldgefühle aus.

Freud hat zwar 1913 in *Totem und Tabu* den Vatermord und die kannibalistische Verschlingung des Vaters als Urverbrechen, Urschuld und Quelle des Schuldgefühls beschrieben. Erst spät, 1931 in »Über die weibliche Sexualität«, diskutiert er mörderische Mutter-Kind-Interaktionen, z. B. die Angst, von der Mutter umgebracht, aufgefressen zu werden, als Folge der projizierten Feindseligkeit des Kindes gegen die Mutter. In dieser Arbeit beschreibt er die aggressiven Wünsche gegenüber dem Vater als nachträgliche Übertragungen früherer Todeswünsche gegen die Mutter, verbunden mit der Angst, von der Mutter umgebracht zu werden.

> »Die Angst, gefressen zu werden, habe ich bisher nur bei Männern gefunden, sie wird auf den Vater bezogen, ist aber wahrscheinlich das Verwandlungsprodukt der auf die Mutter gerichteten oralen Aggression. Man will die Mutter auffressen, von der man sich genährt hat; beim Vater fehlt für diesen Wunsch der nächste Anlaß.«

Die Problematik des frühen Muttermordes spielt allerdings in Freuds Interpretation der Schuldgefühle keine wesentliche Rolle. Nach seiner Hypothese setzt das Schuldgefühl als Folge des Ödipuskomplexes ein. Allerdings hat er auch hier 1930 ergänzt: »Vom Gewissen sollte man nicht eher sprechen, als bis ein Über-Ich nachweisbar ist; vom Schuldbewußtsein muß man zugeben, daß es früher besteht als das Über-Ich, also auch als das Gewissen« (Freud, 1930).

Steiner (1988) verbindet im Ödipuskomplex den Vatermord mit dem noch entsetzlicheren Muttermord. Während die Schuld aufgrund des Vatermordes noch erträglich sei, führe der Muttermord zu unerträglichen Schuldgefühlen und verwandle sich in Haß und Verzweiflung.

Schon Abraham (1924) und Jones (1929) verweisen auf ein frühes Schuldgefühl. Abraham erwähnt Schuldgefühle im Zusammenhang mit der Überwindung kannibalischer Triebregungen auf der frühen oralen und anal-sadistischen Stufe. Er äußerte sich auch – wie Fenichel berichtete – zu der für meine Überlegungen sehr bedeutsamen Wirkung der Vorwurfsinteraktion bzw. der Internalisierung der Vorwurfsinteraktion:

»Freud hatte die für viele Fälle sicher verblüffend zutreffende Formel gefunden: Die Klagen der Depressiven sind Anklagen, sie richten sich eigentlich gegen das introjizierte Objekt. Abraham fügte hinzu: Manche Klagen scheinen geradezu umgekehrt vom introjizierten Objekt auszugehen, wiederholen z. B. Vorwürfe, die einmal das reale Objekt gegen den Patienten geäußert hatte. Daß das introjizierte Objekt sich auf die Über-Ich-Seite schlägt, paßt zu der grundlegenden Theorie von Freud, daß das Über-Ich einer Objektintrojektion seine Entstehung verdankt« (Fenichel, 1975).

Es ist in erster Linie Melanie Klein, die der Urschuld noch tiefer auf den Grund geht. Die oral-sadistische Gier des Kindes begründet bei ihr den »Sündenfall«, welcher in der Zerstückelung des Leibes der Mutter bzw. in der Zerstörung des vereinigten Leibes der Eltern besteht. Es geht um die Gier des Kindes, die Brust, die Mutter aufzufressen und auszuhöhlen. Das Gefühl, das geliebte Objekt zerstört zu haben, führt zu dem innerhalb der »depressiven Position« errungenen Schuldgefühl und dem Wunsch, den Schaden wiedergutzumachen. Durch die Wiedergutmachungsbemühungen werden nach Winnicott die depressiven Ängste überwunden. Ihm zufolge lernt das Kind, die Löcher, die es in die Mutter gefressen hat, zu ertragen, da es erfahren hat, daß es etwas gegen die schlimmen Folgen seiner Handlung tun kann. Winnicott sieht hier die persönliche Quelle der Schuldgefühle begründet, im

Gegensatz zu den von der Außenwelt an das Individuum herangetragenen, ihm aufgezwungenen Schuldgefühle.

Eine weitere Quelle der Schuldgefühle, nämlich im gescheiterten Individuationsprozeß, hat uns M. Mahler aufgezeigt. Bei Störungen in dieser Phase werden die ursprünglich als lustvoll erlebten Reifungsschritte und Autonomiebestrebungen des Kindes mit schuldhaften Impulsen aufgeladen und können zu schweren Schuldgefühlen führen, zur sog. »Trennungsschuld«. Diese Schuld dürfte uns aus Patientenbehandlungen hinreichend bekannt sein; nach Grunert (1979) kann die negative therapeutische Reaktion im Zusammenhang mit einer Individuationsproblematik verstanden werden.

Innerhalb seines objektpsychologischen Ansatzes kommt Modell (1965) zu einem Schuldbegriff, der noch weiter zurückführt. Er spricht von einer »Selbst-Objekt-Differenzierungsschuld«. Modells Position ist die, daß hinter der negativen therapeutischen Reaktion einiger seiner Patienten unbewußte oder bewußte Schuldgefühle stehen, die sich letztlich auf »das Recht zu leben« beziehen. Der Inhalt dieser Schuldphantasie – so Modell – basiere nicht auf dem Wunsch, das Objekt zu zerstören, sondern werde als tiefe Überzeugung erlebt, kein »Recht auf ein eigenes Leben« zu haben. Seine Beobachtungen veranlassen ihn zu der Schlußfolgerung, daß die Schuld dieser Patienten nicht nur mit dem Inhalt ihrer sadistischen Wünsche (im Sinne von M. Klein) verbunden ist, sondern daß es bei ihnen ein Entwicklungsdefizit in der Phase der Selbst-Objekt-Differenzierung gibt. Er sieht die Ursache dieser Entwicklungsstörung in einer Verschärfung der infantilen Ambivalenz begründet. Diese sei eine Folge des Versagens der »hinreichend guten Mutter« im Sinne Winnicotts (Modell, 1965). Diese Beeinträchtigung führe zu einer Konfusion zwischen Selbst und Objekt, so daß im kindlichen Bewußtsein die Furcht, durch die Trennung von der Mutter zu sterben, verwechselt werde mit der Furcht, die Mutter zu zerstören. Durch einen nichtpräsenten oder ohnmächtigen Vater verstärke sich diese Entwicklungstendenz noch zusätzlich. Letztlich sei der Glaube, kein Recht auf sein Leben zu haben, ein Abkömmling dessen, was auch Modell als »Trennungsschuld« (separation guilt) bezeichnet, denn das Recht auf Leben bedeutet das Recht auf eine getrennte Existenz. Zwar berichtet er von frühgestörten Patienten, aber ich bin mit ihm der Meinung, daß ein Überbleibsel dieser Problematik in den meisten Menschen vorhanden bleibt, sich allerdings in verkleideten Formen zeigt. Wie häufig Patienten mit ihren Schuldgefühlen ringen, wenn sie andere Werte, Meinungen und Lebensstile als die des Analytikers formulieren, ist uns bekannt.

Außerordentlich bedeutsam bei dieser Art von Schuld ist, daß sie die gesamte Persönlichkeitsstruktur durchdringt und sich nicht nur in einigen Segmenten oder Symptomen äußert, wie z. B. Erfolgshemmungen aufgrund von ödipaler Schuld.

Hilfreich für mein Verständnis der Krankengeschichten ist auch Modells Einbeziehung der äußeren Realität in diesem Zusammenhang. Er weist darauf hin, wie notwendig es ist, die Aufmerksamkeit nicht nur auf die unbewußte innere Realität, sondern auch auf die äußere Realität, insbesondere das Schicksal der anderen Familienmitglieder, zu lenken. Er entwirft das Paradigma eines »Buchhaltersystems« und führt aus, daß es in jeder Kernfamilie eine Art »Verteilersystem« der verfügbaren »Nahrung« oder »Schätze« gibt. Das Schicksal aller Familienangehörigen determiniert, wie viel »Gutes« bzw. wie viel »Nahrung« man bekommt oder besitzt. Hat z. B. ein Mitglied der Familie ein schweres Schicksal zu ertragen, so wird ein anderes Schuldgefühle erleben, da es mehr als nur seinen Anteil erhalten hat, weil es vom Schicksal begünstigt worden ist.

Hier könnte man an eine primäre Schuld denken, in der die je eigene geglückte Existenz als solche bereits schuldhaft erlebt wird (vgl. auch Kutter, 1971). Modell verweist im Zusammenhang mit dem Recht auf eigenes Leben und Überleben auch auf das Schuldgefühl der Überlebenden der Konzentrationslager. Die von Modell hier dargestellte Schuld, nämlich die Infragestellung des Rechts zu leben, beeinflußt den gesamten Prozeß der Individuation und Identitätsbildung. Es erscheint deshalb einleuchtend und von zentraler Bedeutung, wenn Modell sagt, daß ohne einen Versuch, die frühen Bestimmungsfaktoren dieser diffusen Schuldgefühle klarzulegen, keine Erfolgschance für die Analyse besteht. Das bedeutet, daß die darunter liegende Wahrheit aufgedeckt und der eigentliche Grund, weshalb sich der Patient unwert fühlt, ein eigenes Leben zu haben, bewußt gemacht werden müssen.

Eine religionspsychologische Interpretation dieser Daseinsschuld findet sich bei Drewermann (1991) in seiner Interpretation der »Erbsünde« im Rahmen der Mariologie. Er sieht das Hauptmotiv der Opferdoktrin christlicher Theologie in der frühen Mutter-Kind-Beziehung, denn in dem Maße, in dem sich die Mutter zum Wohle ihres Kindes opfere, obliege auch diesem die Pflicht, sich seinerseits zum Wohle der Mutter zu opfern. Letztlich gründe sich das gesamte Dasein auf ein primäres Opfer, welches zu unendlichem Dank verpflichte, indem es nämlich die unrettbare Schuld des Ursprungs – die »Erbsünde« – ebenso offenlege wie sühne. »Das gesamte Dasein«, so Drewermann, sei von dieser ontologischen Unsicherheit bestimmt vor dem

Hintergrund dieses ursprünglichen Opfers, das allerdings zunächst nicht von Christus, sondern von der eigenen Mutter gebracht werde, um den Menschen bzw. die Welt (i. e. das Kind) von der Schuld zu erlösen, überhaupt auf der Welt zu sein. Diese Schuld, die solch ein unermeßliches Opfer »fordere«, sei weniger moralischer Natur als auf »geheimnisvolle Weise« mit der Tatsache des Daseins selbst verflochten. Demnach sei bereits der Umstand, auf der Welt zu sein, die reine Tatsache der Existenz, mit einem »schweren, tödlichen Schuldgefühl« behaftet. Nach der Formulierung Drewermanns wäre also sogar schon das erwünschte, gesunde Kind der gesunden Mutter gegenüber mit einer Opferschuld belastet.

Ich komme auf das Zentralthema der Arbeit zurück, zu den Patienten, die ihre Mutter durch ihre pränatale Existenz in Form einer Schwangerschaftskomplikation geschädigt haben. Ich hatte den Eindruck, daß diese Kinder die Einzelheiten der pränatalen Katastrophe nicht explizit erfahren haben oder aber die bruchstückhaften und angedeuteten Erwähnungen darüber tief verdrängen mußten. Im Gedächtnis blieben die verbalen und nonverbalen Vorwurfsinteraktionen seitens der Mutter, ihre dunklen, vagen und globalen Andeutungen: »Mit dir hat alles angefangen, du hast mich auf dem Gewissen ...« Dadurch entwickelten die Kinder ein allumfassendes Gefühl existentieller Schuld. Wichtig ist nun, daß die pränatale Katastrophe, die »underlying truth«, »ohne Ort und ohne Objekte« mit der von Freud beschriebenen Nachträglichkeit gewissermaßen auf »harmlosere Verbrechen« in einer konkreten Objektinteraktion verschoben wird. Die Wiederkehr des Verdrängten zeigt sich in einer oft dramatischen Aufladung aller späteren präödipalen und ödipalen Schuldphantasien. So erscheinen die Beschuldigungen postnataler, präödipaler sowie ödipaler Verbrechen gewissermaßen als Abwehr der bedrohlicheren – weil nicht in konkreten Tatbeständen und in Objektinteraktionen gebundenen – existentiellen Schuld.

Das gleiche geschieht in der Übertragung; der Patient bezichtigt sich präödipal- und ödipal-aggressiver Verbrechen gegenüber dem Analytiker. Manchmal fällt dem Analytiker auf, daß die Schuldgefühle in inadäquater und ungewöhnlicher Schärfe auftreten, z. B. in Form von übertriebenen Selbstanklagen, wie wir sie als Abwehrmanöver bei narzißtischen Problemen innerhalb des Scham-Schuld-Dilemmas kennen (Bastian u. Hilgers, 1990).

Bericht über eine Psychoanalyse mit Interaktionen auf dem Niveau der depressiven Position

Das erste Beispiel betrifft eine Patientin, die die unbewußte Phantasie hatte, die Mutter während der Schwangerschaft aufgefressen zu haben. Die Mutter, die zuvor eine blühende, bildhübsche Frau gewesen sein soll, erkrankte während der Schwangerschaft mit der Patientin an einer sehr schweren Anorexie, die zu einem mehrmonatigen Klinikaufenthalt führte und in Form einer kompensierten Magersucht bis heute zu bestehen scheint. Die für Analytiker geläufige Phantasie einer oralen Kollision zwischen Embryo und Mutter hat sich für die Patientin hier scheinbar in der Psychosomatose ihrer Mutter konkretistisch bestätigt.

Der Embryo wurde als »Verfolger« oder »Schmarotzer«, der kannibalisch, parasitär und vampirisch (Grunberger, 1982) den mütterlichen Organismus ausbeutet, erlebt: das Kind frißt im Bauch der Mutter. Wir wissen, daß werdende Mütter Schwangerschaften auf der Ebene unbewußter Phantasien in einer doppelten Identifikation erleben können: einerseits die Identifikation mit dem Fötus als Projektion der eigenen frühkindlichen Gier, die Mutter aufzufressen, andererseits als Repräsentanz der eigenen Mutter, vor deren oraler und ödipaler Rache sich die Schwangere fürchten muß. Der Fötus wird dann erlebt als etwas Beängstigendes und Zerstörerisches, als Verfolger, der von innen her alles Gute, was sie in sich hat, angreift. In jedem Falle geht der Haß der Mutter dem des Kindes voraus (vgl. Winnicott, 1947).

Es ist möglich, daß die Projektionen der oralen Aggressionen auf das Kind auch nach der Schwangerschaft fortgesetzt werden und das Kind sich mit ihnen identifiziert. Die Phantasien können sich nach der Geburt auf eine andere Ebene verlagern. Wie das »Fressen im Bauch der Mutter« und das Auffressen der mütterlichen Körperlichkeit die Mutter-Kind-Interaktion als eine verinnerlichte Objektbeziehung prägten, zeigt die Kasuistik dieser Patientin, deren Problematik – wie schon erwähnt – die urverdrängte, unbewußte Phantasie zugrunde lag, die Mutter während der Schwangerschaft aufgefressen und ausgeplündert zu haben.

Frau A., 33 Jahre alt, kam wegen Depressionen, Selbstunwertgefühlen, schwerer Schuldgefühle und Suizidtendenzen in Behandlung. Immer schon hatte sie das Gefühl, etwas Schlimmes verbrochen zu haben. Wenn es ihr kurzzeitig gut ging, wurde sie von raptusartigen Schuldgefühlen überfallen, da es der Welt so schlecht gehe. Wenn sie Mann und Sohn mit der

Mikrowelle bekochte, glaubte sie, sie zu vergiften. Sie war überhaupt nicht in der Lage, Raum für sich zu beanspruchen. Ihr Leben bestand hauptsächlich darin, andere zu versorgen und für sie zu arbeiten. Die Patientin war ein ungewolltes Kind. Die Mutter war mit 17 Jahren schwanger geworden und hatte eine Abtreibung erwogen. Bekannt ist, welche schwerwiegenden Folgen ungewollte Schwangerschaften sowohl für die Mutter als auch das Kind haben können. Unter anderem weisen Untersuchungen über Einstellungen zur Schwangerschaft und zur fötalen Entwicklung deren enorme Bedeutsamkeit nach (hier hat sich in jüngster Zeit, ausgehend von Ferenczi und Grunberger, die pränatale Psychologie verdient gemacht; vgl. Janus, 1990; 1986). Ebenso beeinträchtigend wie für den Fötus kann eine unerwünschte Schwangerschaft die Zerstörung des gesamten psychischen und sozialen Lebens der Mutter zur Folge haben. In der Schwangerschaft kann der Embryo intrapsychisch als »Störung des individuellen Daseins« (Deutsch, 1948) erlebt werden.

Frau A. war überzeugt, am unglücklichen Leben der Mutter schuld zu sein und deren Selbstverwirklichung verhindert zu haben. Ihr Gefühl, Unglück über die Menschen und über die Welt zu bringen, war, seit sie sich erinnern kann, verknüpft mit dem leidenden Gesichtsausdruck und einem unbestimmt-vorwurfsvollen Blick der Mutter, als ob diese sagen wolle: »Mit dir hat alles angefangen!« Es blieb unklar, was mit diesem nebulösen Vorwurf gemeint war. Wir wußten nicht, was in der Schwangerschaft passiert war, und ich orientierte mich an den präödipalen und ödipalen Schuldinteraktionen. Die Mutter schien sich um das Kind wenig gekümmert zu haben. Der Vater, Fernfahrer von Beruf und wenig präsent, soll ein »Luftikus« gewesen sein, und die Patientin wurde bis zum dritten Lebensjahr überwiegend von der Großmutter versorgt. In der Analyse spielten Schuldgefühle die wesentliche Rolle: Schuldgefühle, mich auszuplündern und auszubeuten, fragende Blicke nach jeder Stunde, ob es mir gut gehe, ob ich noch ganz und erhalten sei. Bei Beginn der Stunden vorsichtiges Fragen, wie es mir gehe.

Für die Übertragung und Gegenübertragung war wichtig: Die Patientin stellte eine positive, fast libidinöse, manchmal auch erotisch getönte Übertragung her, die auch dann atmosphärisch die Stunden beherrschte, wenn sie mir weinend über ihre Schuldgefühle mir und ihrer Familie gegenüber berichtete.

In ihrem Initialtraum befürchtete sie, daß während eines Hotelaufenthaltes mit einer Laienschauspielgruppe, als sie mich und die Familie für einige Tage verlassen hatte, mein Haus durch Einbrecher ausgeplündert werde, durch eine Explosion zusammenstürze und ich auf einer Bahre weggetragen werde. Dieser Traum lieferte einen Verständnisansatz für die permanenten Schuldgefühle. Ich verstand ihn als Ausdruck ihrer oralen Gier auf meine Brust und meinen Körper, einer oralen Gier mit ausgesprochen sadistischen Angriffen bis hin zur Zerstörung des Hauses (des Mutterhauses), verbunden auch mit anal-sadistischen Angriffen, Explosionen und totbringenden Strahlen, mit denen sie mich und ihre Familie umbringt. Der Traum gab aber auch einen Hinweis auf schwere Trennungsschuld, außerdem ein anschauliches Bild über die von Beland beschriebenen unbewußten Phantasien im Sinne von Susan Isaacs: Phantasien der Einverleibung, der Ausstoßung, des Zerbeißens und Zersprengens des mütterlichen Körpers (Beland, 1989).

Ich hatte das Gefühl, daß sich die Patientin vor ihrer oralen Gier auch dadurch schützte, indem sie es immer verstand, eine rücksichtsvolle, libidinöse Atmosphäre in der Beziehung zu mir herzustellen, so daß ich mich nie erschöpft und ausgeplündert fühlte. Ich mochte sie gern und fand die Stunden – entgegen ihren Ausplünderungsbeteuerungen – eher angenehm. Nach einer intensiven Bearbeitung von oralen Wünschen und oraler Gier vollzog sich allerdings fast regelmäßig folgendes Ritual: Sie kam zerstört und depressiv in die Stunden, tankte auf und verließ mich satt und gestärkt. Dies hielt jedoch nicht lange vor. Insbesondere bei Wochenendunterbrechungen und Ferien versank sie in depressiver Verstimmung. Mehr und mehr hatte sie auch Schuldgefühle, es könne mir während der Pausen sehr schlecht gehen. Sie war sehr erleichtert, wenn ich ihr in guter gesundheitlicher Verfassung wiederbegegnete. Das Auftanken bedeutete für sie das Leertanken meiner Körperflüßigkeiten und das Rauben meiner existentiellen Kraft.

Die Diskrepanz zwischen meinem Wohlbefinden und der Gewißheit eines guten Containing einerseits und den massiven Schuldgefühlen der Patientin, mich zerstörerisch ausgeplündert zu haben, andererseits konnte ich lange nicht verstehen, bis ich die pränatale Katastrophe erfuhr: Eines Tages besuchte die Patientin ihre Mutter und fragte nach. Und dann hörte sie, was sie eigentlich schon immer geahnt hatte, aber letztlich doch nicht richtig wußte, daß nämlich die Mutter während der Schwangerschaft eine schwere, lebensbedrohliche Anorexie durchgemacht hatte, bis zur Gefahr einer Stoffwechselentgleisung. Da die embryonale Existenz der Patientin zur lebensbedrohlichen Krise der Mutter geführt hatte, mußte in der Übertragungsbeziehung ihre »Täterschaft« mit aller Kraft verborgen bleiben – nicht zuletzt aus der Angst heraus, mit dem Tod der Mutter/Therapeutin auch die eigene Lebensgrundlage zu zerstören. Deshalb mußte mich die

Patientin in einer Reaktionsbildung so überaus schonend und liebevoll behandeln und damit ihre Gier und ihre zerstörerischen Angriffe tarnen. Sie füllte mich auf, ich fühlte mich durch sie gestillt. Ich hatte ein »liebes« Kind, das meine ganze postnatale Deutungsarbeit dankbar annahm, ohne daß dies jedoch zu einer wesentlichen Erleichterung bei ihr führte. Wir lebten während der Stunden in einer glücklichen Symbiose, die sich auch in meinen Gegenübertragungsgefühlen widerspiegelte. An den Wochenenden mußte sie mich krank und schwach phantasieren, in den Behandlungsstunden konnte sie mich wieder heil machen und ihre Fähigkeit zur Wiedergutmachung erfahren. Die unerträglichen Schuldgefühle besserten sich jedoch erst, als sich die reale pränatale Lebensgeschichte auch in Deutungen niedergeschlagen hatte und die »underlying truth« benannt und als pränatale Ausplünderungsphantasie deutlicher wurde.

Erst jetzt konnte sich die Patientin der Phantasie einer pränatalen Mutterschädigung und der einer mörderischen Abtreibungsmutter nähern. Zu meiner Überraschung bewirkte die Aufdeckung des pränatalen Kind-Mutter-Kampfes eher eine Erleichterung und Beruhigung. »Ich glaube, ich habe es immer gewußt, aber ich wollte nicht wissen, daß ich es wußte. Es hing immer wie ein Damoklesschwert über mir. Ich bin froh, daß alles herausgekommen ist.« Die Aufdeckung des »Urverbrechens« bewirkte eine Erleichterung, für die sich mehrere Erklärungsmöglichkeiten anbieten. Zum einen nahm die Übertragungs-Gegenübertragungsintensität zu, auch ich reagierte mit Erleichterung und großem theoretischen Interesse. Plötzlich konnten wir alles verstehen. Die Patientin hatte mich mit einer tiefen Erkenntnis erfüllt: ein gemeinsames Interesse hatte sich verstärkt und wirkte triangulierend. Die Patientin hatte mir ein Geschenk gemacht (sie hat mir z. B. das Thema für diese Arbeit gegeben). In einem Traum brachte sie Obst mit, als ich davon aß, fürchtete sie, das Obst sei vergiftet, und war erleichtert, daß es mir gut bekam.

Über die Möglichkeit einer Übertragungsheilung hinaus bieten sich auch objektivere Verständnismöglichkeiten an. Eine Erleichterung war die Ortung der Schuld; die diffuse, allgegenwärtige Schuld bekam einen umrissenen Ort in einer definierten Objektinteraktion. Die unbestimmte Symbiose wechselseitiger Auffüllung veränderte sich in Richtung einer Arbeitsbeziehung mit verstärkter deutungszentrierter Rekonstruktionsarbeit. Auf gemeinsamer Spurensuche ermöglichte die Konzeptualisierung eine Triangulierung. Dadurch wurde der Prozeß einer besseren Integration und Bewältigung ihrer unerträglichen Schuldgefühle ermöglicht. Folgerichtig verschwanden zunächst ihre Schuldgefühle in bezug auf meine körperliche Erschöpfung und Versehrtheit und machten der Bearbeitung ihrer Trennungsschuld Platz: wenn sie sich entferne, könne ich gekränkt sein, ja, könne sterben. Wenn sie sich etwas Gutes tue, wäre sie sicher, ich könne es nicht aushalten oder würde mich rächen. Auch ödipale Rivalitätskonflikte tauchten auf. Sie fürchtete auch meine Rache, wenn sie wachse und mich überhole. Sie war fest davon überzeugt, daß ich eines Tages merken würde, wie konkurrenzsüchtig sie wirklich sei, und dann würde ich sie fallen lassen. Allerdings erlebte ich nun ihre oralen, analen und ödipalen Attacken in der Gegenübertragung konkreter. Ich spürte ihren Sadismus besser und auch das Kränkungsgefühl, das sie bei eigenen Trennungsimpulsen schon immer bei mir wahrgenommen zu haben glaubte.

Erst die Aufdeckung des »pränatalen Verbrechens« ermöglichte es vermutlich, die späteren oral-sadistischen, analen und ödipalen Aggressionen angemessen zu bearbeiten. Die entsprechenden Schuldgefühle mit den entsprechenden Phantasien gewannen für mich durch das Erkennen der pränatalen Schuld eine nachträgliche Verständlichkeit: Die pränatale Interaktion und die seit Geburt bestehende Vorwurfsinteraktion über die schuldhafte Existenz überformen und verschärfen die späteren Konflikte.

Langsam bekam ich es mit einem Kind zu tun, das seine Existenz behaupten und mir im oralen, analen und ödipalen Kampf als postnatale »Täterin« gegenübertreten konnte. Nachdem sie sich einen Mercedes gekauft hatte (ich fahre Kadett), kam es entsprechend zu einer Verstärkung ödipaler Schuldgefühle. Die Bearbeitung ödipaler Aspekte entlastete die Patientin zusätzlich von ihrer pränatalen Schuld. Als wichtig in diesem Zusammenhang erwies sich der Rückgriff auf den ödipalen Rahmen, der ihrer Existenz voranging. Wir »entdeckten« zur Erleichterung der Patientin, daß die Urszene der Eltern, der Koitus von Vater und Mutter, der existentiellen Schuld vorausging. Dadurch wurde der größenwahnsinnige Schuldvorwurf, durch eigene Existenzgründung am Unglück der Welt schuld zu sein, relativiert.

Anläßlich ihrer Angst, wenn sie Alkohol trinke, müsse sie aufpassen, daß sie nicht im »Suff« ein Kind empfange, erinnerte sich die Patientin an eine Bemerkung der Mutter, daß die Eltern sie angeblich nach einem Tanzvergnügen in alkoholisiertem Zustand gezeugt hätten. In der Urszene waren sie (die Eltern) die Vortäter, die das »fötale Verbrechen« erst ermöglichten. Damit ist ihre unermeßliche Schuld auch eingebunden und gelindert im Sinne einer Folgetat nach der Urszene, die ihre Existenz ja erst begründete.

In der weiteren Arbeit wurde mir deutlich, wie die Patientin ihre Schuld als Abwehr instrumentalisierte. Jetzt wurde auch in der Behandlung klarer, wie die unerträglichen grandiosen Schuldgefühle auch zur Abwehr ganz realer, banaler Gier- und Neidgefühle dienten. Da sie als größte Verbrecherin der Welt an allem Unglück schuld ist, braucht sie sich nicht um Neid-Haß auf Haus, Auto- und Familienbesitz der Therapeutin zu kümmern. Mit der Zeit wurde jedoch auch eine umgekehrte Abwehrinterpretation immer einsichtiger. Das bisherige Festhalten an der oralen, analen und ödipalen Schuld kann nach Bastian und Hilgers (1990) auch als progressive sinnvolle Abwehr »im Sinne einer Schutz- und Überlebensfunktion« verstanden werden. Solange die Patientin in einer objektalen Interaktion schuldig ist, bestehen Alternativen, Wiedergutmachungschancen und Hoffnung, das Objekt zu heilen und zu reorganisieren. Die primäre Schuld durch existentielle Mutterschädigung, aber auch die primäre Scham durch ursprüngliche Zurückweisung gerade wegen dieser »Urschuld« sind ungleich schwieriger zu ertragen als orale, anale und ödipale Schuld. Die primäre Schuld kann nicht durch aktive Wiedergutmachung und Ungeschehenmachen getilgt und gesühnt werden, es sei denn durch Suizid.

Überlegungen zur Psychodynamik

Die Rekonstruktion des prä- und postnatalen »Tatbestandes« ergibt nun folgendes Bild: Die Mutter spaltete mit der Magersucht den mit negativen Introjekten besetzten Körper mitsamt der Leibesfrucht ab und rettete ein idealisiertes Selbst vor einem mit Ekel und Haß besetzten Körper einschließlich des Embryos (Selvini-Palazzoli, 1965). Der Haß der Mutter führte zur Magersucht und setzte sich in der projektiven Identifizierung auf das geborene Kind mit negativer Attribution fort.

Wichtig ist nun für die Rekonstruktion, daß das Kind sich mit dem bösen abgespaltenen Teilobjekt identifiziert hat, um das Idealobjekt zu retten, getreu der Devise Fairbairns: Lieber bin ich eine böse Verbrecherin, als daß ich von einer bösen Verfolgerin beherrscht werde (Fairbairn, zit. bei Heising, 1988). Das depressive Selbstkonzept mit dem Beharren auf der idealisierten Mutter-Imago versprach Hoffnung, daß eines Tages doch alles gut werde. Die primäre Zurückweisung durch die Mutter bewirkte nun eine verstärkte oral-aggressive Gier und ein vernichtendes Schamgefühl. Die damit verbundenen Schuldgefühle dienten nicht nur der Abwehr der oralen Angriffe, sondern auch einer sinnvollen progressiven Überlebensfunktion: Lieber bin ich eine oral-aggressive Verbrecherin, die büßen und wiedergutmachen kann, indem ich die Mutter auffülle und wiederherstelle, als ein Kind, das wegen seiner puren Existenz schuldig, wertlos und verachtenswert ist (die bekannte Umwandlung von passiv Erlittenem ins Aktive, um die unerträgliche Ohnmacht und Abhängigkeit zu lindern). So kommt es zu folgendem Circulus vitiosus: Das Scham-Schuld-Dilemma führt zu exzessiver oraler Aggression. Diese bewirkt wiederum eine Steigerung der frühen und schließlich ödipalen Schuldkonflikte. Man kann auch die fortgesetzte Unterbringung des existentiellen Mutter-Kind-Konfliktes in oralen, analen und ödipalen Schuldphantasien in der Denkfigur der Freudschen Nachträglichkeit auffassen, wonach sehr frühe Erinnerungsspuren eine Umordnung und Umschrift in neuen Beziehungen erfahren. Die Überarbeitung des ursprünglichen Eindrucks: mit mir hat alles angefangen, ich bin an allem schuld – im Sinne neuer Aktualisierung und Neukonstruktion in postnatalen Interaktionskonflikten und Schuldphantasien –, hat auch den Vorteil, daß in diesen späteren Aggressionen Schuld und Wiedergutmachung objektal vorstellbar sind. Insofern ist die Fixierung in den nachträglichen Umschriftungen und Umordnungen auch im Dienste einer progressiven Abwehr zu verstehen. Jetzt erhebt sich die Frage: Warum bewirkte die Aufdeckung der Urschrift und primären Schuld dann nicht eine regressive, dramatische Verschlimmerung der Schuldphantasien?

Offenbar ist die Aufklärung der ungewollten Schwangerschaft mit der Schwangerschaftserkrankung der Mutter und der oralen Kollision im Mutterbauch noch immer besser zu ertragen als die grandiose Unbestimmtheit des Vorwurfs: »Mit dir hat alles angefangen, du bist an allem schuld«. Darüber hinaus erleichterte aber auch die Rekonstruktion der Urszene eine Schuldabwälzung. Es kam zu einer Zeit- und Raumordnung in einem ödipalen Bezugsrahmen mit einem schuldigen Elternpaar. Dies erlaubt gewissermaßen eine Bearbeitung: Wenn das Verhängnis auch den Eltern angelastet werden kann, dann können die späteren Aggressionskonflikte ebenfalls mit mütterlicher oder elterlicher Beteiligung denkbar sein. Wenn die Mutter die primäre Schuld aktiv mitgestaltet hat, ist sie vielleicht auch an den späteren Konflikten beteiligt.

Hier könnte man sich eine Bearbeitung mit einer entlastenden »Umschriftung« auch der späteren präödipalen Schuldkonflikte vorstellen. Der Weg von der narzißtischen Schuld zur Mehr-Personenschuld wird frei.

Gleichzeitig erfolgte natürlich auch eine Korrektur der psychotischen Anteile des Selbstbildes der Patientin. Ihre Schuldphantasien näherten sich den aggressiven, konkurrierenden, neidischen und eifersüchtigen Interaktionen von Ganzobjekten an. Sie ist jetzt »nur« eine treulose, undankbare, rivalisierende Mercedesfahrerin – zwar immer noch schlimm genug, aber es wird nicht mehr von dem größenwahnsinnigen Schuldgefühl überschattet, ein mutterzerstörendes Monster zu sein, d. h., es erfolgt mit der Korrektur und der Anerkennung der Urszenenrealität auch eine Korrektur des kriminellen Größenwahnsinns.

Während bei dieser Patientin die unbewußten Phantasien, die Schuldgefühle und die Abwehrmechanismen in der depressiven Position mit Verlustängsten und Wiedergutmachungswünschen gehalten wurden, möchte ich an einem zweiten Fallbeispiel eine pränatale Mutterschädigung aufzeigen, die zu einer schizo-paranoiden Objektbeziehungsabwehr mit Spaltungsinteraktionen in Nebenübertragungen geführt hat.

Zweite Krankengeschichte: Frau B.

Die 27jährige Studentin kam wegen Depressionen, Schuldgefühlen, eines ausgeprägten Selbsthasses und Reinigungszwängen in die Behandlung. Im Gegensatz zu der erotisch ansprechenden Frau A. wirkte diese Patientin lieblos gekleidet, äußerlich vernachläßigt und fühlte sich auch selbst wie ein »Kartoffelsack«. Aus der Vorgeschichte war bekannt, daß die Mutter schon vor ihrer Geburt an einer Herzkrankheit litt. In schuldhafter Verstrickung entwickelte die Patientin die zentrale Phantasie, daß sie für das elende Leben der Mutter verantwortlich sei, für deren späteren Nikotin- und Alkoholabusus und für das dunkle Schicksal des Todes der Mutter (als die Patientin 20 Jahre alt war), die möglicherweise an einem Suizid oder an einer alkohologenen Leberdekompensation gestorben ist – genau läßt sich das bis heute (noch) nicht rekonstruieren.

Seit ihrer Kindheit hatte die Patientin von der Mutter gehört: »Du hast mich auf dem Gewissen«. Die Mutter war linksseitig partiell gelähmt, die linke Hand war gekrümmt und sie zog das linke Bein nach. Abgesehen von dieser Behinderung sei die Mutter eine sehr hübsche, attraktive Frau gewesen, die aber in einer diffusen Art und Weise die Tochter für ihre Lähmung verantwortlich machte, ohne daß die Krankheitsanamnese in der Schwangerschaft genau bekannt wurde. Auch hier waren die Einzelheiten der Schwangerschaftskomplikationen der Patientin nicht bekannt. Entweder waren sie im Detail nie ausgesprochen oder aber von der Patienten verdrängt worden.

Die Patientin entwickelte von Anfang an in der Behandlung eine Spaltungsabwehr. Sie nahm in einer Nebenübertragung zu Beginn der Analyse eine intensive symbiotische Beziehung zu einem Außenobjekt auf. In der Übertragung stellte sich eine paranoisch-aggressiv getönte Objektbeziehungsabwehr ein. Sobald in der Analyse eine dichtere Beziehung entstand, wich sie zurück, verstummte, ließ Stunden ausfallen. Das erwähnte Nebenübertragungsobjekt war ein farbiger amerikanischer Soldat. Hier ist die Tatsache bedeutsam, daß der Vater der Patientin ein weißer britischer Soldat war, den die Mutter mit 17 Jahren geheiratet, aber schon nach kurzer Zeit wieder verlassen hatte. Eine Fotografie des fernen Vaters stand bis weit in die Behandlung hinein als verehrtes, idealisiertes Bild auf dem Schreibtisch der Patientin.

Die Patientin erlebte mit ihrem amerikanischen Freund eine nicht sexuelle, präödipale Symbiose, sie saßen oft stundenlang eng umschlungen beieinander. Im Gegensatz zu dieser intensiven prägenitalen Verschmelzungs-Nebenübertragung entwickelte die Patientin zu mir eher einen ambivalent-aggressiv getönten Kontakt mit der schon erwähnten paranoid-schizoiden Beziehung, die verhinderte, daß sie sich mir letztlich anvertrauen konnte. Sie stellte auch in fortgeschrittenem Behandlungsstadium unsere Beziehung immer wieder in Frage, indem sie Dinge wiederholte, die bekannt waren, und leugnete im Grunde genommen die historische Realität unserer Beziehung. In den Stunden überwogen heftige Schuldgefühle mit Klagen über ihr fehlendes Existenzrecht. Sie sagte wörtlich: »Ich habe keine Daseinsberechtigung, ich habe kein Recht zu leben, ich möchte am liebsten weg sein, da ich diesen Schmerz kaum ertragen kann.« (Die Patientin hatte in der Pubertät einen Suizidversuch unternommen, um diese quälenden Gefühle loszuwerden und »Ruhe zu haben«.) Sie wachte schon morgens mit quälenden Schuldgefühlen auf, die sie den ganzen Tag begleiteten, die aber nicht, wie bei Patientin A., inhaltlich konturiert waren. Sie begründete ihre Wasch- und Putzwänge damit, daß sie »ihre Spuren beseitigen müsse«.

Innerhalb ihrer Nebenübertragung spaltete sie erneut, indem sie sexuellen Kontakt mit einem zweiten farbigen Soldaten aufnahm. Deutungen waren nur innerhalb dieser Nebenübertragung möglich. Im Umgang mit ihren Außenbeziehungen konnte sie ihre Angst vor Verschmelzung und intensiver körperlicher Nähe verstehen. Versuche, prägenitale oder genitale Sehnsuchtswünsche und Beziehungsängste in die Übertragung zu nehmen, wurden zurückgewiesen und mit kurzzeitigem Beziehungsabbruch (Stundenausfälle, schizoider Rückzug) beantwortet. Im Mittelpunkt der Stunden standen Schilderungen aus der Kneipenwelt ihrer farbigen Soldaten. Tendenzen zur Selbstentwertung – »Als ›Negerhure‹ tauge ich gerade noch« – mischten sich mit Versuchen, ihr Dasein zu heroisieren: »Mit den Negern büße ich ein Leben lang.« Gleichzeitig näherte sie sich einer christlichen Gemeinschaft an, in deren Mittelpunkt Schuld, Buße und Reue standen.

Im zweiten Behandlungsabschnitt träumte die Patientin: »Ich bestand auf Einsicht in alle Einzelheiten meiner Krankenakte und Unterlagen. Sie haben mir das verweigert und mich darüber hinaus bedroht. Ich holte eine Beamtin der Krankenkasse zu Hilfe, und Sie mußten die Unterlagen herausrücken.« In unserer Arbeit mit diesem Traum klärte sich die tiefere Bedeutung des Bestehens auf Detailwissen wenige Wochen später bei einem Besuch bei ihrer Großmutter auf: Die Patientin fragte sie genau über die Krankheit der Mutter und deren Entstehung aus, um den Hintergrund des mütterlichen Vorwurfs: »Du hast mich auf dem Gewissen«, zu erhellen.

Sie erfuhr, daß die Mutter durch die Schwangerschaft eine Thrombose (wohl mit folgender Hirnembolie) erlitten habe, die letztlich zu der linksseitigen Parese mit Dauerschädigung an Arm und Fuß geführt habe. Als die Patientin dies hörte, hatte sie gleichzeitig das Gefühl, als habe sie es immer schon gewußt und als höre sie es zum erstenmal. Später fragte die Patientin die Großmutter, warum sie ihr das nicht erzählt habe, woraufhin die Großmutter antwortete: »Wir haben es dir als Kind erzählt, und du hast es doch immer gewußt.« Die Patientin wußte nicht, daß sie es wußte. Sie wußte, daß die Mutter vor der Geburt herzkrank und hinterher in einer Rehabilitationsklinik war, aber das genaue Ausmaß der in der Schwangerschaft durch Thrombose erlittenen Lähmung wurde ihr nun zum erstenmal deutlich.

In der Rekonstruktion entwickelten sich für mich folgende psychodynamischen Überlegungen: Für die Mutter verlötete sich Schwangerschaft mit Erkrankung und Schädigung. Das führte zur Entstehung eines bösen Körperobjekts. Wie im ersten Fall wurde auch hier die negative Attribution böser und schlechter Selbstanteile auf das Kind projiziert, mehr noch: Das Kind war an allem schuld (»Du hast mich auf dem Gewissen«). Das Kind hat sich mit dem verhaßten, bösen und schlechten Objekt identifiziert und die Vorwurfsinteraktion mit der Mutter verinnerlicht. Frau B. entwickelte die Schuldphantasie, allein durch ihre pränatale Existenz die Mutter nachhaltig verunstaltet und lädiert zu haben. Die hinkende und am Unterarm verkrüppelte Mutter wurde als verfolgende, böse Hexe erlebt. Die Schuldphantasie der Patientin sah folgendermaßen aus: Weil ich bin und in ihr war, wurde die Mutter zu einer leidenden und verunstalteten Frau. Meine Existenz an sich ist zerstörisch und gefährlich, deshalb habe ich keine Daseinsberechtigung. Wir erleben hier eine viel reichhaltigere, bewußte existentielle Schuldproblematik. Die verborgenen, unbewußten oral-aggressiven Phantasien, wie sie von S. Isaacs beschrieben wurden, und die dagegen gerichtete Abwehr zeigte ein Einfall der Patientin: »Als Kind hörte ich immer, ich sei zu klein und würde nicht wachsen. Aber als ich mit zehn Jahren zur Großmutter kam, bin ich plötzlich ganz schnell gewachsen.«

In diesem Zusammenhang tauchten Phantasien vom Zersprengen und Verkrümmen des mütterlichen Körpers durch Ausdehnung, Wachstum und Fressen auf. Da keine Chance auf Wiederherstellung der mütterlichen Unversehrtheit und damit auf Wiedergutmachung besteht und das Objekt böse und rachsüchtig ist, muß um jeden Preis die Nähe mit Mutter-Objekten vermieden werden. Dabei geht es natürlich auch um ihre eigenen aggressiven Rachephantasien gegen die gefährliche Mutter, welche durch die Schuldhaftigkeit der Patientin in Schach gehalten werden (Abwehraspekt der Schuldgefühle). Dies würde auch die Spaltungsprozesse erklären, die in ihrer Partnerwahl zum Ausdruck kamen. Sie konnte sich nur mit Objekten einlassen, die sich kontrastreich von dem mütterlichen Objekt unterschieden. Sie ersetzte elternähnliche Sexualpartner durch extrem differente Sexualobjekte und spaltete auch diese wieder in sexuelle und präödipal-zärtliche Objekte auf. In der Übertragung entwickelte sich eine konsequente Vermeidung homosexueller Nähe. Sie füllte das Zimmer mit polarisierten Außenobjekten und tat alles, um dem Selbstaspekt des »Kartoffelsacks« äußerlich zu entsprechen. Die Schuldgefühle konnten allerdings durch die Vermeidung in der Objektwahl nicht besänftigt werden. Sie entwickelte Wasch- und Putzzwänge, um ihre »Spuren zu beseitigen«, und vermied den tödlichen Kind-Mutter-Kampf durch konsequente Objektspaltung.

Auch hier wurde die Urschrift der pränatalen Katastrophe objektal in den Dienst einer progressiven Abwehr eingeordnet. Als »Negerhure« entgeht sie dem Urverbrechen, macht sich lieber der Verletzung bürgerlicher Moralvorschriften schuldig und büßt mit Ächtung und Entrechtung ein Leben lang. Als »Amiflittchen« kommt sie den Eltern nicht zu nahe und hat sie nicht »auf dem Gewissen«. Ein weiterer Krankheitsgewinn der fortgesetzten Objektspaltung war die Vermeidung ödipaler Eroberungsarbeit und Konkurrenz. In der Übertragung erzwang sie durch ihre Objektbeziehungsabwehr eine Bearbeitung in Nebenübertragungen: Es wurde deutlich, wie gefährlich der Kontakt zu mutterähnlichen Objekten bei gleichzeitiger Sehnsucht nach Nähe zu ihnen ist.

Mit zunehmender Analyse wurde die Aufdeckung der Urschuld immer drängender, der »Kassenunterlagen-Traum« zeigt gleichermaßen den Wunsch nach und die Angst vor der »underlying truth« auf. Die Aufdeckung dieses vorbewußten, mit Verdrängung und Gegenbesetzung verborgen gehaltenen tiefen Wissens brachte auch hier die »darunter liegende« Wahrheit in einen fest umrissenen räumlich und zeitlich geordneten Vorgang. Die »Tat« wurde aktenkundig, sie hatte sich Zugang zu den Unterlagen verschafft und konnte mit Hilfe der Kassen-Anwältin sekundärprozeßhaft damit umgehen. Dies ermöglichte es der Patientin ebenfalls, die Unerträglichkeit der Schuldgefühle und ihrer Zwangshandlungen einzuordnen.

Die Rekonstruktion wurde allerdings nicht nur als Entlastung und Strukturierung erlebt, sondern führte auch zu einer kurzfristigen Regression. Die Patientin bestand darauf, sich mir gegenüber zu setzen, um mich zu sehen. Dies kann als Hinweis verstanden werden, daß sie sich und mich stärker unter Kontrolle halten mußte, um sich meiner Unversehrtheit aufgrund ihrer unbewußten Angriffsphantasien zu versichern. Nach einigen Wochen konnte sie wieder zu dem alten Setting im Liegen zurückkehren, aber bei Begrüßung und Verabschiedung war eine positive Beziehungsänderung spürbar. Das Acting-in mit dem vorübergehenden Settingwechsel kann auch als Anzeichen einer Übertragungsverliebtheit, verbunden mit einer ersten Dankbarkeit und Objektannäherung, verstanden werden.

Einige Zeit später nahm ihre Objektbeziehungsabwehr zunächst wieder zu, und ich begann, vielleicht etwas forciert und animiert durch die Beschäftigung mit der Thematik der vorliegenden Arbeit, ihre Wachstumsschuld und Gewissensschuld konkret zu benennen. Hilfreich war auch hier die Deutung, daß sie ja nicht, wie aus ihrem Schuldgrößenwahn hervorzugehen schien, die Ersttäterin an ihrer Mutter war, sondern daß die am Herzen schon vorgeschädigte Mutter ja vorher mit dem Vater sexuell verkehrt hatte und daß vielleicht auch ihr Leben (der Patientin) durch die Thrombose der Mutter hätte in Gefahr geraten können. Dadurch wurde auch diese Patiemtin mit einem triangulären und ödipalen Bezugsrahmen mit realistischer Wahrnehmung der Urszene und des vereinigten Elternpaares vor ihrer Existenz konfrontiert. Nach diese Deutung hatte die Patientin folgenden Traum: An einem Wintertag hatte sie in England beide Eltern begraben, und sie lagen nebeneinander unter der Erde. Zwei Wochen später, als wir verstanden, daß sie ihre Eltern zusammenbrachte – wie übrigens auch im Studium in der Fächerwahl: Deutsch und Englisch – faßte sie den Entschluß, den Vater aufzusuchen, fuhr nach England und kehrte kurz darauf maßlos enttäuscht zurück. Der Vater schien sich belästigt gefühlt zu haben, wirkte »desinteressiert, dumpf und blande«. Daraufhin träumte sie, daß sie ihre Mutter noch einmal alleine begraben hatte, als wollte sie ihre Mutter wieder zu sich zurückholen und die Urszene rückgängig machen. Auch hier verschlimmerte ein nicht präsenter Vater die Problematik dieser Mutter-Kind-Kollusion.

Das Erkennen der realen Schwangerschaftskomplikation und das Einbinden in den triangulären und ödipalen Bezugsrahmen reduzierte den phantasierten Größenwahn gleichermaßen wie das Größenverbrechen. Nach der Aufdeckung der pränatalen Katastrophe erfolgte auch hier letztlich eine Schuldentlastung. Dem zerstörerischen Fötus ging zeitlich ein bereits zerstörter Mutterkörper und ein rücksichtsloser Penis im vorgeschädigten Mutterkörper voraus. Die Entdeckung, daß die Eltern trotz Herzschädigung der Mutter eine Schwangerschaft riskiert hatten, bedeutete, daß die Schuld an der Zerstörung des Ursprungsortes den Eltern zugewiesen werden konnte. Auch hier linderte der trianguläre und ödipale Bezugsrahmen mit der Anerkennung der Urszene die monströse Phantasie, durch Nähe, ja sogar durch schiere Existenz zu zerstören.

Die Träume von der Beerdigung des vereinten Elternpaares und später der Mutter alleine ermöglichten eine schrittweise Trennung. Die erstmals aufkommende Phantasie der Patientin: Nicht ich, sondern nur meine Mutter ist krank und beschädigt, führte zu einer weiteren Trennung aus der malignen Symbiose mit verunstalteten Mutter. Von grandioser Schuld entlastet, konnte sie zum ersten Mal ihren Haß auf die Mutter artikulieren. Sie begann, die Mutter als eine aggressive, unempathische, kalte, mit ihrer Familie zerstrittene, egozentrische Alkoholikerin zu schildern, und entwarf Bilder der Mutter, die sie vorher nur andeutungsweise hatte skizzieren können.

Wir hatten es zum ersten Mal mit einer bösen Mutter außerhalb der Übertragung zu tun. Innerhalb der Übertragung entspannte sich das Verhältnis, sie konnte sich von mir akzeptiert fühlen, ruhig mit mir im Zimmer sein und dies einigermaßen genießen, ohne daß sie mich hinterher mit schizoiden Beziehungsabbrüchen oder – nach Trennungen – mit schizoiden Wiederbegegnungsataxien darauf hinweisen wollte, daß wir noch nie etwas miteinander zu tun hatten. Die Patientin wurde langsam eine attraktive, auch äußerlich gepflegte Frau und konnte sehr vorsichtig eine positive Übertragung anklingen lassen.

Während die Schuldentlastung bei Patientin A. bewirkte, daß sie sich aus der Symbiose mit mir trennen und triangulieren konnte, führte die

Aufdeckung der »underlying truth« bei Frau B. dazu, daß sie sich eher in ruhiger Weise annähern und die Beziehungsabwehr aufgeben konnte. Sie konnte in meiner Nähe existieren, ohne daß ein Unglück geschah. In der Zwischenzeit scheint sie ihre schizo-paranoide frühe Abwehrstruktur zögernd aufzugeben und sich der depressiven Position anzunähern. Sie kann jetzt auch verstehen, warum sie bisher eine wirkliche Nähe zu mir um jeden Preis zu vermeiden suchte und entsprechende Beziehungs- und Verselbständigungswünsche nur in Nebenübertragungen ausagieren konnte: Ihre Angst, auch mich irreversibel, ohne Möglichkeit der Wiedergutmachung zu schädigen, begründete die Notwendigkeit ihrer Distanz.

Mir kommt es im wesentlichen darauf an, zu zeigen, wie auch bei dieser Patientin durch die Erkenntnis und gezielte Bearbeitung der existentiellen »pränatalen Schuld« eine entscheidende Änderung der Übertragungsdynamik und eine Abschwächung der Schuldproblematik in Gang gesetzt werden konnten. Auch hier führte die zusätzliche Einbindung in den ödipalen Rahmen der Urszene zu zusätzlicher Entlastung. Das ödipale Gesetz relativiert nicht nur den narzißtischen Größenwahn, sondern begrenzt auch den dämonischen Schuldentwurf.

Literatur

Abraham, K. (1924): Versuch einer Entwicklungsgeschichte der Libido auf Grund der Psychoanalyse seelischer Störungen. In: Ders.. *Gesammelte Schriften.* Bd. 2. Hg. von J. Cremerius. Frankfurt am Main (Fischer), S. 32–102.
Bastian, T. und Hilgers, M. (1990): Kain. Die Trennung von Scham und Schuld am Beispiel der Genesis. *Psyche* 44: 1100–1112.
Beland, H. (1989): Die unbewußte Phantasie. Kontroversen um ein Konzept. In: H.-V. Werthmann (Hg.): *Unbewußte Phantasien. Neue Aspekte in der psychoanalytischen Theorie und Praxis.* München (J. Pfeiffer), S. 84–87.
Deutsch, H. (1944/45): *Die Psychologie der Frau.* 2 Bde. Eschborn (Fachbuchh. für Psychologie) 1988.
Drewermann, E. (1991): *Kleriker, Psychogramm eines Ideals.* München (dtv).
Fenichel, O. (1975): *Psychoanalytische Neurosenlehre.* Bd. II. Olten (Walter).
Freud, S. (1912–1913a): Totem und Tabu. G. W., Bd. 9.
Freud, S. (1930a): Das Unbehagen in der Kultur. G. W., Bd. 9.
Freud, S. (1931b): Über die weibliche Sexualität. G. W., Bd. 9.

Grunberger, B. (1988): *Narziß und Anubis. Die Psychoanalyse jenseits der Triebtheorie*. Bd. 2. München, Wien (Verlag Internationale Psychoanalyse).

Grunert, U. (1979): Die negative therapeutische Reaktion als Ausdruck einer Störung im Loslösungs- und Individuationsprozeß. *Psyche* 33: 1–28.

Heising, G. (1988): Die Spaltungskonzepte der britischen Schule und ihre Bedeutung für die Hysterie. In: H. Luft und G. Maass (Hg*.)*: *Bericht: Arbeitstagung der DPV 1988. Arbeitsgruppe mit R. Berthel-Köhl*. S. 123.

Isaacs, S. (1943): The nature and function of phantasy. In: *Developments in Psychoanalysis*. London (Hogarth) 1973.

Janus, L. (1990): *Das Seelenleben des Ungeborenen – eine Wurzel des Unbewußten*. Freiburg/Br. (Centaurus).

Jones, E. (1929): Angst, Schuldgefühl und Haß. *Int. Zeitschr. für Psychoanalyse* 16.

Klein, M. (1962): *Das Seelenleben des Kleinkindes und andere Beiträge zur Psychoanalyse*. Stuttgart (Klett-Cotta).

Kutter, P. (1971): Psychiatrische Krankheitsbilder. In: *Die Krankheitslehre der PSA*. Hg. von Wolfgang Weh. Stuttgart (Hitzel), S. 195.

Mahler, M. (1968): *Symbiose und Individuation*. Bd. 1. Stuttgart (Klett).

Modell, A. (1965): On having a right to a life. An aspect of the superego's development. *Int. Journal of Psychoanalysis*, 46: 323–331.

Selvini-Pallazzoli, M. (1965): *Interpretation of Mental Anorexia nervosa*. Stuttgart (Thieme).

Steiner, J. (1988): Der Rückzug von der Wahrheit zur Omnipotenz in Ödipus auf Kolonnos. In: H. Luft und G. Maas (Hg*.)*: *Die Abwehr unbewußter Phantasien. Tagungsbericht DPV*.

Winnicott, D. (1947): Haß in der Gegenübertragung. In: Ders.: *Von der Kinderheilkunde zur Psychoanalyse*. Frankfurt am Main (Fischer) 1983, S. 77–90.

Winnicott, D. (1954): Die depressive Position in der normalen emotionalen Entwicklung. In: Ders.: *Von der Kinderheilkunde zur Psychoanalyse*. Frankfurt am Main (Fischer) 1983, S. 276–299.

15. Gerda Nienhaus
Zwischen Trennungsangst und Individuationsschuld: Zur psychoanalytischen Behandlung eines Adoleszenten mit einer Identitätsdiffusion

Die psychoanalytische Objektbeziehungstheorie und vor allem die Konzepte der britischen »Middle Group« haben sich in meiner klinischen Arbeit als Kinderanalytikerin für das Verständnis von psychischer Strukturbildung und Krankheitsentstehung als besonders hilfreich erwiesen.

Die Entwicklung und Reifung der menschlichen Psyche ist ein ebenso komplizierter wie faszinierender Prozeß, der sehr störungsanfällig ist und in dessen Verlauf, wenn vieles gut geht, aus einem psychisch unentwickelten kleinen Wesen ein reifer und in seiner Ich-Struktur differenzierter und integrierter Erwachsener werden kann. Sind die Störungen des Entwicklungsprozesses zu massiv, weil zum Beispiel Traumatisierungen in Form von Vernachlässigung oder Übergriffen stattfinden, kommt die Entwicklung zum Stillstand; sie friert sozusagen ein, und es setzen Notprozesse ein, die zumindest helfen, das Überleben zu sichern, und glücklicherweise auch die Möglichkeit zu weiterer Entwicklung »zu anderer Zeit« offenlassen.

Die psychoanalytische Objektbeziehungstheorie trägt nicht nur wesentlich dazu bei, die zum Stillstand gekommenen Reifungsprozesse zu begreifen; sie erleichtert es auch, sie zeitlich einzuordnen und in der Tiefe ihrer Dynamik zu verstehen. Fairbairn und später auch Guntrip und Winnicott beschrieben insbesondere die Notwendigkeit einer fördernden, haltenden Umwelt im therapeutischen Prozeß als Voraussetzung für die Reaktivierung »eingefrorener« Entwicklungsprozesse[1], in deren Folge dann auch abgespaltene Objektbeziehungen integriert werden können.

---

1   Auchter (2002) spricht in seinem Beitrag über Winnicotts Konzepte zur Behandlung von Patienten mit frühen Störungen vom »Auftauen eingefrorener Lebensprozesse«.

Eine förderliche therapeutische Umwelt wird heute als ein der Deutung unbewußter Phantasien gleichwertiges Behandlungsinstrument verstanden. Insbesondere bei Menschen mit frühen Störungen ist eine »genügend gute« Beziehung der entscheidende Faktor, der Heilungsprozesse im Sinne einer Nachreifung zu aktivieren vermag.

Auf der Basis der Konzepte dieser Vertreter der britischen Objektbeziehungstheorie möchte ich versuchen, den Prozeß der psychoanalytischen Behandlung eines Jugendlichen mit starken Zukunftsängsten darzustellen.

Ein 15-jähriger Jugendlicher meldete sich an mit dem Wunsch nach einer Therapie, weil er befürchtet, daß seine sexuelle Entwicklung »nicht normal« sei. Der Gedanke, daß mit ihm etwas nicht stimmt, verfolge ihn schon seit einiger Zeit ständig. Es sei jetzt so schlimm geworden, daß er sich oft depressiv fühle und bald keinen Ausweg mehr wisse, er habe auch schon an Selbstmord gedacht. Er vermute, daß er eine Neigung zur Homosexualität habe; damit könne er selbst sich vielleicht noch arrangieren, aber wenn er daran denke, was seine Mutter dazu sagen würde, gerate er in Panik. Sein Vater sei ihm eigentlich egal, dem geschehe es vielleicht sogar recht, der habe sowieso keine eigene Meinung, stimme immer nur der Mutter zu.

Am meisten Angst aber habe er davor, daß er vielleicht pädophil sei. Auf meine Frage, wie er darauf komme, meint er, er sei schon mal von Bildern aus einer Fernsehsendung über Kinderpornographie erregt worden. Das habe ihn sehr erschreckt. Wenn es wirklich so sei, dann bringe er sich sofort um, damit er niemandem einen Schaden zufügen könne. Er beobachte immer seine körperlichen Reaktionen: Nackte Frauen, zum Beispiel in Fernsehfilmen, ließen ihn kalt. Er müsse oft daran denken, daß er schon im Kindergarten sexuelle Spiele mit anderen Jungen getrieben habe, und immer sei er der Anstifter gewesen. Seine Schuldgefühle sind derart erdrückend spürbar, daß ich ihn frage, ob er denn so streng erzogen worden sei. Nein, überhaupt nicht, besonders seine Mutter sei sehr tolerant. Da sei aber immer die Angst vor den Leuten, wie man im Dorf dastehe, und auch vor der Großmutter mütterlicherseits, die mit im Haus lebe und der sich die Mutter noch verpflichtet fühle. Er habe Angst, die könne vor Schreck sterben, wenn herauskäme, was mit ihm los sei. Schließlich sei die Großmutter ja auch nicht mehr die Gesündeste. Dies zeigt eine Spaltungsabwehr in der Familie zwischen innen und den vermutlich feindlich gesonnenen Nachbarn außen.

Wenn der Patient besonders viel Angst hatte, sei er oft abends zur Mutter gegangen und habe ihr von seinen Befürchtungen erzählt – erst dann konnte er einschlafen. Es hat den Anschein, als habe er der Mutter seine intimsten, persönlichen Phantasien beichten müssen, um sich zu versichern, daß sie noch für ihn da sei. Auf diese Weise fand immer wieder eine symbiotische Wiederverschmelzung statt.

Der Patient befindet sich »auf der Kippe«: eine Trennung von der Mutter wird durch Angst (die Großmutter stirbt, wenn seine eigenen Interessen und Bedürfnisse zutage treten) und symbiotisches Agieren verhindert. Der Individuationsprozeß friert ein.

Der Patient ist der langersehnte Sohn seiner Mutter. Er hat zwei wesentlich ältere Schwestern, die nicht mehr im Haus leben. Die Mutter berichtet, ihr Mann sei »nicht so der Vatertyp«, deshalb überlasse er ihr auch alle Erziehungsaufgaben. Er sei aber kein schlechter Mensch, könne zwar wenig Kontakt zu den Kindern aufbauen, jedoch fühle er sich für die materiellen Belange verantwortlich und sei sehr fleißig.

Der Patient selbst berichtet, daß seine Eltern hauptsächlich für die Arbeit lebten: Der Vater ist Vorarbeiter in einem stahlverarbeitenden Betrieb, die Mutter sei mit Haushalt und einem kleinen Nebenjob reichlich beschäftigt. Beide hätten einen Hang zur Perfektion und achteten besonders auf ihr gutes Ansehen in der kleinstädtischen Gemeinschaft.

Die Mutter schildert die Beziehung zu ihrem Sohn als angstbesetzt. Von Anfang an habe diese Angst im Vordergrund gestanden, da sie während der Schwangerschaft schon älter gewesen sei (38 J.) und bereits bei der Geburt die ersten Schwierigkeiten auftraten, weil das Kind eine Steißlage hatte. Sie habe immer eine besonders enge Beziehung zu ihm gehabt, da sie sich so sehr einen Sohn gewünscht habe. Als der Patient vier Monate alt war, trat eine Neurodermitis auf, die fortan ständig – teils mit Kortison – von verschiedensten Ärzten behandelt wurde. Sie habe damals oft nächtelang an seinem Bettchen gewacht und ihn ununterbrochen gestreichelt. Der Patient erlebte so gleichzeitig Schmerz und Zärtlichkeit, was zu einem undifferenzierten, überflutenden Körpergefühl geführt haben muß und zu einer Irritation in seinem späteren Körpererleben.

Der Patient konnte schon mit einem Jahr laufen und sprechen. Vor allem aber war er bereits mit achtzehn Monaten tagsüber und nachts sauber. Auch habe er keine Trotzreaktionen gezeigt, was die Mutter mit Stolz erfüllte, für das Kind aber einen schweren Eingriff in den Reifungsprozeß und damit in die Entfaltung einer eigenständigen Persönlichkeit bedeutet haben und – um es mit Winnicott zu sagen – zu der Entwicklung eines »falschen Selbst« geführt haben muß. Winnicott sieht in seinem Konzept vom falschen und wahren Selbst eine Entsprechung zu dem Maß, in dem die Mutter ihre Funktion für das Baby im Rahmen der primären Mütterlichkeit und des Haltens erfüllt oder eben nicht erfüllt. Sind die Frustrationen aushaltbar, getragen von einer vorwiegend guten Beziehung, kann sich allmählich das wahre Selbst, die Persönlichkeit des Säuglings, herausbilden. Unter weniger guten Entwicklungsbedingungen, das heißt, wenn die Mutter nicht hinreichend gut ist, die Signale des Säuglings nicht versteht und ihm statt dessen ihre eigenen Signale aufdrückt, bildet sich das falsche Selbst als eine Als-Ob-Persönlichkeit heraus, und die Individualität tritt hinter die Anpassung zurück.

Der Ursprung des wahren Selbst liegt in dem Impuls, der in der spontanen Geste zum Ausdruck kommt: »Wenn wir nach der Ätiologie des falschen Selbst forschen, untersuchen wir das Stadium der frühen Objektbeziehungen. In diesem Stadium ist der Säugling meistens unintegriert und niemals voll integriert; die Kohäsion der verschiedenen sensomotorischen Elemente ist dem Umstand zu verdanken, daß die Mutter den Säugling hält, manchmal physisch und ständig im übertragenen Sinn. Periodisch verleihen die Gesten des Säuglings einem spontanen Impuls Ausdruck; die Quelle der Geste ist das wahre Selbst, und die Geste zeigt die Existenz eines potentiellen wahren Selbst an.« (Winnicott,1960, S. 189)

Winnicott knüpft damit an die Auffassung Fairbairns über die Bedeutung der Interaktion zwischen Mutter und Kind für die kindliche Entwicklung an. Fairbairn erklärt mit seiner Theorie die Bedeutung der Objektbeziehungen und die absolute Abhängigkeit des Säuglings von der Mutter. Winnicott bestätigt diese Sichtweise später mit der Äußerung, daß es »ohne Mutter kein Baby gibt«.

In der Einführung zu der unter dem Titel *Das Selbst und die inneren Objektbeziehungen* erschienenen Sammlung von Aufsätzen Fairbairns (2000) greifen die Herausgeber den Zusammenhang von »wahrem Selbst« und »spontaner Geste« für die kindliche Entwicklung auf:

> »Für die Entwicklung des ›wahren Selbst‹ ist die emotionale Resonanz der Mutter im Sinne Fairbairns mit dem Erfassen der ›spontanen Geste‹ des Kindes von entscheidender Bedeutung, während das ›nicht authentische Selbst‹ entsteht, wenn sich das Kind entgegen eigener Bedürfnisse auf die Mutter einstellen muß« (Hensel und Rehberger, 2000, S. 14).

Die Mutter des Patienten ist in ihrer Ursprungsfamilie mit sechs Geschwistern scheinbar unter hartem Drill aufgewachsen, den sie heute idealisiert und rationalisiert, indem sie ihn als nützliche Hilfe zur Lebensbewältigung betrachtet. Bei so vielen Kindern sei elterliche Strenge notwendig gewesen. Ihr Sohn sei leider eher verweichlicht, weil er eben immer kränklich war und daher besonders behütet werden mußte. Die Mutter setzt ihre freudlose Erziehung heute in einem lust- und freudlosen Alltag fort, in dem Pflichten und Rechtschaffenheit oberstes Prinzip sind. Dem Sohn hat sie offensichtlich die abgespaltenen Affekte, etwa die Angst vor Triebhaftigkeit und die depressiven Gefühle im Zusammenhang mit den Sinnfragen des Lebens, übertragen. Ebenso versucht er, stellvertretend für die Eltern die Auseinandersetzung mit der Elterngeneration zu führen. Er brüskiert die Großmutter manchmal mit heftigen aggressiven Attacken. Die Mutter ist dann zwar entsetzt und greift strafend und regulierend ein, erkennt aber, daß es ihr eigentlich gefällt, wenn ihr Sohn sich traut, sich ihrer Mutter zu widersetzen. Sie selbst wagt dies bis heute nicht. Offenbar hat sie ihren Sohn als Selbst- bzw. Idealobjekt gebraucht, um ihr prekäres inneres Gleichgewicht aufrechtzuerhalten.

Zur Psychodynamik

Am besten läßt sich mit der von Winnicott konzeptualisierten »primären Mütterlichkeit« und »haltenden Umwelt«, die er als Voraussetzung einer gesunden psychischen Entwicklung betrachtet, beschreiben, worin der Mangel des Patienten in den frühen Objektbeziehungen besteht:

> »Wenn der Mutter die Anpassung [...], in der ersten Lebensphase, nicht gelingt oder wenn sie dem Säugling ihre eigenen Bedürfnisse aufnötigt (›Übergriffe‹), führen die Reaktionen des Säuglings auf ihre störenden Einflüsse zu einem Bruch in der ›Kontinuität des Seins‹. Wenn dieses Reagieren auf Übergriffe sich zu einem charakteristischen Lebensmuster des Kindes entwickelt, wird der Integrationsprozess des Selbst gravierend beeinträchtigt« (Bacal und Newman, 1990, S. 238).

Eine infolge unzulänglicher Präsenz des Vaters mißglückte frühe Triangulierung verhinderte eine phasengerechte Subjekt-Objekt-Differenzierung. Der Patient ist in einer malignen Symbiose mit der Mutter gefangen: »Der frühe Ödipuskomplex setzt ein mit dem Beginn der depressiven Position; also zu jener Zeit, in der die entscheidende, lebenslängliche Entwicklungsaufgabe der Integration beginnt: die in der paranoid-schizoiden Position introjizierten Teilobjekte müssen zusammenwachsen, gute und böse Triebabkömmlinge legiert werden, damit Subjekt und Objekt jedes als Ganzes erfahrbar werden: ein Vorgang, der die Voraussetzung bildet für den Loslösungs- und Individuationsprozeß.« (Berthel-Köhl, 1998, S. 25)

Über die sich entwickelnde Sexualität wird die Trennung von der Mutter ausgetragen. Kann der Patient es wagen, sich von der narzißtisch bedürftigen, überbesorgt an ihm haftenden Mutter zu lösen, ohne daß es seinen und ihren Untergang bedeutet? Schließlich hat eine innerpsychische Trennung der Objekte noch nicht stattgefunden, und der Patient befindet sich in einer pathologischen Abhängigkeit von der Mutter, da der Vater nicht triangulierend zur Verfügung steht (siehe dazu auch Rotmann, 1978). Er befürchtet, die Mutter zu verlieren bzw. zu zerstören, ohne die Fähigkeit zum Alleinsein zu besitzen.

Unter dem Blickwinkel Fairbairns betrachtet, befindet sich der Patient in seiner Ich-Entwicklung in dem Übergangsstadium, das gekennzeichnet ist von dem

»Konflikt zwischen einem progressiven Drang, die frühkindliche Haltung der Identifizierung mit dem Objekt preiszugeben, und einem regressiven Sog, diese Haltung beizubehalten [...]. Folglich ist das Verhalten des Individuums in dieser Phase durch verzweifelte Bemühungen um eine Loslösung vom Objekt sowie durch verzweifelte Bemühungen um eine Wiedervereinigung mit ihm charakterisiert – durch verzweifelte Versuche, ›dem Gefängnis zu entfliehen‹, und ebenso verzweifelte Versuche, ›nach Hause zurückzukehren‹. Im Laufe der Zeit kann eine dieser beiden Einstellungen die Oberhand gewinnen. Zunächst aber ist ein ständiges Schwanken zu beobachten, weil jede dieser Haltungen mit Angst einhergeht. Die mit der Trennung verbundene Angst zeigt sich als Angst vor einer Isolation, und die mit der Identifizierung verbundene Angst manifestiert sich als Angst, eingeschlossen zu werden, gefangengesetzt oder verschlungen (›verriegelt und verrammelt‹) zu werden. Da es sich hierbei ganz offensichtlich um phobische Ängste handelt, dürfen wir den Schluß ziehen, daß wir die Erklärung des *phobischen Zustandes* in dem Konflikt zwischen dem progressiven Drang zur Loslösung vom Objekt und dem regressiven Sog zur Identifizierung mit dem Objekt zu suchen haben« (Fairbairn, 1941, S. 72f.).

Zur Symptomatik

Das vorherrschende Symptom des Patienten, die Angst vor Perversion, kann daher unter verschiedenen Aspekten betrachtet werden:
- Er vermeidet die Beziehungsaufnahme zu Gleichaltrigen und bleibt so der Mutter treu. Indem er keine eigene Sexualität praktiziert, drückt er

aus: Ich bin kastriert, habe kein eigenes Genitale, demnach bin ich so wie du und bleibe bei dir (wie ein Kind).
- Mit der Anpassung an die Mutter, dem »falschen Selbst«, wehrt er die notwendige weitere Entwicklung zur Individualität ab; die Sexualität soll daher ausgemerzt werden.
- Er kann als sexuell »perverser Übeltäter« (so wie es seinem Selbstbild entspricht) den für ihn kaum präsenten Vater schockieren und so seinen Haß und seine Enttäuschung agieren. Er bestraft den Vater und zeigt ihm in seinem Symptom, was dieser aus ihm gemacht hat, nämlich »keinen Mann«, und zwar um den hohen Preis, daß er selbst kein Mann mit einer stabilen sexuellen Identität ist.
- In der fantasierten Homosexualität verbirgt sich auch die Suche nach dem konkreten väterlichen, triangulierenden Objekt, das ihn vor der überwältigenden Mutter konkretistisch schützt.

Facetten des Behandlungsverlaufs

Die Anfangszeit der Behandlung war von Panik bestimmt. Ständig war der Patient auf der Suche nach Indizien, die seinen Verdacht, pervers zu sein, bestätigen könnten. Er verdrehte mir die Worte im Munde und hinterfragte paranoid die Bedeutung von Informationen, die er zum Thema gelesen oder im Internet gefunden hatte. Er wollte zwanghaft genau verstehen, was ich meinen könnte, und hinterfragte alles. War zum Beispiel vom wenig anwesenden Vater die Rede, gab er den Kommentar ab, daß väterliche Abwesenheit die Voraussetzung für eine homosexuelle Entwicklung wäre. Vornüber gebeugt im Sessel sitzend, hing er oft mit seinen Blicken voller Angst an meinen Lippen und »überwachte« und bewertete jedes meiner Worte. Das Bild des »Kaninchens vor der Schlange« kam mir in den Sinn, und ich fühlte mich sehr unbehaglich.

Um für uns beide einen Ausweg aus dieser »Umklammerung« zu finden und um seine Ängste etwas zu beruhigen, schlug ich ihm schließlich vor, er solle sich einmal vorstellen, wir säßen zusammen auf einer Bühne und betrachteten uns von außerhalb.[2] Dies verhalf dem Patienten zu etwas

---

[2] Dieses Vorgehen orientiert sich an der Screen- oder Bildschirmtechnik, die in der Therapie traumatisierter Menschen verwendet wird. Sie dient der distanzierten Konfrontation mit traumatischem Erleben (vgl. zum Beispiel Sachsse, 1998).

mehr Entspannung und Ruhe, so daß er sich gelegentlich auch einmal zurücklehnen konnte. Meine eigenen Gedanken wurden wieder freier, in projektiver Identifizierung hatte mich der Patient für einen Moment meiner »Identität« beraubt. Ich fühlte mich in der Gegenübertragung oft hilflos ausgeliefert und unfähig, einen klaren Gedanken zu fassen, sowie aggressiv gespannt angesichts der »überschwemmenden« Kontaktaufnahme des Patienten, die eben diesen Kontakt verhinderte. Er reinszenierte die Beziehung zu seiner Mutter. In der komplementären Gegenübertragung erlebte ich auf diese Weise, wie er sich in dieser elementaren und prägenden Beziehung gefühlt haben muß.

Entsprechend seiner intrapsychischen Struktur, brachte er mich in die Position eines archaischen Über-Ichs. Unbewußt versuchte der Patient so, seinen intrapsychischen Konflikt interpersonal zu agieren, wobei ich die Position eines strengen verfolgenden Objektes einnehmen sollte. Er lenkte den Gesprächsverlauf immer wieder dahin, daß ich sagen sollte, daß etwas Schlimmes, Verabscheuenswertes in ihm ist. Dies läßt sich in der Terminologie Fairbairns als Hinweis auf sein *antilibidinöses Ich* verstehen. So wurde ich in der Übertragung für ihn zu einem antilibidinösen Objekt, das seinem inneren antilibidinösen Ich entsprach, das voller Selbsthaß war (vgl. Fairbairn, 1944).

Die Macht der Mutter und die Macht der Therapeutin in der Übertragung waren so groß, daß er mich in den Stunden mit angstvollen Fragen und zwanghaftem Hinterfragen zu beschäftigen versuchte. Oft redete er, sich hektisch überschlagend, wechselte abrupt das Thema und versuchte auf diese Weise, keine Pausen entstehen zu lassen. Wenn ihm doch mal der Gesprächsstoff ausging, forderte er mich auf: »Nun sagen Sie doch was!«, oder fragte unsicher: »Langweile ich Sie?« So versuchte er unbewußt, die therapeutische Beziehung zu kontrollieren und mich auf Distanz zu halten.

Mit der Zeit und nach vielen »Tests« meiner Zuverlässigkeit und Unzerstörbarkeit legte sich sein Mißtrauen allmählich, und er entwickelte zunehmend Vertrauen in die Verläßlichkeit der therapeutischen Beziehung. Auf der Basis einer »haltenden« Beziehung setzte ein Individuationsprozeß ein, der den Patienten anläßlich der ersten Ferienunterbrechung im Therapieverlauf, in der auch die Eltern einen Urlaub planten, in eine heftige depressive Krise mit Panikattacken und Grübelzwängen stürzte. Die Auflösung der malignen symbiotischen Einheit mit der Mutter hatte begonnen und zu einem Abbau seiner Omnipotenzphantasien geführt; aber noch gab es ihn nur in Verbindung mit der Mutter oder der Therapeutin, nicht jedoch als eigenständiges Individuum. Diese Abwehrschwäche des Patienten führte zu einer massiven Krise mit dem Bewußtwerden der eigenen Verletzlichkeit und Sterblichkeit und in der Folge zu einer depressiven Symptomatik.

Dies war der Ansatz zum Beginn der depressiven Position:

> »Die zu dieser Position gehörende Trennungsangst, das Schuldgefühl wegen jetzt als eigen empfundener, destruktiver Wünsche, die Trauer über den Verlust der kindlichen Omnipotenz und der narzißtischen Vollkommenheit – all das kann nur ertragen und psychisch verarbeitet werden, wenn eine frühe Objektbeziehung internalisiert werden konnte, die ›gut genug‹ war. Das heißt, es muß eine Mutter gegeben haben, die in der Lage war, sich an die Bedürfnisse und Besonderheiten ihres Kindes anzupassen.« (Berthel-Köhl, 1998, S. 24)

In den Therapiestunden schilderte der Patient sein Empfinden folgendermaßen: Er könne diesen Zustand gar nicht richtig beschreiben, es sei ganz furchtbar, er denke nur noch an den unausweichlichen Tod, die ganze Zukunft bereite ihm schreckliche Angst, er wolle gar nicht älter werden, sehne sich zurück in seine Kindheit, wolle eigentlich immer ein Kind bleiben, nie erwachsen werden. Er habe Angst vor allem, was auf ihn zukomme. Er denke oft: »Wozu eigentlich leben, wenn doch alles im Tod endet.«

In diesem Zusammenhang geäußerte Todeswünsche und Suizidgedanken ließen mich an eine stationäre Einweisung denken. Da er sich aber mit psychiatrischer medikamentöser Begleitbehandlung und in der Therapie relativ schnell beruhigen ließ, konnte dies vermieden werden. Mein Angebot, sich in einer Krise auch außerhalb unserer vereinbarten Termine telefonisch mit mir in Verbindung zu setzen, nahm er einmal in Anspruch.[3] Ich stellte in dieser Phase fest, daß die Beziehung zwischen uns soweit gefestigt war, daß er meine Beruhigung gut annehmen konnte und sehr schnell darauf reagierte.

In der folgenden Zeit traute er sich zunehmend, seine Persönlichkeit weiterzuentwickeln. Er entdeckte eigene, früher nie besetzte Fähigkeiten wieder, etwa das Gitarrespielen, und entwickelte neue Interessen, insbesondere das Komponieren von eigenen Musikstücken sowie das Schrei-

---

[3] In bestimmten Phasen der Regression im therapeutischen Prozess ist es notwendig, die haltende Beziehung auch auf die Zeit außerhalb der Stunden auszudehnen (vgl. Little, 1994, und Rost, 1998).

ben von Drehbüchern für Theaterstücke, die in der Schule aufgeführt werden sollten. Er überraschte mich mit Kenntnissen auf den Gebieten der Kunst und Musik und äußerte zunächst ganz verhalten den Wunsch, einmal Designer oder Komponist werden zu wollen – mit dem Nachsatz, daß seine Mutter dagegen sei, weil er dann weit weg ziehen müsse, und es außerdem »nichts Sicheres« sei. Von den Einwänden der Mutter und den eigenen internalisierten antilibidinösen Ich-Anteilen ließ er sich immer wieder einschüchtern und ging in die Regression. Mit der Zeit jedoch wurde er stabiler und riskierte es, seine eigenen Wünsche zumindest auszuphantasieren, ohne sie gleich wieder zu verwerfen. In der therapeutischen Beziehung entwickelte sich ein »Möglichkeitsraum« (M. Masud Khan), in dem das »wahre Selbst« des Patienten erste Erfahrungen machen konnte. Er entwickelte allmählich etwas, das ich mit der Fähigkeit zu spielen im Sinne Winnicotts beschreiben würde. Ebenso entstand die Fähigkeit zur Illusion, die als Voraussetzung für Kreativität und psychische Gesundheit gewertet wird.

> »Man könnte sagen, daß Übergangsobjekt und Übergangsphänomene die Illusion konkretisieren, die Winnicott als ›Zwischenbereich des *Erlebens*‹ charakterisiert, ›zu dem sowohl die innere Realität als auch das äußere Leben beitragen. Es ist ein Bereich, der [...] als Ruheplatz für das Individuum vorhanden sein muß, wenn es mit der lebenslänglichen menschlichen Aufgabe beschäftigt ist, die innere und die äußere Realität getrennt und dennoch miteinander verknüpft zu halten« (Bacal und Newman, 1990, S. 241).

Der Patient entwickelte die Phantasie, daß ich ihn vielleicht einmal als Aussteller auf einer Documenta erleben könnte, wenn er »mal groß 'rauskommen« würde, und lachte dabei, sehr wohl die damit verbundene Größenphantasie einschätzend. Aber auch das war ein (Gedanken-)Spiel, und er begann, mich wahrzunehmen und in sein Spiel einzubeziehen. Er verwendete mich als Objekt, machte Gebrauch von mir. Winnicott ist der Auffassung, daß der Säugling das Objekt verwenden kann, weil es seinen realen oder phantasierten Angriffen standgehalten hat, ohne Vergeltungsmaßnahmen oder moralischen Druck auszuüben.

Auf die angstvollen Stunden, in denen wir uns gegenüber saßen wie in einem »Hasenstall«, folgten Sitzungen, in denen viel gemeinsam gelacht wurde, in denen der Patient phantasierte und Bezug auf mich nahm. Er überlegte, welche Art von Musik oder welche Filme ich mögen könnte oder was ich gerne essen würde, und überraschte mich mit selbstentwickelten

Rezepten für Desserts und Marmeladen: Falls ich mal Lust hätte, könnte ich sie ja auszuprobieren.

In der Übertragung entwickelte sich ein Prozeß der Erotisierung auf einer frühen Ebene (vgl. Schöttler, 1981). Neben der angstvollen frühen Welt der Mutter entsteht nun zunehmend der Erfahrungsraum[4] eines spielerisch-vergnügten Erlebens und Werbens. Die Übertragungsstruktur hatte sich allmählich von einer – vom anti-libidinösen Teil-Ich dominierten – zu einer vom Zentral-Ich gestützten Idealobjekt-Übertragung entwickelt.

Hatte er vorher wenig Interesse am Kontakt mit Gleichaltrigen, weil er deren Interesse an »blöden Discobesuchen mit Saufereien« nicht teilte (wohl aber die von seiner Mutter geäußerte Befürchtung, bei dem geringsten Konsum von Alkohol und Zigaretten abhängig zu werden), so begann er nun, außerhalb des therapeutischen Rahmens Kontakte mit Gleichaltrigen zu knüpfen. Er ging abends entweder mit ihnen aus, zumeist in die Stadt, in sogenannte Szene-Kneipen, oder sie kochten gemeinsam oder veranstalteten Spieleabende. Er plante auch, in eine eigene Wohnung ziehen, die sich im Haus der Eltern befand, aber über einen separaten Eingang verfügte.

Die Eltern waren sehr besorgt darüber, ob er es alleine aushalte, sich ganz zurückziehe oder alles verkommen lasse. Die Mutter berichtete, sie habe es schwer, ihn loszulassen, weil er ja immer so unselbständig gewesen sei und ihren Schutz gesucht habe. Andererseits erhoffte sie sich eine Verbesserung der Beziehung zu ihrem Sohn, da er in der letzten Zeit »immer so aggressiv« gewesen sei.

In den Sitzungen plante er die Einrichtung seiner eigenen Wohnung, die er in den Farben meines Zimmers gestalten wollte. Er rückte mir mit Fragen nach meiner Meinung sehr nahe, und ich versuchte, die Balance zwischen Nähe und Abgrenzung zu halten und mich einerseits nicht in Abstinenz zurückzuziehen, ihm andererseits aber auch nichts aufzudrängen.

Es folgten Diskussionsanregungen seinerseits über den Sinn des Lebens, die Gottesfrage, religiöse und weltanschauliche Themen. Es schien wie ein Erproben eigener Gedanken und Ideen, aber auch wie die Suche nach Grund, im Sinne von Halt in der äußeren Realität.

Der Patient setzte sich nun zunehmend mit den Beziehungen zu seinen *Peers* auseinander. Er trauerte einer Freundin nach, mit der ihn vor einiger Zeit eine kindliche Freundschaft verband, die daran scheiterte, daß er

---

4 Vgl. das Konzept des »intermediären Raumes«, das von Winnicott beschrieben wurde, oder das Konzept des »Möglichkeitsraumes« von Khan (1990).

sich dem Erwartungsdruck, eine sexuelle Beziehung eingehen zu müssen, ausgesetzt fühlte. Er beendete damals die Freundschaft, indem er das Mädchen kränkte und damit zurückwies. Er plagte sich mit Versagensängsten und Angst vor Nähe und Verbindlichkeit. Immer wieder mal spürte er jetzt auch Sehnsucht nach ihr, vermied es aber trotzdem, den Kontakt wiederaufzunehmen.

Dann berichtete er von erotischen Avancen eines Freundes und ließ sich von ihm schließlich zu sexuellen Handlungen verführen. Heftige Vernichtungsängste und Schuldgefühle mit Strafängsten waren die Folge und stürzten ihn wieder in ein depressives Tief. Darauf folgten erneut Zweifel an seiner sexuellen Identität und die Angst vor der Zukunft. Im Rahmen der Therapie erholte er sich immer wieder relativ schnell von diesen Angstattacken, die ich als Regression auf das frühe Niveau verstand, aber auch als Irritationen im Rahmen seiner adoleszenten Entwicklung.

Schließlich entwickelte sich eine innige Freundschaft zu einer etwa gleichaltrigen Jugendlichen, zu der er eine Bindung mit sehr viel Nähe, aber ohne sexuelle Kontakte eingehen konnte. Dies sei in gegenseitigem Einvernehmen. Sie verbrachten sehr viel Zeit miteinander, unternahmen gemeinsame Kanutouren oder trafen sich zum Baden bei Sonnenuntergang und übernachteten auch in einem Bett. Die Eltern waren erschrocken über die Wahl des Sohnes, da die Freundin aufgrund ihrer auffälligen äußeren Erscheinung – sie war anorektisch und gepierct – ihrem Ideal nicht entsprach. Der Vater teilte seinem Sohn mit, daß er sich für ihn eine hübschere Freundin wünsche, und wies auf das zu erwartende Gerede der Leute hin, wenn er »so ein« Mädchen heirate. Der Sohn war entsetzt über die Reaktion des Vaters, und es kam zu einem erneuten depressiven Einbruch. Der Mutter versicherte er, daß keine sexuellen Kontakte stattfänden.

Im Laufe der Zeit verbesserte sich die Beziehung zum Vater; auf den Fahrten zur Therapie hatte eine Annäherung stattgefunden. Die heftige gegenseitige Entwertung (der Vater signalisierte dem Sohn, er sei ein Weichling, der nicht arbeiten wolle und könne, während der Sohn dem Vater zu verstehen gab, daß er ein Depp sei, der sich permanent der Mutter unterwerfe) ließ nach. Ich gehe davon aus, daß ich die Funktion des triangulierenden Objektes eingenommen hatte, die es dem Patienten ermöglichte, dem Vater und der Mutter, die er ja als eine Einheit erlebte, allmählich als ganzes Objekt gegenüberzutreten. So hatte eine zunehmende Objektdifferenzierung und Integration stattfinden können.

Der Vater stellte sich nun auch als stützendes Objekt zur Verfügung, verteidigte seinen Sohn manchmal gegen Übergriffe der Mutter und half ihm konkret dabei, den Führerschein zu machen, dessen Erwerb für den Patienten eine große Hürde auf dem Weg zum Erwachsenwerden darstellte.

Nach einer Zeit heftiger Konflikte mit der Freundin veränderte sich die Beziehung. Es fanden erste sexuelle Annäherungen statt, die wiederum mit Strafängsten und Versagensängsten verbunden waren. Laut Definition des Patienten sei es aber keine Liebesbeziehung: Sie basiere vielmehr lediglich auf gegenseitiger Bereitung von sexuellem Vergnügen. Er reagierte mit psychosomatischen Erkrankungen, zunächst mit häufigen Magen-Darm-Problemen, die zum Verdacht auf eine Colitis ulcerosa führten, der sich aber nicht bestätigte. Später traten sporadisch Migräneattacken auf.

Es fand eine Abfolge von neu entdeckter Genußfähigkeit und Selbstbestrafung statt. Trotzdem aber waren eine deutliche Zunahme von Lebensfreude, Kreativität im schulischen Bereich und eine größere Fähigkeit zur Aufnahme von befriedigenden Kontakten zur *Peergroup* zu beobachten. Inzwischen hatte sich auch die sexuelle Beziehung zu seiner Freundin stabilisiert, und es gab nun doch Zärtlichkeitsbestrebungen und eine liebevolle emotionale Bindung.

Der Mutter gegenüber, die er oftmals erbarmungslos attackierte, entwickelte er jetzt die »Fähigkeit zur Besorgnis« (Winnicott, 1963). In den Stunden versuchte er nun, die Eltern mehr und mehr in ihren Handlungen zu verstehen und sich in seiner Andersartigkeit wahrzunehmen. Er stellte hin und wieder fest, daß die Eltern es wohl eigentlich gut mit ihm meinten, was spürbar sein Selbstvertrauen stärkte.

Im Rahmen der Therapie wurde eine wachsende Verselbständigung im Sinne einer Nachreifung möglich. Die empathische Zuwendung und Fürsorge konnten vom Patienten introjiziert werden.

> »In der Phase der *Annäherung an Unabhängigkeit* [...] ist das Individuum auf reale Versorgung nicht mehr angewiesen, weil es die Erinnerungen an die mütterliche Fürsorge introjiziert und Vertrauen in die Umwelt entwickelt hat [...]. Das bedeutet, daß die hohe Anpassung der Mutter an die Bedürfnisse ihres Säuglings [...] in zunehmendem Maße ›versagen‹ kann, sobald die Psyche des Säuglings Anpassungsmängel zu bewältigen vermag. ›Auf diese Weise ist der Verstand des Säuglings im Bunde mit der Mutter und übernimmt einen Teil ihrer Funktion‹ (Winnicott [1958] 1978, S. 15).« (Bacal und Newman, 1990, S. 243)

Der Patient äußerte immer häufiger einen starken Lebenswillen, der Blick in die Zukunft schien nicht mehr gar so beängstigend. Er war aus seiner Angst und Lethargie aufgetaucht, zeigte viel Initiative und war voller

Zukunftspläne. Der Vater zeigte ihm seinen Stolz auf seine Leistungen, gab ihm Lob und Anerkennung für sein kürzlich mit guten Noten bestandenes Abitur. Fast beschämt berichtete der Patient in der Therapie davon; ich fühlte mich in der Gegenübertragung zutiefst davon berührt und spürte eine tiefe Dankbarkeit dem Vater gegenüber, der seinem Sohn auf diese Weise unbewußt einen so wertvollen Dienst erwiesen hatte.

Abschließende Bemerkungen

Seit langem weiß man, daß die Qualität der frühen Umwelt ausschlaggebend für die seelische Gesundheit des Menschen ist. Insbesondere die Vertreter der britischen Objektbeziehungstheorie haben immer wieder auf diese Zusammenhänge hingewiesen. Für den therapeutischen Prozeß bedeutet dies, daß Patientinnen und Patienten uns in einem Zustand des Mangels (Kutter spricht von »Mangelkrankheiten« bei frühen Störungen) und relativer Unreife aufsuchen. Sie haben die frühe Zeit ihres Lebens als Umweltversagen erlebt, da sie nicht genügend »gehalten« wurden, um die anstehenden Reifungsprozesse adäquat durchleben zu können. Spätestens beim schwierigen Übergang zur Objektintegration wird dieser Mangel relevant und führt zu einem emotionalen Verbleib in der gespaltenen frühen Welt. Die schlechten Objektbeziehungen wurden internalisiert und in ein zurückweisendes und ein sehnsüchtig erwünschtes, erregendes Teilobjekt gespalten. Auf diese Weise bleibt die bewußte Vorstellung eines guten mütterlichen Objekts aufrechterhalten:

> »Die Folge ist eine große innerliche Unsicherheit, da zwischen den verschiedenen verdrängten inneren Objekten, die von ebenso abgespaltenen desintegrierten Ich-Strukturen besetzt werden, ein ständiger Kampf im Gange ist. Attacken gegen das eigene Selbst sowie ein Gefühl der Wertlosigkeit, Hoffnungslosigkeit und Sinnlosigkeit im schizoiden Zustand sind die Folgen. [...] Zur Verbesserung der inneren Situation ergibt sich die Möglichkeit, mit Hilfe der moralischen Abwehr die äußeren Eltern bewußt als entweder nur gut wahrzunehmen (im Sinne des akzeptierten Objekts) oder ihre bewußt erlebte Schlechtigkeit als durch eine selbst verursachte *bedingte Schlechtigkeit* auszulegen. Der Gewinn besteht in der Hoffnung, durch eigenes Verhalten das Verhalten der Eltern bessern zu können, sich so aus einem bedingungslos schlechten Objekt ein bedingt gutes oder schlechtes Objekt innerlich zu schaffen.« (Hensel und Rehberger, 2000, S. 13–19)

Die nagende Hoffnung auf Befriedigung führt dann zu einer extrem bindenden »Treue« zu den eigentlich versagenden frühen Objektanteilen. Dahinter steht die Hoffnung, daß sich die Sehnsucht erfüllen wird, wenn der Patient (das Kind) nur den richtigen Weg findet, das Objekt umzustimmen. Gleichzeitig herrscht eine große Angst vor allzu nahen und vertrauensvollen Beziehungen, denn die enttäuschenden Erfahrungen waren schmerzlich und prägend, und der Betroffene versucht, sich vor neuen Kränkungen und Frustrationen zu schützen.

Guntrip (1997) zitiert eine Passage aus der klinischen Arbeit Fairbairns mit einem Kind:

> »Er fragte ein Mädchen das von seiner Mutter grausam geschlagen wurde: ›Möchtest Du, daß ich eine neue, nette Mama für Dich finde?‹ Es sagte: ›Nein. Ich möchte meine eigene Mama‹, und zeigte damit die Intensität der libidinösen Bindung an das böse Objekt. Der Teufel, den man kennt, ist besser als der Teufel, den man nicht kennt, und besser als gar kein Teufel.« (S. 678)

Patienten mit schweren Persönlichkeitsstörungen verbringen die erste Zeit der Therapie mit einer oft langen Reihe von »Tests« unserer Zuverlässigkeit. Sie laden heftige unintegrierte Affekte im therapeutischen Prozeß ab und stellen hohe Anforderungen an unsere Fähigkeiten zum Containing. Wenn wir diese Tests ausreichend bestehen und als verfügbares analysierendes und nicht resigniertes Objekt »überleben«, fassen die Patienten den Mut, sich noch einmal auf die Abhängigkeit von einem Objekt einzulassen. Unter dieser Voraussetzung können sie den Weg der Nachreifung hin zur depressiven Position neu wagen und die Fähigkeit zur Besorgnis entwickeln.

Literatur

Auchter, T. (2000): Das Halten und seine Bedeutung in der allgemeinen und psychotherapeutischen Entwicklung. In: *Wege zum Menschen* 8.

Auchter, T. (2002): Über das Auftauen eingefrorener Lebensprozesse. Zur Relevanz der psychoanalytischen Konzepte von D. W. Winnicott für die Psychotherapie und die Sozialtherapie. In: Eggebrecht und Pehl (Hg.): *Chaos und Beziehung*. Tübingen (edition diskord).

Bacal, H. A. und Newman, K. M. (1990): *Objektbeziehungstheorien – Brücken zur Selbstpsychologie*. Übers. von E. Vorspohl. Stuttgart (frommann-holzboog) 1994.

Berthel-Köhl, R. (1998): Zur Psychoanalyse der Bulimia nervosa. In: Hensel, Nahrendorf, Trenk-Hinterberger (Hg.). *Lebendige Psychoanalyse*. Gießen (Psychosozial-Verlag).

Fairbairn, W. R. D. (1941): Eine revidierte Psychopathologie der Psychosen und Psychoneurosen. In: Ders.: *Das Selbst und die inneren Objektbeziehungen*. Hg. von B. F. Hensel und R. Rehberger. Übers. von E. Vorspohl. Gießen (Psychosozial-Verlag) 2000.

Fairbairn, W. R. D. (1944): Darstellung der endopsychischen Struktur auf der Grundlage der Objektbeziehungspsychologie. In: Ders.: *Das Selbst und die inneren Objektbeziehungen*. Hg. von B. F. Hensel und R. Rehberger. Übers. von E. Vorspohl. Gießen (Psychosozial-Verlag) 2000.

Guntrip, H. (1997): Meine analytische Erfahrung mit Fairbairn und Winnicott. Wie vollständig ist das Ergebnis psychoanalytischer Therapie? *Psyche* 51 (7).

Hensel, B. F., Nahrendorf, A., und Trenk-Hinterberger, S. (Hg.) (1998): *Lebendige Psychoanalyse. Gerd Heising zum 70. Geburtstag*. Gießen (Psychosozial-Verlag).

Hensel, B. F. und Rehberger, R. (1999): Äußere und innere Lebenstatsachen in der Übertragung und im psychoanalytischen Prozeß. In: U. Ostendorf und H. Peters (Hg.): *Lebenstatsachen und Psychoanalytischer Prozeß. Tagungsband der Arbeitstagung der DPV im Herbst 1999*.

Hensel, B. F. und Rehberger, R. (2000): Einführung. In: W. R. D. Fairbairn: *Das Selbst und die inneren Objektbeziehungen*. Gießen (Psychosozial-Verlag).

Khan, M. M. R. (1983): *Erfahrungen im Möglichkeitsraum*. Übers. von E. Vorspohl. Frankfurt am Main (Suhrkamp) 1990.

Little, M. (1990): *Die Analyse psychotischer Ängste. Zwei unorthodoxe Fallgeschichten*. Übers. von E. Vorspohl. Stuttgart (Klett-Cotta) 1994.

Rost, W. D. (1998): Erfahrungen aus der ambulanten Psychotherapie mit Alkoholabhängigen. *Psychotherapeutenforum*.

Rotmann, M. (1978): Über die Bedeutung des Vaters in der »Wiederannäherungsphase«. *Psyche* 32.

Sachsse, U. (1998): Traumasynthese durch Traumaexposition. In: *Persönlichkeitsstörungen. Theorie und Therapie Heft 2*. Stuttgart.

Schöttler, C. (1981): Zur Behandlungstechnik bei psychosomatisch schwer gestörten Patienten. *Psyche* 35.

Winnicott, D. W. (1960): Ich-Verzerrung in Form des wahren und des falschen Selbst. In: Ders.: *Reifungsprozesse und fördernde Umwelt*. Übers. von G. Theusner-Stampa. Frankfurt am Main (Fischer).

16. Wolf-Detlef Rost

SUCHT UND FRÜHE SPALTUNG

Insbesondere mit den Arbeiten Otto Kernbergs hat sich die Einsicht durchgesetzt, wie wichtig die Theorien der frühen Spaltung aus der Tradition der Britischen Schule für das Verständnis sogenannter »früher Störungen«, das heißt in Schwere und Fixierungszeitpunkt über die »klassischen Neurosen« hinausreichender Erkrankungen, ist. Kernberg hat dies besonders für die Borderline-Störungen und die narzißtischen Persönlichkeiten herausgearbeitet. Da Kernbergs Arbeiten weit verbreitet und gut zugänglich ist, brauchen sie hier nicht erneut referiert zu werden.

Ich möchte mich hingegen an dieser Stelle wie schon in früheren Publikationen (Rost, 1983; 1986; 1987) mit einer anderen, sehr weit verbreiteten psychogen bedingten Erkrankung beschäftigen, die in der Psychotherapie im allgemeinen und der Psychoanalyse im besonderen nur zu gerne vernachlässigt wird: der Sucht, insbesondere dem Alkoholismus. Auch in jüngerer Zeit, in der sich das wissenschaftliche Interesse von Psychoanalytikern auf die sogenannten »frühen Störungen« verlagert hat, ist das Interesse an der Sucht gering geblieben. Ihre Zuordnung zu diesen frühen Störungen ist dabei aufgrund ihres eindeutig »oralen Charakters« unbestritten. Eine tiefergehende Auseinandersetzung mit der der Sucht zugrunde liegenden Psychodynamik ist dabei in der jüngeren Zeit jedoch unterblieben. Maßgeblich hierfür sind m. E. negative Gegenübertragungen auf und projektive Phantasien über Alkoholiker und Süchtige überhaupt. Das Vorurteil, der Süchtige lebe einen nicht enden wollenden Drang nach dem Genuß triebhafter oraler Bedürfnisse aus, hält sich unausrottbar. Nach klassischer psychoanalytischer Sicht fehle der Leidensdruck, da das Symptom lustvoll sei und viel Befriedigung gewähre (z. B. Fenichel, 1975), was m. E. allenfalls für die Anfangszeit des Konsums gilt. Demgegenüber möchte ich herausheben, daß nach meiner Erfahrung der *Verlust der Genußfähigkeit* im Rauschmittelkonsum gerade das wichtigste Kriterium zur Unterscheidung zwischen »süchtigem« und »normalem« Trinken ist. Zum genußvollen Konsum zwecks wohliger Entspannung ist der Süchtige gerade *nicht* in der Lage! Hochinteressant sind für die Theorie der frühen Störungen gerade die Spaltungsprozesse, die bei Süchtigen während des Rauschmittelkonsums ablaufen.

Ich habe an anderer Stelle mehrfach beschrieben, daß Sucht im allgemeinen und Alkoholismus im besonderen ein Symptom auf dem Hintergrund unterschiedlicher Störungsformen beziehungsweise psychischer Reifegrade sein kann. Das Vorliegen einer manifesten Sucht muß nicht unbedingt Hinweis auf eine schwere Störung mit frühen Spaltungsprozessen sein. Dies allerdings gilt für die Mehrzahl der psychischen Erkrankungen. So belegen gerade neuere Forschungen in den letzten Jahren, daß sich selbst hinter der »klassischen Neurose der Hysterie« sehr oft eine frühe Störung verbergen kann, aber nicht muß! Dies gilt um so mehr für eine Erkrankung wie den Alkoholismus, was nicht weiter verwundert, da der Alkohol ja *die* Droge unserer Gesellschaft ist, mit der wir von Kindheit an konfrontiert werden. Das Erlernen des Umgangs mit dem Alkohol gehört gewissermaßen zu den allgemeinen Sozialisationsleistungen unserer Gesellschaft. Es ist naheliegend, daß es auf den unterschiedlichsten Entwicklungs- beziehungsweise Reifeniveaus zu Störungen und Entgleisungen in der Verwendung dieses Suchtmittels kommen kann.

Eine wenigstens zeitweilige Sucht kann daher Symptom beinahe jeder psychischen Störung sein. Wir finden Alkoholabhängigkeit zumindest gelegentlich als Bewältigungsversuch sexueller Triebkonflikte, wie in der klassischen Psychoanalyse von Freud und Karl Abraham (1908) beschrieben, oder als mißlungenen Versuch, mit einer unglücklichen ödipalen Identifikation mit einem alkoholabhängigen Elternteil fertig zu werden. Dies sind neurotische Konflikte, die nach meiner Erfahrung allerdings eher zu einer passageren und weniger destruktiven Sucht führen. Wesentlich häufiger finden wir Sucht bei sogenannten »ichschwachen Persönlichkeiten«, deren Affekt- und Frustrationstoleranz gering und deren Fähigkeit, eigene Gefühle wahrzunehmen, zu ertragen und auszuleben, gestört sind, wobei die Ichgrenzen nach Innen, gegen die eigenen Affekte, wie gegen die Ansprüche der äußeren Welt zu schwach sind. Hier hilft der Alkohol – oder eben ein anderes Rauschmittel –, die Ichgrenzen zu stärken, eigene Gefühle und äußere Frustrationen und Anforderungen besser zu bewältigen. Der Alkohol erleichtert es, die ganze Welt in einem rosigeren Licht zu sehen. Dieser Mechanismus ist als »Selbstheilungscharakter der Droge« seit dem ungarischen Psychoanalytiker Radó wiederholt beschrieben und aufgegriffen worden, der bereits den fehlenden Reizschutz des Süchtigen nach Innen und Außen wie dessen fehlende Impulskontrolle und Gefühlsdifferenzierung herausgearbeitet hat.

Dies sind verständliche und nachvollziehbare Prozesse. Nach meiner Erfahrung gibt es jedoch eine große Gruppe von Süchtigen, die ihr Suchtmittel nicht zur *Selbstheilung,* sondern zur *Selbstzerstörung* einsetzen. Sucht ist die psychische Erkrankung, die am häufigsten zum Tode führt. Dies ist keineswegs nur eine Folge der zweifellos toxischen Nebenwirkungen eines im Übermaß genossenen Suchtmittels. Es finden sich vielmehr immer wieder Süchtige, die ihr Suchtmittel in mehr oder minder bewußter Form in einer Weise einsetzen, die zur Selbstschädigung und Selbstzerstörung führt. Alkohol wird hier nicht mit Genuß getrunken, sondern teilweise sogar mit Ekel und Abscheu, unter Wut und (Selbst)Haß hineingeschüttet bis zur Besinnungslosigkeit, oft mit dem Ziel, sich die eigene Nichtigkeit und Wertlosigkeit zu beweisen und sich auszulöschen. Zugleich fällt bei diesen Patienten auf, daß sie oft eine dramatische Biographie aufweisen, in der es bereits in früher Kindheit zu traumatischen Objektverlusten und Schädigungen gekommen ist; der Vater fehlt entweder ganz oder erweist sich als extrem unzuverlässig, sexuell übergriffig oder gewalttätig. Wir finden bei diesen Patienten in der Anamnese oft bereits in der Kindheit und Jugend eine unerklärliche Anhäufung von schweren und bedrohlichen Krankheiten, Unfällen und psychischen Auffälligkeiten. Dies setzt sich bis ins Erwachsenenalter fort, wo diese Unfälle und Erkrankungen durch Suizidversuche und eben einen exzessiven Suchtmittelabusus mit den verschiedensten Substanzen ergänzt werden. Ein Genußtrinken findet sich allenfalls in den Anfangsphasen.

Zum Verständnis dieser Süchtigen müssen wir auf die Theorie der frühen Spaltung zurückgreifen. Es fehlt offensichtlich an der Verinnerlichung und Integration positiver Selbst- und Objektrepräsentanzen. Ganz im Gegenteil ist es zu einer Verinnerlichung maligner Selbst- und Objektrepräsentanzen gekommen, die den Kern des Selbst bilden, während die »gute Brust« offenbar zu schwach oder inkonsistent war, um hinreichend verinnerlicht und zum Identifikationsobjekt für das Selbst werden zu können. Die autodestruktiven Süchtigen bleiben fixiert auf die »böse Brust«, die sie permanent oral-kannibalistisch angreifen und zu zerstören suchen.

Ich denke, das Geheimnis eines autodestruktiven, in letzter Konsequenz tödlichen Suchtzirkels ist, daß hier nicht die gute, sondern die böse Brust verschluckt wird: Das Suchtmittel ist nicht die Muttermilch, die nährt und wärmt, beruhigt und entspannt, sondern es ist eine vergiftete

Milch, die auf oral-aggressivem Wege vernichtet werden soll. Bereits Ernst Simmel (1948) zitierte in diesem Zusammenhang den Spruch: »Ich hasse diesen Stoff (Alkohol). Ich nutze jede Gelegenheit, um ihn loszuwerden – indem ich ihn verschlinge.«

Lebens- und überlebensnotwendig ist eine gute Beziehung zur Mutter; deren negative, »böse« Seiten werden vom Kind als Introjekte im Inneren abgelagert, um sie hier besser kontrollieren zu können (erregendes und antilibidinöses Objekt im Sinne Fairbairns).

Das süchtige Trinken ist ein oral-kannibalistischer Angriff auf die böse Brust respective den Alkohol, der natürlich nicht bewirkt, daß das böse Objekt aus der Welt geschafft wird. Ganz im Gegenteil wird es dadurch introjiziert, und der Alkoholiker hat das böse Objekt in seinem Innern. Dies hält den süchtigen Zirkel am Laufen, da erneut versucht wird, das verschluckte böse Objekt mittels Vergiftung zu zerstören: durch erneutes Trinken. Für Glover (1933) ist das Suchtmittel »letzten Endes ein äußeres Antidot, das mittels Zerstörung heilt« (ebd., S. 192). Glover kommt das Verdienst zu, als erster auf den mächtigen destruktiven Haß und den Sadismus als die eigentlichen Triebkräfte der Sucht hingewiesen zu haben. Die für die Sucht zentralen Phantasiesysteme sind für ihn »eines, in dem das Kind Objekte darstellende Organe im Leib der Mutter angreift (später: wiederherstellt) und eines, in dem die Mutter im Körper des Kindes Objekte darstellende Organe angreift (später: wiederherstellt)« (S. 186). Wie gefährlich, das heißt toxisch, das gewählte Suchtmittel ist, hängt für ihn von der Stärke des verinnerlichten Sadismus ab. Glover erfaßte bereits den spezifischen Objektcharakter und schrieb: »Das Suchtmittel würde also eine Substanz (ein Partialobjekt) mit sadistischen Eigenschaften darstellen, das sowohl in der Außenwelt wie im eigenen Körper existieren kann, seine sadistischen Eigenschaften aber nur im Körperinnern entfaltet« (1933, S. 191). Simmel schrieb schon 1928 – noch in klassisch-triebpsychologischer Sprache: »Mit dem Toxin vergiftet der Süchtige in sich letzten Endes die mit Kastration drohende Person, das heißt in tiefster Schicht das haßbegehrte, introjizierte Objekt–Mutter«. Das böse, innere Objekt wird also von außen mit einem anderen bösen Objekt bekämpft, mit dem die Befreiung von den negativen Aspekten des inneren Objektes gesucht wird. Der Endzustand ist dann eine maligne Symbiose: Das böse innere Objekt wird durch ein böses äußeres Objekt behandelt.

Auch wenn dieser Mechanismus der Sucht in der Psychoanalyse bereits seit siebzig Jahren bekannt ist, wird von Psychoanalytikern immer wieder aus den Augen verloren, daß es die böse Brust beziehungsweise maligne

Teilobjekte sind, die introjiziert wurden und mittels des Suchtmittels bekämpft werden. Eine Ursache hierfür sind sicherlich Gegenübertragungsphantasien, die zur Projektion eigener Alkoholerfahrungen auf den Süchtigen führen, nach dem Motto: Die wollen es sich ja nur gut gehen lassen, sind permanente »Lustsucher«. Ich glaube allerdings, daß die Süchtigen selbst zu diesen Vorurteilen beitragen, und zwar durch einen Mechanismus, den ich als die *Mystifizierung des Suchtmittels* bezeichnet habe. Dieser besagt, daß sich der Süchtige selbst immer wieder vormacht, er nehme die gute Brust zu sich; er praktiziert dies jedoch in einer solchen Form – durch die oral-aggressive Art und Weise und die Menge, die er verschlingt –, daß das Suchtmittel erst in seinem Körperinnern seine sadistischen, zerstörerischen Potenzen entwickeln kann. Über lange Zeit ist sich der Süchtige dieser Dynamik nicht bewußt.

Zur Illustration dieser schwer verständlichen Dynamik greife ich heute gerne auf eine neuere Form süchtigen Verhaltens, die Bulimarexie, zurück. Das Suchtmittel der Bulimarektikerin, das Essen, ist per se ohne Zweifel kein malignes Objekt, sondern ganz im Gegenteil nährend und lebenserhaltend. Die Bulimarektikerin ißt jedoch nicht mit Genuß. Sie stopft solche Mengen von Essen unter Aggression und Haß in sich hinein, bis sie sich übervoll, ja im Extremfall vergiftet erlebt. Die »gute« Nahrung hat sich auf dem Weg in den Magen in die »böse Brust« verwandelt. Die Bulimarektikerin kann ihren psychischen Zustand nur dadurch wieder ins Gleichgewicht bringen, daß sie das Essen erbricht. Dies ist das eigentliche Ziel dieses Suchtzirkels, denn für den Augenblick ist sie damit die böse Brust losgeworden, auch wenn sie sich beschämt fühlt.

Das Ziel des Suchtzirkels der Bulimarexie ist die Vernichtung von Nahrung, ihre Beförderung ins Klo mittels des Umweges über den eigenen Magen, auf dem sich das gute Essen in die böse Brust, in vergiftete Nahrung verwandelt hat. Da die verinnerlichten malignen Objekte auf diesem Wege nicht beseitigt werden können, wiederholt sich dieser Zirkel immer wieder aufs Neue. Eine psychoanalytisch nicht verbildete, bulimarektische Patientin berichtete mir folgende Phantasie, die sie seit frühester Kindheit so oft gehabt habe, daß sie ihr wie ein tatsächlich stattgefundenes Ereignis vor Augen stehe: Sie sieht sich als Wickelkind, gehalten von dem geliebten Vater, der die Familie einige Jahre später verließ. Die Mutter entleert ihre Windel ins Klo. Sie angelt aus dem Arm des Vaters heraus mit dem Fuß nach dem Druckknopf der Wasserspülung; das Wasser erfaßt die Mutter und spült sie weg! Die inzwischen fast dreißigjährige Patientin reagiert heute auf jeden Kontakt mit der Mutter mit heftigem Erbrechen!

Ein ähnlicher Mechanismus im ständigen Wechsel von Innen und Außen, Introjektion und Projektion findet sich bei jeder Form autodestruktiver Sucht. Die Sucht bewegt sich permanent an der Grenze von Innen und Außen. Daher kann nicht davon gesprochen werden, daß es sich beim Suchtmittel um ein Übergangsobjekt im Sinne Winnicotts handelt. Der Grad der Symbolisierung ist zu wenig entwickelt, die Introjektion zu real. Das Objekt (der Alkohol) dient nicht nur zum Schmusen, sondern muß immer wieder real inkorporiert werden. Charakteristikum des Übergangsobjektes im Sinne Winnicotts ist jedoch gerade, daß es ein äußeres Objekt bleiben kann und nicht verschlungen wird, damit eine wichtige Entwicklungsstufe auf dem Weg zur Symbolisierungsfähigkeit ist.

Spezifisch für die Psychodynamik der Sucht ist also der permanente Wechsel von Introjektion und Projektion, der Einsatz eines äußeren Objektes, das permanent oral inkorporiert wird und seine destruktiven Charakteristika erst im Körperinnern entfaltet. Das bedeutet, daß der Süchtige in seiner Phantasie gute und böse Brust stets miteinander vermengt und die destruktiven Komponenten des Suchtmittels erst im Moment der Kontaminierung mit dem eigenen Körperinnern, das heißt dem negativen Selbst, entfaltet werden. Die Droge repräsentiert zwar faktisch die böse, fressende, zerstörerische Brust, der Süchtige erlebt sie aber nicht bewußt als solche. Er stattet sie auch mit guten Eigenschaften aus und phantasiert sie als die gute Brust, gibt sie doch für Stunden Entspannung, Ruhe, Befreiung von Ängsten und Schuldgefühlen und führt zurück in den intrauterinen Zustand. Der Süchtige kann mit der Droge aber nicht anders umgehen, als daß er sie oral inkorporiert, sie kannibalistisch angreift und verschlingt. In seinen Innern verwandelt sie sich dadurch wieder in das böse Introjekt, da sie nicht nur bildlich, sondern real seinen Körper angreift und zerstört, einen Kreislauf von Versagen, Verzweiflung und Schuldgefühlen in Gang setzt, der von neuem nach der Droge verlangen läßt.

Der Alkoholiker introjiziert die bösen Aspekte der Mutter. Die Sehnsüchte nach dem erregenden Objekt werden aufgegeben, und er regrediert auf ein Stadium passiver Hoffnungslosigkeit, wo er die Hoffnung aufgegeben hat, die Objekte aktiv zu erobern. Dieser Zustand, in dem die Suche nach lebendigen Objekten aufgegeben wurde, ist mit Trauer verbunden, die jedoch nicht bewußt werden darf, denn natürlich ist es auch die Sehnsucht des Alkoholikers, ein gutes Objekt zu haben. Die Unmöglichkeit, ein gutes Objekt zu gewinnen, löst eine tiefe Resignation aus, die es letztendlich verunmöglicht, die symbiotische Phase der Entwicklung zu überwinden.

Die Mystifizierung, in der ein als böse eingesetztes Objekt als die gute Brust phantasiert wird, verhindert die Etablierung einer festen Spaltung und drängt zur permanenten Wiederholung des süchtigen Zirkels. Dies ist eine wichtige Feststellung: Im Gegensatz etwa zum Borderline-Patienten verfügt der Süchtige nicht über eine stabile Gut-böse-Spaltung, sondern bleibt gefangen in einer permanenten Ambivalenz. Überwiegend identifiziert ist er jedoch mit der bösen Brust. Wie Hanna Segal beschrieben hat, ist die Gut-böse-Spaltung des Säuglings sein erster Versuch, die Welt zu ordnen, und stellt daher, so unreif er uns auch erscheinen mag, einen ersten und unverzichtbaren Ordnungsversuch dar:

> »Eine Leistung der paranoid-schizoden Position ist die Aufspaltung. Sie erlaubt dem Ich, aus dem Chaos aufzutauchen und Ordnung in seine Erfahrungen zu bringen. Dieses Ordnen von Erfahrung, das mit dem Vorgang der Spaltung in ein gutes und ein böses Objekt einhergeht, mag anfangs noch so zügellos wuchern, es wird gleichwohl das Universum der seelischen und sinnlichen Eindrücke des Kindes gliedern und ist daher eine Voraussetzung für die spätere Integration. Aus dem Ordnen, dessen Ursprung die Differenzierung von Gut und Böse ist, wird später die Fähigkeit, zu unterscheiden« (Segal, 1964, S. 56).

Diesen wichtigen Schritt hat der Alkoholiker nicht vollzogen beziehungsweise ist hinter ihn zurückgefallen. Wie wichtig die Bewältigung dieses Schrittes, das heißt die Etablierung einer stabilen Spaltung, für seine weitere Entwicklung ist, werden wir an späterer Stelle sehen.

Sofern sich bei Alkoholikern stabilere Spaltungsmechanismen erkennen lassen, sind es solche zwischen dem Innern – dem eigenen, negativen Selbst – und dem Außen, in dem die guten Objekte lokalisiert werden. Ganz im Gegensatz zum Borderline-Patienten lokalisieren und bekämpfen Süchtige das böse Objekt in sich selbst, während sie die gute Brust im Außen lokalisieren und dadurch vor ihrer eigenen Destruktivität zu schützen suchen. Es fällt immer wieder auf, wie insbesondere männliche Alkoholiker ihre Ehefrauen oder Mütter idealisieren, auch eine Form der Mystifikation, in der z. B. die Mutter als eine ideale, verwöhnende, unbegrenzt Nahrung zur Verfügung stellende Person phantasiert wird. Bekommt man diese Mütter tatsächlich zu Gesicht, so handelt es sich dabei oft um dominante und besitzergreifende, dabei kalte Frauen, bei denen untergründig ungeheure Aggression und Wut vorhanden sind, die sie jedoch verleugnen und abspalten, häufig altruistisch sublimieren. Diese Frauen stellen sich selbst als »ideale Mütter« dar, und der Alkoholiker steht unter dem

Verbot, die destruktiven Seiten der Mutter wahrzunehmen. Der Alkoholiker phantasiert, er habe eine ideale Mutter gehabt, die sich für ihn aufgeopfert, ihn stets genährt habe, wobei der Suchtmechanismus zeigt, daß sie ihm nicht gute, sondern vergiftete Milch zugeführt hat. Wenn der Alkoholiker also spaltet, so ist es eine Spaltung zwischen Innen und Außen. Die bösen beziehungsweise die ambivalenten Objekte befinden sich in seinem Innern, zerstören ihn, werden auf die Droge projiziert und inkorporiert, während die Mutter mit allen guten, idealen Eigenschaften ausgestattet wird und ferngehalten werden muß, um nicht ebenfalls von der bösen Brust vergiftet zu werden. Segal: »Es gibt auch Situationen, in denen Gutes projiziert wird, um es vor der als übermächtig empfundenen inneren Schädlichkeit in Sicherheit zu bringen« (1964, S 46).

Wie wir gesehen haben, ist das Charakteristikum der Sucht das Fehlen einer stabilen Spaltung bei einer permanenten Ambivalenz an der Grenze von Innen und Außen, die zur immer neuen Introjektion des Suchtmittels führt, wie es für Süchtige auch der amerikanische Psychoanalytiker Adams (1978) beschrieben hat. In dieser Hinsicht hat es der Borderline-Patient besser, der gute und böse Objekte klar zuordnen und die letzteren dann bekämpfen kann, da er weit weniger mit der bösen Brust identifiziert ist als der Süchtige. An dieser Stelle möchte ich jedoch einen knappen Exkurs zu einer weiteren, gewichtigen Patientengruppe einschieben: den psychosomatisch Kranken. Dies ist auch für unser Hauptthema nicht unwichtig, da, wie schon erwähnt wurde, es auch bei Süchtigen häufig zu einem Wechsel zu organdestruktiven Erkrankungen kommt.

Ähnlich dem Süchtigen trägt auch der *psychosomatisch* Kranke das böse Objekt in seinem Innern. Im Gegensatz zum süchtigen Zirkel mit seiner permanenten Ambivalenz hat sich hier eine stabile, negative Besetzung entwickelt, die über lange Zeit erhalten bleiben kann. Die malignen Introjekte sind im erkrankten Organ lokalisiert und können hier bekämpft werden. Dies kann im Endeffekt dazu führen, daß sie therapeutisch noch unzugänglicher werden als bei der Sucht.

Aufgrund der oben entwickelten theoretischen Gedanken zur Sucht kann grob angedacht werden, in welche Richtung eine Therapie gehen müßte. Ihre Aufgabe sollte sein, die ambivalente Identifizierung mit den malignen Objekten zu lösen und gute Selbst- und Objektrepräsentanzen zu stärken. Zunächst einmal scheint der Weg jedoch über eine Entwicklung und Etablierung der instabilen *Spaltung* zu gehen. Dies wird deutlich, wenn man die bei Süchtigen erfolgreichste »Therapie«form, nämlich die Selbsthilfe durch die Gruppen der *Anonymen Alkoholiker*, psychodynamisch

betrachtet. Diese nämlich fordern den Alkoholiker dazu auf, die ambivalente Besetzung, die fortwährende Mystifizierung des Alkohols aufzugeben zugunsten seiner Verurteilung als »böser Brust«. Schritt eins der AA:
»Wir haben zugegeben, daß wir dem Alkohol gegenüber machtlos sind und unser Leben nicht mehr allein meistern konnten.«

Der Alkohol wird als ein für den Süchtigen bedrohliches, tödliches Gift erkannt und deklariert. Die Rituale der Gruppe dienen dazu, immer wieder dieser Gefahr gewahr zu sein, sich selbst zu erinnern und von anderen vor Augen führen zu lassen, wie schädlich, wie gefährlich diese Droge für einen war. In den folgenden »Schritten« (besonders zwei und drei) wird demgegenüber eine gute, positive Macht gesetzt:

»2. Wir gelangten zu der Überzeugung, daß nur eine Macht, größer als wir selbst, uns unsere geistige Gesundheit wiedergeben kann.

3. Wir faßten den Entschluß, unseren Willen und unser Leben der Sorge Gottes – wie wir ihn verstehen – anzuvertrauen.« (Zit. nach Neuendorff und Schiel, 1982).

Diese gute, göttliche Kraft verkörpert sich in der Gruppe, mit der sich der Süchtige identifizieren kann. Wenn er sich auf die *AA*-Konzeption einlassen kann, hat er erstmals in seinem Leben eine klare Orientierung, wo »gut« und »böse« zu lokalisieren ist, kann sich aus der Mystifizierung der Droge befreien und sie als die »böse Brust« fernhalten und bekämpfen. Zugleich hat er die Chance, sich mit der Gruppe, mit der Identität des abstinenten Alkoholikers als einer guten Brust zu identifizieren. Daher ist die Etablierung dieser Spaltung – nach psychoanalytischer Sichtweise ein »primitiver Abwehrmechanismus« – für den Süchtigen ein wichtiger Entwicklungsschritt; schließlich ist, um hier nochmals auf Hanna Segal zurückzukommen, die Errichtung der primitiven Spaltung der erste und vielleicht wichtigste Ordnungsschritt in der seelischen Welt des kleinen Kindes.

Natürlich birgt diese Form der Spaltung auch ihre Gefahren, nämlich dann, wenn es zu einem Rückfall mit dem Suchtmittel kommt, und damit – aufgrund der Projektion aller negativen Eigenschaften auf die Droge im Verlauf der vorausgehenden Gruppenarbeit – nun ein als noch destruktiver und gefährlicher phantasiertes Suchtmittel introjiziert wird. Erinnern wir uns: Anfangs war es ja noch ambivalent besetzt, aber durch seine Deklaration als »böse Brust« während der Gruppenarbeit in der suchtfreien Phase ist es zu einer mächtigen und gefährlichen bösen Brust geworden, die jetzt noch viel schlimmer als zuvor ist, wenn sie erneut oral inkorporiert wird. In der Regel jedoch funktioniert dieser Spaltungsmechanismus und hilft, eine langjährige psychische Entwicklung einzuleiten.

Übrigens ist es für die Weiterentwicklung dieser Spaltung, besonders bei Süchtigen mit stark autodestruktiven Seiten, wichtig, daß auch das Moment des »verinnerlichten Sadismus« repräsentiert werden kann, damit der Süchtige die böse Brust loswerden kann. Daher kann es in der Therapie notwendig werden, auch sadistische, aggressive Positionen im Außen verankern zu können. Therapie mit Abhängigen mit stark autodestruktiven Elementen kann niemals nur liebe- und verständnisvoll sein!

Gerade die Notwendigkeit für den Süchtigen, diese »primitive Spaltung« aufrechtzuerhalten, ist eine weitere Ursache für das traditionell unglückselige Verhältnis zwischen Süchtigen und Psychoanalytikern. Der Psychoanalytiker hat hohe Erwartungen an Gesundheit und »psychische Reife«, die sich aus der Neurosenlehre ableiten und sich mit »primitiven Spaltungen« schlecht vertragen. Der Alkoholiker erscheint dem Analytiker dann auf einem sehr unreifen Entwicklungsniveau befindlich. Es fällt ihm schwer zu akzeptieren, daß dieser seine Spaltung hinsichtlich des Alkohols aufrecht erhalten muß. Der Patient spürt, daß er als »unreif« und »zurückgeblieben« eingeschätzt wird, und er versucht, den latenten normativen Erwartungen seines Analytikers zu entsprechen und »normal-neurotisch« zu werden. Dies kann dann zu einem gefährlichen Rückfall, auf alle Fälle zu einem Ende der Therapie führen, da die Überwindung dieser Spaltung einen sehr, sehr langen Entwicklungs- beziehungsweise therapeutischen Prozeß voraussetzen müßte. Um dies respektieren zu können, ist es für Analytiker wichtig, jenseits von negativen Gegenübertragungsgefühlen und projektiven Phantasien die starken Anteile einer malignen frühen Störung bei Süchtigen zu erkennen.

Abschließend sollen diese komplexen theoretischen Überlegungen an einem ausführlichen Fallbeispiel mit ausgeprägten autodestruktiven Tendenzen dargestellt werden, das bereits in Rost (1987, S. 161ff.) publiziert wurde.

Es handelt sich um eine zum Zeitpunkt der Behandlung 39-jährige Krankenschwester mit einer langjährigen Polytoxikomanie, das heißt abwechselnden Abhängigkeit von Alkohol, Medikamenten, Morphium und Heroin, die ich anläßlich ihrer dritten Langzeit-Entwöhnungsbehandlung kennenlernte.

Frau F. ist eine ausgesprochen depressive Persönlichkeit mit stark autodestruktiven Tendenzen und einer ausgeprägten Nähe-Distanz-Problematik. Die Sucht steht bei Frau F. unter dem Primat der Selbstzerstörung. Sie hat ihre unterschiedlichen Suchtmittel selten genossen, sondern unter Ekelgefühl in sich hineingezwungen, besonders dann, wenn es ihr einmal gut ging, was sie sich nicht gestatten kann. Sie besitzt eine ausgeprägte Fähigkeit, sich selbst zu quälen und sich in verzweifelte depressive Stimmungslagen hineinzusteigern. Diese Bereitschaft, sich selbst zu quälen und zu kasteien, und die Unfähigkeit, fröhlich zu sein und etwas zu genießen, fallen bei ihr immer wieder auf. Auch die Therapie betrieb sie mit verbissenem Ernst, nutzte sie als eine neue Möglichkeit zur Selbstquälung.

Frau F. weist eine ausgeprägte Nähe-Distanz-Problematik auf. Immer wieder sucht sie Kontakt und Nähe und ist anderen gegenüber äußerst sensibel. Zugleich macht Nähe ihr Angst. Sie zieht andere an, aber nur bis zu einer gewissen Grenze, an der Nähe ihr bedrohlich wird, sie panisch reagiert und die Flucht ergreift. Dieses Verhalten ist vordergründig hysterisch, wurzelt aber tiefer und ist nicht allein mit sexuellen Ängsten, die sie allerdings auch hat, zu begründen. Auch ein näherer Kontakt zu Frauen ist ihr unerträglich, und Beziehungen kann sie am besten in einer institutionalisierten Form aushalten, d. h. sie kann sich als Krankenschwester liebevoll Patienten widmen.

Erheblich gestört und für die Patientin belastend war die Beziehung zur Mutter. Kriegsbedingt trat der Vater erst auf den Plan, als Frau F. vier Jahre alt war, und er starb schon wenige Jahre später. Vordergründig mochte sie ihn nicht, fühlte sich von ihm zu streng behandelt und benachteiligt. Real scheint er weit mehr als die Mutter eine stabile Bezugsperson gewesen zu sein. Die Mutter war Alkoholikerin, so weit Frau F. zurückdenken kann, und als Bezugsperson ausgesprochen unzuverlässig. Die Eltern betrieben ein Sportlerlokal; die Mutter trank hier viel, gab sich lebenslustig, schmuste mit allen Männern herum und vernachlässigte die Kinder. Schon als Kind war die Patientin sehr ernst und besorgt, wurde durch die Erlebnisse der Kriegs- und Nachkriegszeit, Flucht, Lagerleben, Vergewaltigung schon als Kind stark traumatisiert, wobei die Mutter stets unzuverlässig war, ihr nicht die notwendige Unterstützung gab. Andererseits muß die Mutter Frau F. auch stark an sich gebunden haben, da sie noch heute sehr an der Mutter hängt und stets zu weinen anfängt, wenn die Sprache auf sie kommt. Die Mutter wurde 12 Jahre zuvor mit einem schweren Korsakow-Syndrom ins Krankenhaus eingeliefert, wo man ihr keine Überlebenschance mehr gab. Sie überlebte zwar, blieb aber danach in der Psychiatrie hospitalisiert und kam schließlich in ein Pflegeheim.

Es wirkt so, als stünde Frau F. unter dem Zwang, stellvertretend für ihre Mutter leiden zu müssen und nicht glücklich sein zu dürfen, solange die Mutter mit ihrem Hirnschaden dahinvegetiert. Frau F. macht den Eindruck, als trüge sie das gesamte Leid der Welt, wirkt wie der gekreuzigte Christus. Auch sühnt sie, stellvertretend für die Mutter, deren »Verfehlungen«. Sie sagt von sich selber, sie sei das Gegenteil der Mutter. Schon sehr früh müssen beide die Rollen getauscht haben: War die Mutter lebenslustig, fröhlich, verantwortungslos, nicht vorausschauend, war Frau F. schon als Kind ernst und traurig, übernahm für die Mutter die Schuldgefühle und verkörperte deren Über-Ich. Ein Bruder von Frau F. starb fünfzigjährig ebenfalls an Alkoholismus.

Die Lustfeindlichkeit und das Sich-nicht-freuen-Können nehmen bei Frau F. oft erschreckende, fast nekrophile Züge an; so hatte sie ihre einzige glückliche Beziehung zu einem an Hodenkrebs leidenden Mann im Angesicht des Todes. Ausschlaggebend war hier sicher nicht allein, daß dieser Mann sie sexuell nicht bedrängen konnte; wichtig war wohl auch die Limitierung durch seinen bevorstehenden Tod, die Frau F. gestattete, sich zu öffnen, zu vertrauen und sich Nähe zu gestatten. Vollständig schief ging dagegen ihre Ehe, weil der Ehemann – sie hatte ihn als Seemann kennengelernt – mehr Nähe und Häuslichkeit suchte, als sie zu geben fähig war. Zwar wünschte und phantasierte sie stets Wärme, Nähe, Zärtlichkeit, reagierte aber mit Unruhe und Spannungszuständen, sobald sich eine Situation ergab, in der von ihr real Nähe gefordert wurde.

Inzwischen hat Frau F. eine zwanzigjährige Suchtgeschichte hinter sich, in der sie sich durch Suchtmittel, mitunter aber auch durch den direkten Suizid zu zerstören suchte. Selbstzerstörung und Tod üben eine bedrohliche Faszination auf sie aus. Zugleich wird sie hin- und hergerissen zwischen dieser Selbstzerstörung und ihren Wünschen nach Nähe bis hin zur Verschmelzung. In den vergangenen Jahren konnte sie sich Beziehungen nur in institutionalisierter Form genehmigen, zum Beispiel als fürsorgliche Krankenschwester oder als Patientin, die ihre Ärztin zum Teil täglich für Gespräche in Anspruch nahm.

In der Klinik stürzte sich Frau F. sehr engagiert in die Therapie und hatte an sie große Erwartungen, wollte sich umkrempeln und als neuer Mensch herauskommen, nachdem zuvor so viele Therapieversuche gescheitert waren. Tatsächlich wurde es zum Problem, daß sich Frau F. mit Ernst bis zur Verbissenheit in die Therapie hineinsteigerte und damit ein neues Mittel gefunden hatte, sich selbst zu quälen. Sie lehnte sich selbst ab und wollte an sich alles ändern. Eine aufdeckende Therapie erwies sich bei ihr als kontraindiziert; Frau F. kam sehr schnell in eine Regression, wobei sie aber ausschließlich negative Erinnerungen zutage förderte und sich in diese hineinsteigerte und sich mit ihren Erinnerungen quälte. Sie wollte auch ihre Therapiegruppe zur Arbeit antreiben, ließ keinen Scherz und kein Lachen zu, wollte ständig und stets ernst Konflikte bearbeiten.

Da Erinnerungen bei ihr nur die Funktion der Selbstquälerei hatten, wurde versucht, ihre Regression zu stoppen und sie verstärkt am Hier und Jetzt arbeiten zu lassen und ihr zu helfen, sich selber zu akzeptieren. Trotzdem stürzte Frau F. besonders in den ersten drei Monaten der Therapie von einer Krise in die nächste, zumal sie einsehen mußte, daß das große Wunder – die neue Regine F. – nicht kommen würde. Sie war in dieser Zeit sehr depressiv und selbstquälerisch, kam häufig zu Einzelgesprächen, wobei sie meistens weinte. An einem schönen Maitag kam sie ganz aufgelöst in mein Zimmer und sagte: »Herr Rost, es ist so schön draußen: die Sonne scheint, die Vögel singen, alle auf Station sind gut aufgelegt. Das halte ich nicht aus. Geben Sie mir eine Ausgangssperre, sonst muß ich hinaus und mich betrinken.« Gegen Ende der Behandlung wurde sie ein wenig lockerer, freier, entspannter, konnte sich einiges gönnen und sich selbst ein wenig akzeptieren.

Die Ausweglosigkeit der Verzweiflung und des Selbsthasses der Patientin machte die Arbeit mit ihr ungeheuer anstrengend und belastend. Immer wieder kamen die Faszination der Zerstörung und die Sehnsucht nach dem Tode ins Gespräch. Oft phantasierte Frau F., Selbstmord zu begehen, auf alle Fälle bevor sie wieder zum Glas oder zur Spritze greifen würde.

Trotz ihrer ungünstigen Ausgangsbedingungen ist Frau F. nach meinem Wissensstand abstinent geblieben und hat im Rahmen einer therapeutischen Wohngemeinschaft und ambulant an ihrem Heimatort weiterhin therapeutische Unterstützung gesucht. Dies mag belegen, daß auch schwergestörte Süchtige mit stark autodestruktiven Zügen und einer schlimmen Biographie therapeutisch gesehen keine hoffnungslosen Fälle sein müssen.

Literatur:

Abraham, K. (1908): Die psychoanalytischen Beziehungen zwischen Sexualität und Alkoholismus. In: J. Cremerius (Hg.): *Schriften zur Theorie und Anwendung der Psychoanalyse*. Frankfurt am Main (Fischer) 1972.

Adams, W. (1978): *Psychoanalysis of Drug Dependence*. New York, San Francisco, London.

Fairbairn, R. D. (1952): *Psychoanalytic Studies of the Personality*. London (Routledge & Kegan Paul).

Fenichel, O. (1975): *Psychoanalytische Neurosenlehre.* Bd. II. Freiburg (Walter).
Glover. E. (1933): Zur Ätiologie der Sucht. *Internationale Zeitschrift für Psychoanalyse* 19: 170–197.
Rost, W.-D. (1983): Der psychoanalytische Zugang zum Alkoholismus. *Psyche* 37: 412–439.
Rost, W.-D. (1986): Psychoanalytische Modellvorstellungen zur Theorie des Alkoholismus. *Psyche* 40: 289–309.
Rost, W.-D. (1987): *Psychoanalyse des Alkoholismus.* Stuttgart (Klett-Cotta).
Segal, H. (1964): *Melanie Klein: Eine Einführung in ihr Werk.* München (Kindler) 1974.
Simmel, E. (1928): Die psychoanalytische Behandlung in der Klinik. In: Ders.: *Psychoanalyse und ihre Anwendungen – Ausgewählte Schriften.* Frankfurt am Main (Fischer) 1993.
Simmel, E. (1948): Alkoholismus und Sucht. In: Ders.: *Psychoanalyse und ihre Anwendungen – Ausgewählte Schriften.* Frankfurt (Fischer) 1993.

17. Wolf-Detlef Rost

DIE HILFLOSE VERWEIGERUNG: MÄNNER UND GLÜCKSSPIELGERÄTE[1]

Sucht und Kultur

Ein bekannter Buchtitel verkündet uns: Wir leben »im Zeitalter der Sucht«; wir sind Angehörige einer süchtigen Gesellschaft. Sucht ist als Thema »in«. Kaum ein Monat vergeht, in dem uns nicht irgendwer eine neue Sucht präsentiert, manche Suchttherapeuten fast süchtig auf der Suche nach neuen Süchten sind, da jedwede menschliche Tätigkeit süchtig zu entgleisen drohe, wie man – allerdings auch schon in früheren Jahren – verkündete.

Nun ist zweifellos richtig, daß die Regeln der modernen Konsumgesellschaft und der kapitalistischen Wirtschaftsordnung eine beträchtliche Affinität zu süchtigen Verhaltensweisen besitzen. Propagiert wird auch in der Konsumgesellschaft das »immer mehr« ohne Rücksicht auf die Folgen, eine tendenzielle Autodestruktion und der Ersatz von Trieb- und Bedürfnisbefriedigung durch Kauf und Konsum von Waren oder Dienstleistungen.

Das Klagen über solche Verhältnisse verliert sich aber nur zu rasch in Allgemeinplätzen; der inflationäre Gebrauch des Suchtbegriffs verhindert geradezu die Analyse unserer aktuellen kulturellen und historischen Bedingungen, während eine spezifische Analyse »aktueller Süchte« uns Hinweise auf den Stand und die Widersprüche unserer gesellschaftlichen Entwicklung geben könnte. Aus ethnopsychoanalytischer Sicht interessiert uns hier die Frage: Welche spezifischen Formen der Sucht finden wir in welcher Gesellschaft und in welchen Zeiten?

Fakt ist ohne Zweifel: Der Konsum von Rauschmitteln und Drogen ist wahrscheinlich so alt wie die Menschheit selbst, und vielleicht fast ebenso lange gibt es die süchtige Entgleisung dieses Konsums bei einzelnen Individuen oder auch ganzen Ethnien.

---

[1] Der vorliegende Beitrag wurde erstmals veröffentlicht in: *Ethnopsychoanalyse 3: Körper, Krankheit und Kultur.* Frankfurt am Main (Brandes & Apsel) 1993, S. 144–171, und erscheint hier in geringfügig modifizierter Fassung.

Jede Kultur kennt von altersher eine oder mehrere Drogen, die – meist im Rahmen von Kulten und Riten – konsumiert wurden. Bei uns war das der Alkohol, bei den sibirischen Völkern der Fliegenpilz, bei den Andenvölkern das Koka, bei manchen nordamerikanischen Stämmen Meskalin und Peyote etc. Die europäischen Eroberer rissen diese kulturellen Grenzen nieder. Sie brachten den Indianern die Segnungen des Alkohols und den Chinesen das Opium. Gerade der Opiumkrieg der Engländer gegen die Chinesen beweist: Mit dem Kapitalismus wird Sucht nicht nur zum Geschäft, sondern auch zum Instrument von Politik und Macht.

Zu den Segnungen der modernen Industriegesellschaft und des Welthandels gehört es, daß heute praktisch an jedem Ort der Welt jede Droge erhältlich ist. Seien es Alkohol oder Opiate, Haschisch, LSD, Meskalin, Kokain oder Crack, »Speed«, Amphetamine oder Barbiturate, Schnüffelstoffe, eine Vielzahl ständig neuer Produkte der pharmazeutischen Industrie oder sogenannte Designerdrogen: Es gibt nichts, was man nicht in jeder beliebigen deutschen Stadt fast jederzeit erwerben könnte. Dabei sind die Grenzen zwischen legalen und illegalen Stoffen ebenso antiquiert wie beliebig, denn sie sagen zwischenzeitlich weder über die Gefährlichkeit noch über die Zugänglichkeit einer Droge etwas aus.

Angesichts eines Angebots hunderter verschiedener Drogen sollte es dem Konsumenten nicht schwer fallen, die seinen individuellen Bedürfnissen oder, um es modisch auszudrücken: seinen genetischen Prädispositionen adäquate Droge herauszufinden. Denn die moderne, biologistisch orientierte Suchtforschung lehrt uns: Der Süchtige leidet an genetisch bedingten Störungen des Endorphinhaushaltes mit einer Mangelproduktion körpereigener Euphorigene, die er mittels Zuführung dieser Stoffe von außen zu kompensieren sucht (siehe die Darstellung von Topel, 1991).

Von der Massendroge Alkohol einmal abgesehen, die trotz ihrer verheerenden Wirkung kaum für Schlagzeilen sorgt, bleibt der Anwenderkreis der »neuen Drogen«, allen Unkenrufen zum Trotz, eher beschränkt. Biologistisch, aber auch persönlichkeitstheoretisch gesehen, ist anzunehmen, daß aus dem »Supermarkt der Suchtstoffe« jeder das auf seine Prädisposition und Bedürfnisse zugeschnittene Präparat finden kann. Viel wichtiger als solche individuellen Strukturen scheinen jedoch gesellschaftliche Trends zu sein. Im Augenblick können wir auf etwa 25 Jahre »Supermarkt der Drogen und Süchte« zurückblicken, wobei ich die erste Opium- und Kokainwelle der zwanziger und dreißiger Jahre vernachlässige. Das Angebot und der Konsumentenkreis neuer Drogen entstehen vorwiegend in den sechziger Jahren. Die Entwicklung der Industriegesellschaft ist an einem Wendepunkt angelangt, der in der Bundesrepublik, bedingt durch den Abschluß von wirtschaftlichem Wiederaufbau und politischer Restauration, besonders deutlich ausfällt. Die Revolte der sechziger Jahre beginnt mit einer neuen Musik, wobei sowohl die Beatmusik wie die spätere »antiautoritäre Bewegung« untrennbar mit dem Gebrauch »bewußtseinserweiternder« oder psychedelischer Drogen verknüpft sind. Propheten dieser Bewegung sind etwa Aldous Huxley (1954) und Timothy Leary (1968). Die Drogen dieser Jahre sind Marihuana, Haschisch, LSD, Meskalin, Stechapfel etc. Ziel sind intensive emotionale Erfahrungen, das Erreichen eines »höheren Bewußtseins«. Es gibt wohl kaum einen Jugendlichen, der in diesen Jahren nicht »gekifft« oder »Trips geworfen« hat. Interessant ist dabei der Bedeutungswandel, den besonders das Haschisch im Rahmen der späteren gesellschaftlichen und politischen Entwicklung erfahren hat. Heute wird zwar kaum weniger Haschisch konsumiert als 1968, aber kein »Kiffer« würde behaupten, damit sein Bewußtsein erweitern zu wollen – im Gegenteil: »Er dröhnt sich zu!«

In diesem Sprachwandel bildet sich auch der gesellschaftspolitische Wandel trefflich ab. Gegen 1970 ebbt die politische Bewegung ab und zerfällt, die Aufbruchstimmung weicht der Resignation, und der resignativste Teil der Bewegung fällt in den düsteren siebziger Jahren dem Heroin anheim. Heroinsucht war aber nicht eine Folge der antiautoritären Bewegung, sondern umgekehrt wurden »prämorbide Persönlichkeitsstrukturen« (Fenichel, 1945, Bd. II, S. 259) durch die Bewegung zunächst aufgefangen und gehalten, in ihrem autodestruktiven Potential kompensiert. Zunahme von manifester Sucht ist fast immer Indikator für den Verlust gesellschaftlicher Freiräume und sozialer Nischen. Heroin wird zum Ausdruck der Hoffnungs- und Perspektivlosigkeit, des »no Future«, des Rückzugs in eine Innerlichkeit von Selbstaufgabe und Selbstdestruktion.

Das Heroin erobert sich seinen festen und zukunftsträchtigen Konsumentenkreis, bis in den achtziger Jahren eine neue Bewegung angeboten wird. Leistung und Erfolg sollen wieder etwas zählen, verknüpft mit Jugend, Optimismus und Aktivität. Der »Yuppie« wird kreiert. Das Synthetische dieser Bewegung ist nicht zu übersehen; sie ist Produkt der Werbeagenturen und der Medien, wirkt wie die Inkarnation der Coca-Cola-Reklame. Sie bedarf neuer Drogen, die Kraft, Leistung und Ausdauer stimulieren, eben synthetischer Designer-Drogen wie Speed und Kokain, welches Sigmund Freud schon vor mehr als hundert Jahren nutzte, um beim Schreiben seiner Werke Kreativität und Leistungsfähigkeit zu fördern (vom Scheidt, 1973).

Die neue Sucht der Frauen: Bulimarexie

Um auf unsere Ausgangsthese zurückzukommen: Der Markt bietet eine Unzahl von Suchtmitteln an, deren Verbreitung und Konsum sich auf dem Hintergrund der individuellen Struktur des Anwenders wie der gesellschaftlichen Bedingungen verstehen lassen. Dabei fällt jedoch ins Auge, daß zwei Suchtformen, die gänzlich aus diesem Raster herausfallen, die »Renner« der vergangenen zehn bis 15 Jahre geworden sind. Und hierbei handelt es sich ausgerechnet um »nichtstoffliche« Formen der Sucht – als ob wir nicht Hunderte von stimmungsbeeinflussenden, süchtig machenden Stoffen »im Angebot« hätten. Das führt gewissermaßen die humangenetische Forschung, die bereits die suchtauslösenden Gene festgemacht hat, ad absurdum! Hunderttausende von Männern frönen in unserem Land dem süchtigen Automatenspiel, hunderttausende, vielleicht sogar Millionen von Frauen der Eß-Brechsucht, der Bulimarexie.

Wie ich im Folgenden aufzeigen möchte, handelt es sich hier um ein nicht zufälliges Gegensatzpaar, sondern um die geschlechtsspezifischen Ausdrucksformen eines ähnlichen Grundkonfliktes. Die Eß-Brechsucht hat sich vorwiegend nach dem zweiten Weltkrieg aus der »klassischen« Anorexie heraus entwickelt. Beide Störungsformen sind ein Privileg der Frauen. Auch wenn die Männer den Frauen inzwischen im Bereich Anorexie zu folgen beginnen, repräsentieren Frauen auch heute noch wenigstens 95 % der Erkrankten, zumindest bei der Bulimarexie. Weibliche Eßstörungen sind ein hinlänglich beschriebenes und erforschtes Phänomen. Ich möchte mich daher hier auf die Aspekte beschränken, die als Pendant zum Verständnis der männlichen Automatensucht notwendig sind.

Ein pathologischer Umgang mit dem Essen war nicht zu allen Zeiten ein Privileg der Frauen. So weisen Vandereycken et al. (1992) darauf hin, daß die sogenannten Fastenkünstler früherer Jahre fast immer Männer waren. Die weiblichen Eßstörungen wurzeln historisch gesehen wahrscheinlich in der klassischen Hysterie, die ja als (unbewußte) Protest- und Widerstandsform gegen die gesellschaftliche Aneignung und Deformation der weiblichen Natur und des weiblichen Körpers entstanden, infolge ihrer Entschlüsselung durch die Psychoanalyse dann aber überholt worden ist, wie das Christina von Braun (1988) beschrieben hat. Die Hysterie wird gewissermaßen von der Anorexie respektive der Bulimarexie beerbt.

Es ist, wie gesagt, oft beschrieben worden, daß der weiblichen Eßstörung zumindest latent ein Protestcharakter gegen die gesellschaftlichen Zustände innewohnt (siehe zum Beispiel den autobiographischen Bericht von Valere, 1980) und sie ohnedies nur in einer Gesellschaft oder Sozialschicht entstehen kann, in der kein Hunger herrscht. Die Anorektikerin verweigert sich ihrer Rolle als Sexualwesen, insbesondere aber der gesellschaftlich propagierten Mutterrolle, bekämpft die Mutter in sich (siehe von Braun, 1988, S. 458ff.). Indem sie sich so abmagert, daß sie keine sekundären weiblichen Geschlechtsmerkmale entwickelt, verweigert sie sich als Sexualwesen. Sie ist es auch real nicht, weil sie dadurch die Periode unterbindet und so der gehaßten und verachteten Mutter nicht ähnlich werden kann. Sie kämpft bis zum Äußersten um die Beherrschung und Kontrolle ihres Körpers und verschafft sich damit zugleich Autonomie vor der Kontrolle anderer.

Die Bulimarexie ist die weniger radikale Form – vordergründig gesehen, denn schließlich vermeiden diese Frauen das totale Selbstaushungern der Anorektikerin, deren Askese und gestatten sich ihre Freßanfälle. Wie wir sehen werden, ist der Protest der Bulimarektikerin auf seine Art nicht weniger radikal – aber zeitgemäßer.

So sehr wir die Anorektikerin bewundern mögen für ihre totale Selbstbeherrschung und Nahrungsverweigerung: Sie gehört einer vergangenen Epoche an, wie es Franz Kafka so brillant in seinem Hungerkünstler beschrieben hat, der der neuen Zeit weichen und in seinem Käfig einem Raubtier Platz machen muß: Der junge, dynamische Panther wird zum Symbol der neuen Zeit, während der stille, innengekehrte Hungerkünstler bei Kafka für die untergehende Epoche steht. In ihrer rigiden Struktur ähnelt die Anorektikerin dem analen Charakter der Jahrhundertwende oder den Idealen der Landkommunebewegung der frühen siebziger Jahre. Aber Sparen und Bewahren, die Askese sind »out«. Heute zählt der Konsum um des Konsums willen. Nahrung ist in unserer Kultur im Überfluß vorhanden und muß konsumiert werden, soll sie nicht nach EG-Mengenbegrenzungen vernichtet werden. Die Rolle der Frau bleibt aber – zumindest in Teilen – die gleiche wie in früheren Jahrzehnten. Nach wie vor hat sie sich mit der Nahrung zu befassen, muß das Essen beschaffen, zubereiten, den Haushalt führen. Andererseits ist die Mutterrolle der Doris Day der fünfziger Jahre »out«. Die Frau von heute hat berufstätig, dynamisch und jugendlich zu sein, wobei letzteres mit schlank assoziiert ist. Diesen Widersprüchen und an sich unerfüllbaren Ansprüchen hat die Frau zu genügen – und keiner gelingt das besser als der Bulimarektikerin. Erstaunlich viele aktive, beruflich erfolgreiche, attraktive, sozial angepaßte Frauen sind Bulimarektikerinnen. Sie bemühen sich, den gesellschaftlichen Normen gerecht zu werden, lehnen sich nicht auf. Ihr Symptom ist ein heimliches, ein stilles, ein einsames Leiden. Seltenst merkt es der Ehemann, der jahrelang mit einer Bulimarektikerin leben kann, ohne irgend etwas mitzubekommen, kaum je die Freundin, auch nicht der Arzt oder Psychotherapeut, solange keine körperlichen Folgeschäden eintreten (Zähne, Magen, Speiseröhre, Schleimhäute, Blutbild). Still leidet die Bulimarektikerin an ihrer Lösung eines unlösbaren gesellschaftlichen Rollenkonfliktes. Zugleich drückt ihr Symptom ihre Wut, ihren Haß und ihre Verachtung aus, möchte sie doch auf alles, ihren Beruf, ihre Familie, ihre blitzblank geputzte Küche kotzen – und sie macht es ja auch, aber heimlich und leise. Hierin drückt sich auch die individuelle Geschichte ihrer Mutterbeziehung, ihre persönliche Leidensgeschichte aus.

Im Symptom der Bulimarektikerin findet sich ein plastischer Ausdruck dessen, was die Psychoanalytikerin Melanie Klein als die zentralen Mechanismen der paranoid-schizoiden Position – der ersten kindlichen Entwicklungsphase – beschrieben hat: der oral-kannibalistische Angriff auf die Brust, das Verschlingen und die Introjektion des Objektes in dem Versuch, es auf diesem Wege zu vernichten, und die Projektion mittels des Erbrechens. Dies sind auch die zentralen Mechanismen der Bulimarexie. Die Bulimarektikerin ißt nicht mit Genuß, sondern sie verschlingt Nahrung oft wahllos, stets gierig und in der Regel voller Wut und Haß. Selbst wenn sie zu den wenigen Genuß-Esserinnen gehören sollte, verwandelt sich das Essen spätestens dann, wenn sie es im Innern hat, in ein böses, vergiftendes Objekt, von dem sie sich mittels des Erbrechens wieder befreien und dadurch Erleichterung verschaffen muß.

Die britischen Autorinnen Dana und Lawrence (1988) haben die Bulimarexie ebenfalls auf dem Hintergrund der kleinianischen Theorie beschrieben:

»Wir können den Zwang der bulimischen Frau, riesige Nahrungsmengen zu vertilgen, als Versuch verstehen, sich die gute und nährende Brust einzuverleiben, sie zu introjizieren, wie es ihr teilweise als Säugling gelungen war. Sobald das aber geschehen ist, verwandelt sich das schlechte Objekt, die böse Brust, die sie introjiziert und die sie nun als einverleibt erfährt, sobald sie in Verbindung mit Nahrung kommt, ebenfalls in etwas Schlechtes. Sie hat es nun mit ihrem Gefühl der Zerstörung zu tun, die Mutterbrust vernichtet, zerfetzt und zerbissen zu haben, die sie jetzt als etwas Bösartiges und Giftiges in sich verspürt, das alles, was sie zu sich nimmt, in Schlechtes verwandelt. Ihre einzige Hoffnung besteht nun darin, das schlechte Essen wieder loszuwerden, es nach außen zu projizieren, so wie die ursprünglichen schlechten Gefühle auf die Mutter projiziert wurden« (S. 112).

Der Mechanismus der Bulimie zielt also darauf hin, lebenswichtige Nahrung, die das scheinbar gute, tatsächlich aber das böse Objekt symbolisiert, zu vernichten, und zwar mittels des Weges über den eigenen Magen. Erst das Erbrechen, die Entleerung des Magens schafft wenigstens einen Moment der Ruhe und Entspannung, beendet den Suchtanfall.

Eine bulimische Patientin – von psychodynamischen Theorien absolut unbeeinflußt – berichtet folgende Phantasie, die sie seit frühester Kindheit so oft gehabt habe, daß sie ihr wie ein tatsächlich stattgefundenes Ereignis vor Augen stehe: Sie sieht sich als Wickelkind, gehalten von dem geliebten Vater, der die Familie einige Jahre später verließ. Die Mutter entleert ihre Windel ins Klo. Sie angelt mit dem Fuß nach dem Druckknopf der Wasserspülung; das Wasser erfaßt die Mutter und spült sie weg! Die inzwischen fast dreißigjährige Patientin reagiert heute auf jeden Kontakt mit der Mutter mit heftigem Erbrechen

Geld und Automaten: die neue Sucht der Männer

Das Phänomen der weiblichen Eßstörung ist in den vergangenen Jahren besonders von feministischen Autorinnen des öfteren beschrieben wurden. Manche versteigen sich dabei zu der Behauptung, Sucht sei aufgrund der Rolle der Frau in unserer Gesellschaft ein genuin weibliches Problem, die Tatsache mißachtend, daß es manifest wesentlich mehr süchtige Männer (Alkohol, Heroin etc.) als Frauen gibt. Außer bei den Eßsüchtigen führen Frauen lediglich noch bei den Medikamentenabhängigen.

Insgesamt hat weibliches Suchtverhalten in den vergangenen Jahrzehnten tatsächlich »aufgeholt«, besonders beim Alkohol und beim Rauchen. Dabei geht oft unter, daß auch die Männer eine neue Suchtform entwickelt haben, die offensichtlich ihren Rollenkonflikten und Bedürfnissen entspricht, nämlich das exzessive Spielen an Glücksspielgeräten, den »Daddelautomaten« (s. auch Bellaire, 1987; Russner, 1991). Übrigens wehre ich mich gegen die Bezeichnung »Spielsucht« für dieses Phänomen, die eine ausgesprochene Verharmlosung des quälenden und selbstschädigenden Charakters dieser Tätigkeit beinhaltet und an kindliches Spiel erinnert. Tatsächlich geht es dem Süchtigen auch nicht ums »Spielen«. Gemeint sind hier auch nicht Gesellschafts- oder Kartenspiele, Flipperautomaten oder Computerspiele, sondern Geldspielgeräte, mit der Betonung auf Geld, wobei es das Ziel dieses Süchtigen ist, das Geld zu verspielen. Das gleiche Gerät in der eigenen Wohnung aufgehängt wäre absolut reizlos.

Gerhard Meyer, der 1983 die Forschung zu diesem Thema begründete, spricht stets von Glücksspielsucht, um die wesentliche Rolle des Geldes für dieses Problem hervorzuheben. Um sein Geld loszuwerden, bedarf der Spieler unverzichtbar eines Automaten, eines computergesteuerten Gerätes, obwohl es im Endeffekt genauso sinnvoll wäre, das Geld gleich wegzuwerfen, wie mir kürzlich ein Automatenspieler selber sagte. Hier aber ist der süchtige Mechanismus zwischengeschaltet, wobei das eigentliche Suchtmittel das *Geld* ist. Wie die Bulimarektikerin das Essen nicht sogleich ins Klosett wirft, sondern zur Vernichtung ihren eigenen Magen einsetzt, benutzt der Automatenspieler dazu das Geldspielgerät. Der Mechanismus und der Effekt sind jedoch m. E. bei beiden der gleiche.

Wie haben wir uns diesen »süchtigen Akt« vorzustellen? Ich versuche, im Folgenden eine Beschreibung der Stimmungen und Gefühle des Automatenspielers zu geben (vergleiche auch Ahrends, 1988).

Der Automatenspieler

Mit klopfendem Herzen und angespannten Muskeln betritt der Spieler den Raum, gewissermaßen kampfbereit. Das Portemonnaie muß mit wenigstens 100 bis 200 Mark gefüllt sein, sonst lohnt es sich nicht. Zwei Hunderter hat er heute dabei, soeben von seinem letzten Job ausgezahlt bekommen; hundert davon hat er einem seiner letzten Freunde als Schuldenrückzahlung versprochen, mit dem er heute Abend verabredet ist. Bis dahin sind noch drei Stunden Zeit; eigentlich wäre genug zu erledigen, und er müßte dringend einkaufen, aber als er hier vorbeikam hat er sich gesagt: vier Tage hast du es nun geschafft – die waren nämlich durch seinen Aushilfsjob ausgefüllt –, eine Viertelstunde könntest du dir ruhig mal wieder gönnen.

Bis zur Türschwelle hatte er noch Schamgefühle und ein klein wenig Angst; ein vorsichtiges Umdrehen, ob ein Bekannter in der Nähe ist, der ihn sehen könnte. Jenseits der Schwelle ist das vorbei. Das Halbdunkel des Raumes löscht ohnedies seine Identität. Er nimmt die vertraute Witterung auf, die von Zigarettenrauch und einer Spur von Männerschweiß geschwängerte Luft, das Rattern, Klimpern und Klingeln der Automaten. Keiner der Männer dreht sich nach ihm um oder beachtet ihn. Auch er registriert nicht die Gesichter der anderen, obwohl er sie beinahe alle hier schon des Öfteren gesehen hat. Der Automatenspieler ist ein einsamer Jäger. Wortlos reicht er der Aufsicht einen Hundertmarkschein, der ihm ebenso wortlos in automatengerechte Fünfmarkstücke gewechselt wird.

Ein leichter innerer Stich: Dieses Geld ist weg – er wird sich also die dringend nötige neue Hose nicht kaufen können. Er strebt weiter in das Innere dieses merkwürdigen Etablissements, vorbei am Billardtisch, den selten frequentierten Automaten zum Flippern oder den Autorennen- und Flugsimulatoren, die wohl als Alibi des Ladens nötig sind. Er gelangt in die dunkleren Winkel, zu den Geldspielautomaten. Je drei befinden sich in einem durch eine etwa einen Meter in den Raum ragende Wand abgeteilten »Separee«. Laut Auftrag des Gesetzgebers soll diese Art der Separierung den Automatenspieler davor schützen, an zu vielen Automaten gleichzeitig zu spielen. Diesen Zweck erfüllt sie sicherlich nicht, ist aber durchaus sinnvoll, schützen sie ihn doch vor seinesgleichen und sichern ihm sein eigenes, kleines Revier, denn wie gesagt: Der Automatenspieler ist ein einsamer Kämpfer. Er kann ganz anders als etwa der Roulettespieler kein Publikum und keine neugierigen Blicke gebrauchen; er will seinen Kampf alleine durchleben, seine Niederlage einsam auskosten. Dazu braucht er wenigstens seine drei Automaten. Irgendwie sind die Spielhallen so konstruiert, daß fast immer Platz ist für den Süchtigen; anzustehen und zu warten, sich mit einem Automaten zu begnügen oder ihn gar mittels Spielpausen mit jemand anderem zu teilen, das wäre schlicht gegen seine Natur. Im Vorbeigehen hört er den Mann im Nachbarseparee stöhnen und fluchen, sieht den Schweiß auf seiner Stirn. Wahrscheinlich ist der bald geschlagen. Das gäbe ihm die Gelegenheit, sein Revier zu erweitern, wenn er sich selber erst einmal eingespielt hat. Sechs Automaten sind besser als drei. Die kann er zwar unmöglich alle im Blick behalten, was aber auch gar nicht nötig ist. Schließlich respektieren die anderen Spieler das einmal besetzte Revier, solange die Scheiben des Gerätes rotieren und noch verfügbare Spiele anzeigen. Die Automaten arbeiten ohnedies alleine; genau genommen bedürfen sie der Betreuung des Spielers nur, wenn sie den Gewinn von Sonderspielen anzeigen, die dann mittels Druck der Risikotaste erneut eingesetzt werden können. Das könnte wenigstens theoretisch einen wesentlich höheren Gewinn möglich machen. Meistens bedeutet es schlicht »Verlust«.

Zunächst einmal läßt es unser Spieler aber langsam angehen. Er zündet sich eine Zigarette an, wirft das erste Fünfmarkstück in den Automaten, startet ihn, lauscht den vertrauten Geräuschen des Gerätes, seinem Klingeln und Rattern, beobachtet fasziniert sein Lichterspiel, obwohl er es schon hunderte Male gesehen hat. Eine halbe Zigarettenlänge später startet er den zweiten, dann den dritten Automaten. Den ersten muß er bereits nachfüttern. Er umfaßt den Automaten liebevoll, streichelt ihn zärtlich, als hätte er eine Frau vor sich. Dabei liegt ihm im Augenblick nichts ferner, als an eine Frau zu denken, zumal er ohnedies nun schon seit fast zwei Jahren nur noch Spielautomaten und keine Frau mehr gestreichelt hat. Er redet dem Automaten mit freundlichen Worten zu: »*Komm, nun mach schon, sei so gut*«. *Der Automat dankt es ihm nicht, zeigt vielmehr kurz darauf an, daß er nachgefüttert werden muß.*

Nicht nur der Münz-, auch der Zigarettenverbrauch ist zwischenzeitlich beachtlich gestiegen. Damit steigen auch die Erregung und Anspannung. Die Worte, die der Spieler an seine Automaten richtet, sind inzwischen weniger zärtlich als gereizt. Lauter oder gepreßter kommen sie heraus, je nach dem aktuellen Grad seiner Hoffnungen oder Frustrationen, und die ersten Flüche gesellen sich hinzu. Einer der Automaten hat sich zum Anzeigen beachtlicher Sonderspielserien bringen lassen; er hat ihn jedoch nicht »*melken*« *können, da er den Gewinn wie üblich riskiert und verloren hat. Er hat dem Automaten diese Heimtücke mit einem Fausthieb geahndet, worauf jetzt seine Hand schmerzt.*

Inzwischen ist mehr als eine Stunde vergangen und das letzte Fünfmarkstück ist von einem der Automaten geschluckt worden. Er weiß, daß er noch einen Hunderter in der Tasche hat. Den müßte er heute Abend ja wirklich unbedingt seinem Freund zurückgeben, der das geliehene Geld dringend braucht. Andererseits ist er überzeugt, daß der Automat, der ihm eben den großen Gewinn verweigert hat, sich bei der nächsten Serie garantiert »*abmelken*« *läßt. Dies widerspricht zwar all seinen Erfahrungen, aber wie üblich drängt er die Mahnungen seines Verstandes zurück. So verläßt er seine rotierenden Automaten für einen Augenblick, wechselt den Hunderter wie gehabt unter Übergehung des sich meldenden schlechten Gewissens, stürzt als Alibi eine Tasse Kaffee hinunter – das einzige, was man ihm hier schenkt – und eilt zurück an seine Automaten.*

Inzwischen ist er wie im Rausch; er stiert auf die Automaten, er schwitzt, sein Puls geht hoch. Je nachdem, was die Geräte gerade anzeigen, schwankt seine Stimmung zwischen Euphorie, Wut und Verzweiflung. Er tobt und brüllt, umarmt im nächsten Moment einen Automaten wie ein Betrunkener die Laterne; immer öfter aber traktieren die Fäuste das Gerät vor ihm, wobei er den Schmerz in den Handballen kaum noch spürt.

Er hat jedes Zeitgefühl verloren, läßt einer der Automaten schließlich eine Gewinnserie auszahlen, um das gewonnene Geld dort zu verfüttern, wo er es, warum auch immer, für besonders aussichtsreich hält. Nach weiteren zwei Stunden ist das Geld verspielt, und er quittiert das mit einem wütenden und heftigen Tritt gegen den Automaten, wozu es einer Art

Spagat bedarf. Den Automaten läßt es unbeeindruckt; er ist auch körperlicher Gewalt gewachsen.
Er ist zerknirscht, bedrückt, resigniert. Die Euphorie ist verflogen. Er fingert nach seinem verbliebenen Geld. Zwanzig Mark sind es noch, die er eigentlich für das Essen der nächsten Tage braucht – aber welchen Sinn macht das jetzt noch, zumal ihm am Essen ohnedies nichts liegt. Verhungern wird er schließlich nicht – wobei ihm selbst das im Augenblick egal wäre. Für Brot und Margarine und ein paar Spaghetti von Aldi wird es schon noch langen, im Notfall klaut oder schnorrt er es sich zusammen – das wäre nicht das erste Mal. Er verspielt dieses letzte Geld lustlos und in Eile. Die Hoffnung auf den Gewinn hat er für heute – und im Augenblick denkt er: ein für allemal – aufgegeben. Er will das jetzt nur noch zu Ende bringen und alles Geld aus seiner Tasche loswerden, damit es für heute gut und seine Niederlage total ist, er sich vollkommen vernichtet fühlen und endlich nach Hause gehen kann.
Er verläßt die Spielhalle gesenkten Blickes. Sein Schädel brummt. Er ist beschämt und verzweifelt, hebt auf dem Heimweg nicht einmal die Augen vom Boden, schlüpft rasch in seine Wohnung, um nicht gesehen zu werden. Er kriecht ins Bett. Bis morgen wird ihn kein Klingeln wieder aus dem Bett locken können, wird er sich unsichtbar machen. Weiter mag er im Augenblick nicht denken.

Wie haben wir uns die Persönlichkeit dieses Spielers vorzustellen? Sicherlich gibt es unter Automatenspielern auch offensichtlich »verkrachte Existenzen« und »Versager«, psychodiagnostisch gesehen viele sogenannte Frühstörungen und Borderline-Pathologien, wobei eine Differentialdiagnostik in diesem Aufsatz nicht behandelt werden soll (siehe dazu Scherotzki-Hanninger, 1990). In der Regel aber wird uns der Automatensüchtige ebenso unauffällig begegnen wie die Bulimarektikerin: Keine besonderen Merkmale, eher attraktiv, im Beruf stehend, je nachdem mehr oder minder erfolgreich, vielleicht auch verheiratet. Dies korrespondiert allerdings nicht mit seinen Gefühlen; alles was er macht, erlebt er – ähnlich wie die Bulimarektikerin – als ein »Falsches Selbst«. Er empfindet sein Tun als sinnlos und fühlt sich als »Versager«. Denn er kämpft mit den Ansprüchen und Erwartungen einer Männerrolle, die ebenso überholt wie unerfüllbar ist.

»Der letzte Cowboy kommt aus Gütersloh – und er sucht die Freiheit irgendwo« – dieser Liedtext fällt mir oft ein, wenn ich einen Automatenspieler sehe, den »letzten Abenteurer« und »einsamen Jäger«, bemüht um ein männliches Auftreten, wobei seine Gebrochenheit nicht zu verkennen ist. Jedoch: Die unerforschte Wildnis, die unbezähmte Natur ist in unserer Zeit verschwunden, die Camel-Trophy nicht mehr als eine Fiktion der Werbung. Selbst die Fremdenlegion ist nicht mehr das, was sie mal war. Wo also soll der junge Mann das Abenteuer suchen, auf das hin er sozialisiert worden ist, wo seinen Ansprüchen beziehungsweise denen seiner Eltern genügen? Wilde Tiere und Indianer bieten sich als Gegner nicht mehr an, sind auch längst nicht mehr zeitgemäß. Außerdem wächst die Jugend inzwischen weniger mit Karl May und ähnlichen Abenteurern auf als mit Technik und Computern. Dienten in früheren Jahrhunderten die Unterwerfung von Natur und »Eingeborenen« den männlichen Macht- und Herrschaftsbedürfnissen, so ist zur Herausforderung von heute die Beherrschung der Technik geworden – siehe z. B. Stanley Kubricks Film *Odyssee im Weltraum – 2001*. Der Geldspielautomat, das Gerät, ist als Gegner tatsächlich adäquater als der Grizzlybär. Auch an Telespielen und Computern wird exzessiv »gekämpft«, wobei ich hier jedoch nicht von Sucht sprechen möchte, weil dabei in der Regel der selbstschädigende Charakter fehlt.

Die Psychodynamik des Automatenspiels

Wir erkennen hier den ersten wichtigen Unterschied zwischen Mann und Frau: Während die Frau auf ihre Innenwelt (Gefühle) hin sozialisiert wird und sie die Wichtigkeit ihres Körpers in seinem Markt- und Tauschwert kennenlernt, werden die Interessen des Jungen in der Erziehung nach außen gelenkt. Er hatte sich traditionell mit der (äußeren) Natur und der Männerwelt und aktuell mit Technik und Maschinen zu befassen. Der eigene Körper ist für ihn in einem weit höheren Maße als für die Frau vernachlässigbar.

Nur kurz möchte ich hier die psychoanalytische Theorie zu einigen Unterschieden von männlicher und weiblicher Sexualität streifen. Das weibliche Genitale ist im Körperinnern verborgen und richtet die Aufmerksamkeit und das Interesse gewissermaßen nach innen. Das größte Potential der Frau ist jedoch, daß sie in diesem verborgenen Inneren neues Leben wachsen lassen kann. Das männliche Genital hingegen ist deutlich sichtbar und außengerichtet, praktisch aus dem Körper hinausweisend. Seiner Disposition nach aktiv und eindringend, verlangt es gleichsam nach der Eroberung der äußeren Welt. Andererseits – und dies war eine bereits frühzeitig an Freuds Penisneid-Theorie geübte Kritik – ist der

Körper des Mannes unfähig, Leben entstehen und wachsen zu lassen. Daher versucht er diesen Mangel dadurch zu kompensieren, daß er äußere Werke schafft und die äußere Welt, die Natur (und auch die Frau) zu beherrschen und zu kontrollieren sucht. Diese Entwicklung mündet in die Technik, an deren Endpunkt die Gentechnologie in ihrem Wahn, eben doch Leben schaffen zu können, steht.

Gerade beim Automatenspieler läßt sich nun beobachten, daß er in einem besonders starken Maße außenorientiert und sehr wenig auf seinen eigenen Körper und seine Innenwelt, seine Gefühle bezogen ist. Den Prozeß, den die bulimarektische Frau im Freßanfall mittels ihres eigenen Körpers austrägt, externalisiert er, delegiert er an das Gerät.

Die Gefühlsleere und Außenorientierung ist in der Literatur über Automatenspieler in den letzten Jahren wiederholt beschrieben worden. »Im Sinne einer fast totalen Gefühlsrestriktion vermag der Spieler emotionale Innenzustände weder hinreichend differenziert wahrzunehmen noch sie hinreichend differenziert auszudrücken« (Thomas, 1990, S. 76).

Helga Bamberger (1988) schreibt: »Auffällig ist immer wieder, wie emotionsentleert menschliche Beziehungen geschildert werden und wie phantasievoll und gefühlsbeladen demgegenüber das Spiel« (S. 225). Lebendig fühlt der Spieler sich nur, wenn er mit Geräten zu tun hat, um deren Beherrschung und Kontrolle er permanent bemüht ist. »Suchtgefährdete und süchtige Spieler finden beziehungsweise haben in der Glücksmaschine ein Objekt, das sich wie kaum ein anderes dazu eignet, ihren inneren Kriegsschauplatz durch Externalisierung loszuwerden« (Hübner, 1990, S. 91).

Im Rahmen der stationären Behandlung langweilt sich der Automatenspieler in der Gruppenstunde, kann mit den Themen nichts anfangen und keine Beziehung zu den Mitpatienten aufnehmen, weil er sich ganz anders als diese fühlt. Schulte-Brandt (1990) beschreibt, Automatenspieler würden Alkoholiker um deren Möglichkeit zum Ausdruck von Gefühlen beneiden. Dabei weiß jeder, der mit Alkoholikern arbeitet, wie emotional blockiert und im emotionalen Ausdruck wenig differenziert gerade auch Alkoholiker sind (Rost, 1987), wobei sie von Automatenspielern offenbar noch weit übertroffen werden! Als Unterschied arbeitet Schulte-Brandt weiter heraus, daß der Alkoholiker im süchtigen Zirkel seinen eigenen Körper einsetzt, trinkt, sich intoxiert (vergleiche die Bulimarexie!), während der Automatenspieler alles nach außen verlagert, an die Maschine externalisiert. Auch in der Therapie bemüht er sich dann darum, seine Probleme nach außen zu bringen und loszuwerden, sie von den anderen bearbeiten zu lassen.

347

Immer wieder beschrieben wird die Beziehungslosigkeit der Automatenspieler, besonders deren oberflächliche und funktionalisierende Beziehungen zu Frauen mit der Vermeidung von und Angst vor Abhängigkeit. Ich möchte der Diskussion dieses Aspektes aber zur Illustration eine Falldarstellung vorschalten, in der diese Problematik eine besondere Rolle spielt.

Siegfried

Der Patient begegnete mir als eine ungewöhnlich attraktive Erscheinung; ein sehr großer, schlanker, locker und lässig wirkender Mann, der mit seinen blonden Haaren und blauen Augen wie die leibhaftig gewordene Siegfriedsage wirkte. Der Einfachheit halber werde ich ihn hier auch Siegfried nennen. Er präsentierte sich zunächst, um hier einmal die klassische klinische Terminologie zu verwenden, als eine typische Angstneurose: Er hatte sich vom Hausarzt Beta-Blocker verschreiben lassen, weil er Angst vor einem Herzinfarkt hatte. Siegfried wies die bei Phobikern üblichen Hyperventilationssyndrome auf und hatte eine Phobie vor Brücken. Die Beta-Blocker nahm er nur ungern ein, da er als seit fünf Jahren trockener Alkoholiker mit allen potentiell süchtig machenden Mitteln sehr vorsichtig umging. Das hatte ihn auch bewogen, sich vom Hausarzt zum Psychotherapeuten überweisen zu lassen.

Gewissermaßen als Kuriosum präsentierte er seinen Angstauslöser: Seine Hochzeit stand wenige Wochen bevor, und die Familie seiner italienischen Braut bestand auf einem »großen Bahnhof«. Vor der Zeremonie hatte er ausgesprochene Ängste, besonders die, in der vollen Dorfkirche während des Ringtausches entweder vor allen Leuten tot umzufallen oder in Panik aus der Kirche zu stürzen!

Sein weiteres therapeutisches Interesse war gering, so daß ich mich zu einer symptomorientierten Kurztherapie verleiten ließ und dadurch wohl versäumte, den Sinn dieses Symptoms rechtzeitig zu verstehen.

Die Hochzeitszeremonie ließ sich überstehen, wobei auch der Pfarrer zuvor mit ins Vertrauen gezogen wurde. Der Patient blieb – eine Stunde alle acht oder vierzehn Tage – weiter bei mir in Behandlung, zunächst um seine Brückenphobie zu besprechen, bis er schließlich damit herausrückte, daß sein eigentliches Problem – und seit der Hochzeit in zunehmendem Maße – das Automatenspiel sei.

An dieser Stelle scheint es angezeigt, auf die Biographie Siegfrieds einzugehen. Beide Eltern waren kaufmännische Angestellte, wobei sich der Vater als ausgesprochener Versager erwies: Nicht nur, daß er Alkoholiker war und selten einer geregelten Arbeit nachging; er war wohl auch vorwiegend homosexuell und schleppte – natürlich betrunken – des Öfteren seine Männerbekanntschaften mit in die eheliche Wohnung. Hiermit suchte er wohl auch seine Frau, die in der Familie der dominierende Partner war, zu demütigen. Die Auseinandersetzungen, die solchen Besuchen folgten, sind die einzigen Erinnerungen Siegfrieds an den Vater. Ein Identifikationsobjekt war er für Siegfried jedenfalls nie; angeblich weiß er nicht einmal mehr, wie der Vater aussah, hat kein inneres Bild von ihm. Der Vater kam immer seltener, und Siegfried muß etwa acht Jahre gewesen sein, als die Scheidung erfolgte. Unterhalt kam vom Vater nie, und ca. fünf Jahre später erlag er seinem Alkoholismus. Ex-Frau und Kinder erfuhren davon erst Wochen später und waren nie an seinem Grab.

So war Siegfried für die Mutter schon sehr früh eine Art Partnerersatz, wurde von ihr buchstäblich angebetet und sollte ihre Wünsche und Träume verwirklichen. Er war der »kleine Prinz«, neben dem die zwei Jahre jüngere Schwester blaß blieb. Die Mutter opferte sich für Siegfried auf, erfüllte ihm alle Wünsche, bemühte sich, trotz der wegen der finanziellen Enge notwendigen Ganztagsarbeit eine treusorgende Mutter zu sein und verzichtete auf eine erneute Partnerschaft. Sie mischte sich übrigens auch sehr rasch in die Therapie ein – natürlich hatte ihr Siegfried meine Anschrift gegeben –, rief mich an, schrieb mir lange, in ihrem Verständnis und ihrer Sorge um Siegfried in mir Beklemmung erzeugende Briefe und schickte mir erbauliche christliche Traktate.

Siegfried dankte ihr als Kind die Zuwendung. Er war ein guter Schüler, ohne jemals dafür arbeiten zu müssen, war allseits beliebt und immer freundlich. Da er nicht wußte, was er studieren sollte, ging er erst einmal zur Bundeswehr und machte dann eine Lehre als Kunstschlosser. Er hatte reichlich Frauenfreundschaften, wobei er es vermied, »in die Falle zu gehen«, wie er selber sagte. Dennoch fühlte er sich irgendwo unzufrieden und stets getrieben und verfiel zunehmend dem Alkohol. Nach dem Weggang von Siegfried suchte sich die Mutter wieder einen Partner – einen Alkoholiker – und begann schließlich selber zu trinken.

Siegfried zeigte relativ früh Anzeichen einer alkoholbedingten Leberschädigung und machte daraufhin eine mehrwöchige Entziehung. Etwa parallel dazu entwöhnte sich die Mutter vom Alkohol und wandte sich einer religiösen Gemeinschaft zu. So begleitete sie auch weiterhin die Schritte ihres Sohnes. Siegfried wollte trocken bleiben und das Leben nicht wie sein Vater beenden. Da er nach der Entwöhnung verstärkt von seinen Unruhe- und Spannungszuständen gepackt wurde, suchte er einen

Ersatz für den Alkohol. Er fand einen Job im Südfrüchtegroßhandel, wo er 363 Tage im Jahr (!) arbeiten konnte, und zwar zwölf bis vierzehn Stunden am Tag, da Südfruchtlaster wohl fast immer rollen. Nach eineinhalb Jahren überwarf er sich aber mit dem Chef und gab den Job abrupt auf. Als ich ihn kennenlernte, hatte er neuerlich eine Arbeit mit Zwölfstundentag und Sechstagewoche.

Auf einer Wehrübung geriet er, weil er sich langweilte, erstmals an Spielautomaten. Wenig später lernte er die bereits erwähnte Italienerin kennen, bei der er instinktiv wußte: diesmal ist es ernst. Übrigens blieb diese Frau für mich merkwürdig blaß. Sie wurde als zuverlässig und fleißig beschrieben und war ganz offensichtlich auf Haus und Familie aus, was erst recht für ihre Eltern galt. Siegfried verfiel in dieser Zeit zunehmend den Automaten, wobei seine Frau von dieser »dunklen Seite« nichts mitbekam. Auch zuhause war er nur noch körperlich anwesend, denn in Gedanken blieb er bei den Automaten und hatte somit keinen Raum für seine Frau. Er verspielte zunächst alle Trinkgelder, nutzte jede freie Stunde, die ihm seine Montagetätigkeit ließ. Später mußte auch die Substanz, also der Arbeitslohn, dran glauben. Dies sabotierte notwendigerweise Hausbaupläne und die Versuche, von seinen Schulden herunterzukommen.

Es gelang Siegfried bei mir stets, die letzten Abendtermine zu ergattern, was auch daran lag, daß er aufgrund seines langen Arbeitstages sonst keine Zeit hatte. Dennoch wurde ich bei ihm nie müde, weil er stets brillierte und mit seinen Erzählungen fesseln konnte – wie es der kleine Siegfried einst bei der Mutter gelernt hatte. Die Automaten und deren Faszination für Siegfried wurden mehr und mehr Thema. So wurde ich gewissermaßen Zuschauer in Siegfrieds einsamer Welt, der sich ansonsten weder seiner Frau mitteilte noch einem Freund, den er niemals hatte. Aber auch ich blieb irgendwie draußen, Zuschauer oder Voyeur in diesem Mensch-Maschine-Stück, erreichte keine wirkliche Beziehung zu Siegfried. Ich blieb Publikum seiner gelegentlichen narzißtischen Höhenflüge, seiner stillen Trauer und des Gefühls der Sinnlosigkeit, als er mir z. B. von einer alten Frau berichtet, die den Kleiderschrank aufhebt, auf den sie in ihrer Jugend Fünfzig-Pfennig-weise gespart hat, während für ihn Geld, das Sparen keinen Sinn ergeben. Ich erlebte seinen Zwang zum Verlierenmüssen, als er sich in der Spielothek ärgert, einen relativ großen Gewinn gemacht zu haben – weil er nun zwei Stunden länger spielen muß, um ihn wieder loszuwerden –, und in der Konsequenz den Laden mit rasenden Kopfschmerzen verläßt.

Eine echte therapeutische Beziehung konnte ich zu Siegfried nicht herstellen, so oft er mich auch beeindruckte und meine Sympathie gewann. In gewisser Hinsicht »spielte« er auch mit mir und kontrollierte die Nähe zu mir, indem er die Stundenfrequenz so gering wie möglich hielt und oft »arbeitsbedingte« Therapiepausen einschaltete. Er ließ sich nicht festlegen, und wir vereinbarten seine Termine von Mal zu Mal beziehungsweise auf seine telefonischen Meldungen hin. So ist auch nicht verwunderlich, daß er eines Tages, nach etwa zwei Jahren Therapie, »entschwand«. Wie ich später von ihm erfuhr, setzte er immerhin die Auseinandersetzung mit seiner Problematik fort und schloß sich einer Gruppe der »Anonymen Spieler« an, was ihm zuvor trotz mehrerer Anläufe nicht gelungen war.

Psychoanalytisch gesehen ist Siegfried mit seinen – neben den süchtigen – hysterischen und schizoiden Strukturanteilen nicht untypisch für Automatenspieler. Der Vater hat, wie hier so oft, gefehlt; eine Triangulierung, ein entwickelter Ödipuskomplex fehlen. Er bleibt in einer symbiotischen Beziehung zur Mutter, für die er gewissermaßen eine narzißtische Erweiterung, ihr Besitz ist. Seine Männlichkeit definiert sich aus der Prinzenrolle, die ihm die Mutter zugedacht hat. Er soll die Wünsche und Sehnsüchte der Mutter erfüllen, in denen der Vater so kläglich versagt hat. Er soll ein schöner, potenter und erfolgreicher Mann werden.

Bis zu einem gewissen Grad gelingt dies Siegfried, sowohl aufgrund seiner Intelligenz und Begabung als auch dank der mütterlichen Zuwendung. Mit der – ohnedies nur äußeren – Ablösung von der Mutter verlassen ihn diese Kräfte. Er hat keine eigenständigen, inneren Werte und Ziele, droht wie die meisten Spieler seiner inneren Leere und einer lähmenden Langeweile anheimzufallen. So hält er sich irgendwie über Wasser, spielt die gelernte Prinzenrolle, sucht den raschen Reiz, um seine Leere und seine Ängste zu überdecken. Beziehungen kennt er nur oberflächlich-distanziert oder als symbiotische. Das Kennenlernen einer Frau, die »irgendwie anders« ist, ihn zu fesseln droht, bringt sein Gleichgewicht durcheinander. Er muß befürchten, seine Autonomie zu verlieren und flüchtet sich »in die Arme der Automaten«. Hier kann er seine Spannungen und Ängste, Wut und Enttäuschungen ohne die Furcht vor zwischenmenschlichen Konsequenzen austoben, kann er seinen Gefühlen freien Lauf lassen. Hier kann er versuchen zu kontrollieren, was sonst seiner Kontrolle zu entgleiten droht. Und er schlägt mehrere Fliegen mit einer Klappe: Er muß nicht für diese Frau aufkommen, sie versorgen und damit verantwortlich und im moralischen Sinne abhängig sein, weil er sein Geld ja verspielt hat. Die Frau muß also weiter arbeiten und für sich selbst aufkommen. Er hat nicht den Erfolg und damit die Last der Verantwortung, denn hierin widersetzt er sich den Plänen, die seine Mutter für ihn hatte und jetzt seine Frau: Er ist nicht der Gewinner, sondern wie er sich hier immer wieder vorführt, der ewige Verlierer – und damit bleibt er vielleicht ein Stück er selbst.

Der Zwang zum Verlieren gehört zu den von Außenstehenden kaum verstandenen Paradoxien des Automatenspielers. Ich verstehe aber die *Geldvernichtung* über den Automaten als einen ganz zentralen Mechanismus dieser Sucht, dem die gleiche Psychodynamik zugrunde liegt wie dem Umgang mit der verinnerlichten bösen, ausplündernden Brust bei der Bulimarektikerin.

Der Automatenspieler, der vielleicht schon Hunderttausende in die Geräte geworfen hat, kann sich beim besten Willen nicht mehr der Illusion hingeben, dieses Geld jemals zurückzugewinnen. Der Automat spuckt ja allenfalls ein paar hundert Mark aus. Wenn also überhaupt eine Illusion bleibt, dann die, den Automaten irgendwann beherrschen zu können. Wie mir ein anderer Spieler sagte: Ich bin mir ganz bewußt darüber, daß ich mir mit den Automaten schaden möchte. Der Roulettespieler kann weit besser vom großen Gewinn träumen, der ja dabei immerhin potentiell möglich ist. Allerdings hat der wohl berühmteste Roulettespieler, der Schriftsteller Dostojewski, an seine Frau geschrieben, daß er im Augenblick des Verlustes, der Niederlage im Spiel einen Orgasmus erlebe.

Eine gewisse Form der Befriedigung im Moment des endgültigen Verlustes ist keinem Automatenspieler fremd. Heißt es doch, daß die Welt in Ordnung ist, sich Erwartungen und Erfahrungen bestätigt und wiederholt haben, daß die Sache zu Ende gebracht ist. Es ist wahrscheinlich das gleiche Gefühl, das die Bulimarektikerin nach dem Erbrechen hat, wo sie, wenn auch zutiefst beschämt und gedemütigt weiß: Der Suchtanfall ist jetzt vorbei, eine mehr oder minder lange Phase der Ruhe kann einkehren.

In der Literatur besteht weitgehende Einigkeit darüber, daß der Automatenspieler die Abhängigkeit von der Frau beziehungsweise Mutter fürchtet und sich zugleich nicht wirklich von ihr lösen und befreien kann. Daher rettet er sich in die Welt der Männer (vergleiche Klaus Theweleits *Männerphantasien*, 1980, wobei der Automatenspieler im Gegensatz zu dem von Theweleit beschriebenen »Krieger« auch die Männergemeinschaft meidet) und Automaten, hält seine Partnerin fern. Nur mit dem Automaten kann er ein intensives »Beziehungsleben« führen, seine Konflikte austragen, indem er ihn zu kontrollieren versucht. Dort können sich auch die oft beschriebenen Größenphantasien des Automatenspielers

entfalten, läßt ihm doch das Gerät – in seiner Phantasie – alle Optionen offen. »Am Automaten führen die Spieler die Auseinandersetzungen, die sie mit lebendigen Bezugspersonen vermeiden würden« (Scherotzki-Hanninger, 1990, S. 25). Das Alleinsein wird präferiert. Die personalen Beziehungen bleiben karg, emotionslos, dürftig, oft auch asexuell (Thomas, 1990; Kind, 1988). Die Technik ist das Refugium des Mannes; hier bleibt die Mutter draußen, und man mag sich damit trösten, daß diese Form der Vermeidung weniger destruktiv ist als die von Theweleit beschriebenen kriegerischen Männerbünde. Zusätzlich schützt auch die Notwendigkeit, das Geld für den Automaten verdienen, das heißt ständig und im Übermaß arbeiten zu müssen, vor der Frau.
Theodor W. Adorno schrieb 1966:

»Bei dem Typus, der zur Fetischisierung der Technik neigt, handelt es sich, schlicht gesagt, um Menschen, die nicht lieben können. Das ist nicht sentimental und nicht moralisierend gemeint, sondern bezeichnet die mangelnde libidinöse Beziehung zu anderen Personen. Sie sind durch und durch kalt, müssen auch zuinnerst die Möglichkeit von Liebe negieren, ihre Liebe von anderen Menschen von vornherein, ehe sie sich entfaltet, abziehen. Was an Liebesfähigkeit in ihnen irgend überlebte müssen sie an Mittel verwenden.« (S. 100)

Hinzu kommt ein weiterer wichtiger Aspekt: Der Mann hat der Ernährer seiner Frau, seiner Familie zu sein, aber nicht in dem Sinne, das Essen heranzuschaffen – das macht ja die Frau –, sondern das Geld dazu, wobei die an ihn gestellten Ansprüche und Erwartungen über die bloße Ernährung der Familie weit hinausgehen. Er soll ja viel Geld verdienen, Erfolg haben, die Karriereleiter erklimmen. Diesen Zielen kann der Automatenspieler nicht genügen – in der kapitalistischen Gesellschaft können immer nur wenige zu den Gewinnern gehören –, und irgendwo will er es auch gar nicht, möchte gar nicht tagein, tagaus zur Arbeit gehen und das verdiente Geld nachhause schaffen.

Der Kampf um Kontrolle als Vermeidung der Abhängigkeit ist das zentrale Thema des Automatenspielers; auch die Bulimarektikerin kämpft um Kontrolle und Autonomie, mittels Essen und ihres Körpers. Die Paradoxie, gerade dadurch wieder abhängig zu werden – statt von der Mutter vom Geld, vom Automaten –, ist auch von Spielern selber erkannt worden. Ahrends (1988) zitiert aus einer Schrift der »Gamblers Anonymous«:

»Was der Spielabhängige durch die Kontrolle über sein Leben erstrebt, ist absolute Freiheit. Zum Überspringen der Grenzen, die seine Freiheit in Frage stellen, setzt er das Spiel ein. Er möchte, daß es nach seinem Willen geht, daß er nicht dem Zwang der Verhältnisse unterliegt. Was er aber im Bemühen um absolute Freiheit wirklich gewinnt, ist Abhängigkeit, in deren Fortschreiten er auch die begrenzte Freiheit verliert, die normalerweise dem Menschen möglich ist.« (S. 163)

Daß der Automatenspieler sich tatsächlich schützen muß gegen übermäßige Ansprüche von Eltern und besonders der Mutter wie der oben geschilderte Siegfried, gegen Vereinnahmungen und eine gewisse Form des Mißbrauchs durch narzißtische Besetzung, ist auch von anderen Autoren beschrieben worden (z. B. Thomas, 1990). Indem er verliert, befreit sich der Automatenspieler von dieser Vereinnahmung, weil er die in ihn gesetzten Erwartungen enttäuscht. Andererseits ist dieser Widerstand ihm natürlich nicht bewußt; er trägt den Konflikt in sich und ist mit den Normen und Erwartungen der Gesellschaft auch identifiziert. Daraus resultiert das oft strenge Über-Ich des Automatenspielers, woraus sich das besonders von der frühen Psychoanalyse beschriebene Strafbedürfnis des Spielers erklärt, der durch die Niederlage Entlastung von seinen Schuldgefühlen erfährt (Freud 1928 über Dostojewski; siehe unten).

Was hätte der Spieler denn zu gewinnen, wenn er den Erfolg hätte, den die Mutter, die Ehefrau, die Gesellschaft von ihm erwarten? Er würde die Reste seiner inneren Autonomie verlieren, seine kleinen Freiheiten in der Flucht in die Spielhölle, wo er für die Frauen unerreichbar ist. Zwar plündert ihn auch der Automat aus, doch ihm gibt er vergleichsweise gerne. Das Gerät bleibt doch bei aller Beinahe-Menschlichkeit, die er ihm in seiner Phantasie verleiht, ein äußeres, damit wenigstens potentiell beherrschbares und einigermaßen kalkulierbares Objekt. Zwar opfert er ihm buchstäblich seine Haut und seinen ganzen Besitz, doch rettet er damit wenigstens einen Teil seines Selbst. Die Schläge, die ihm der Automat erteilt, helfen ihm, sich zu spüren, und wenn er auf der Verliererstraße bleibt – was garantiert ist, solange er zum Automaten geht –, bleibt er auch ein Stück weit frei.

Wie im alten Märchen vom »Hans im Glück« muß der Automatenspieler dafür sorgen, daß seine Hände leer sind, bevor er vor die Mutter tritt.Ich möchte hier aber nochmals auf eine weitere Parallele zur Bulimarexie zurückkommen. Ich denke, daß auch der Spieler aufgrund seiner Erfahrung der narzißtischen Vereinnahmung mit einem eher malignen mütterlichen Introjekt identifiziert ist, das er, weil er keine Autonomie entwickeln durfte, mittels des Geldspiels loszuwerden, zu erbrechen sucht. Diese Aufgabe delegiert er an den Automaten, das heißt projiziert sie nach außen, und bedient sich im Gegensatz zur Bulimarektikerin nicht des eigenen Körpers. Stattdessen frißt und vernichtet der Automat das Geld, der so zu einer Art Übergangsobjekt im Sinne Winnicotts wird (siehe auch Bamberger, 1988, S. 232ff.). Eine »depressive Position« (Melanie Klein) mit einem ausgewogenen Verhältnis von Geben und Nehmen wurde in der Entwicklung nicht erreicht. Vielmehr wird die Erfahrung wiederholt, ausgeplündert, beraubt und benutzt zu werden. Der Automat entleert den Spieler; er gibt ihm nichts zurück. Eine andere Erfahrung der Beziehung zur Mutter konnte offenbar nicht gemacht werden, wobei es immer noch ungefährlicher ist, dem Automaten das Geld zu geben und es der – noch bedrohlicheren – Frau zu verweigern. Indem der Automat zur Repräsentanz der ausplündernden bösen Brust wird, kann die Mutter beziehungsweise die Frau zugleich als das gute Objekt gewahrt, oft sogar idealisiert werden, tritt ihr der Automatenspieler doch stets voller Schuldgefühl unter die Augen. Schließlich hat er ihr das zustehende Geld verweigert, entzogen, und kann ihr nichts mehr geben, wobei ihm unbewußt bleibt, daß er das auch gar nicht will.

Die Niederlage ist gleichbedeutend mit der Entleerung. Der Verlust des Geldes ist das Ziel des süchtigen Zirkels, wie es das Erbrechen bei der Bulimarektikerin ist, und schafft auch hier Ruhe und Entspannung, im Extremfall sogar den Orgasmus, den der (Roulette-)Spieler Dostojewski im Moment der vollständigen Niederlage erlebte. Auch Freud (1928b) ist bereits diese Entspannungs- und damit auch Freisetzungsfunktion des Geldverlustes aufgefallen, und er schreibt aus der Sicht von Dostojewskis Frau:

»Und die junge Frau gewöhnte sich an diesen Zyklus, weil sie bemerkt hatte, daß dasjenige, von dem in Wirklichkeit allein die Rettung zu erwarten war, die literarische Produktion, nie besser vor sich ging, als nachdem sie alles verloren und ihre letzte Habe verpfändet hatten.« (S. 415)

Um hier Schuldzuweisungen an die Mütter vorzubeugen – ein häufiger und oft auch berechtigter Vorwurf an die Psychoanalyse: Wesentlicher Bestandteil der Biographie von Automatenspielern ist, daß der Vater wie im Falle Siegfrieds nicht präsent war oder vollständig versagte, damit nicht zur Auflösung einer symbiotischen Mutter-Sohn-Beziehung beitrug, eine ödipale Triangulierung nicht stattgefunden hat. Dies scheint bei Automatenspielern noch durchgängiger zu sein als bei anderen Süchtigen und Frühgestörten, und ist in vielen Publikationen thematisiert worden (bes. Bamberger, 1988; Kind, 1988; Schütte, 1988). Damit hat sich auch keine positive männliche Identität über die Identifikation mit dem Vater entwikkelt. So erscheint der Automatenspieler, wie ich hier beschrieben habe, zwar männlich identifiziert. Dies ist jedoch die Identifikation mit einem Klischee- beziehungsweise Kunst-Manne im Sinne Christina von Brauns (1988), vermittelt über das mütterliche Bild des Ideal-Mannes und gesellschaftliche, über die Medien propagierte Männlichkeitsklischees. Ein realer Mann ist hier jedenfalls nicht – oder seltenst – das Identifikationsobjekt gewesen.

Der gesellschaftliche Hintergrund

Die gesellschaftlichen Voraussetzungen für die süchtige Verbreitung der Glücksspielgeräte-Sucht sind ganz ähnliche wie bei den Eßproblemen der Frauen. Neben den in der individuellen Biographie erworbenen Prädispositionen (vgl. die oben dargestellte Psychodynamik) und dem Konflikt mit einer überwiegend antiquierten Männerrolle, zu deren Erfüllung der Betroffene nicht über die persönlichen Voraussetzungen verfügt – oder nicht verfügen will –, sind das wenigstens zwei Faktoren:
- Das Vorhandensein von wenigstens so viel Geld, daß mindestens das individuelle Überleben gesichert ist;
- gesellschaftlich eine hohe Besetzung und Wertschätzung von Geld. Über die Menge des verfügbaren Geldes definiert sich heute der gesellschaftliche Status, längst nicht mehr über Titel etc.

Nur in einer Gesellschaft, in der sich alles um das Gewinnen und Ausgeben von Geld dreht, kann Geld auch zum Suchtmittel werden. Die geniale Idee, dem Süchtigen für sein Geld keinen »Stoff« im herkömmlichen Sinne mehr zu bieten, sondern nichts weiter als die Möglichkeit, es an einen »Daddelautomaten« zu verlieren und dabei gewissermaßen noch Prügel zu beziehen, hätte sich noch vor wenigen Jahrzehnten auf dem Markt nicht durchsetzen lassen. Bei all seinen Phantasien über Glück und Reichtum weiß der Glücksspielsüchtige tief in seinem Innern: Er wird niemals reich und erfolgreich werden, und selbst wenn: gerade dann würde er alles wieder auf Spiel setzen und verlieren. Der Geldspieler muß also wenigstens seine physische Existenz gesichert wissen, um sich auf diesem Wege auflehnen zu können gegen die Normen und Erwartungen der

Gesellschaft. Sein Umgang mit dem Geld ist auch ein stummer Protest gegen die Werte dieser Gesellschaft. Das Geld ist der Fetisch unserer Gesellschaft. Keiner, der in der westlichen Kultur sozialisiert worden ist, könnte von sich ernsthaft behaupten, Geld spiele für ihn keine Rolle. Ein Beispiel ist Disneys Comic-Figur des Dagobert Duck: Bei aller Bizarrheit seines frühkapitalistischen Spartriebes – wer könnte Dagobert nicht irgendwo verstehen?

Der Automatenspieler persifliert den Fetisch Geld gewissermaßen. Es ist sein Suchtmittel – und damit stimmt er in gewisser Hinsicht mit den meisten Menschen überein. Es ist für ihn das, was für den Alkoholiker die Flasche, den Fixer das Heroin ist. Aber er führt es sich nicht zu schließlich kann man Geld ja nicht essen – oder setzt es für sich nutzbringend ein, sondern wirft es weg, dem Automaten in den Rachen (ich erinnere an den Alkoholikerspruch: »Ich hasse diesen Stoff – den Alkohol. Darum trinke ich ihn: um ihn zu vernichten.«).

Da ist z. B. der Sohn des Staranwaltes, der schon in seinen Jugendjahren 300.000 Mark an Automaten verspielt hat und damit eine Gegenwelt zu der seines geldraffenden Vaters schafft, der inzwischen alleine in seiner Drei-Millionen-Villa sitzt, voll von zusammengesparten Orientteppichen und Kunstgegenständen, die immense Werte darstellen. Wie der Vater Geld ansammelte und raffte wie Dagobert Duck, praktiziert der Sohn das genaue Gegenteil und wirft es zum Fenster hinaus, beziehungsweise dem Automaten in den Rachen. Unter dem Strich gesehen ist beides vielleicht gleichermaßen sinnlos und in der Konsequenz genauso beziehungslos. Der Sohn: »Es ist beim Automaten das gleiche wie bei meinem Vater: Egal ob ich mit ihm rede, ihn streichle, anbrülle oder schlage: das Programm läuft unbeeinflußbar ab.«

Das Fatale ist: der Protest und innere Widerstand dieser Männer bleibt, genau wie der der bulimarektischen Frauen, ohnmächtig, sprachlos, vereinsamt, dazu bestenfalls vorbewußt. Sucht bedeutet auch immer das Gefangensein in einem tiefsitzenden Ambivalenzkonflikt (siehe Rost, 1987). Könnte der Süchtige sich zwischen Liebe und Haß entscheiden, eine Lösung seiner quälenden inneren Konflikte finden, könnte er auch den süchtigen Zirkel verlassen.

Sucht ist, wie jedes andere Symptom auch, eine Kompromißbildung, aber immer auch verbunden mit einem manifesten, quälenden Leid, was in diesem Aufsatz oft zu kurz gekommen ist. Das Lustvolle wird in der Sucht stets zur Qual, was sie u. a. von den Perversionen unterscheidet. Auf dem Hintergrund von – stets bereits deformierten – Triebbedürfnissen und individuellen Strukturen wie auch Defekten wird im Symptom ein Kompromiß gesucht mit den Ansprüchen, die Kultur und Gesellschaft an das Individuum stellen. Dies hat Freud seinerzeit für die Neurosen beschrieben. Krankheit erwies sich trotz aller Fortschritte von Medizin und Kultur einer unbegrenzten Metamorphose fähig, wie dies Alexander Mitscherlich einmal beschrieben hat. Dies gilt besonders auch für die Sucht. Neben der individuellen Psychodynamik und Pathologie sind gerade die Sucht und ihre spezifische Ausprägung stets ein Produkt der aktuellen gesellschaftlichen Widersprüche, ist zugleich deren Symptom und Indikator. Der Fetisch Geld und seine Persiflierung in der Automatensucht bieten sich geradezu an in einer Zeit, in der jede gesellschaftliche Entwicklung zum Stillstand gekommen ist und weiterreichende kulturelle und soziale Ideen, die gesellschaftlichen Utopien, der Entwicklung der letzten zwanzig Jahre zum Opfer gefallen und einem platten Leistungs-, Erfolgs- und Konsumstreben gewichen sind. Der Neurotiker, der psychisch Labile, der »Frühgestörte« leidet unter diesen Verhältnissen mehr als der »Normale«. Zu den Individuen mit psychischen Brüchen und Vorbelastungen gehören zweifellos die Automatenspieler ebenso wie die Bulimarektikerinnen. Bietet es sich nicht geradezu an, einer Gesellschaft, die keine Utopien, keine höheren Ziele mehr besitzt, den Spiegel vorzuhalten und ihre Pseudowerte zu verhöhnen, indem mühsam erarbeitetes Geld nutz- und sinnlos vergeudet wird?

Ausblick

Dies alles beantwortet natürlich nicht die Frage der Therapie des Automatenspielers, der schließlich, um das hier nochmals zu betonen, an seinem Symptom leidet, in einer quälenden Ambivalenz gefangen bleibt, wobei ihm der hier dargestellte Protestcharakter seiner Symptomatik keineswegs bewußt ist.

Eines geht aus dem hier Gesagten eindeutig hervor: Der Weg der Therapie kann nicht in einer verstärkten Anpassung und Kontrolle bestehen: Automatenspieler wie Bulimarektikerinnen sind – auf ihre spezifische Art – bereits viel zu angepaßt und kontrolliert. Der Weg der Verstärkung von Kontrolle und Über-Ich ist m. E. der Irrweg der Suchttherapie überhaupt, getragen von dem Konzept, ein brüchiges »Falsches Selbst« durch ein stabileres »Falsches Selbst« ersetzen zu wollen. Die Utopie wäre, daß eine radikale gesellschaftliche Veränderung neue Frauen- und Männerrollen möglich und damit das Geld-Verspielen und Essen-Vernichten unnötig machen würde. Der realistischere Weg wird wohl der sein, Frauen wie Männern auf therapeutischem Wege eine größere Rollentoleranz, neue Ausdrucksmöglichkeiten, eine bessere Akzeptanz ihres Selbst, zunächst einmal zumindest eine Aufhebung ihrer Isolation und Einsamkeit zu ermöglichen. Hier haben die Frauen derzeit einen Vorsprung von wenigstens zehn Jahren. Männergruppen – gerade solche von Spielern – bilden sich nur äußerst zögerlich. Wie gesagt: Der Automatenspieler ist ein einsamer Jäger. Die Entwicklung einer Therapie für Männer mit neuen Angeboten und Möglichkeiten könnte daher sinnvoll sein. Die Identifikation mit neuen, mit anderen Formen von Männlichkeit, väterlichen Vorbildern und neuen Identifikationsobjekten, die Auseinandersetzung mit der bisherigen Rolle und den aus ihr resultierenden Erwartungen sollte ermöglicht werden und damit auch die Perspektive anderer Inhalte: einer sinnvolleren Arbeit, erfüllterer Beziehungen etc. Therapie bei Sucht kommt niemals an der Sinnfrage des Lebens, an der Auseinandersetzung mit grundlegenden, existentiellen Problemen vorbei. Inwieweit hier die neuen »Männer-Propheten«, allen voran der viel gelesene Robert Bly (1991), wirklich etwas Neues bieten oder nicht lediglich alte Rollenstereotype, die der Automatenspieler hinter sich zu lassen begann, nur verpacken, wird sich erst noch herausstellen müssen.

Angesichts einer Entwicklung mit zunehmenden neofaschistischen Tendenzen, anwachsender Jugendgewalt und – global gesehen – zunehmenden Kriegen sollte eines nicht unerwähnt bleiben: Die vom Automatenspieler gewählte Form, sich mit seinen Konflikten mit Männlichkeit auseinander zusetzen und seine Autonomie gegenüber mütterlicher Vereinnahmung zu erringen, ist der zweifellos weniger destruktive Weg. Für »Männerängste« wurden dagegen im Faschismus als Auswege Männerbünde mit Drill und Härte, Projektion auf und Bekämpfung von »Gegnern« und Minderheiten angeboten, wie das u. a. Klaus Theweleit (1980) beschrieben hat. Wenn man das Spiele- und Medienangebot betrachtet, mit dem sich heute Jungen – wieder verstärkt – in ihrer Entwicklung auseinandersetzen müssen, muß es makabrerweise fast erleichtern, wenn junge Männer statt Ausländern, Asylanten und anderen Minderheiten den Spielautomaten bekämpfen und sich dabei als Instrument des Geldes statt nackter Gewalt bedienen.

Psychotherapie kann für die Gesellschaft keine neuen Werte und Rollen schaffen; sie kann allenfalls auf die Konflikte mit den aktuellen aufmerksam machen, bestenfalls versuchen, eine unbewußte Rebellion bewußter zu machen. Dabei wird sie stets nur an einzelnen Individuen und deren

Leid arbeiten können. Solange sich die Verhältnisse nicht ändern, werden Automatenspieler eine »ausbaufähige« Klientel für Suchteinrichtungen und Psychotherapeuten darstellen. Krankheit, Leid und Sucht im Allgemeinen werden sich nicht aus unserer Gesellschaft verbannen lassen. Ich möchte aber die These wagen, daß eine neue gesellschaftliche Bewegung wie etwa in den Sechzigern, eine Veränderung der gesellschaftlichen Verhältnisse mit neuer Sinnstiftung und Schaffung anderer Lebensziele, kurz: neuen Utopien, wahrscheinlich die merkwürdige »Modesucht« des Glücksautomatenspiels bis auf einen kleinen Rest zum Verschwinden bringen könnte. Ein Verlust für unsere Kultur wäre das sicher nicht.

Literatur:

Adorno, Th. W. (1966): Erziehung nach Auschwitz. In: Ders.:*Erziehung zur Mündigkeit*. Frankfurt am Main (Suhrkamp) 1971.
Ahrends, M. (1988): *Das große Geld – Spielsucht*. München (Heyne).
Bamberger, H. (1988): Überlegungen zur Spielsucht. In: C. Wahl (Hg.): *Spielsucht*. Hamburg (Neuland).
Bellaire, W. (1987): Problematisches Spielverhalten und Spielsucht. In: W. Scheiblich (Hg.): *Rausch – Ekstase – Kreativität. Dimensionen der Sucht.* Freiburg (Lambertus).
Bly, R.(1990): *Eisenhans. Ein Buch über Männer*. Übers. von U. Wasel und K. Timmermann. München (Kindler) 1991.
Brakhoff, J. (Hg.) (1990): *Glück – Spiel – Sucht. Beratung und Behandlung von Glücksspielern.* Freiburg (Lambertus).
Braun, C. von (1988): *Nicht ich*. Frankfurt am Main (Neue Kritik).
Dana, M., und Lawrence, M. (1988): *Die verschwiegene Krankheit: Bulimie*. Übers. von T. Perlinger. München (Heyne) 1990.
Fenichel, 0. (1945): *Psychoanalytische Neurosenlehre*. Bde. 1–3. Frankfurt, Berlin, Wien (Ullstein) 1983.
Freud, S. (1928b): Dostojewski und die Vatertötung. In: *G.W.*, Bd. XIV, S. 397–418.
Hübner, W. (1990): Glücksspielsucht als Paradigma – Theoretische und therapeutische Probleme der Arbeit mit Suchtkranken. In: J. Brakhoff (Hg.): *Glück-Spiel-Sucht. Beratung und Behandlung von Glücksspielern.* Freiburg (Lambertus).
Huxley, A. (1954): *Die Pforten der Wahrnehmung; Himmel und Hölle.* Übers. von H. E. Herlitschka. München (Piper) 1970.

Kind, J. (1988): Selbstobjekt Automat. *Forum der Psychoanalyse* 4: 116–138.
Leary, T. (1968): *Politik der Ekstase*. Über. von I. Brender. Hamburg (Wegner) 1970.
Meyer, G. (1983): *Geldspielautomaten mit Gewinnmöglichkeit. Objekte pathologischen Glücksspiels*. Bochum (Brockmeyer) 1983.
Rost., W.-D. (1987): *Psychoanalyse des Alkoholismus*. Stuttgart (Klett-Cotta).
Russner, H.-J. (1991): Überlegungen zur stationären Therapie pathologischen Glücksspiels. In: M. Heide und H. Lieb (Hg.): *Sucht und Psychosomatik. Beiträge des 3. Heidelberger Kongresses*. Bonn (Nagel).
Scheidt, J. vom (1973): Sigmund Freud und das Kokain. *Psyche* 27: 385–430.
Scherotzki-Hanninger, F. (1990): Zur Behandlungsbedürftigkeit von pathologischen Glücksspielern – ausgehend vom Konzept der psychischen Abhängigkeit. In: J. Brakhoff, a. a. 0.
Schütte, F. (1988): Theorien zur Erklärung der Spielsucht. In: C. Wahl, a. a. 0.
Schulte-Brandt, W. (1990): Stationäre Behandlung von Glücksspielsüchtigen. In: J. Brakhoff, a. a. 0.
Theweleit, K. (1980): *Männerphantasien*, 2 Bände. Hamburg (Rowohlt).
Thomas, G. (1990): Der Angehörige in der Beratungsarbeit mit Spielern am Beispiel einer ambulanten Ehepaar-Gruppe. In: J. Brakhoff, a. a. 0.
Topel, H. (1991): *Euphorie und Dysphorie – Zur Neurobiologie der Stimmungen und des Suchtverhaltens*. Bonn (Nagel).
Valere, V. (1980): *Das Haus der verrückten Kinder*. Tübingen.
Vandereycken, W., van Deth, R., und Meermann, R. (1992): *Hungerkünstler, Fastenwunder, Magersucht. Eine Kulturgeschichte der Eßstörungen*. München (dtv).
Wahl, C. (Hg.) (1988): *Spielsucht*. Hamburg (Neuland).

18. Sabine Trenk-Hinterberger
Partnertrennung und Übertragungsprozesse

Problemstellung

Ausgangspunkt für meine Überlegungen ist die Erfahrung in meiner Praxis, daß Patienten sich von ihren langjährigen Ehefrauen/Partnerinnen getrennt haben, wenn sie sich in analytische Behandlung begaben, eine Zeitlang in Analyse waren oder sich dem Ende der Analyse näherten. Die Frage ist, welche Prozesse es sind, die einen Patienten zu Beginn oder in einem späteren Stadium seiner Analyse zu einer radikalen Veränderung in seiner Lebenssituation veranlassen, zur Trennung vom Liebesobjekt führen und weitreichende Konsequenzen auch im sozialen Umfeld des Patienten nach sich ziehen.

Die Durchsicht meiner Fälle legt den Schluß nahe, daß ein Zusammenhang zwischen dem Zeitpunkt der Trennung und der Entwicklung der Übertragung-Gegenübertragung im analytischen Geschehen besteht. Diese wiederum muß in ihrer Abhängigkeit von der Persönlichkeitsstruktur des Patienten gesehen werden. Erfolgt die Trennung sehr früh, verfügt der Patient offensichtlich nicht über die Möglichkeiten, eine Entwicklung in Ruhe abzuwarten und sich Einsicht in das Geschehen zu erarbeiten. Trennung vom Liebesobjekt wird hier als (Übertragungs-)Agieren verstanden, da nämlich unbewußte psychische Prozesse den Analysanden dazu bewegen, zu handeln, statt seine Konflikte einer Bearbeitung zugänglich zu machen. Trennt sich ein Analysand dagegen am Ende eines langen Prozesses, wird man dieses »Handeln« nach Offenlegen der Konflikte und nach Durcharbeiten der Übertragungskonstellationen nicht unbedingt dem Agieren zurechnen können. Daß mit der Trennung teils agiert, teils aber auch einsichtig gehandelt wird, also ein breiter Bereich von »Mischformen« existiert, dürfte uns allen bekannt sein: Ich denke etwa an jene Patienten, die sich von ihrem Partner bzw. ihrer Partnerin zu einem Zeitpunkt ihrer Analyse getrennt haben, zu dem die Übertragung eine wichtige Rolle spielte, die Durcharbeitung dieser Prozesse aber noch nicht weit fortgeschritten war.

Zur Klärung und Illustration der sich entwickelnden Prozesse habe ich drei Patienten beschrieben, die sich zu unterschiedlichen Zeitpunkten von ihrer Partnerin trennten (1995). Einer dieser Fallberichte, der sich auf eine Partnertrennung im ersten Analysejahr bezieht, findet sich an anderer Stelle (1997). Im folgenden werde ich eine Behandlung vorstellen, in der es sehr früh zur Partnertrennung kam und in der diese Trennung als Folge einer primitiven Spaltung verstanden werden kann.

Trennung zwischen Vorgesprächen und Behandlungsbeginn

Auslösend für die Beschäftigung mit der oben beschriebenen Fragestellung war der Beginn der Behandlung eines 40jährigen Mannes (Patient A).

Als die Analyse nach einigen Monaten Wartezeit beginnen konnte, legte sich dieser Analysand mit den Worten: »Ich habe mich von meiner Frau getrennt«, auf die Couch. In den Vorgesprächen war von Eheproblemen überhaupt nicht die Rede gewesen. Zwar hatte er die Beziehung zu einer Freundin erwähnt, nicht aber eine Krise im langjährigen Zusammenleben der beiden Ehepartner, so daß diese Wendung für mich völlig überraschend kam. Zu jenem Zeitpunkt konnte der Patient sein Verhalten selbst nicht verstehen und auch nicht erklären. Er teilte lediglich mit, daß seine Freundin in der Zwischenzeit eine Beziehung zu einem anderen Mann aufgenommen habe, was ihn empfindlich verletzt habe. Wenn er sich von seiner Frau trenne, so sei seine Überlegung gewesen, dann könne er die Freundin zurückgewinnen. Die Beziehung zu seiner Frau habe zuletzt nur noch in Machtkämpfen bestanden und zu so vielen Streitigkeiten geführt, daß er ohne Bedauern ihren Auszug habe gutheißen können – nicht jedoch den Auszug seines damals zweijährigen Sohnes, der ihn schmerzlich berührt habe. Seit der Geburt dieses Kindes, die nach zehnjährigem Zusammenleben zur Eheschließung geführt hatte, leidet der Patient an »Herzstolpern«, das ihn schließlich zur Analyse motiviert hatte; seit damals besteht die Beziehung zur Freundin.

Im Laufe der Analyse ließ er mich wissen, daß er immer Freundinnen gehabt habe, während er mit der Frau, die später Mutter seines Kindes wurde, zusammenlebte. Es habe sich um kurze sexuelle Beziehungen gehandelt, in denen er anfangs immer geglaubt habe, endlich die Traumfrau gefunden zu haben, bis sich sehr schnell größte Enttäuschung einstell-

te. In der Beziehung zu mir bildete sich eine ähnliche Dynamik ab, wenn auch insgesamt moderater: Anfangs bestand er darauf, daß ich ihn lieben müsse und er es nicht aushalte, über meine Einstellung zu ihm nichts zu wissen. Er versuchte, bei der Begrüßung Hinweise darauf zu finden, ob ich ihm zugeneigt sei. Monate später verbalisierte er seine Enttäuschung darüber, daß in der Analyse nur geredet werde und daß zwischen ihm und mir eine große Distanz sei. Es sei ja nicht möglich, daß er mich anfassen könne. Wie er mir später mitteilte, hatte er zu jenem Zeitpunkt eine Atemtherapie mit Massage begonnen und sich einer Männergruppe angeschlossen, in der die körperliche Berührung eine große Rolle spielte. Ich deutete ihm, daß er vor der Beziehung zu mir weglaufe und sich andernorts für seine Entbehrungen entschädige.

Auf die Trennung von seiner Frau kam er erstmals nach Analysebeginn wieder in der 154. Stunde zu sprechen, als es ihm darum ging, daß ohne Veränderung keine Bewegung möglich sei: Bewußt sei es ihm sicher nicht gewesen, aber er glaube heute, daß er sich durch die Trennung eine Veränderung erhofft hätte. Er denke, wenn er nichts tue, könne auch nichts in Gang kommen. Dann laufe sein Leben so weiter wie bisher. Lange Zeit lebte er allein, traf seine Freundin, hatte gelegentlich Kontakte zu seiner Frau und flüchtete in die Phantasie, fortan ein »frauenloses Leben« zu führen. Er klagte, so könne es nicht weitergehen, ohne daß ihm eine Entscheidung möglich gewesen wäre.

Für den Patienten ist demnach das Tun entscheidend: Er versucht, auf der Handlungsebene etwas zu bewirken, worüber er in seinem inneren Erleben wohl keine Klarheit hat. Er handelt wie blind, scheinbar ohne Beteiligung seiner kritischen Wahrnehmung, ohne Einfühlung in die Partnerin, ohne Durchdenken der emotionalen Konsequenzen. In der Hoffnung, von außen nach innen einen Anstoß zu geben, scheint er die innere Bewegung durch die äußere ersetzen zu wollen. Statt über eine mögliche Trennung im Beisein der Analytikerin nachzudenken, vollzieht er die Trennung vor der ersten Analysestunde. Zwar begründet er diesen Schritt mit dem Hinweis auf seine Freundin, die sich ja offensichtlich während seiner Vorgespräche bei mir von ihm entfernt hat. Es liegt aber nahe, den versprochenen Analysebeginn als Auslöser für eine unbewußte Dynamik zu verstehen, in der es um das primäre Liebesobjekt geht. Die – phantasierte – Beziehung zur Analytikerin hat vermutlich symbiotische Wünsche in ihm aktualisiert, die gleichermaßen verlockend und bedrohlich für ihn sein dürften. Er behält seine Autonomie, so könnte seine Botschaft sein, wenn er nicht seine Behandlung abwartet, sondern im Vorfeld bereits Fakten schafft, die einer Bearbeitung zunächst nicht zugänglich sind. Die gesamte Inszenierung imponiert wie ein mächtiger Übertragungs-»Vorschuß«: Durch Vorgespräche und Vereinbarung eines Termins für den Beginn der Behandlung ist eine neue Objektbeziehung für den Analysanden greifbar geworden, die das bisherige Gefüge seiner Beziehungen durcheinander bringt. Die Idealisierung der Analytikerin und der Analyse macht die bestehenden Bindungen für ihn wertlos. Er reagiert, indem er die eine – langjährige – Beziehung beendet, als fände eine Art Tausch statt: Im Vorgriff auf seine Behandlung trennt er sich von der einen Partnerin, um »frei« zu sein für die neue, die ihm das Versprechen gegeben hat, für ihn da zu sein.

Stand der Forschung

Eine breitere Darstellung der vorhandenen Literatur würde den hier vorgegebenen Rahmen sprengen, so daß nur eine grobe Skizze möglich ist. Bei Freud (1914g, S. 133) findet sich der Hinweis, man solle den Patienten verpflichten, während der Kur keine lebenswichtigen Entscheidungen zu treffen, wie z. B. kein definitives Liebesobjekt zu wählen. Über die Trennung vom Liebesobjekt, wiewohl ein vergleichbares Thema, hat er sich dagegen nicht geäußert, wohl aber über die Angehörigen der Patienten, mit deren Gegnerschaft er rechnete (1912e, S. 386f.).

Die Entwicklung nach Freud ging dahin, daß das Interesse an dieser Fragestellung zunächst sehr gering war: Bis Anfang der sechziger Jahre ist kaum eine Untersuchung bekannt, die sich mit der Auswirkung der Analyse auf den Partner des Analysanden befaßt hätte. Im deutschsprachigen Raum waren es Thomä und Thomä (1968), die sich des Themas erstmals wieder annahmen. Sie haben den Widerwillen der Analytiker gegen Interviews mit Angehörigen von Patienten als »überindividuelle professionelle Gegenübertragung« bezeichnet.

Was danach an Untersuchungsergebnissen über die Auswirkungen der analytischen Behandlung auf den Partner zu finden war, läßt sich folgendermaßen zusammenfassen: Der seinerseits unbehandelte Partner nimmt an der Therapie des Patienten teil, indem er

- sich ebenfalls bessert (Sager et al., 1968),
- veränderte Einstellungen entwickelt (Bolk-Weischedel, 1978) oder
- durch »heilsame Unruhe« gefordert wird (Neumann, 1987) Es kommt aber viel häufiger zu Belastungen, die der Partner, wenn damit alleingelassen, offensichtlich nur schwer bzw. mit erheblichen Störungen bewältigen kann.
- Den gebesserten unbehandelten Partnern stehen bei Sager et al. (1968) auch solche mit deutlicher Verschlechterung gegenüber.
- Der Partner erlebt den Zuwachs an Eigenständigkeit, die Steigerung des Selbstwertgefühls und den Symptomabbau des Patienten als Gefahr und Bedrohung, so daß seine Angst wächst (Hessler und Lamprecht, 1986).
- Der gebesserte Patient lockert seine symbiotische Beziehung zum Partner (Bolk-Weischedel, 1978), bzw.
- er stellt sich vor, den Partner zu verlassen (Riehl, 1986).
- Die Teilidentifizierung des Patienten mit seinem Therapeuten kann dazu führen, daß dieses Verhältnis in der Beziehung zum Partner reproduziert wird: Der Partner gerät demnach in die Patientenrolle (Neumann, 1987).
- Die »heilsame Unruhe« kann sich auch destabilisierend auf das Paar auswirken (Neumann, 1987).
- Die von Heising et al. (1982) beschriebene Reizbarkeit des Patienten, seine Nervosität und Verweigerung des sexuellen Verkehrs führen dazu, daß der Partner sich benachteiligt fühlt.
- In seiner Not behindert der Partner die Genesung (Kohl, 1962),
- er erkrankt selbst (Bolk-Weischedel, 1978, Kohl, 1962), bzw.
- übernimmt die Symptome des Patienten (Hessler und Lamprecht, 1986).
- Daß es vermehrt zu Suizidversuchen kommen kann (Hessler und Lamprecht, 1986), weist auf die Schwere der Belastungen hin.

Insgesamt ist der Eindruck entstanden, es handle sich bei den Belastungen um unerwünschte Nebenwirkungen, die durch entsprechende Maßnahmen möglichst gering gehalten werden sollten. Das verwendete Denkmodell war, die therapeutische Situation als dyadische Beziehung zu verstehen, als Dyade, in deren Umfeld es – wenn man so will, dummerweise – zu Störungen gekommen ist. Hier wäre ein Umdenken hilfreich: Ausgangspunkt könnte die Überlegung sein, daß man der Beziehung zum Partner wesentlich mehr Raum geben sollte als bisher, daß man also über das analytische Geschehen hinaus das partnerschaftliche nicht aus den Augen verlieren sollte. Daß der Partner aus der Sicht des Analytikers bzw. Untersuchers eine weit höhere Bedeutung, Präsenz, Besetzung erfahren könnte als bisher, wäre eine Weiterentwicklung all dieser Denkansätze in den oben erwähnten Untersuchungen, die zu einer Veränderung der Sichtweise des Analytikers führen könnte.

Das Dilemma der triangulären Beziehungskonstellation

Wie aus den obigen Ausführungen hervorgeht, wirkt sich die Veränderung eines Partners auch auf den anderen aus. Die Inanspruchnahme eines Analytikers durch einen der beiden hat zur Folge, daß das bisherige Gleichgewicht des Paares in Frage gestellt wird. Diese bis dahin bestehende Paar-Balance kann als eine Entwicklung verstanden werden, innerhalb deren sich zwischen beiden Partnern ein – meist unbewußter – Konsens darüber eingestellt hat, was man einander bedeutet. (Hier sei an Willis Konzept der Kollusion erinnert. Vgl. Willi 1975, 1978) Diese Bedeutung, die sich die Partner wechselseitig zuschreiben, hat ihren Ursprung in den jeweiligen Erfahrungen mit den Primärobjekten, die mit Sicherheit die Partnerwahl entscheidend beeinflussen. So wird z. B. die Qualität ihrer Vaterbeziehung ganz entscheidend dafür sein, welche Bedürfnisse eine Frau an einen Partner heranträgt und wie sie dessen Reaktionen erlebt.

Mit solchen Fragen haben sich König und Mitarbeiter (1982, 1985, 1991) befaßt: Ihr Interesse gilt den innerpsychischen Vorgängen bei der Partnerwahl, die weitgehend durch die Übertragung innerer Selbst- und Objektimagines bestimmt werde. Man suche Partner aus, die entsprechende Übertragungsauslöser zeigten (König und Kreische, 1985). An anderer Stelle kommen sie zu dem Schluß: »Bei der Partnerwahl findet also etwas Ähnliches statt wie bei der Übertragung in der Therapie« (1991, S. 10f.). In der Alltagsbeziehung habe der Übertragende mehr Möglichkeiten, seine Phantasie über den anderen zu überprüfen, als im therapeutischen Prozeß, er nutze sie aber nicht immer, wohl um den Partner weiterhin so erleben zu können, wie es seinen Phantasien entspreche.

Die wechselseitige Übertragung in einem Paar, so läßt sich zusammenfassen, besteht demnach aus (meist unbewußten) Gefühlen für die wichtigen Primärobjekte und aus Versuchen, diese Gefühle in der Interaktion zu beleben.

Auch wenn die Autoren die Übertragung bei der Partnerwahl und die Übertragung in der Analyse vergleichen, halten sie beide Bereiche getrennt, so daß man vergeblich nach einer Verbindung sucht. Es liegt aber nahe, in dem Begriff »Übertragung« im jeweiligen Bereich Gemeinsamkeiten zu sehen. Laplanche und Pontalis (1972) betonen die Nähe des Begriffes »Übertragung« zur psychoanalytischen Behandlung. Daß Übertragung auch außerhalb stattfindet, weiß man seit Freuds Zeiten. Wie also den Begriff fassen, ohne ihn allzusehr auszuweiten?

»Übertragung« soll hier verstanden werden als Wiederholung frühkindlicher Objektbeziehungsmodalitäten in der aktuellen Situation mit einer intensiv besetzten Bezugsperson. In dieser Arbeitsdefinition läßt sich »intensiv besetzte Bezugsperson« mit dem Analytiker oder mit dem Partner gleichsetzen. Die Wiederholung in der Beziehung zum Analytiker wird der Bearbeitung zugeführt und wird idealiter bewußt, während sie in der Partnerschaft – da in der Regel unbearbeitet – weitgehend unbewußt bleibt. Der Prozeß der Wiederholung frühkindlicher Objektbeziehungsmodalitäten in der aktuellen Situation muß aber auf alle Fälle als der gleiche gedacht werden, ob er sich nun an den Analytiker oder an den Partner anheftet. Daß es sich um Übertragung handelt, ist ein Vorgang, den wir erschließen können und der als Erklärungsmodell dient, um dessen Beweisbarkeit im empirischen Sinne es aber nicht gehen kann. Ohne das Konzept einer Übertragung auf beide, den Analytiker und den Partner, wäre der Zugang zu den obigen Falldarstellungen und deren Interpretation (s. u.) eingeengt, ja einseitig, weil wesentliche Charakteristika der Partnerinteraktion zwangsläufig einen anderen Stellenwert erhielten. Dabei wird die Gefahr gesehen, daß diese Verwendung des Übertragungsbegriffes zu Mißverständnissen führen kann, da über die herkömmliche Auffassung hinausgegangen wird. Es hat sich aber keine andere Sprachregelung finden lassen, mit der man den Gemeinsamkeiten dieser Prozesse besser hätte gerecht werden können. Im folgenden soll daher versucht werden, »Übertragung« jeweils zu spezifizieren, d. h. die Bezogenheit auf den Analytiker oder aber auf den Partner zu verdeutlichen.

Begibt sich nun einer der Partner in Behandlung, so wird sich unweigerlich die Frage stellen, wie er mit seinen unterschiedlichen Übertragungen zurecht kommen kann. Die Übertragung auf den Partner einerseits und die auf den Therapeuten andererseits stehen wohl kaum wie unverbunden nebeneinander, man wird mit Wechselwirkungen und gegenseitigen Bedingtheiten rechnen müssen. Daß es hier zu Konflikten beim Patienten kommen kann, die z. B. in Form einer Trennung agiert werden, liegt auf der Hand. Man wird davon ausgehen müssen, daß es zu einem regelrechten Übertragungsdilemma kommen kann, durch das mancher Patient sich völlig überfordert fühlt.

Zusammenfassend kann man von zwei Grundvoraussetzungen ausgehen: Es besteht wohl unstrittig Einigkeit darüber, daß die analytische Arbeit ohne Übertragung nicht denkbar ist. Ebenso besteht kein Zweifel daran, daß die Übertragung in der Beziehung zum Partner eine entscheidende Rolle spielt. Sobald nun ein Partner sich in Therapie begibt, werden sich bisher im Paar bestehende Übertragungsmuster zwangsläufig verändern: Der Patient wird sich damit auseinandersetzen müssen, daß seine – vorhandene – Übertragung auf den Partner mit der sich entwickelnden Übertragung auf den Therapeuten in Konflikt gerät.

Eine systematische Darstellung dieser komplexen Thematik hat Rohde-Dachser (1981) verfaßt. Sie wählte einen soziologischen Bezugsrahmen, um mögliche Verflechtungen und Konflikte zwischen Patient, Partner und Analytiker aufzuzeigen. Sie beschreibt, wie die zwei exklusiven dyadischen Primärbeziehungen Patient/Partner und Patient/Analytiker zueinander in Konkurrenz treten, ohne daß jedoch die Möglichkeit besteht, diese offen auszutragen. Da die Kommunikation zwischen Analytiker und Partner des Patienten blockiert ist, verlagert sich der Konflikt regelmäßig in die Partnerbeziehung. Rohde-Dachser spricht hier von einem strukturellen Konflikt, den der Analytiker rasch als psychopathologisches Phänomen deute und dem Partner des Patienten anlaste. Für den Patienten entstehe ein Loyalitätskonflikt zwischen seinen beiden wichtigsten Bezugspersonen, ein Konflikt, für den die Autorin modellhaft verschiedene Lösungen aufzeigt.

Für unsere Diskussion interessieren vor allem folgende Strategien: In einem Falle zieht der Patient sich real aus einem der beiden Systeme zurück. Entweder verläßt er das System Patient/Partner und trennt sich bzw. betreibt die Scheidung, oder aber sein Rückzug erfolgt aus dem System Patient/Analytiker, indem er die Behandlung abbricht. In einer weiteren Strategie kommt es zu einer Spaltung zwischen beiden Systemen, was zu einem Agieren gegenüber einem guten und einem bösen Objekt führt. (Diese Spaltung kann – so meine Erfahrungen – häufig als Vorbereitung der Trennung beobachtet werden. Ob mit dem realen Rückzug die Spaltung kein Thema mehr ist, ist allerdings zu bezweifeln.)

Übertragung und Gegenübertragung
in der Analyse des Patienten: Die Übertragung

Wie bereits oben ausgeführt, hatte Patient A sich auf eine Art und Weise getrennt, die den Charakter einer verdichteten Inszenierung seiner gesamten Beziehungsproblematik annahm. Er stürzte sich quasi Hals über Kopf auf das neue Beziehungsangebot, ohne sein Handeln zu hinterfragen und ungeachtet seiner jahrelangen Gemeinsamkeiten mit seiner Ehefrau.

Er schien keine andere Wahl zu haben als zu agieren, demonstrierte also zu Beginn der Analyse sowohl seinen Widerstand als auch seine Not. Mit Bilger (1986) ist anzunehmen, daß der Patient etwas agierte, das ihm widerfahren war, daß er sich schützte, indem er agierte, um eine Bedrohung abzuwenden. Bürckstümmer (1983) weist ebenfalls darauf hin, daß in der neueren Literatur das Agieren auch in seiner konstruktiven Bedeutung als unumgängliche Entwicklungschance des Patienten diskutiert werde, ohne daß jedoch die Gefahren des Agierens unterschätzt würden. Thomä und Kächele (1985) gehen davon aus, daß keine Analyse ohne ein gewisses Agieren auskommt, und Klüwer (1983) weist darauf hin, daß auch das Mitagieren ein unausweichliches Phänomen im gesamten analytischen Behandlungsprozeß sei. Joseph (1986) vertritt die These, daß sich durch Einstellen auf die »Wellenlänge« des Patienten die Gefahr verringern lasse, durch Phantasien des Patienten zum Mit-Agieren verführt zu werden. In ähnlicher Weise ist wohl das von Lorenzer (1983) beschriebene »szenische Verstehen« aufzufassen.

Welche Botschaft vermittelte Patient A durch seine abrupte Trennung? Wie ist es zu verstehen, daß er sich von seiner Frau trennt, noch ehe die Analyse richtig begonnen hat? Nach allem, was ich heute über ihn weiß, ist er auf der Suche nach einem Idealobjekt, das er in seinen bisherigen Beziehungen auf dem Wege der Sexualisierung finden wollte. Zwangsläufig wurde er immer wieder enttäuscht, er hielt aber an der Idealisierung fest, so daß er ständig auf der Suche sein muß und das bisherige Objekt, das sich als nicht ideal erweist, durch Entwertung von sich stößt. Seine psychischen Prozesse befinden sich offensichtlich auf dem Niveau der frühen Spaltung, er kann die Integration »nur guter« mit »nur bösen« Erfahrungen nicht leisten. Ideales und wertloses Objekt stehen unverbunden nebeneinander, so daß es immer wieder zum Wegstoßen des wertlosen Objektes kommt, wenn ein neues die Verheißung verspricht. Der über Monate phantasierte Beginn der Analyse muß in dem Patienten Prozesse aktiviert haben, die ihm im Vorgriff auf die ideale Symbiose seine realen Beziehungen noch wertloser machten. Deshalb konnte er das bisherige Objekt anscheinend problemlos aufgeben, erwartete er doch *die* ideale Beziehung.

Es handelt sich hier um eine Spaltungsübertragung, wie sie z. B. bei Kernberg (1979) und in einer klinischen Vignette von Heising und Möhlen (1980) beschrieben wird: Der Patient spaltet seine Welt in »nur gute« und »nur böse« Teilobjekte und kann ihre Integration (noch) nicht leisten. Während er das gute Übertragungsobjekt Analytikerin im voraus idealisiert, projiziert er das Böse auf das Übertragungsobjekt Ehefrau und versucht, indem er sich von ihr trennt, sich seiner eigenen bösen Anteile zu entledigen. Er bleibt aber weiter mit diesen seinen Selbstanteilen verbunden, mit den guten in der Identifizierung mit der Analytikerin, mit den bösen in der Handhabung seiner abgespaltenen Aggressionen, die er bei der Ehefrau festmacht. Die Analytikerin soll als narzißtisch-idealisiertes Objekt oder desexualisiertes Ruhe-Objekt der Objektbeziehungsabwehr dienen. (Um die Darstellung von Spaltungskonzepten in der Entwicklung der Psychoanalyse hat sich Heising verdient gemacht, vgl. Heising et al., 1982, 1988, 1989, 1991).

Es müssen sehr frühe Prozesse sein, die bei Patient A in Gang kamen: Gesucht wird von ihm offenbar die Verschmelzung mit dem idealen Objekt, er will die »nur gute« Mutter finden, die er früh phantasiert hatte – und was er antrifft, ist eine abweisende Objektwelt, die schnell zum Verfolger für ihn wird, wenn sie seinen Heilserwartungen nicht standhält. Er begegnet seinen paranoiden Ängsten mit kontraphobisch anmutenden Annäherungen: Auf dem Wege der Sexualisierung überwindet er seine Nähe-Ängste und muß dann feststellen, daß seine Idealisierung zusammenbricht. Analysand A befindet sich – um es in kleinianischer Terminologie zu formulieren – in der paranoid-schizoiden Position, charakterisiert durch eine Angstbewältigung, die die Psyche zu fragmentieren droht.

Patient A, so läßt sich abschließend sagen, läuft ständig Gefahr, durch Idealisierung und deren Umschlag in die Entwertung seine Objekte verzerrt wahrzunehmen und in der Realität mit ihnen zu scheitern. Die Übertragungsmanifestationen scheinen leicht verschiebbar zu sein, so daß keine konstante, sich kontinuierlich entwickelnde Übertragungslinie mit positiven und negativen Aspekten aufzeigbar ist, sondern vielmehr eine sprunghafte, abrupte Hin- und Herwendung mit Brüchen und Widersprüchen seine Objektkontakte prägt. Gelegentlich ließ er mich z. B. wissen, ich sei ihm doch ziemlich gleichgültig, er müsse sich »nach was

Neuem« umschauen, mitunter aber betonte er auch, daß ihm sehr daran liege, von mir gemocht zu werden und in der Analyse mit Einfällen zu glänzen, um mich für ihn zu begeistern.

Die Gegenübertragung

Mit dem Patienten A ging es mir rasch so, daß ich ihn eben noch vielversprechend fand und ihn für einen nahezu idealen Patienten hielt, um ihn wenig später sehr enttäuscht als analytisch unbegabt und in seiner Entwicklung stagnierend zu erleben. Ich hatte häufig das Gefühl, sein Schwanken zwischen Idealisierung und Entwertung mitzumachen, und fragte mich, warum es so lange dauerte, bis eine größere Kontinuität in unsere Begegnungen kam.

Was die Mitteilung der Trennung von seiner Frau betraf, so erinnere ich mich genau, daß ich zunächst sehr erschrocken reagierte. Ich fühlte mich damit unter einer Verantwortung, die mir nicht angemessen schien, unter einem Druck, der mein unbefangenes analytisches Arbeiten in Frage stellte. Theoretisch kann ein Analysand außerhalb der Stunden machen, was er möchte – es war mir aber nicht gleichgültig, was er mir da in der ersten Stunde mitteilte, nachdem ich ihn Monate zuvor als Resultat der Vorgespräche als Patienten angenommen hatte. So zu tun, als spiele seine Trennung keine Rolle, wäre eine Verleugnung gewesen, eine Verleugnung meiner Besorgnis, daß er sich – agierend – zu einer sehr einschneidenden Veränderung entschlossen hatte, die nicht nur ihn selbst, sondern seine Partnerin und sein Kind betraf. Vor allem das Tempo seiner Entscheidung, die Unvermitteltheit, das Abrupte auch in seiner Mitteilung bereiteten mir Sorge.

Inzwischen vermute ich, daß der Patient mit dieser Ouvertüre die Beziehung zu seiner Mutter reinszenierte, deren Besorgnis er wohl nur mit dramatischen Aktionen hervorrufen konnte. An meiner Reaktion wird mir deutlich, wie massiv er sich in Szene setzen mußte, um sicher sein zu können, mich zu erreichen. »Ich bin ja jetzt so allein und habe nur noch Sie«, so kam seine Botschaft bei mir an. Dieser Patient – davon war ich sehr früh überzeugt – muß eine extrem defizitäre Mutterbeziehung gehabt haben, wenn er keinen andern Zugang zu einer therapeutischen Beziehung finden kann als durch eine Trennung.

Über lange Zeit blieb bei mir das Gefühl vorherrschend, es handele sich um eine gefährdete Analyse, deren Fortbestehen unsicher sei. Obwohl ich mit A zu Beginn über die Dauer der Behandlung gesprochen hatte, rechnete ich häufiger damit, daß er sich eines Tages verabschieden würde, ähnlich wie er es mit der Ehefrau getan hatte.

Mehler (1994) teilt über die Behandlung eines Mannes mit, sie habe mit der Übertragung nicht wie sonst umgehen können: sie habe sie lange Zeit nicht deuten können. Dieser Patient war zu Beginn der Analyse in einer Ehekrise und ließ sich bald darauf scheiden. Erst in einem Gegenübertragungstraum im dritten Analysejahr sei deutlich geworden, so die Autorin, daß sich die Qualität der Beziehung geändert habe. In der Folge sei es dann um die Beziehung zur Mutter-Analytikerin gegangen, die alle kindlichen Anteile, Gefühle und Reaktionen habe aufnehmen sollen. Was diesen Bericht für meine Arbeit mit Patient A so interessant macht, ist in erster Linie der Umgang mit der Gegenübertragung, in der die Autorin über lange Zeit offensichtlich wenig Kontur und Substanz gewinnen konnte.

In ähnlicher Weise konnte ich eine etwas klarere und einheitliche Linie in der Gegenübertragung lange nicht finden: A vermittelte mir widersprüchliche Botschaften, die bei mir schnell dazu führten, daß ich sein Verhalten in ein Schwarz-Weiß-Schema einordnete. Wenn er z. B. lustlos und wortkarg seine Gereiztheit demonstrierte, dann aber plötzlich detailliert einen Traum erzählte, kam es bei mir zu einem Stimmungsumschwung, mit dem Tenor, die Arbeit mit diesem Patienten lohne sich ja doch. Meine Reaktionen bewegten sich demnach im selben Bezugssystem, d. h. es ging immer gleich ums Ganze, um die Frage, sollten wir die Arbeit fortsetzen oder lieber lassen. Es fiel mir oft schwer, seine im Ton herabsetzenden Kommentare zu meinen Interventionen (»das könnte sein«) einfach zu akzeptieren, so wie es auch nicht einfach war, seine idealisierten Nähewünsche (»Ich möchte Sie umarmen«) freundlich hinzunehmen. Wenn er sich sichtlich bemühte, Träume mitbrachte und die Analyse positiv bewertete, freute ich mich über diesen »guten« Patienten; hielt er aber an seinem trotzigen Schweigen, seinen Abwertungen, seiner Phantasielosigkeit fest, war ich schnell zu verunsichern und zweifelte an seiner Entwicklung.

Kobbé (1989) hat beschrieben, wie Therapeuten von Borderline-Patienten zwischen Zuneigung und Ablehnung pendeln, zwischen einfühlsamem Verstehen und ratlosem Unverständnis, zwischen innigem Rapport und distanziertem Kontakt, zwischen Hoffnung und Aufgabe der Beziehung, zwischen Idealisiertwerden und Entwertetwerden. Diese Zusammenfassung schien mir für meine Gegenübertragung sehr treffend: Stürzte der Patient mich doch in Wechselbäder von neu geschöpfter Hoffnung bis Verzweiflung, hielt er mich damit doch ständig in Alarmbereitschaft und sorgte dafür, daß ich immer mit ihm in Bewegung blieb.

Meine Überlegungen, ob ich entscheidend zu seiner Besserung beitragen oder aber eine sehr ungünstige Entwicklung bei ihm anstoßen könnte, verstehe ich als Reaktion auf seine Größenphantasien und seine Vernichtungsängste: Ich konnte für ihn nur Retterin sein oder Verderben bringen – gemäß den frühen Spaltungen, in denen die Integration von gutem und bösem Objekt nicht möglich ist.

Diskussion: Gründe für die Vernachlässigung des Themas

Daß die Partnerbeziehung des Analysanden seit Freud nur zögerlich Interesse bei den behandelnden Analytikern gefunden hat, läßt sich nach dieser Übersicht nun folgendermaßen verstehen: Wie immer wieder betont wurde, liegt der analytischen Behandlung das Modell einer dyadischen Beziehung zugrunde; das Konzept der analytischen Arbeit setzt voraus, daß man zu zweit ist. Daß wir aber tatsächlich nicht nur zu zweit sind, daß es andere sehr wesentliche Beziehungen unseres Analysanden gibt, in denen möglicherweise vergleichbare Prozesse eine entscheidende Rolle spielen, ist auf diesem Hintergrund beunruhigend und unbequem. Wie man die analytische Situation in diesem Kontext anders begreifen könnte, wie der Partner als Dritter Raum gewinnen könnte – diesen Fragen ist man bisher weitgehend ausgewichen. Offensichtlich steht es noch aus, diese Gedanken zu Ende zu denken.

Wie oben ausgeführt, spielt die Übertragung bei der Partnerwahl eine entscheidende (oft unbewußt bleibende) Rolle. In der Wahl unseres Liebesobjektes werden wir mit Sicherheit von den Erfahrungen geleitet, die wir mit unseren primären Bezugspersonen gemacht haben. So ist davon auszugehen, daß die Analysanden vor ihrer Analyse mit bestimmten Übertragungen an ihre jeweiligen Partner herangingen und sich in ihrer Partnerwahl auf Gefühle verließen, die sich aus der Übertragung speisten. Die Partner ihrerseits müssen mit einer Art Gegenübertragung reagiert haben. Die Hauptirritation für den Analytiker dürfte nun darin liegen, daß die Übertragungsmanifestationen sich zwischen ihm und der weiteren Bezugsperson aufteilen und daß er nie die »ganze« Übertragung wird auf sich ziehen können, wie es ja seiner Arbeitshypothese entspräche.

Es ist denkbar, daß Übertragungsbesetzungen zwischen Partner und Analytiker hin- und hergeschoben werden, so daß es in dem Dreieck zu einer deutlichen Dynamik kommt. Je nach Übertragungsauslöser könnte der Analysand seine Empfindungen besser beim Analytiker oder besser beim Partner aufgehoben wissen bzw. diesem »anheften«. Ausschlaggebend für diese Bewegungen dürften die Erfahrungen mit den Primärpersonen sein, die ihrerseits auf das Anliegen des Patienten in ganz bestimmter Weise reagiert haben.

Ob der Partner oder der Analytiker die ganze Wucht der Übertragung zu spüren bekommt, wie sich positive und negative Übertragungsaspekte auf beide Personen verteilen und ob der Patient ein Bewußtsein für seine Übertragungsverhaftung entwickelt, das sind Fragen, deren Klärung noch ansteht.

Da aber der Analytiker die im analytischen Setting implizierte größere narzißtische Gratifikation anbietet und von daher auf längere Sicht günstiger gesehen wird als der Partner, der den Alltag mit dem Analysanden teilt, wird der Konflikt regelmäßig zu Lasten des Partners gehen (so auch Rohde-Dachser). Die häufiger beschriebene Form der Spaltung in ein gutes und ein böses Objekt, nämlich Analytiker und Partner, kann aus diesen Prozessen resultieren und die Trennung vorbereiten. Das Unbehagen des Analytikers in dieser Situation liegt wohl vor allem darin, daß es sich um einen unauflösbaren Konflikt handelt, dem er nicht ausweichen kann.

Zusammenfassend läßt sich sagen: Daß der Partner des Analysanden während der analytischen Behandlung so wenig Interesse fand, hat demnach in erster Linie damit zu tun, daß es zwangsläufig für den Analytiker zu einem Dilemma kommt: Ist ihm die Brisanz konkurrierender Übertragungen bewußt, sieht er die Erweiterung der Dyade in eine trianguläre Situation, kann er sich der Einsicht nicht entziehen, daß hier ein Konfliktpotential gegeben ist, dessen Bearbeitung letztlich auch zu seiner Aufgabe wird. Es bedeutet für den Analytiker, mehr aushalten zu müssen, mit unvorhergesehenen Komplikationen konfrontiert zu werden, eine differenziertere Gegenübertragungs-Analyse leisten zu müssen, wenn sich der Blick für diese Zusammenhänge öffnet.

Die Möglichkeiten und Motive des Analytikers

Was haben die damit befaßten Analytiker aus der Erkenntnis gemacht, daß die Partnerbeziehung ganz erheblich tangiert ist von einer analytischen Behandlung? Das Wissen um die Bedeutung der Partnerbeziehung während einer Analyse hat dazu geführt, daß die Autoren in der Literatur folgende Lösungen anbieten:
1. Zu Beginn der Behandlung weist der Therapeut auf die möglichen Irritationen des Partners hin, entweder dadurch, daß er seinen Analysanden informiert oder indem er ein Gespräch zu dritt führt (z. B. Moeller, 1994).

2. Wenn es während der Analyse zu einer Krise in der Paarbeziehung kommt, bietet der Therapeut für einen begrenzten Zeitraum Dreiergespräche an (z. B. Wilke, 1981, 1984).
3. Während der Behandlung finden regelmäßige Gespräche zu dritt statt, unabhängig von einer krisenhaften Zuspitzung in der Paarbeziehung, aber zu einem günstigen Zeitpunkt für alle Beteiligten. Dieser Zeitpunkt wird vom Analytiker und vom Patienten gemeinsam festgelegt, ebenso die Anzahl der Dreiergespräche (z. B. Pouplier, 1978).

Eine weitere Möglichkeit besteht in der Zuweisung von Patient und Partner zu einem Paartherapeuten.

Alle diese Maßnahmen sind ja auch Eingriffe in die Übertragungsbeziehung des Analysanden, so daß von großem Interesse ist, welche Folgen diese Vorgehensweisen für die analytische Arbeit haben können. Dabei werden wir uns mit der Frage auseinandersetzen müssen, wieweit der Analytiker hier in der Gefahr ist, zu agieren bzw. aus seiner Gegenübertragung heraus zu handeln. Ihm liegt ja offensichtlich sehr viel am Einbezug des Partners, am Erhalt des Paares, so viel, daß er eine ganze Menge dafür zu tun bereit ist. Dem Einbestellen des Partners kommt wohl eher der Charakter des Gegenübertragungsagierens zu als dem aufklärenden Gespräch mit dem Analysanden, aber auch dieses stellt eine Modifizierung der analytischen Technik dar. Was also bewegt einen Analytiker, wenn er sich um die Partnerbeziehung seines Analysanden sorgt?

Hat der Analytiker die Elternübertragung seines Analysanden angenommen, wird er diesen aus einer fürsorglichen Haltung heraus vor Schaden bewahren wollen. Das impliziert, daß er das Leben im Paar dem Leben als Einzelner vorzieht und dies seinem Analysanden weitergibt.

Es sind weitere Motive denkbar, die ihn zum Handeln veranlassen, z. B. eigene Erfahrungen mit Bindungen und Trennungen, durch die er für Paarprozesse besonders sensibilisiert sein könnte. Die Betonung der Partnerbeziehung kann auch ein Schutz vor inzestuösen Wünschen des Analytikers sein. Darüber hinaus kann sein Interesse am Paar in der Gegenübertragung einen voyeuristischen Hintergrund haben, kann Ausdruck sein für das fortgesetzte Interesse an der Sexualität des Elternpaares, gar als Drängen in die Urszene verstanden werden. Das würde eine Übertragungssituation beim Analysanden voraussetzen, in der dieser eine parentifizierte Rolle übernommen hätte.

Die Frage nach dem ödipalen Gehalt dieser Konstellation muß zwangsläufig auftauchen: Auf einmal ist man zu dritt, so daß der Analytiker als

Eindringling erscheinen könnte, der sich ungefragt in die Paarbeziehung einmischt. Für den Analysanden könnte sein Analytiker dann durchaus – zumindest zeitweise – zum Störenfried werden, wenn das auch meist unbewußt bleiben dürfte. Im Bemühen des Analytikers um das Paar ließen sich, je nach Übertragungskonstellation, vom Analysanden kupplerische Tendenzen phantasieren oder aber Größenideen entwickeln, daß dieser zur Rettung der Paarbeziehung berufen sei.

Stellungnahme und Ausblick

Abschließend soll folgender Frage nachgegangen werden: Ist es denkbar, die neu gewonnenen Erkenntnisse über die Partnerbeziehung bei Analysen nicht zu vernachlässigen und dennoch nicht unter Druck zu geraten, handelnd eingreifen zu müssen? Wie die oben dargestellten Ergebnisse zeigen, scheint es sehr schwierig zu sein, die Beteiligung des Partners zu sehen, von seinen vielfältigen Reaktionen zu erfahren und ihm dennoch kein konkretes Hilfsangebot zu machen. Wir müssen darüber nachdenken, ob und wie – angesichts dieses veränderten Zugangs zum Analysanden – unsere abstinente Haltung aufrecht erhalten werden kann. Ohne die endgültige Antwort zu wissen, scheint mir nach all den obigen Überlegungen folgende Lösung angemessen zu sein: Wenn der wichtige Dritte in den Köpfen von Analytiker und Analysand präsent sein kann, ohne daß seine reale Präsenz benötigt wird; wenn die Verflechtungen der drei Beteiligten miteinander zur Sprache kommen können, ohne daß das Setting aufgegeben werden muß – dann spricht alles dafür, unter veränderten Voraussetzungen so weiterzuarbeiten wie bisher.

Wenn wir (vgl. Rohde-Dachser) wissen, daß es sich um einen strukturellen Konflikt handelt, in den wir mit unserem Analysanden unausweichlich hineingeraten und für den es keine zufriedenstellende Lösung gibt, dann bietet sich derzeit folgende Haltung an: Unser Bemühen kann nur dahin gehen, an diesem Dilemma mit dem Analysanden zu arbeiten und zu versuchen, es mit den Mitteln der Analyse anzugehen. Im Grunde heißt das, vor allem hinzuschauen und auszuhalten, daß wir an dieser Unausweichlichkeit nicht vorbeikommen, und es heißt, dem Analysanden die Chance zu geben, an dieser Erkenntnis teilzuhaben. Wenn er im Laufe seiner Behandlung ein Verständnis für seine Übertragungsmanifestationen entwickeln kann, wenn er begreifen lernt, wie sich frühe Erfahrungen an aktuellen Objekten festmachen, dann besteht auch eher die Möglichkeit, die Partnerprobleme in die psychoanalytische Arbeit reflektierend einzubeziehen.

Unter behandlungstechnischen Gesichtspunkten würde das bedeuten, daß der Analytiker sehr hellhörig mit dem »Ohr für den Partner« auf die Paarentwicklung achtet und die Übertragungsbewegungen beim Analysanden (die zwischen dem Partner und dem Analytiker hin und her gehen können), seine konkurrierenden Übertragungspositionen und die Spaltungen in seinen Übertragungen deutet.

Abschließend möchte ich noch einmal zu Patient A zurückkehren: Wie sich im Laufe der Analyse gezeigt hat, hat dieser Patient vor der Analyse im Zusammenleben mit seiner Partnerin Aspekte seiner Mutterbeziehung wiederholt, die ihm bis zur Aufnahme des Kontaktes mit der Analytikerin nicht bewußt gewesen sein dürften. Er hat offensichtlich auf die Partnerin übertragen, was er mit der Mutter erfahren hat: Er versuchte durch Spaltung, das ideale Objekt zu erhalten, da er gute und böse Anteile der Mutter nicht integrieren konnte. Der Kontakt zur Analytikern mit den sich entwickelnden neuen Übertragungen brachte die bis dahin bestehende Balance zwischen Patient und Partnerin ins Wanken. Patient A bewältigte die neue Situation mit einem sofortigen Beziehungsabbruch, er entwertete das bisherige Objekt, idealisierte das neue. Seine Reaktion auf das Analyseversprechen mutete wie ein großzügiger Übertragungs-Vorschuß an.

Dazu sei noch angemerkt, daß der Mutterübertragung in dem oben beschriebenen Verlauf eine zentrale Bedeutung zukommt. Um den Rahmen der vorliegenden Arbeit nicht zu sprengen, erfolgte eine Beschränkung auf die Darstellung dieser mütterlichen Übertragungsaspekte.

Literatur

Bilger, A. (1986): Agieren: Problem und Chance. *Forum Psychoanal.* 2: 294–308.

Bolk-Weischedel, D. (1978): Veränderungen beim unbehandelten Partner des Patienten während einer analytischen Psychotherapie. *Z. psychosom. Med.* 24: 116–128.

Bürckstümmer, G. (1983): Einige Aspekte des Agierens und ihre therapeutische Konsequenz. *Materialien Psychoanalyse* 9: 100–117.

Freud, S. (1912e): Ratschläge für den Arzt bei der psychoanalytischen Behandlung. *G.W.*, Bd. 8, S. 376–387.

Freud, S. (1914g): Erinnern, Wiederholen und Durcharbeiten. *G. W.*, Bd. 10, S. 126–136.

Heising, G. und Berthel-Köhl, R. (1988): Eßstörungen und Hysterie im Licht der kleinianischen Metapsychologie. *Arbeitstagung der DPV Herbst 1988*. S. 113–131.

Heising, G.; Brieskorn, M. und Rost, W.-D. (1982): *Sozialschicht und Gruppenpsychotherapie*. Göttingen (Verlag für Med. Psychologie im Verlag Vandenhoeck & Ruprecht).

Heising, G. und Möhlen, K. (1980): Die »Spaltungsübertragung« in der klinischen Psychotherapie. *Psychother. med. Psychol*. 30: 70–76.

Heising, G. und Poluda-Korte, E. S. (1989): Sigmund Freuds sexuelle Objektpsychologie: Ihre Verdrängung und Wiederkehr. *Arbeitstagung der DPV Herbst 1989*. S. 155–176.

Heising, G. und Poluda-Korte, E. S. (1991): Zur Sexualität in der Gegenübertragung. *Arbeitstagung der DPV Herbst 1991*. S. 161–168.

Hessler, M. und Lamprecht, F. (1986): Der Effekt stationärer psychoanalytisch orientierter Behandlung auf den unbehandelten Partner. *Psychother. med. Psychol*. 36: 173–178.

Joseph, B. (1986): Über Verstehen und Nichtverstehen. *Psyche* 40: 991–1006.

Kernberg, O. F. (1979): *Borderline-Störungen und pathologischer Narzißmus*. Frankfurt am Main (Suhrkamp).

Klein, M. (1962): *Das Seelenleben des Kleinkindes*. Stuttgart (Klett).

Klüwer, R. (1983): Agieren und Mitagieren. *Psyche* 37: 828–840.

Kobbé, U. (1989): Zwiespalt und Ambivalenz. Über das therapeutische Dilemma in der Arbeit mit Frühgestörten. *Psychiat. Neurol. med. Psychol*. 41: 705–721.

König, K. und Kreische, R. (1985): Partnerwahl und Übertragung. *Familiendynamik* 10: 341–352.

König, K. und Kreische, R. (1991): *Psychotherapeuten und Paare*. Göttingen (Vandenhoeck & Ruprecht).

König, K. und Tischtau-Schröter, R. (1982): Der interaktionelle Anteil der Übertragung bei Partnerwahl und Partnerveränderung. *Z. psychosom. Med*. 28: 266–279.

Kohl, R. N. (1962): Pathologic reactions of marital partners to improvement of patients. *Am. J. Psychiat*. 118: 1036–1041.

Laplanche, J. und Pontalis, J.-B. (1972): *Das Vokabular der Psychoanalyse*. Frankfurt am Main (Suhrkamp).

Lorenzer, A. (1983): Sprache, Lebenspraxis und szenisches Verstehen in der psychoanalytischen Therapie. *Psyche* 37: 97–115.

Mehler, J. A. (1994): Liebe und Impotenz beim Mann. *Psyche* 48: 842–865.

Moeller, M. L. (1994): Nebenwirkungen der Psychoanalyse. Unveröff. Vortrag, gehalten am Institut für Psychoanalyse und Psychotherapie Gießen.

Neumann, H. (1987): Ein Ohr für den Partner. *Forum Psychoanal*, 3: 112–126.
Pouplier, M. (1978): Über die Einbeziehung von Partnern (Partnerinnen) in die stationäre Psychotherapie. In: F. Beese (Hg.): *Stationäre Psychotherapie*. Göttingen (Vandenhoeck & Ruprecht), S. 119–132.
Racker, H. (1959): *Estudios sobre tecnica psicoanalitica*. (1993) *Übertragung und Gegenübertragung*. München (Reinhard). 4.Aufl.
Riehl, A. (1986): Influence of partnership on the outcome of psychotherapy. *Psychother. Psychosom*. 45: 37–45.
Rohde-Dachser, C. (1981): Dyade als Illusion? *Z. psychosom. Med*. 27: 318–337.
Sager, C. J.; Gundlach, R. ; Kremer, M. ; Lenz, R. und Royce, J. R. (1968): The married in treatment. *Arch. Gen. Psychiat*. 19: 205–217.
Thomä, H. und Kächele, H. (1985): *Lehrbuch der psychoanalytischen Therapie*. Berlin (Springer).
Thomä, H. und Thomä, B. (1968): Die Rolle der Angehörigen in der psychoanalytischen Technik. *Psyche* 22: 802–822.
Trenk-Hinterberger, S. (1995): Partnertrennung und Übertragung im psychoanalytischen Prozeß. Unveröff. Vortrag zum Erwerb der ordentlichen Mitgliedschaft in der DPV.
Trenk-Hinterberger, S. (1997): Partnertrennung und Übertragung im psychoanalytischen Prozeß. In: K. Höhfeld und A.-M. Schlösser (Hg.): *Psychoanalyse der Liebe*. Gießen (Psychosozial-Verlag), S. 147–165.
Wilke, H.-J. (1981): Die Beziehungskrise in der Einzelanalyse. *Analyt. Psychol*. 12: 255–267.
Wilke, H.-J. (1984): Symbolischer und konkreter Zugang zur Partnerbeziehung in der Einzelanalyse. *Analyt. Psychol*. 15: 37–49.
Willi, J. (1975): *Die Zweierbeziehung*. Reinbek bei Hamburg (Rowohlt).
Willi, J. (1978): *Therapie der Zweierbeziehung*. Reinbek bei Hamburg (Rowohlt).

19. Patricia Williamson

ZUSAMMENFASSUNG VON HARRY GUNTRIPS BEITRAG »THE PSYCHOTHERAPEUTIC RELATIONSHIP«[1]

Zum Aspekt der Übertragung in der persönlichen Beziehung zwischen Patient und Therapeut

Harry Guntrip, ein Analysand von Ronald D. Fairbairn, widerspricht der Meinung vieler psychoanalytischer Autoren, daß Beziehungen in Psychotherapien nahezu ausschließlich aus Übertragung bestehen, und erklärt, daß Entwicklungen in der psychotherapeutischen Behandlung nicht möglich seien, wenn es sich tatsächlich so verhielte. Er stützt sich dabei auf Fairbairns Konzeptualisierung der psychotherapeutischen Behandlung als eines Prozesses, in dem positive und negative Übertragungsbeziehungen durchgearbeitet werden, bis sie im Rahmen dessen, was möglich und angemessen ist, einer guten, realistischen Beziehung zwischen Therapeut und Patient weichen. Guntrip verweist auf bestimmte Patienten, die durchaus erfolgreich eine Psychotherapie durchlaufen und die Behandlung beenden, ohne allerdings die Fähigkeit zur Dankbarkeit gegenüber dem Therapeuten entwickelt zu haben. Sie führen den Behandlungserfolg auf andere Zusammenhänge und Faktoren zurück und zeigen damit, daß sie ihre Beziehungsschwierigkeiten nicht bewältigt haben.

Grundsätzlich jedoch, so Guntrip, kann das Ergebnis einer psychotherapeutischen Behandlung niemals vollkommen sein. Seiner Meinung nach sollte eine gelungene Behandlung den Patienten in die Lage versetzen, sich glücklich in dem Sinn zu fühlen, daß er ein echtes Gefühl von Dankbarkeit und persönlicher Bindung für den Therapeuten empfinden kann und sich selbst sowie seine Umwelt realistischer einzuschätzen vermag. Als Beispiel führt er an, daß sich seine Beziehung zu Fairbairn im Anschluß an

---

[1] Kap. XIII in: Harry Guntrip, *Schizoid Phenomena, Objekt Relations and the Self*. London (Hogarth Press and the Institute of Psycho-Analysis) 1969.

die Analyse später zu einer Freundschaft entwickelte, die sich in einem Briefwechsel über theoretische Themen ausdrückte sowie in gelegentlichen Besuchen. Er erwähnt, daß seine und Fairbairns Ansichten über bestimmte Themen sehr unterschiedlich waren, dies jedoch ihre freundschaftliche Beziehung in keiner Weise störte, da sie einander respektierten.

Natürlich, so Guntrip, kann nicht jede Behandlung in eine Freundschaft münden. Sehr gute Erfolge sind auch bei Patienten zu erreichen, mit denen der Therapeut außerhalb der Behandlungssituation nicht viel gemeinsam hat. Entscheidend ist, daß die »menschlich-therapeutische Beziehung« authentisch ist, auch wenn sich Patient und Therapeut nach Beendigung der Behandlung nie wiedersehen.

Guntrip orientiert sich an Freuds Übertragungsverständnis, demzufolge die Neurose durch eine Übertragungsneurose ersetzt werden muß. Diese Sicht erweitert er dahingehend, daß auch der Einfluß, den der Analytiker als Person in der Realität auf den Patienten ausübt, analysiert werden muß.

Auch in bezug auf die Gegenübertragung räumt Guntrip der Person des Analytikers einen wesentlich größeren Einfluß ein. Fairbairn meinte: »Sie können einem Patienten mehr schaden, wenn sie sich vor der Gegenübertragung allzu sehr fürchten.« Für Guntrip besteht die Gefahr, daß der Therapeut aus Interesse an rein wissenschaftlicher Objektivität jedes persönliche Gefühl für seinen Patienten auszuschalten versucht und der Patient infolgedessen zwangsläufig das Gefühl bekommt, es mit jemandem zu tun zu haben, der sich *für ihn als Person* nicht wirklich interessiert. Neben »objektiver Nebenübertragungs- und Gegenübertragungswahrnehmung« benötigen die Patienten etwas Persönlicheres, tiefgehend Menschliches in ihrer Analyse. Wenn Patienten sagen: »Für mich ist es wichtig zu wissen, daß Sie mich gern haben, daß Sie mein Freund sind«, so liegt darin sehr viel Übertragung, und zwar in dem Sinne, daß es sich um unbefriedigte, berechtigte Sehnsüchte nach mütterlicher Zuwendung handelt, die auch versteckt sein können in sexuellen Phantasien und in dem Wunsch nach einer intimen Beziehung zum Therapeuten. Entscheidende Bedeutung mißt Guntrip der Fähigkeit des Analytikers bei, diese Übertragungen anzunehmen.

Der Analytiker als Projektionsfläche und reales Objekt

Guntrip sieht den Analytiker nicht als pure »Projektionsfläche« für die Phantasien und Vorstellungen des Patienten. Patienten richten *persönliche* Bedürfnisse an den Therapeuten, die nicht allein durch die Deutung der Übertragung bewältigt werden können. Der Patient braucht seinen Therapeuten, damit dieser ihm dabei hilft, *eine wirkliche Person* zu werden. Sobald die therapeutische Beziehung beginnt, sind Übertragungsanteile, aber auch reale emotionale Bedürfnisse des Patienten gegenüber dem Analytiker wirksam, die aufmerksam beobachtet und berücksichtigt werden müssen, auch wenn sie zunächst in unreifer Form auftauchen und zum unbewußten Leben der Kindheit gehören. Die Psychotherapie muß ihnen gerecht werden, da das infantile Ego des Patienten nur in einer authentischen Objektbeziehung »wachsen« kann. Dies setzt die persönliche Authentizität des Therapeuten und eine authentische Beziehung voraus, denn anderenfalls wird sich für den Patienten das ursprüngliche emotionale Trauma wiederholen, das er in seiner Kindheit erlebt hat und in dem seine Erkrankung wurzelt.

Unter diesem Blickwinkel betrachtet, verläuft die Genesung des Patienten in drei Stadien. Im ersten Stadium beschreibt Guntrip den Analytiker als Elternfigur, im wesentlichen als Schutz vor intensiver Angst. Der Analytiker wird vom Patienten als Retter in dem hoffnungslosen, aussichtslosen Kampf mit Konflikten, die er nicht versteht, wahrgenommen. In dieser Zeit braucht er ausschließlich unterstützende, schützende, Sicherheit vermittelnde Zugewandtheit, die ihm ein grundlegendes Existenzgefühl ermöglicht.

Das zweite Therapiestadium beinhaltet all die Erscheinungen, die das Erbe der alten mangelhaften Beziehungen mit den wirklichen Eltern und im sozialen Umkreis bilden. In diesem Stadium haben Übertragung und Übertragungsdeutungen das größte Gewicht. Was unter »Heilung« oder »Reifung« oder Befähigung für den abschließenden Teil der Behandlung zu verstehen ist, hängt davon ab, ob man darüber hinaus zu einem dritten Stadium gelangen kann. Guntrip betont wiederholt, daß die von ihm beschriebenen Stadien nicht nacheinander ablaufen, sondern ständig ineinander übergehen und parallel verlaufen; sie sind während der gesamten Analysedauer subtil miteinander vermischt, so daß sie eher Aspekte als Stadien darstellen. Allerdings sollte der dritte Aspekt gegen Ende der

Behandlung deutlich in den Vordergrund treten. In dieser dritten Phase entwickelt der Patient das zunächst vage Gefühl, daß das, was er wirklich braucht, die nicht-erotische Liebe eines zuverlässigen Elternteils ist, die ihm als Rahmen und Basis dienen kann, um seine eigene, getrennte Individualität zu entfalten, ohne sich »abgeschnitten« zu fühlen, und ihm die Chance gibt, seine Beziehung zu den Eltern zu einer Freundschaft zwischen Erwachsenen weiterzuentwickeln.

Guntrip faßt diese drei Stadien oder Aspekte unter den Stichworten Rapport, Übertragung, neues Wachstum beziehungsweise Reifung zusammen. Schwierig wird die letzte Phase der Behandlung, wenn der Patient sich von Übertragungsaspekten frei zu machen beginnt. Ist sein basales Ich stabil genug, um im Reifeprozeß weiter voranzuschreiten, oder zeigt sich eine innere Leere, die deutlich macht, daß die ursprüngliche mütterliche Fürsorge nicht ausreichte, um eine angemessene Ich-Entwicklung in Gang zu setzen? In diesem Fall muß der Analytiker dem Patienten eine Beziehung anbieten, die es diesem ermöglicht, seine eigene Realität zu finden und jene »Ich-Geburt und Ich-Reifung« zu erleben, die ihm bei seinen eigenen Eltern verwehrt blieb. Entscheidend ist hier, daß sich der Patient ein bedeutungsvolles Selbst zu eigen machen kann, statt lediglich eine psychische Existenz zu führen, die ihre ursprüngliche Einheit verloren hat. Um dies zu ermöglichen, muß der Therapeut Guntrip zufolge zuverlässig für den Patienten da sein und ihn verstehen, ihm aber gleichzeitig die Freiheit lassen, sein eigenes, unverwechselbares Selbst in und auf der Ebene der Beziehung zu verwirklichen. Dies kann nur ein Analytiker leisten, der aufrichtige Gefühle für den Patienten empfindet und sich vor der genuin persönlichen Beziehung, auf die der Patient angewiesen ist, nicht fürchtet.

Guntrip betont, daß hierbei die klassische psychoanalytische Technik im Sinne der Übertragungsanalyse unverzichtbar ist. Darüber hinaus aber muß der Patient im Therapeuten jemanden finden können, der nicht allein verdrängte Konflikte wahrnimmt und aufdeckt, sondern auch das in ihm schlummernde Potential für menschliche Beziehungen und Kreativität anspricht. Ausdrücklich weist Guntrip darauf hin, daß kein Mensch, der sich mit einer Beziehung zu einer »unpersönlichen Projektionsfläche« begnügen muß, von schweren Persönlichkeitsstörungen verschont bleiben wird.

Innere Schwierigkeiten als Widerstand gegen die psychoanalytische Therapie

Um die hysterische Abwehr, das Konversionssymptom, zu illustrieren, beschreibt Guntrip eine Patientin, die während eines wichtigen Behandlungsabschnittes körperlich erkrankte und während dieser Erkrankung und deren medikamentöser Behandlung ruhig und psychisch gesund wirkte. Als sie jedoch körperlich genesen war, verschlechterte sich ihr psychischer Zustand. Guntrip erachtet es für wichtig, die körperlichen Leiden des Hysterikers ernst zu nehmen, damit sich der Patient stabil genug fühlen kann, um dem Therapeuten seinen psychischen Schmerz aufzudecken. Nur wenn der Patient sich ganz sicher fühlt, kann er seine physische Schmerzsymptomatik (Konversionssymptom) aufgeben. Diese Situation tritt Guntrip zufolge besonders dann ein, wenn eine deutliche Besserung erzielt wurde, oder auch gegen Ende der Behandlung.

Das Kernproblem sieht Guntrip darin, daß der Patient eine »persönliche« Beziehung sucht, die es ihm ermöglicht, ein wirkliches Selbst zu werden. Diese Problematik stellt immer einen Ausdruck der Angst dar, überhaupt keine Beziehungen zu haben und das Ich in einem Vakuum zu verlieren, oder der Angst, in eine Beziehung einzutreten und zu spüren, daß das eigene schwache Ich überwältigt wird. So versteht er das hysterische Konversionssymptom als Ablenkung von interpersonalen Konflikten auf den Körper.

Der Patient kann die Krankheit nicht aufgeben, solange nicht etwas Besseres an ihre Stelle tritt. Dies kann zweifellos keine kalte, unpersönliche, wissenschaftliche analytische Technik sein. Einem Patienten, der grundlegende Persönlichkeitsveränderungen erreichen sollte oder möchte, muß der Therapeut eine persönliche Beziehung anbieten, die es dem schwachen Ich erlaubt, Stärke und Stabilität zu entwickeln.

Ein weiteres und besonders hartnäckiges Hindernis in der psychotherapeutischen Behandlung sind die von Fairbairn beschriebene Internalisierung der bösen Objekte und ihre Verdrängung als Abwehr, die das Ich anwendet, um Konflikten in Objektbeziehungen zu begegnen (»ein böses Objekt ist besser als gar kein Objekt«). Die Fixierung an ein böses Objekt, die in der therapeutischen Behandlung zum Beispiel in der negativen Übertragung Ausdruck findet oder auch in der Anbindung an äußere böse Objekte, gewährt eine scheinbare Sicherheit. Bei Trennung drohen Leere, Angst und Ödnis, die Rückkehr in eine pränatale Welt. Guntrip hält Triebdeutungen in dieser therapeutischen Situation für ein Ausweichen vor der therapeutischen Verantwortung. Die Aufgabe des Analytikers besteht vielmehr darin, sich dem Patienten als basales gutes Objekt anzubieten, damit die Fixierungen an die bösen Objekte bearbeitet werden können. Die »bösen« Emotionen, mit denen wir es bei dem Patienten zu tun haben, sind keine ein für allemal festgeschriebenen, angeborenen biologischen Faktoren, sondern Äußerungen eines Ichs, genauer: Reaktionen eines geschwächten Ichs auf Personen und Situationen, denen es im Lebensprozeß begegnet ist, und auf die Situation, die in der psychotherapeutischen Behandlung vom Therapeuten geschaffen wird. Guntrip geht davon aus, daß der Analytiker, der sich auch in der therapeutischen Situation als reale Person angemessen verhält, die Bindungen des Patienten an seine verinnerlichten bösen Objekte analysieren muß. Die Ursache des Übels seien nicht die angeborenen Triebe des Patienten, sondern die inneren bösen Objekte und die Beziehungen, die der Patient zu ihnen unterhält – persönliche Äußerungen eines schwachen kindlichen Ichs, das den furchterregenden, frustrierenden Figuren im tiefen Unbewußten preisgegeben ist und diese nicht aufgeben kann. Das infantile Ich kann auf diese Gestalten nicht verzichten, da dies bedeuten würde, in einer inneren Welt völlig allein und einsam zurückgelassen zu sein. Die Aufgabe der psychoanalytischen Behandlung kann folglich nicht darin bestehen, den Patienten zu besserer Triebkontrolle zu befähigen. Vielmehr geht es, wie Guntrip in Anlehnung an Fairbairn ausführt, eher um eine Art Exorzismus, der die innere unbewußte Welt von den internalisierten bösen Objekten, den Teufeln, die beispielsweise in der Traumwelt des Patienten sichtbar werden, befreien soll. Häufig klammern sich die Patienten heftig an ihre äußeren bösen Objekte, weil diese innere böse Objekte repräsentieren, von denen sie sich nicht zu lösen wagen.

Aus diesem Grund reagieren Patienten selbst dann, wenn eine Loslösung geglückt ist, oft nicht entlastet, sondern statt dessen mit schizoiddepressiven Reaktionen. Offensichtlich ist das gute innere Objekt in diesen Fällen noch nicht stabil genug, um dem Patienten dabei zu helfen, auch Gefühle der Einsamkeit und Verlassenheit oder des Ausgeschlossenseins zu ertragen.

Eine Widerstandsquelle in psychotherapeutischen Behandlungen ist die Hartnäckigkeit der libidinösen Bindungen an die Eltern, ungeachtet deren realer Eigenschaften. Guntrip meint, daß es nur drei Dinge gibt, die das Kind tun kann: verzweifelt kämpfen, passiv leiden oder fliehen, das heißt, sich in sich selbst zurückziehen und alle Objektbeziehungen abbrechen und damit die »unvorstellbare Angst äußerster Isolation« erfahren, in der es sein Ich verliert. In den Behandlungen ist diese Phase oft schwierig, weil der

Patient den Therapeuten als jemanden erlebt, der ihn seiner Eltern berauben will, ihn aber andererseits vor ihnen rettet. Wenn sich der Patient seiner – teils auch realen – Beziehung zum Therapeuten nicht sicher genug ist, wird er das Gefühl haben, »in einen seelischen Abgrund von schwarzer Leere zu fallen«. In dieser Ungewißheit erlebt der Patient die Anspruchnahme der Hilfe des Therapeuten als eine fundamentale Untreue den Eltern gegenüber, die Schuldgefühle auslöst. Er wird zu seinem Schutz auf seine inneren bösen Objekte zurückgreifen und dabei glauben, daß seine erstickenden, verinnerlichten bösen Objekte im Therapeuten lokalisiert seien. Selbst wenn das Problem bearbeitbar ist, kann die Angst, keine Wurzeln in einer Familie zu haben, die Verteidigung der extremen Bindung an die Eltern gegenüber allen Außenstehenden fixieren. Guntrip meint, daß der Widerstand nur dann wirklich überwunden werden kann, wenn die Übertragungssituation sich im Zusammenhang mit einem persönlichen Anteil in der Beziehung zum Therapeuten soweit stabilisiert hat, daß das Loslassen böser Objekte vom Unbewußten riskiert wird. »Nur durch die Anziehungskraft eines guten Objekts, auch eines real guten Objekts, kann die Libido veranlaßt werden, ihre bösen Objekte aufzugeben«. Nach Guntrip ist es so, daß die »Liebe« des Analytikers (im Sinne der Agape, nicht des Eros) einen wichtigen Faktor für eine erfolgreiche Behandlung darstellt. Das bedeutet, daß der Analytiker in der Realität selbst ein gutes Objekt sein, aber auch die besondere Art elterlicher Liebe anbieten muß, die dem Patienten von den realen Eltern versagt wurde; das heißt, um es mit Fairbairn zu formulieren, daß der Therapeut den Patienten »um seiner selbst willen und als eigenständige Person« anerkennen und diese Haltung seine Sorge um ihn prägen muß. Gerade für solche schizoid-depressiv gestörten Patienten ist die Realität des Analytikers von besonderer Wichtigkeit, da sie dazu neigen, reale Beziehungen als gefährlich zu erleben.

Der Therapeut als reales gutes Objekt

Guntrip ist der Meinung, daß der Analytiker als bloße Projektionsfläche nicht existiert. Er kann seine Persönlichkeit nicht verleugnen und auch nicht verleugnen, daß er in der analytischen Situation als Person ein bedeutender Faktor ist. Damit ist zweifellos nicht gemeint, daß sich der Analytiker in einer neurotischen, emotionalen Verstrickung mit seinem Patienten verfängt. Dies wird durch die Reife des Therapeuten verhindert, nicht jedoch durch eine Theorie der therapeutischen Beziehung, die deren persönlichen Charakter verleugnet. Im Grunde bringt der Patient hinter all seiner Abwehr das Bedürfnis mit in die Analyse, zu jemandem eine Beziehung aufzubauen, der an Stelle der Eltern sein Wachstum ermöglicht – ein Bedürfnis, dem der Analytiker durch das, was er selbst in die Analyse einbringt, gerecht werden muß. Das bedeutet keineswegs, daß der Analytiker zum Beispiel Auskunft über seine persönlichen Interessen, seine Freundschaften, sein Familienleben etc. geben sollte. Diese Dinge sind Guntrip zufolge für den Patienten auch gar nicht wesentlich. Es ist die Fähigkeit des Therapeuten, sich als reale Person zu präsentieren, die den Patienten als eigenständige Persönlichkeit wertschätzt, sich für ihn interessiert und den Wunsch hat, ihn zu verstehen, zu sehen und zu behandeln.

Selbstverständlich spürt jeder Therapeut, daß er zu einigen Patienten stärkere Affinitäten hat als zu anderen. Aber wenn er ein aufrichtiges menschliches Interesse und Verständnis aufbringen kann, kann er therapeutisch im guten Sinne wirksam sein. Entscheidend ist die uneigennützige »persönliche Liebe« (Agape) – Elternliebe im eigentlichen Sinn, die das Kind nicht als lästig ansieht oder es als leblosen Klumpen betrachtet, den man formen muß, oder als jemanden, der stellvertretend ihren eigenen Ehrgeiz befriedigen wird usw. Sie besteht in der Fähigkeit, die Realität des anderen zu respektieren, sich für sie zu interessieren, und zwar um des anderen willen. Es geht auch darum, als Therapeut für den Patienten genügend »real« zu sein, wenn man ihm die Chance geben will, selbst eine reale Person zu werden, statt sich hinter seiner Abwehr, hinter einer angenommenen Rolle oder einer Maske zu verstecken.

Nur wenn der Therapeut die Person hinter der Abwehr des Patienten entdeckt und der Patient auch die Person hinter der Abwehr des Therapeuten wahrzunehmen vermag, kann Psychotherapie im eigentlichen Sinn durchgeführt werden. Guntrip ist der Meinung, daß Psychotherapie nur von solchen Menschen durchgeführt werden kann, die bereit sind, sich allen subtilen Äußerungen zwischen zwei Menschen in einer Begegnung, die sich in höherem Maß auf emotionaler denn auf intellektueller Ebene abspielt, auszusetzen. Er betont auch, daß sich der Therapeut ständig überprüfen und sich fragen muß, ob er den Patienten als Person nicht als Objekt behandelt. Er muß sich die Frage stellen: »Worin besteht das eigentliche Bedürfnis des Patienten in diesem Moment, ob es ihm selbst klar ist oder nicht, wie kann ich ihm helfen, es zu verstehen, und wie kann ich darauf eingehen, um ihm weiterzuhelfen?« Wenn der Patient darauf vertrauen kann, ein verständnisvolles und akzeptierendes Echo zu finden, kann eine authentische Begegnung zwischen zwei

Menschen stattfinden. Dies sei das einzig wirklich »Therapeutische«, das den Patienten befähigt, sich als reale Person zu erleben. Guntrip zufolge heilt nicht die psychoanalytische Technik an sich. Sie besitzt keinerlei mystische Heilkraft. Sie ist lediglich die Methode einer psychodynamischen Wissenschaft zur Erforschung des Unbewußten, ein Instrument der Forschung. Sie spielt bei der Psychotherapie eine wichtige Rolle, aber stellt nicht selbst den therapeutischen Faktor dar. Sie ist eine Hilfe bei einer Art von Selbsterkenntnis, die erreicht wird durch lebendige Einsicht, die gefühlt und mittels einer guten persönlichen Beziehung erfahren wird. Nur dies hat seiner Meinung nach therapeutischen Wert. Welche Terminologie auch immer von verschiedenen Zielsetzungen verwendet wird – therapeutische Veränderung kann nur aus einer grundlegend guten Beziehung hervorgehen.

Die Therapeut-Patient-Beziehung im Zusammenhang mit Winnicotts Beschreibung der Mutter-Kind-Beziehung

Guntrip stützt sich, was sein Verständnis der Therapeut-Patient-Beziehung betrifft, auf Winnicott. Er teilt nicht die Ansicht von Melanie Klein, daß die innere Phantasiewelt des Kindes primär durch das Zusammenspiel angeborener, subjektiver Kräfte, durch Lebens- und Todestrieb, aufrechterhalten wird. Seiner Ansicht nach ist die Objektwelt nicht als zweitrangig und als Projektionsfläche der kindlichen Phantasie zu sehen. Guntrips Meinung nach kann die Objektwelt des Kindes so niemals um ihrer selbst willen erfahren werden. Er teilt die Meinung von Winnicott, daß nur eine Mutter, die zu »primärer mütterlicher Inanspruchnahme« und zur Identifizierung mit ihrem Kind fähig ist, eine gesunde Ich-Entwicklung einzuleiten vermag. Die Mutter dient nicht lediglich als Projektionsfläche, sondern ist eine reale Person – so real, daß das Ich des Kleinkindes in dem Maße schwach oder stark wird, wie die Ich-Stützung durch die Mutter schwach oder stark ist. Die Grundlagen sind also »persönliche Objektbeziehungen« als Ausgangspunkt allen Lebens vor der Entwicklung der von Klein beschriebenen inneren Phantasiewelt. Im Unterschied auch zu Fairbairn setzt Winnicott kein frühkindliches Ich voraus.

Guntrip betrachtet Winnicotts Arbeit als grundlegend für die psychotherapeutische Arbeit. Er ist der Meinung, daß die Frage nach der Qualität der therapeutischen »persönlichen Beziehung« um so wichtiger wird, je weiter die Behandlung über die Psychoneurose hinaus in tiefere schizoide, Borderline- und psychotische Anteile der Persönlichkeit vordringt. Es stellt sich nämlich die Frage, wie bei frühgestörten Patienten das Wachstum des Ichs, das noch nicht richtig angefangen hat zu sein, in Gang gesetzt werden kann. Guntrip vergleicht die frühe Mutter-Kind-Beziehung, so wie Winnicott diese beschreibt, mit der Situation des Analytikers und seines Patienten. Auch in der Behandlung müssen Fundamente von Ich-Sicherheit gelegt werden, und das heißt, daß sich der Analytiker für eine Art »primäre mütterliche Inanspruchnahme« zur Verfügung stellen muß. Ebenso wird der Patient eine Art »primäre Identifizierung« mit dem Analytiker entwickeln. Der Analytiker muß in gewissem Sinne mütterliche und väterliche Eigenschaften miteinander verbinden. So wie das Kleinkind muß der Patient in der Lage sein, sich aktiv von der männlichen Brust zu ernähren, die ihm etwas gibt, oder bei Entzug zu protestieren; er kann aber ohne Angst an der weiblichen Brust schlafen, die einfach für den Patienten »da ist«, und hier liegt der Ursprung für das sichere Gefühl des »Drinnen-seins«, der Ich-Identität, die das Kleinkind bzw. der Patient als selbstverständlich voraussetzen kann, über die es sich keine Gedanken machen muß und für deren Erhaltung es vor allen Dingen nicht kämpfen muß. Das »Analysieren« ist, unter diesem Blickwinkel betrachtet, eine männlich-väterliche Tätigkeit, eine intellektuelle Deutungstätigkeit, die jedoch auf der weiblichen Aktivität intuitiv – nämlich durch Identifizierung – erworbenen Wissens beruht. Letztlich ist es eine Art »Da-sein für den Patienten« in einem stabilen und weitgehend unneurotischen Umfeld, die es dem Patienten ermöglicht, sich »real« zu fühlen und sein eigenes Selbst zu finden.

Wenn sich der Analytiker sicher fühlt, kann er diese Rolle erfüllen; die Fähigkeit beruht nicht auf konkretem Wissen, sondern resultiert aus einer fühlenden Haltung. Dieses Wissen entsteht durch ein emotionales Sicheins-Fühlen. Guntrip stimmt mit Winnicott darin überein, daß diese Mutter-Kind-Beziehung als Modell und als Basis der psychotherapeutischen Behandlung fundamentale Bedeutung hat. Guntrips These ist, daß in der Therapie versucht werden soll, den natürlichen Prozeß zu imitieren, der das Verhalten einer gesunden Mutter gegenüber ihrem eigenen Kind charakterisiert. Das Mutter-Kleinkind-Paar kann seiner Meinung nach die Grundprinzipien lehren, auf denen die therapeutische Arbeit aufbauen kann. Diese Sicht hat nicht nur Auswirkungen auf die Behandlung der schwerst regredierten Fälle mit schwachem oder kaum vorhandenen Ich. Sie hat auch Auswirkung auf die Behandlung weniger gestörter Menschen, denn wenn Psychotherapie ein verspäteter Ersatz für ursprünglich mangelhafte Elternschaft ist, dann wird die Art, in der sich die Eltern-Kind-Beziehung mit dem Heranwachsen des Kindes kontinuierlich verändert, den gesamten therapeutischen Prozeß bereichern.

Der Therapeut kann nur zutiefst betroffen sein von dem Patienten, der auf seinem Weg in die Erwachsenenwelt plötzlich in die tiefen kindlichen Schrecken zurückfällt, wo die Isolation und das Verschwinden seines Ichs mit einem Gefühl des Nichtsseins verbunden sind. Soweit es ihm möglich ist, muß er einen konstanten und engen Kontakt zum Patienten aufrechterhalten und auch direkt und konkret erreichbar sein. Auf diese Weise kann sich nach und nach ein inneres Gefühl neuer Sicherheit entwickeln. In diesen Phasen der Behandlung ist der Umgang mit den Patienten besonders schwierig und gleicht der Winnicottschen Sicht von der mütterlichen »primären Inanspruchnahme« durch ihr Kind. Dies ist, so Winnicott, ein außergewöhnlicher Zustand, der einer Krankheit gleicht, obwohl er ein deutliches Zeichen von Gesundheit darstellt. In dem Maße, in dem die Mutter ihre eigenen Interessen wiederfindet, was einen Teil des normalen Prozesses darstellt, wird sie ihnen in dem Maße nachgehen, wie ihr Kind dies erlaubt. Dies setzt eine allmähliche Entwöhnung in Gang, wie wir sie aus der eigenen therapeutischen Arbeit kennen. Wir passen uns dem Bedürfnis des Patienten nach größerer Unabhängigkeit an und bringen durch unseren Respekt vor seiner Entwicklung und Individualität unsere Unterstützung zum Ausdruck. Bis zu einem gewissen Grad sind unsere Patienten immer isolierte Wesen, die sich in einem Dauerzustand von Angst und Unsicherheit hinter ihrer Abwehr verstecken. Ihre Heilung ist nur in einer therapeutischen Beziehung möglich, in der die persönliche Begegnung Vorrang hat und das intellektuelle Wissen, welches aus psychodynamischer Forschung gewonnen wird, nützlich ist. Auf dieser Basis kann sich der Patient von seiner schizoiden Angst vor menschlichem Kontakt und Anteilnahme befreien und Beziehungen zu anderen als bereichernd und erfüllend erleben.

Autoren- und Herausgeberverzeichnis

Brieskorn, Marianne, Dr. phil. arbeitete in den 70er Jahren am Zentrum für Psychosomatik der Justus Liebig Universität in Gießen.

Eickmann, Michael, Diplom-Psychologe et. Päd., Tätigkeit als Psychoanalytiker in eigener Praxis in Gießen, Lehr- und Kontrollanalytiker sowie z. Z. Vorsitzender des »Gießener Institut für Psychoanalyse und Psychotherapie«.

Heising, Gerd, Prof. Dr. med., Lehrtätigkeit am Zentrum für Psychosomatik der Justus Liebig Universität in Gießen, langjähriger Vorsitzender des »Gießener Instituts für Psychoanalyse und Psychotherapie«.

Hensel, Bernhard F., Dr. med., Dozent und Lehr- und Kontrollanalytiker am »Gießener Institut für Psychoanalyse und Psychotherapie«, als Facharzt für Neurologie und Psychiatrie sowie als Facharzt für Psychotherapeutische Medizin und Psychoanalyse niedergelassen.

Kindschuh van Roje, Ellen, Dr. phil., Dozentin sowie Lehr- und Kontrollanalytikerin am »Gießener Institut für Psychoanalyse und Psychotherapie«. Als Psychoanalytikerin in eigener Praxis in Limburg tätig.

Nahrendorf Angela, Dipl. Psych., Dozentin sowie Lehr- und Kontrollanalytikerin am »Gießener Institut für Psychoanalyse und Psychotherapie«.

Nienhaus Gerda, MA, Kinder- und Jugendlichenpsychoanalytikerin, niedergelassen in eigener Praxis in Gießen, Mitarbeiterin im Psychosozialen Beratungszentrum Laubach-Grünberg.

Plaß, Angela, Dipl. psych., am Zentrum für Psychosomatik beschäftigt und Lehr- und Kontrollanalytikerin am Gießener Institut.

Rost, Wolf-Detlef, Dr. phil., Psychoanalytiker in freier Praxis mit dem Schwerpunkt psychodynamischer Ansätze zur Suchtkrankenbehandlung.

Trenk-Hinterberger, Sabine, Dr. med., Dozentin sowie Lehr- und Kontrollanalytikerin am »Gießener Institut für Psychoanalyse und Psychotherapie«, in Marburg in selbständiger Praxis als Psychoanalytikerin tätig.

Trümper, Georg, Dr. med., Facharzt für Psychiatrie und Psychotherapie, Oberarzt am Zentrum für soziale Psychiatrie in Gießen.

Williamson, Patricia, Dr. med., Fachärztin für psychotherapeutische Medizin und Psychoanalytikerin in eigner Praxis in Gießen.

Die Herausgeberin **Elisabeth Vorspohl** arbeitet als freiberufliche Übersetzerin, Lektorin und Rezensentin in Frankfurt am Main.

W. R. D. FAIRBAIRN
**DAS SELBST
UND DIE INNEREN
OBJEKT-
BEZIEHUNGEN**
Eine psychoanalytische
Objektbeziehungstheorie
Herausgegeben von B. F. Hensel
und R. Rehberger

BIBLIOTHEK
DER PSYCHOANALYSE
PSYCHOSOZIAL-
VERLAG

*2000 · 281 Seiten
gebunden
EUR 39,– (D) · SFr 72,– ·
ISBN 3-89806-022-5*

Die Übersetzung dieses Klassikers der psychoanalytischen Theorie füllt endlich eine Lücke in der deutschsprachigen Psychoanalyse. Fairbairns Buch – sein Hauptwerk – gehört in jede gute psychoanalytische Bibliothek. Seine Theorie der Objektbeziehungen und sein darauf aufbauendes Persönlichkeitsmodell bilden die theoretische Ausgangsbasis für die Arbeiten von bedeutenden Psychoanalytikern wie W. D. Winnicott, Michael Balint, John D. Sutherland, Harry Guntrip, Daniel Stern und Otto Kernberg.

Das Hauptanliegen seiner revolutionären Sichtweise besteht in dem Versuch, die Psychoanalyse vom „Trieb" als primärem motivationalen Faktor zu lösen. An die Stelle von Freuds Trieben treten bei Fairbairn die Objektbeziehungen, welche seiner Ansicht nach das hauptsächliche motivationale System bilden. Zudem entwickelt er ein neues Persönlichkeitsmodell, das Freuds Ich-Es-Über-Ich-Modell zu einem komplexen System erweitert, in dem auch die Objektbeziehungen und ihr intrapsychischer Niederschlag ihren Platz finden.

P🕮V
Psychosozial-Verlag

Januar 2002
355 Seiten · gebunden
EUR (D) 35,50 · SFr 62,50
ISBN 3-89806-058-6

Einer der international renommiertesten Psychoanalytiker der Gegenwart schlägt in diesem Werk einen weiten Bogen von der zeitgenössischen Interpretation klassischer psychoanalytischer Phänomene über Abhandlungen zur Technik hin zu aktuellen und kritischen Fragen, die sich der Psychoanalyse als wissenschaftlicher und klinischer Disziplin heute stellen.

Kernberg, der insbesondere den Begriff der Borderline-Persönlichkeitsstörung populär gemacht hat, legt in diesem Buch einen Schwerpunkt auf die gesellschaftlichen Erscheinungen von Aggression, Hass und sozialer Gewalt, wobei er auch den Aspekt der Prävention beleuchtet.

In seiner Vielfalt bietet das Werk einen guten Überblick über diese neuesten Entwicklungen in der psychoanalytischen Theorie und Technik.

P🕮V
Psychosozial-Verlag

Januar 2003
ca. 200 Seiten · Broschur
EUR (D) 36,– · SFr 60,20
ISBN 3-89806-196-5

Dieser Band vereint wichtige Arbeiten von Joseph Sandler, Alex Holder und Christopher Dare über Freuds Theorien, die aus Vorlesungen Sandlers in den 70er Jahren hervorgegangen und zu Publikationen der drei Autoren ausgearbeitet worden sind. Ergänzendes Material, das Joseph Sandler und Anna Ursula Dreher mit ausführlichen Anmerkungen zu späteren Entwicklungen in der Psychoanalyse beigesteuert haben, runden das Werk ab.

Die Autoren stellen mit diesem bedeutenden Buch eine historische Grundlage für das Verständnis und den Umgang mit dem Wandel psychoanalytischer Formulierungen »nach« Freud bereit. Damit erhält der Leser das Rüstzeug, sich einen Weg durch die labyrinthische Vielfalt der zeitgenössischen theoretischen Ansätze zu bahnen.

P☒V
Psychosozial-Verlag

Publik-Forum:
»Ein Meisterwerk politischer Psychoanalyse«

Hans-Jürgen Wirth
Narzissmus und Macht
Zur Psychoanalyse seelischer Störungen in der Politik

Besondere Empfehlung für die Sachbuch-Bestenliste der Süddeutschen Zeitung, des NDR und des BuchJournals

2002 · 439 Seiten
gebunden
EUR (D) 24,90 · SFr 42,30
ISBN 3-89806-044-6

»Vier Mal hält der Psychotherapeut Hans-Jürgen Wirth sein psychoanalytisches Brennglas über politische Szenarien der Zeitgeschichte, [...]. Mikroskopisch genau und mit solider politischer Psychologie untersucht er die Innenausstattung der Macht bis in die Zurichtung ihrer Agenten und die Affekte der von ihr Betroffenen hinein. Heraus kommt ein Meisterwerk politischer Psychoanalyse, in dem das Zeitalter des krankhaften Narzissmus [...] durch seine politischen Protagonisten verkörpert und verständlich wird.«

Publik-Forum

»Die Fallstudien, die Wirth auf Grund genauer Recherchen zur Barschel-Affäre, zu Helmut Kohl (mit zurückhaltendem Einbezug des Freitods von Hannelore Kohl), zur 68er Generation und zu Joschka Fischers stupenden Metamorphosen sowie zu Slobodan Milosevics Paranoia vorlegt, sind sehr ergiebig, besonders eindrucksvoll im Falle Uwe Barschels.«

NZZ

»Harte Bandagen also, die – so Wirth – dennoch nicht zu Politikverdrossenheit verleiten sollten: Erst wenn Bürger und Wähler den ›Einfluss unbewusster psychischer Konflikte auf Entscheidungen höchster Tragweite‹ erkennen würden, könnten ihnen Politik und Politiker wieder ›ein Stückchen näher‹ rücken.«

DER STANDARD

»Hans-Jürgen Wirth hat die Plattform erreicht, auf der eine allgemeine Psychoanalyse der Politik errichtet werden kann. Der Schritt war unerlässlich.«

Paul Parin

P🕮V
Psychosozial-Verlag